冯汉骥全集 ④

人类学卷

冯汉骥 著　张勋燎　白　彬　主编

巴蜀书社

目　录

古代社会

第三编　家族观念的发展

第四编　财产观念的发达

中国亲属制度

论文集

古代社会

据商务印书馆1971年版

著者序

　　人类从邃古以来即生存于地球之上，这是已经确定了的事实。可是，这一事实的证据却要在晚近三十年来才发现，并且偏要叫现一代人来开始认识这一重大的事实，这一点似乎是很奇特的。

　　现在已经知道在冰河时代人类即已栖息于欧洲，甚至可到冰河开始之时，而人类的发生可再远溯到其前的一个地质学上的时期，这也是极有可能的。人类在与他同时生存的许多动物灭绝以后还继续生存着，并且在人类的各支中都经过了一种发展的过程，这与在他的进步途程上一样，都是值得注意的事实。

　　因为人类所经过的行程期间是与地质学上的时代相关联的，所以不能用时间上的限制来估计人类所经过的期间。从北半球冰河的消逝以至现在，其间需要经过十万年或二十万年，决不是一种夸张的估计。不管对于一个时代的任何年限估计所偕来的怀疑是如何——其实际所经过的年限是不知道的——而人类的存在却要上溯到不可估计的过去的时代，一直消失于无穷的荒古之中。

以上所叙述的这一知识，本质地改变了从来所流行的关于野蛮人与开化人、开化人与文明人之间的关系的见解。到现在我们可以以确实的证据说，恰如文明时代以前我们知道存在有开化时代一样，在人类一切部落中，于开化时代以前也都存在有野蛮时代。人类的历史都是同一源泉、同一经验和同一进步的。

人类怎样的渡过这一切过去的时代呢？野蛮人怎样的以缓慢不知不觉的步调而达到开化时代的高级状态呢？开化人怎样的经过同样的渐升的进步而最后达到文明之域呢？从而，为什么其他的部落及民族在进步的竞争中变成落伍者呢？即为什么有些达到了文明之域、有些还停留在开化状态之中、而其他的还停留在野蛮状态之中呢？我们希望知道以上所提的这些问题的原因——如果可能的话——这不只是自然的而且是正当的。对于以上这些问题最后将予以解答，这并不是过大的奢望。

发明及发现，在人类进步的途程上处于平行的并列关系，而记录人类进步的各连续的阶段。同时，社会上及政治上的诸制度，因为它们和人类的永恒的欲望相关联的缘故，都是由一些原始的思想胚胎发展而来的，所以它们也显示着人类进步的一种同样的记录。这些制度、发明以及发现，都体现着并且保存着以上所述的经验而现在还存留着的事实之主要的例证。当将这些事实予以综合及比较后，便倾向于证明人类起源之一致、在同一进步阶段中的人类欲望之相似、以及在相同的社会状态中人类心理作用之一致等。

从野蛮时代的后期至开化时代的全部，人类一般地都组织成为氏族、胞族及部落。这些制度流行于全部古代世界的各大陆之中，是古代社会由之而组织和结合的工具。这些制度的结构，和当作有机系列中的成分而具有的关系，以及作为氏族、胞族、部落中的成员而保有的权利、特权、义务等，都是解释人类心灵中政治观念发展的例证。人类中的各主要制度，都发生于野蛮时代，发展于开化时代，而成熟于文明时代。

同样，家族制也是经过了各连续的形式的，而产生出今日尚存留的各大亲属制度。这些亲属制度，在其各自形成的时期中，都记录了存在于这些时期中家族内的亲属关系，它们包含着当家族制从血缘形态经过中间形态而进入到单偶形态时期中人类经验之说明性的记录。

财产的观念也是经过了与以上相类似的生长及发展过程的。对于作为积累的生活资料之代表物的财产占有欲的热望，从在野蛮时代的零点出发，现在则变成为支配着文明种族的心灵的主要的热望了。

以上所指出的四类事实，它们在人类从野蛮到文明的进步途程中是与之相平行发展的，并构成本书所研究的主要题目。

对于我们美国人来说，有一个研究的部门我们是具有特殊兴趣的，同时也是我们的一种特殊的责任。美洲大陆富于物质上的资源，这是谁也知道的；同时为说明伟大开化时代的民族学上、语言学上以及考古学上的资料，它也较诸其他大陆特为丰富。因为人类的起源只有一个，人类的发展进程基本上也是相同，只是在各大陆上采取了不同的但是一致的进程，所以在达到同等进步状态的一切部落及民族中都是极其相类似的。因此，美洲印第安人诸部落的历史及经验，或多或少地代表处于与他们相应状态的我们远祖的历史及经验。构成人类记录之一部分的美洲印第安人的制度、技术、发明以及实际上的经验，实具有超越印第安人种族本身界限的一种特殊的高超价值。

当美洲印第安人部落被发现之时，他们代表着三种不同的文化上的时期，并且较诸当时地球上其他任何地方所代表的更为完全。他们所提供的民族学上、言语学上以及考古学上的资料，其丰富是无与比伦的。但是，因为这些科学直到今世纪以前在当时差不多还不存在，并且在现今在我们之中所作的这些研究还是极其微小的，所以研究者对于所要研究的工作是不胜任的。再者，地下所埋藏的化石遗物可以为将来的研究者保存下来，而印第安人的技术、语言以及制度则将无由保存。这些东西一天一天在湮灭，并且从三个世纪以来它们即已日就湮灭。印第安人诸部落的文化生活，在美国文明的影响之下已日渐衰颓，他们的技术与语言在消逝，他们的制度在解体。在今日极易搜集的事实，再过几年之后将无从发现了。这种情形强烈地唤起我们美国人进入这一伟大的园地，收获其丰富的收成。

一八七七年三月，于纽约州罗彻斯特城

第一编
通过发明及发现
而来的理智的发展

第一章

文化上的诸时代

由阶梯的底层发展而来的人类进步

关于人类初期状态的最近的研究，有达到下述结论的倾向：即人类系由阶梯的底层开始其生活的进程，借实验知识的徐徐的累积，从野蛮状态而上达于文明之域。

因为人类中有一部分尚生存于野蛮状态之中、有一部分生存于开化状态之中、还有另一部另生存于文明状态之中是无可否认的事实，所以这三种不同的状态都彼此互相关联着而形成一种进步的自然的同时也是必要的连续顺序，这似乎也同样是无可否认的事实。更有进者，这种连续的顺序，在历史上对于全人类——一直到人类各支所达到现今的地位为止——都是真实的，这一层，由于一切进步所由发生的情况，以及由已经知道的人类中若干分支经过此等情况中的两种或两种以上的情况所获得的进展来看，使其更有可能。

关于人类初期状况的粗朴，他们的精神力和道德力借经验的累积而逐渐的进化，以及他们向着文明之途胜利迈进时和许多对抗他们的障碍所作的长期斗争的事实，在以后的篇幅中将试图提出更多的证据来加以说明。这些证据的一部分，是从那沿着人类进步的全部进程上展开出来的发明和发现的大连续顺序中得到的；但其主要的部分，则系从那表现若干思想和感情成长的家族制度中得来的。

发明、发现及制度中的例证

当我们沿着人类进步的各种途径上溯到人类的原始时代时，一方面将发明及发现、另一方面将各种制度依照它们出现的顺序——加以列举，我们就能够察觉前者（即发明及发现）是互相立在累进的关系之中的，而后者（即各种制度）则是立于展开的关系之中的。前一类者或多或少的有着直接的关系，而后一类者则系由思想的少数原始萌芽发展而来的。近世诸制度的根苗系生植在开化时代之中，而其萌芽是由开化时代以前的野蛮时代移殖而来的。近世各种制度具有贯通各时期的直系的系统，有其血缘的源流，而同时是一种逻辑的发展。

这样，两种独立的研究将唤起我们的注意。其一系由发明及发现而来，另一种系由原始的制度而来。我们相信根据这两种研究得来的知识，可以指示人类发展的各种主要阶段。关于所要举出的例证，主要的将要从家族制度中得来；至于关于严格的知识上的成就的引证，则将是概括的、同时也是从属的。

事实指明某些观念、情感和希冀，是逐渐形成和连续发展的。在它中占着最显著地位的，可以概括的说是从一些互有关联的特殊观念成长而来的。把发明和发现存而不论，可以列举如后：

（一）生计

（二）政治

（三）语言

（四）家族

（五）宗教

（六）家庭生活及建筑

（七）财产

（一）人类的生计，是由一系列连续而起的各种技术所充实和完成的；它们在长距离的时间上陆续为人类所采用，而且或多或少地直接和发明及发现相关联。

（二）政治的萌芽，必须从野蛮状态中的氏族组织内去探求；由此而下，经过由这一制度的各种发展形态，直至政治社会的建立。

（三）人类的语言，似乎是由最粗杂最单纯的表现形式发展而来的。如琉克理喜斯（Lucretius）所暗示，恰如先有思想而后有语言一样，姿势及手势语言必须在发音分明的言语之前。因而单缀音先于复缀音，复缀音又先于具体的名词。人类的智能，无意识地利用声音，便发展了发音分明的语言。这是一个大题目，其自身已成为知识上的一个分科，所以不属于本书的研究范围之内。

（四）说到家族，它的发展的各阶段都体现在亲属制度和婚姻习惯之中；将二者合而用之，就可以确实地追溯家族在发展中所经过的各连续形式。

（五）宗教观念的成长，围绕着许多内在的困难，因之，或者永远得不到一种充分满意的说明。宗教所涉及的大半带有想象的及感情的性质，其结果夹杂着知识上的暧昧成分，所以一切原始的宗教都是怪诞的，并且在某种程度上常是不可理解的。所以宗教这一题目，除掉偶尔需要提及而外，是不属于本书的计划以内的。

（六）与家族形态及家庭生活方式有密切关联的房屋建筑，提供一种从野蛮时代到文明时代的进步上相当完整的例解。关于建筑发展的过程，可以从野蛮人最初的茅棚，通过开化人的共同居室而追溯到文明民族的个别家庭的住宅；其发展先后的连锁，均可以互相衔接起来。关于这一题目，本书只作附带的论述。

（七）最后，财产观念在人类的心灵中是徐徐地形成的，在漫长的时期中均停留在初生的及微弱的状态之中。它发生于野蛮时代之中，并需要此一时代及继起的开化时代的一切经验来发展这种萌芽，以准备人类的头脑来接受这一观念的支配的影响。把财产的欲望视为高于一切欲望，标志着文明的开始。财产观念不但导使人类克服了使文明发展迟滞的许多障碍，而且使人类借这一观念在领土和财产的基础上建立了政治社会。关于财产观念进化的正确知识，在某些方面上，将体现人类精神史中最显著的部分。

我的目的，拟就人类进步的这些方面，通过各连续的文化时代，有如由发明及发现，由政治、家族、财产诸观念等所显示者，举出若干证据。

政府的两种方案

在这里我们可以预先提出一个前提：即政府的一切形式都可归纳于两个一般性的方案之内；这里所用的方案一词，是用其科学的意义的。这两个方案在它们的基础上是根本不相同的。就时间的顺序说，第一个方案是以个人为基础的，是纯粹以人的关系为基础的东西，可以区别之为一种社会（societas）。这种社会组织的单位是氏族；在原始时代中它在各连续阶段中的整合（integration），则为氏族（gens）、胞族（phratry）、部落（tribe），及部落联盟（confederacy of tribes），最后形成为一种民族（nation或people，populus）。到后一时期中同一地域中各部落结合而为占据独立地域的民族（nation）以代替部落联盟。这即是自氏族出现以后在漫长的时期内古代社会的基本上普遍的组织；它一直存留于希腊人及罗马人之间至文明出现以后。第二个方案是以领土及财产为基础的，可以区别之为一种国家（state，civitas）。由境界线所区划的镇区（township）或行政区（ward），它里面所包含的财产便是它的基础或单位，其结果就是政治社会。政治社会是组织在领土的地域之上的，它通过地域的关联来处理财产及个人间的关系。这种社会整合之连续的阶段是镇区或行政区，它是组织中的最小的单位；其次为郡或州，它是镇区或行政区的集合体；再其次是国境或领土，它是郡或州的集合体；此中每一单位中的人民都组织为一种政治体。古代希腊人及罗马人获得文明以后，费尽了他们的力量才发明德姆（deme）或镇区及行政区，因此他们便开始了政府的第二种大方案，这种方案一直存留到现代各文明国家之间。在古代社会中是不知道这种领土的方案的。当这种方案出现时，恰如在本书中所将要区别的一样，便在古代社会和近代社会之间划了一道确切的境界线。

我们可以进一步的说，因为不仅在开化时代中的家族制度、甚至于在野蛮时代中人类祖先的家族制度，在现在的一部分人类中还依然表现得如此其完备，所以若把严格的原始时代除外，人类进步中的各阶段到今日是保存得相当地完整的。这些阶段，从最初的以性为基础的、其次以血缘为基础的、最后以领土为基础的社会组织中，从婚姻和家族的连续形态及其所创造的亲属制度中，从家庭生活和房屋建筑中，以及从财产所有权及其继承习惯的进步中，都是可以看得出来的。

用人类退化说来说明野蛮人及开化人的存在的事实，久已就不能维持了。这种学说是摩西宇宙创造说的一种自然的结论，它从久已不存在了的一种所假想的必要性而得到世人的默认。作为一种学说而言，它不只不能说明野蛮人的存在，并且在人类的经验中也没有事实的根据。

雅利安人各民族的远祖曾经经过了与今日还存在的开化部落和野蛮部落所经过的一种相同的经验，这一点是可以认定的。虽然这些民族的经验体现着足以说明古代和近代文明的各时代以及开化时代晚期中一部分时期的一切必须的研究资料，但是他们的以前的经验就必须主要地从他们中现时还存在的各种制度、发明的成分内以及现在尚保存于野蛮部落和开化部落中各种相同的成分内的可以追寻的关系中推论出来。

人类经验的一致性

最后，我们可以说：人类的经验差不多都是采取类似的路径而进行的；在相同的情况中人类的需要基本上是相同的；由于所有人类种族的脑髓的机能是相同的，所以人类精神的活动原则也都是相同的。然而，这不过只是说明结果中的同一性的解释之一部分而已。人类生活中主要的各种制度及各种生活技术的萌芽，在人类还是一种野蛮人时便是已经发展了的。随后继起的开化时代和文明时代的经验之绝大部分，都是为使这些原始的概念更进一步的发展而耗费了的。凡是在不同大陆上任何处所能够找到一种现存制度和一种共通萌芽相互间关联的痕迹时，其人民的本身是从一个共同原始祖先派生出来的事实，就包含在其中了。

文化上的诸时代

由于文化上若干时代的建立，每一时代代表一种截然不同的社会状态，并可由其本身的特殊生活形式而互相区别，这便将使上述各类事实的讨论更加便利。丹麦考古学家所采用的"石器时代"、"青铜时代"和"铁器时代"等术语，对于某些目的而言已显明是极其有用的，并且对于古代技术上的工具的分类，今后将继续有其用处；但是人类知识上的进步，却使与此不同的一种分类成为必需了。当人类开始使用铁工具及青铜工具时，并未完全弃置石器而不用。冶铁方法的发明开创了一个文化上的新时期，可是青铜的生产开始时却不能如此说了。再者，因为石器时代重叠着青铜时代和铁器时代，而青铜时代又重叠着铁器时代，所以它们不能截然地区划出各时代的独立的清晰的分界线。

从在长时期间所连续发生的人类生存上的技术，从它们所必定给予人类状况上的巨大影响而言，最后将对于以上所述的文化时代的区分上提供最满意的根据，这一点将是很可能的。但是在这方面的研究还没有达到充分的程度，使其能够供给必需的知识。以我们现在所有的资料，选择那些可以足供测验人类进步的标准而表现文化上连续诸时代开端的发明和发现来加以区划，亦能收得主要的结果。甚至这些文化上的时代虽认为是暂时假定的，但它们对于研究上却有其便利并且是有用的。以下将要列举的文化上的各时代，各包括一种不同的文化并各都代表一种特殊的生活样式。

野蛮时代、开化时代、文明时代

野蛮时代——它的初期部分我们知道是很少的——可以暂时分为三个时期：即初期、中期和晚期；以上三个时期的社会状态，又可以各区别为低级、中级和高级状态。

同样，开化时代也可以很自然的再分为初期、中期和晚期；各期的社会状态，也将区别为低级、中级和高级状态。

要找到人类进步的标准来标识以上各时期的开始、并且可以绝对的适用于一切大陆而无有例外，纵令不是不可能的事，而亦是很困难的事。但从现在讨论的需要而言，并不需要没有例外存在。只要能够将主要的人类部落按照它们的相对的进步程度区别为可以认为是各种不同的状态时，便已足够了。

1. 野蛮的低级状态

这一时期开始于人类的幼稚阶段，可以说终止于鱼类食物和用火知识的获得。当时人类栖息于他们原来的极有限的地带中，靠果实以维持其生活。发音清晰的语言开始于此时期中。在人类的部落中没有存留有到历史期间可以表现此种状态的例证。

2. 野蛮的中级状态

这一时期开始于鱼类食物和用火知识的获得，终止于弓矢的发明。人类在这一状态中从他们的原来地带扩展到地球的大部分。在今日现存的部落中，尚有存留于野蛮中级状态中者，例如：澳大利亚人以及当开始发现时的大部分的坡里内西亚人（Polynesians）。关于各社会状态中现存的代表，各举一二例证便将足用了。

3. 野蛮的高级状态

这一时期开始于弓矢的发明，终于制陶术的发明。在现存的部落中尚存留于野蛮高级状态中者，有哈得逊（Hudson）湾区域的亚大巴斯喀（Athapascan）部落，科伦比亚河流域的诸部落，以及南北美洲某些沿海岸的部落。以上所举的这些部落，都是就他们被发现时的情况而言。这一状态便结束了野蛮时代。

4. 开化的低级状态

制陶术的发明或其使用，从各方面讲，或可选用为区划野蛮时代与开化时代之间的境界线的最有效和最确实的标准，这虽然不免有武断之嫌。野蛮状态与开化状态的不同，是早已被认识到了的，但是由野蛮状态推进到开化状态的进步上的标准，一直到今日却没有提供出来。所以，在这里把那些所有从未知道应用制陶技术的部落，都列为野蛮人一类，至于具有制陶技术而不知道使用音标字母及书写文字的诸部落，都列为开化人一类。

开化时代的第一期，从陶器的制造开始，不拘其为自行发明抑或由借用而来。不过在找寻开化时代低级状态的终点和开化时代中级状态的始点时，由于东西两半球自然富源秉赋的不同，我们就遇到了一种困难，因为在野蛮时代过去以后，这种自然富源的秉赋不同就在开始影响人类的事业了。虽然如此，我们可以采用那些能够互相抵偿的事物来加以克服。在东半球我们则选用动物的饲养，在西半球则选用由灌溉来种植玉蜀黍及其他植物连同用日晒砖（adobe-brick）和石头来建筑房屋，作为由开化时代的低级状态过渡到中级状态的进步上的充实证据。例如：栖息于美国密苏里（Missouri）河以东的印第安人各部落，以及有了制陶技术却还没有到达饲养家畜的欧洲和亚洲的诸部落，便都属于开化时代的低级状态。

5. 开化时代的中级状态

这一时期，如以前所示，在东半球以饲养家畜开始，在西半球则以灌溉农作连同建筑上使用日晒砖及石头时开始。其终止则直到冶铁术的发明。如此，则新墨西哥、墨西哥、中美洲以及秘鲁各地的村落印第安人部落，东半球中饲养家畜但还没有铁的知识的诸部落，均属于开化时代的中级状态。古代的布立吞人（Britons）虽说他们已知道铁的使用，但从上面的关联中说，亦当属于此一状态。因为他们与大陆上比较进步的各部落相邻近，致使他们的生活技术上的进展远远超过了他们家族制度上的发展状态。

6. 开化时代的高级状态

这一时期开始于铁器的制造，终止于音标字母的发明及用文字于文学作品的写作。到这个时候文明也就开始了。荷马（Homer）时代的希腊部落、罗马建立以前的意大利部落，以及恺撒时代的日耳曼部落，均属于开化时代的高级状态。

7. 文明状态

这一时代，如前所述，开始于音标字母的使用和文字记录的产生，并分为古代及近代二期。石刻象形文字亦可以认为是文明时代开始的相等的标识。

重点述要：

时　代	状　态
（一）野蛮时代初期	（一）野蛮低级状态——从人类之幼稚期以至次一时期的开始。
（二）野蛮时代中期	（二）野蛮中级状态——从鱼类食物及用火知识的获得以至次一时期的开始。
（三）野蛮时代晚期	（三）野蛮高级状态——从弓矢的发明以至次一时期的开始。
（四）开化时代初期	（四）开化低级状态——从制陶术的发明以至次一时期的开始。
（五）开化时代中期	（五）开化中级状态——东半球从饲养家畜，西半球从用灌溉栽培玉蜀黍和其他植物以及使用日晒砖及石头，以至次一时期的开始。
（六）开化时代晚期	（六）开化高级状态——从冶铁技术的发明及铁工具的使用，以至次一时期的开始。
（七）文明时代	（七）文明状态——从音标字母的发明及文字的使用以至现在。

每一时代都各有其不同的文化，并且或多或少地各呈现一种特殊的和独具的生活样式。文化上各时代的这种特殊化，就可能使各个社会按照它的相对的进步状态分别地加以研究，并可使其各自成为一种独立的研究及讨论的题目。即使在栖息于同一大陆、甚至在属于同一语族而同时在不同社会状况中的各部落及各民族中，亦不影响主要

的结论，因为从我们的目的而言，每一社会的状态是主要的事实，至于时间，却是不关重要的。

因为陶器的使用在表示文化上连续时代开始的标准时不如家畜、铁或音标字母的使用等来得明显，所以我们采用制陶术作为表示时代的标准的理由，便需要加以说明。陶器的制造假定着村落生活的存在，以及简单技术的相当的进步。①燧石及其他石料的工具，较陶器为早，并且没有陶器伴出的石器曾在许多古遗址中发现。一系列比较需要大的及适用于比较低级情况的发明，必在感觉陶器的需要之前出现。村落生活的开始，与其对食物某种程度的控制，木制的容器及器具，树皮纤维的手织品，篮的编制以及弓矢，都出现在制陶术以前。在开化中级状态中的村落印第安人如组泥人（Zuñians）、阿兹忒克人（Aztecs）、绰卢拉人（Cholulans）等，都制造大量的陶器，并且品类繁多而相当精巧；在开化低级状态中的美国境内的半村落印第安人中，如易洛魁人（Iroquois）、绰克托人（Choctas）、拆洛歧人（Cherokees）等，则仅制造少量的陶器，并且品类亦有限。但是在野蛮状态中的非园艺农业印第安人中，如亚大巴斯喀人，及居住于加

---

① 泰勒说，古奎（Goquet）是"十八世纪最早提出陶器发明的方法的第一人，即人们将黏土涂于可以燃烧的容器之上以防火；其后他们发现只是黏土本身也可以达到这种目的，因此制陶术便出现于世界之上了。"《人类初期史》，二七三页。古奎还说及一五〇三年漫游南美东南海岸的冈内维勒Gonneville上校发现"土著家用的木制容器、甚至煮沸食物的壶罐，都涂着约一指厚的粘土，以防止火的焚烧"。同书，二七三页。

利福尼亚州与科伦比亚河流域的诸部落，则都不知道陶器的使用[①]。在鲁布克（Lubbock）的《史前时代》（*Pre-Historic Times*）中、泰勒（Tylor）的《人类初期史》（*Early History of Mankind*）中、伯瑟尔（Peschel）的《人类种族》（*Races of Man*）中，都搜集了关于制陶术及其分布范围的详细材料，并作了深刻的研究。在坡里内西亚〔东拉人（Tongans）及非支人（Fijians）除外〕、在澳洲、在加利福尼亚、在哈得逊湾等地方的居民，则都不知道制陶术。泰勒说道："在亚洲以外的大部分岛屿中，都不知道纺织"，又说："在南洋大部分的岛屿中，则没有制陶知识。"[②]居住于澳洲的英国传教士罗立马·斐逊（Lorimer Fison）牧师在答复著者的问题中说："澳大利亚人没有纺织物及陶器，也不知道弓矢。"以弓矢而论，坡里内西亚人大体上也与此相同。制陶术的采用，对于改善人类的生活、增进家庭的便利方面，在人类进步上开了一个新纪元。燧石及其他石材所制造的工具——其出现较陶器为早，并且在发展它的各种使用上也需要很长的期间——给人类以独木舟、木制容器及器具、终于在建筑上给人

---

① 近几年来，在俄勒冈（Oregon）州土著的丘垅中曾发现陶器。见福斯德（Foster）著：《美国的史前种族》（Pre-Historic Races of the United States）第一卷，一五二页。在美国的土著中最初的制造的陶容器，似乎是以灯心草或柳枝作篮为器模，俟泥浆硬化后便将篮模烧掉。见琼斯（Jones）著：《南方印第安人之古迹》（Antiquities of the Southern Indians），四六一页。参看一八六六年《斯密逊研究所报告》（Smithsonian Report），三五二页所载劳（Rau）教授关于"陶器"的文章。

② 《人类初期史》一八一页；及《史前时代》四三七页、四四一页、四六二页、四七七页、五三三页、五四二页。

类以木材及木板房屋。[①] 陶器给煮食物以耐用的容器，在没有陶器以前，则采用一种粗陋的方法：即将食物盛于涂了粘土的篮子内，或置于张有兽皮的土坑中，然后再用烧热了的石头投之，使之煮沸。[②]

土人们到底是用火使陶器硬化呢？抑系只用一种简单方法使之干硬呢？这倒是一个疑问。印第安纳波里（Indianapolis）的柯克斯（E.T.Cox）教授曾分析古代陶器与水硬水门汀（hydraulic cements）而加以比较，证明"从化学上的成分一点看来，古代陶器与今日的水硬水门汀其组合成分是极相类似的。"[③] 他又说："我实地所见的属于丘冈建筑者（mound builders）（译者按：系指往昔北美筑造丘冈的印第安人而言，以下仿此。）时代的一切陶器，是由冲积粘土与砂混合而成的，或者是冲积粘土与淡水介壳粉末的混合物。然而由这种混合物而成的泥浆，具有高度的水硬波佐阿那尼（Puzzuolani）水门汀，及波特

---

① 一八〇五年路伊斯（Lewis）与克拉克（Clarke）在科伦比亚河流域的部落中发现了用木板建筑的房子。见其《旅行记》，龙门版（Travels, Longman's Ed.）一八一四年刊行，五〇三页。又约翰·歧斯迪·罗德（John Keast Lord）发现了温加华岛（Vancouver's Island）的印第安人部落的住屋，"系以用石凿及石斧从杉树砍下来的木板为材料的"一件事。《英领科伦比亚的自然科学家》（Naturalist in British Columbia）第一卷，一六九页。

② 泰勒著：《初期人类史》，二六五页及以下。

③ 他在一八七三年《印第安那州之地质调查》（Geological Survey of Indiana），第一一九页上载有下列的一个分析表：印第安那州，波瑟区（Posey Co.），"Bone Bank"的古代陶器。

湿度（在华氏二一二度）	1.00
硅土	36.00
碳酸钙	25.50
碳酸镁	3.02
矾土	5.00
过酸化铁	5.50
硫酸	0.20
有机物（硷及消失物）	23.60
合计	100.00

兰（Portland）水门汀之特质，所以用这种泥浆为原料而制成的陶器，不如现代陶器中通常所见到的那样，无须乎火烧而可使之硬化。介壳之细末，与在今日用水硬石灰制造人造石中黐合砂砾或石屑是具同一功用的。"印第安人的陶器具有与水硬水门汀相同的成分一事，暗示这种技术发明的困难，并且说明在人类经验的进程中采用陶器是比较晚的事实。尽管柯克斯教授的意见是如何巧妙，陶器则可能是用人工加热而使之硬化的。有几桩事可作为直接的证明。即如阿对耳（Adair）关于加尔夫（Gulf）部落所述的，他说："他们制造各种不同大小的土壶——有的足够容纳二加仑以至十加仑——取水的大瓶、碗、碟、盘、盆以及其他大量形状古怪的容器，其形式难于形容，亦无法命名。他们使陶器光亮的方法，是将它们放置于松脂烟的大火焰上，使其光滑、色黑与坚实。"[①]固定文化上的一定时代的另一种长处，即是好把特殊的研究转向那些对每一种社会状态能提供最好例证的部落及民族，目的在使文化时代与社会状态两者得到标准化及足以说明问题。有些部落及部族，因在地理上处于孤立的地位，所以只能靠他们自己心智上的努力来解决其进步上的问题，从而保存了他们技术及制度的纯粹性及单纯性；同时别的一些部落及民族因受了外界的影响，他们的技术与制度便不免被混杂了。因之，非洲在以往及现在，在文化上都是野蛮与开化状态的混乱状态，而澳大利亚及坡里内西亚则属于纯粹的和单纯的野蛮状态，其技术及制度亦与此相应。同样，美洲的印第安人，与

①　阿对耳著《亚美利加印第安人史》（History of the American Indians），一七七五年伦敦版，四二四页。易洛魁人认为他们的祖先在古代将陶器置于火前使其干硬。

其他现存的部落不同，表现了人类在三种连续的文化时代中的情况。他们安然的占有一个大陆，同具有共同的祖先及单纯的制度，当其被发现之时，他们表现了这三个时代中的每一种社会情况——尤其是开化的低级状态和中级状态——较其他任何人类部落表现得更为细密和完全。居住于极北的印第安人部落以及南北美洲沿岸的一些部落，是在野蛮的高级状态之中；居住于密西西比河以东经营半村落生活的印第安人部落，是在开化的低级状态之中；而南北美洲经营村落生活的印第安人部落，则处在开化的中级状态之中。像这样能恢复人类在这些连续阶段中次第发展其技术及制度的经验与进步上的完全的及详细的知识的机会，是在有史以来所未曾有的。最后，要附带声明的，就是这一机会未被充分的利用。我们最大的缺陷，是关于上述的最后的一个时代。

由于东半球与西半球之间在天赋富源上之不同，所以关于同一时期在文化上存在有差异，这是无可置疑的。但是两大陆在相应状态中的社会状况，就大体上说基本上必须曾经是相同的。

希腊、罗马及日耳曼诸部落的祖先，都曾经经过以上所述的诸阶段，到了最后的一阶段中历史之光明才投向他们。他们从开化状态的不可分辨的集团分化出来，或许不会开始于开化时代的中期以前。这些部落的经验，除了在他们开始进入历史时期时所原来带来的及所具有的制度、发明及发现所代表的东西而外，都已消失了。荷马及罗缪拉斯（Romulus）时代的希腊及拉丁部落是开化高级状态的最高例证。他们的制度也同样是纯粹和单纯的，他们的经验是与文明的最后成就直接相衔接的。

从澳大利亚人及坡里内西亚人开始、继之以美洲的印第安人部落、终之以罗马人及希腊人，他们各都提供人类发展六大阶段中之一的最高的例证，他们的联合经验的总和，可以适当的视为是代表从野蛮中级状态至古代文明之末的整个人类的经验。因此，雅利安人各民族可以在今天的澳大利亚人及坡里内西亚人中找到他们的远祖在野蛮状态中处于怎样境遇的典型；可以在栖息于美国的经营半村落生活的印第安人部落中找到他们在开化低级状态时期中的典型；他们在开化中级状态中的情况，可以在经营村落生活的印第安人部落中找到；而他们在开化的高级状态中的自己的经验则与之直接相衔接。在同一阶段中的技术、制度以及生活样式等，在一切大陆中是如此基本的相同，所以希腊人及罗马人的主要家族制度的原始形式，甚至在今天必须于与其相应的美洲土著的制度中去探求之，这一点，将要在本书的进行上，次第加以证明。这些事实，成为趋向于证明人类的主要制度是从极少数的原始思想萌芽发展而来的证据积累的一部分；并证明人类制度的发展途径与方法是预定了的，同时又证明这些途径与方法的歧异是被人类心灵的自然逻辑及其能力的必然的界限所限制于狭窄的范围以内的。栖息在互不相同的、并且甚至于在不相连接的、大陆的诸部落及诸民族，当其处在同一阶段中的时候，除了因特殊原因于统一之中产生有个别的差异现象而外，其进步的性质在基本上都发现是同一的。若将这种论证加以引伸，则倾向于证明人类起源的统一性。

我们研究各部落及民族在这些文化时代中的状况，在本质上也就是研究我们自己远祖的古代历史及状况。

第二章

生存的技术

人类之征服地球

人类从阶梯的底层开始、而渐次上升的这一个重要事实，由连续而发明的生存上的诸技术而明白地显示出来。在他们这一方面的技能上，乃是决定人类在地球上获得优越权的整个关键。实在可以说，人类乃是对于食物之生产取得绝对的控制权的唯一的生物；但是，在开始时，人类所具有的并不高于其他动物。倘若生存的基础不扩大，人类便不会发展到不具有同一种类之食物的其他地域中去，最终发展到整个地面上去；最后，倘若人类对于食物之种类及其分量上没有取得绝对的控制权，那么，他们便不会繁殖而成为人口稠密的许多民族。根据以上所述，所以人类进步上的许多伟大时代，多少都直接地与生活资源之扩大相一致的。

人类食物的五种类型

人类食物的资源，我们可以区别之为五种。这些食物的资源，是由许多所谓连续发明的各种技术而造成的，它们互相重迭着，在长时间的间隔中渐次地被发明出来。这些资源的第一种及第二种，发生于野蛮时代，其他三种，则发生于开化时代。兹按其出现的顺序，叙述如下：

1. 在有限的住地上以果实草根为食物的自然生活

这一命题，将我们带返到人类的严格的原始时代，当时人类稀少，生活简单，占据有限的地域，他们刚进入到他们的新的生涯中去。既没有什么技术，也没有什么制度可以归属于这一时代；但是，只有一种发明，即语言，是可以与这种遥远的时代相关联的。从所指示的食物之性质上加以判断，可以推定到这时代的人类，系生活于热带及亚热带的气候之中。一般公认，原始人类的原生地，是居住于如上所述的气候之中的。我们通常认为我们的祖先开始其生存于热带炎日下的果树及坚果仁树的森林中，这是具有理由的。

在时间的顺序上，动物的各种类先于人类种族。我们有理由来假设，当人类种族初出现地球之上的时候，动物的力量及其数量正是很强大的。经典时代的诗人描写过栖息于茂林、洞窟以及森林中的人类部落，为要保有他们的住居，曾与野兽作过争斗[1]——同时，他们

---

[1]　琉克理喜斯（Lucretius）：《论物性诗》（De Rerum Nat.）第五卷，九五一页。、

以自生的果实，为日常的食物。若是在人类开始其生存时，既无经验，又无武器，而被凶猛的野兽所包围，当时他们为要保护自己与保持安全，至少部分地栖息于树上，也是极为可能的。

由于需要不断地获得食物以维持生命，这是一切动物种类在生存上的一个重大负担。当我们在动物身体组织的阶梯上一级一级地往下降时，他们的生活，便益加简单，直至神秘终归消失。但是，倘若一级一级地向上追溯，那么，他们的生活，便益加繁难，直达到最高级构造形态的人类，便臻于顶点。自此，理智便成为更重要的因素。肉类食物，很有可能，在很早的时期中，便成为人类的消耗品；自身体上的构造来看，虽然人类是无所不食的，但是人类在以蔬果为主要食物的时代，是否即积极的追求肉食，这一点只能委之于推测。以上所说的生活方法，是属于严格的原始时代之事。

2. 鱼食生活

鱼类必须认为是最早一类的人工食物，因为若不加以烹饪就不能充分的利用。火的最早的利用似乎是为要达到这一目的。鱼的分布是普遍的，其供给是无限制的，并且是唯一的食物能在无论何时都可以获得到的。原始时代中还不知道谷物，事实上纵令存在的话。狩猎是极不足恃的，绝不能成为维持人类生活的唯一手段。靠这一类的食物，人类渐渐摆脱气候及地域的支配而得到了独立，他们在野蛮状态之中，沿着海岸、湖岸以及河道而散布于地球的大部分之上。关于他们这样的移住于世界各处，可以由在今日各大陆所发现的那些以燧石及其他石材所制造的野蛮时代的各种工具的遗物得到充分的证明。当人类依赖果实及自生的食物为生活时，要从其原来住地移住他处是不可能的。

自采用鱼类为食物之时起，继之与上面所说的广泛迁徙移住时代，与开始栽培淀粉性食物的时代之间存有一个极长的期间。这一期间，占了野蛮时代的一大部分。但是，在这一期间之中，在食物的种类及数量上，都有很重要的增加。譬如，在地炉中烘烤的面包根块，以及因武器之改良，尤其是因弓矢之发明，对于猎取禽兽肉之永久性的增加，即其显例。这一值得注意的发明，继矛及战斗用的棍棒而起，出现于野蛮时代的末叶，给狩猎上以第一种致命的武器。[①]这一发明，曾用来以标志野蛮高级状态开始。它在古代社会向上的进展上，必会给以有力的影响。在它对于野蛮时代之关系上，恰如铁制刀剑之对于开化时代、火器之对于文明时代之关系一样。

在广大的产鱼地域以外，由于以上所述的一切食物资源之不足恃，食人之风便成为人类的悲惨的手段了。此种行径之盛行于古代，已渐次得到证实。

3. 借栽培而来的淀粉性食物生活

我们现在离开野蛮时代，而进入开化时代的低级阶段。除开已

---

① 弓矢上的各种力学的结合，是如此的巧妙，所以它的发明决不能归诸于偶然。某种树木有弹力与韧性，动物筋或植物纤维弦在弯弓上的张力，最后，借人类的筋力而结合以上这些力以发矢等等现象，对于野蛮人的心灵上，都不是很明显的启示。如前所述一样，坡里内西亚人及澳大利亚人一般都不知道弓矢。只由这一事实看来，当弓矢初次出现时，已可表示人类在野蛮状态中已是相当进步了。

脱离了野蛮状态的诸部落而外，在西半球的诸部族中是不知道谷物及其他植物之栽培的；并且甚至在东半球，当亚洲及欧洲诸部落经过开化低级状态而接近于开化中级状态的末叶的时候，似乎还不知道谷物及其他植物的栽培。处在开化低级状态中的美洲的土著，较诸东半球的居民先于一个整个文化上的时代而具有农业，这一点在我们看来，是很稀奇的事实。这是由于东西两半球的资源之不平等的结果；即东半球——除了一种以外——具有适于饲养的一切动物及谷物种类之大部分；而西半球则仅具有一种适于栽培的谷物，这一种谷物却是最好的一种。这便是所以使东半球的开化初期状态延长、使西半球的开化初期状态缩短的原因；而这一时期的有利的优势，则是属于美洲土著的。但是，在开化中级状态之初，在东半球中的最进步的诸部落业已饲养家畜，得着肉食及乳食的供给，他们虽然没有关于谷物上的知识，可是他们的情况，却远胜于美洲的土著；美洲土著在这个相应的时期中有玉蜀黍及其他植物食品，却没有家畜。闪（Semitic）族和雅利安族从开化人的集团中分化出来，似乎是从家畜的饲养的时候开始的。

雅利安族之发现和栽培谷物是后于动物的饲养的，这可由下述的事实得到证明，即在雅利安语的若干方言中对于这些动物的名称是共同的，但是对于谷物或种植的植物却没有共同的名称。蒙森（Mommsen）指出了在梵语、希腊语及拉丁语中家畜名称都是相同的以后〔穆勒尔（Max Müller）后来又扩充这一说，把其余的雅利安语系的方言都包括在内〕①，便证明这些家畜是在雅利安诸民族分离之前便已知道和假定已为所饲养了的，继之他又说道："在另一方面，对于在这一时代是否存在着农业的问题，我们还没有肯定的证据。从语言上来看，似乎是否定的。在拉丁及希腊语的谷物名称中，其见于梵语中者只有 zea 一词，这一名称，从语言学上看来，相当于梵语的 yavas，但在印度语中便是大麦之意，在希腊语中则是 spelt（麦）之意。我们认为，从农作植物名称之如此的不同、与动物名称之基本的相同上一点看，虽然是如此一种有力的对比，但不能绝对的否定农业在雅利安各族中有共同起源的一假定。印度人中的稻的栽培、希腊人中的小麦及 spelt（麦）的栽培、日耳曼人及克勒特人（Celts）中的稞麦（rye）及燕麦的培植，都可追溯到一原来的共同的耕作系统。"②这一最后的结论，殊为牵强。恰如园圃（hortos）在农田（ager）之先一样，园艺亦在农业之先；虽然农田含有境界的意义，而园圃却直接地表示一"围入的区域"（inclosed space）。虽然如此，耕作却较被围着的园圃要早些；从自然的顺序而言：第一、是耕种小块的冲积地带，第二、是围入地区或园圃的耕耘，第三、是借动物动力而犁耕的农田。豌豆、豆、芜菁、防风根、甜菜、南瓜、甜瓜等植物一种或几种的栽培，是否在谷物栽培之前，我们在今日是无由知道的。这些植物中的好几种在希腊及拉丁语中有其共同的名称；但是，我们著

---

① 马克司·穆勒尔著《从德意志工场而来的断片》（Chips from a German Workshop）一书中的比较表，第二章，四二页。

② 蒙森：《罗马史》（History of Rome），Scribner 版，一八七一年刊行，第一卷，三八页。

名的语言学家辉特尼（W.D.Whitney）教授曾明白的告诉我说：在希腊、拉丁及梵语三者之中，在这些植物中没有一种是具有共同的名称的。

园艺之起，似乎与其说它是为了满足人类的必需而起，毋宁说它是为了家畜的必需而起。在西半球，园艺是以栽培玉蜀黍而开始。这一新时代，在东西两半球虽不同时，但对于人类的命运上却有伟大的影响。我们有理由相信，需要极长的时间来建立种植上的技术及使淀粉性的食物成为人类的主要食品。因为在美洲以淀粉性食物为主要食品的事实既导致了定居及村落生活，尤其是在村落印第安人之间，所以它倾向于代替鱼食及狩猎。不仅如此，从谷物及培植的植物中人类获得了丰富食物可能性的第一个印象。

在美洲中的淀粉性食物之获得与在亚洲及欧洲中的家畜之获得，有了这种供给，便拯救了比较进步的诸部落脱离人食人的灾祸。如前所述，我们有理由相信在整个的野蛮时代中食掉俘获的敌人曾普遍地流行于世界各处，当饥馑之时，朋友及亲族亦在所不免。当战争的时候，在战场上两相战斗团体间所发生的食人的风气，不仅残留于开化低级期，甚至在开化中级期的美洲土著中还残留着；例如在易洛魁人及阿兹忒克人之间还是存在着的，不过一般的流行则是绝迹了。这一点，很有力的说明食物之固定的增加，对于人类生活状态之改善上的极大重要性。

4. 肉食及乳食的生活

西半球除骆马外无适于饲养的动物[①]以及东西两半球谷物种类的不同，这对于其地的居民之相对的进步上有重大的影响。虽然这种天然资源之不同对于野蛮时代的人类无关紧要，并且对于开化低级期的人类也没有发生过显著的影响，但是在进到开化中级期的一部分人类之中却发生了根本的差异。动物之饲养对于人类的生活供给了固定的肉食及乳食，这就倾向于把具有这种食物的部落从其他的开化部落集团中分离出来。在西半球，肉食只限于不可靠的狩猎的供给。这种把食物只限制于一主要种类之中是不利于村落印第安人的；无疑的这足以说明他们的头脑较诸在开化低级期中其他印第安人的头脑为小的原因。在东半球因饲养家畜的结果使居民中的节约而勤劳的人们能固定地得到肉食之供给，包括含乳[②]在内；这种食物对于这些种族、尤其是对于儿童，具有健康及激励的效果，无疑的是很明显的。至少我们可以假设雅利安族及闪族之所以天赋之优厚，以我们今日所知，主要的是由于他们能够使他们自己的生活与他们所保有的家畜之数量相结合的缘故。事实上，他们完全将兽肉、兽乳、兽筋，结合于他们自己的生活计划之中。人类中没有其他任何种族有如雅利安族及闪族做到这一步的，而两者之中，雅利

---

① 西班牙的早期著述家们曾经说及一种"哑狗"，在西印度群岛、墨西哥、中美洲等地当作为一种家畜而饲养着〔见克拉微嘿洛（Clavigero）所著《墨西哥史》（History of Mexico），第一卷第三图，阿兹忒式克狗插图〕。我不知道在什么地方将这种哑狗加以辨识者。他们还说及在美洲大陆的家禽及吐绶鸡。土著们曾驯养吐绶鸡、拿荷阿特拿克（Nahuatlac）部落曾将几种野禽养为家禽，这却是事实。

② 据荷马史诗《易利亚德》（Iliad），则当时的希腊人不仅挤取绵羊之乳，并且挤取牛及山羊之乳。见《易利亚德》，第四章，第四三三节。

安族较闪族又更为进一步。

动物的饲养渐次地开始了生活的一种新方式，即幼发拉底河畔的、印度平原及亚洲草原上的牧畜生活，或者在以上这些地方的某一处的边境地方，第一次完成了动物的驯养。他们最古的传说及历史，都说及了这些地方的牧畜生活。从而他们被吸引所去的地区并不是人类的摇篮地，也不是当他们为野蛮人时、或者当他们为开化低级期的开化人时所愿意占据的地方；在野蛮人及开化人看来，森林地带才是他们的自然的乡土。当他们习惯于牧畜生活以后，倘若他们不先学会种植一些谷物来在远离草原的土地上维持他们的畜群的话，而要他们连同他的羊群和牛群再回到亚洲西部及欧洲的森林地带中去，是不可能的事。所以，如前所述，谷物的栽培似乎极有可能首先是由饲养家畜的需要而发生的，而与这些向西方移住的事实有密切的关联；并且这些迁徙的部落之用淀粉性食物作为日常食品，也不外是从这样而获得的知识之结果。

在西半球，土著们在没有家畜的情况下——秘鲁的骆马除外——一般地都只能靠玉蜀黍一种谷物，附加上豆、南瓜、烟草等，有些地方加上可可茶（Cocoa）、棉花及胡椒等，从野蛮状态进到开化的低级状态，并且一部分能够进到开化的中级状态。但是，玉蜀黍因其繁殖于丘陵之上——这是便于直接栽培的——因其不拘在未熟或已熟之时都可以供为食用，因其产量丰且富于滋养，所以它在促进初期人类进步的力量上较诸其他所有一切的谷物的总合还要强大。这可以说明美洲土著们在没有家畜的情况下而能得到如此显著进步的原因；秘鲁人发明了青铜，从时间的顺序上来说，这仅次于并且是接近于铁矿的冶炼方法的。

5. 由农业而发生的无限制的食物之生活

用兽力以补充人类筋力的家畜，对于人类的进步上提供了一个有最高价值的新因素。从时间的进行上而言，铁的生产给予人类以带有铁尖头的犁、优良的锹及斧。随着这些发明和从前的园艺而来的便是农业，由于农业，人类第一次获得了无限制的食物的生活。借动物力来曳引犁，可以视为是一种新的技术的创始。现在有了这种新的技术，人类才开始具有一种开拓森林和推广适于栽培的土地的思想。[①]进而在有限制的地域中而能容纳稠密的人口一现象，才有可能。在农业发明以前，发展到五十万以上的人口并将其统一在一个政府之下的事实，在地球上任何地方都是不可能有的现象。如果有例外的话，那么，若不是平原上的牧畜生活之结果，便是在某一特殊的例外的情况之下因灌溉而改善园艺的结果。

家族的各形态

在以后的篇幅中，必须说到存在于各种不同的文化时代中的家族；它的形态，在某一时代中有时可以完全不同于另一时代中的形

---

① 见琉克理喜斯：《论物性诗》第五卷，一三六九页。

态。在第三编中，将要把家族的这些形态特别地加以论列。但是，因为在接着的下一编内要时时提及，所以至少必须为读者预先举示这些形态的定义，以作准备。其定义如下：

1. 血缘家族

血缘家族，是建立在一群兄弟姊妹之相互婚配之上的。它的实证，尚保留于今日尚存在的最古的亲属制度——即马来亚（Malayan）亲属制——之中，并倾向于证明这种最早的家族形态、与其所创造出的亲属制度一样，在古代曾普遍地盛行于全世界。

2. 普那路亚家族（即群婚家族）

这一名称，是从夏威夷的普那路亚（Punalua）的关系而来的。它是建立在几个兄弟对于他们各个人的妻子之间的集体的婚配之上的；同时，也是建立在几个姊妹对于她们各个人的丈夫之间的集体的婚配之上的。然而这里所用的兄弟一词，是包括堂兄弟、再从兄弟、三从兄弟在内的，甚至远房的从兄弟也都包括在内，他们彼此都视为是兄弟，恰如我们之视为亲兄弟一样；这里所用的姊妹一词，也包括堂姊妹、再从姊妹、三从姊妹在内，甚至远房的从姊妹也包括在内，她们都彼此视为是姊妹，恰如我们之视为是亲姊妹一样。这种家族形态继血缘家族而起，造成图南（Turanian）及加罗汪尼亚（Ganowanian）式的亲属制度。群婚家族及以上所述的血缘家族，都属于野蛮时代。

3. 对偶家族

对偶一词，系出自（希腊语之）syndyazo 即配成一对之意，和 syndyasmos 即结合之意。对偶家族，是建立在一男一女在婚姻的形式之下结成配偶之上的，但是没有独占的同居。它是单偶家族的萌芽。离婚或离异，经过一方的同意即可。这种家族形态没有创造出一种亲属制度。

4. 父权家族

父权家族，以一男数妻的婚姻为其基础。这里所用的父权家族一词，只用其狭义，用以表示希伯来畜牧部落的特殊的家族，他们中的酋长及其主要人物，都实行多妻制。因为这一制度缺乏普遍性，所以对于人类进步上所发生的影响是很小的。

5. 单偶家族

单偶家族，是以一男一女的婚姻为基础的，而以独占的同居为其条件；夫妻间独占的同居，是这种制度的根本要素。它是文明社会家族的特出形态，所以本质上是近代的东西。这种家族形态创造了一种独立的亲属制度。

对于以上所述各家族形态的证据，将在本书其他各章中提出，借以显示这些家族形态在人类进步的各不同阶段上是存在的，而且是一般地流行的。

第三章

人类的进步率

人类进步上各途径的回顾

将上面所论述的文化上各时代中的成就予以综合，并将其作为不同种类的事实予以互相比较，那么我们便可获得关于各时代中人类进步的相对量及其比率的印象。并且依照此种方法，我们还能够获得关于各文化时代所经历的相对时间的若干概念。要使这种方法成为有力，就必须使这样的考察成为一般性的，并且带着总结的性质。同时，也就必须只限于各时代的主要事迹之上。

在人类能够达到文明的状态以前，他首先就必须获得关于文明的一切要素。这包括生活情况上的一种可惊的变化，首先须由原始的野蛮状态进到开化的最低级状态，再由此进到荷马时代的希腊人的境况，或进到亚伯拉罕（Abraham）时代的希伯来人的境况。在文明时期中历史所记录的人类累进的发展，对于以前的诸时代的人类而言，也同样是真实的。

　　沿着人类进步的各种途径上溯到人类开始其生存的原始时代，将各时代的主要制度、发明及发现，各依其出现的顺序一一加以列举出来，那么，在各时代中人类所达成的进步便将明白地揭露出来了。

近代文明的主要贡献

　　近代文明的主要贡献是电信、煤气、多轴纺纱机、动力织机、蒸汽机与其无数的附属机器，包括火车机头、铁路及汽船、望远镜、大气及太阳系的可衡量性之发现、印刷术、运河闸、航海罗盘、以及火药等。此外有许多发明——如厄立克孙式推进机（Ericsson propeller）——乃系根据以上所列举的某种发明之一或其他而发生的；但是亦有例外，如照相机和其他许多机器，在这里无列举的必要了。除以上所举者以外，还必须列举近世科学、宗教自由及公共学校、代表民主制、立宪君主制和议会；封建王国；近世特权阶级；国际法、成文法及习惯法等。

　　近世文明恢复了和吸收了古代文明中任何有价值的东西，虽然它对于人类知识的总和上所贡献的固然是广大、灿烂和迅速，然而近世文明却不是那样的伟大而能压倒古代文明，将古代文明降落为比较无意义的东西。

古代文明的主要贡献

越过中世纪，其中产生了峨特式的（Gothic）建筑，具有世袭品级的封建贵族政治，以及在罗马教皇权力下的教阶制度，由此我们便进入到罗马及希腊文明了。罗马及希腊文明虽然缺乏伟大的发明及发现，然而在艺术上、哲学上和在有机的制度上，却是卓越的。这些文明的主要贡献，是帝国及王国政府；民法；基督教；具有元老院及执政官的贵族、民主混合政治；设有议会及人民会议的民主政治；组织成骑兵及步兵的军队并带有军事训练；海军的设置及海上战斗；具有都市法的大都市之建立；海上贸易；货币的铸造；以领土及财产为基础的国家；在发明上有火砖；起重机；①水碾；桥梁；明渠及阴沟；作为引水用而附有导管的铅管；卷拱；天秤；古典时代的艺术和科学及其成果，包括建筑上的各种样式；阿拉伯数字与字母文字。

这些文明，不仅大部分吸取了在它以前的开化时代的发明、发现及制度，并且是建立在开化时代的发明、发现及制度之上的。文明人的成就虽然是极其伟大和显著的，然而却不足以掩蔽人类在开化时代所作出的业绩。以开化时代的人类而言，除了字母的发明以外，既创造出了文明上的一切要素，也具有文明上的一切要素。人类在开化时代中的成就，应该在它对于人类进步的总合关系上加以衡量；那么，我们便不得不承认开化时代人类的成就，在相对的重要性上，实

---

① 埃及人可能发明了起重机。见希罗多德（Herodotus）《史书》，第二卷，一二五页。他们还有了天秤。

凌驾在它以后的人类的一切业绩之上。

文字的使用，或在石上刻象形文字，提供了文明开始的最适切的标准。[①]倘若没有文字上的记录，历史与文明，都不能适当的说已经存在。荷马诗篇的创作，不管它是出自口述抑或当时已用文字记录，要之它的产生即可决定希腊人已与文明相去不远了。这些永久常新和永久可惊叹的诗篇，具有一种民族学上的价值，因而更加增大了它的其他的价值。这一点在《易利亚德》中尤为真确，因其中包含着到《易利亚德》创作时代为止，人类进步的现存记录中最古及最详细的记录。《斯特累波》（Strabo）称赞荷马为地理科学之父；[②]但是，这一伟大的诗人，或许他当时没有料想到，为后代留下了更为无比重要的东西：即关于古代希腊人的艺术、习俗、发明、发现及其生活状况的特别详细的说明。荷马的诗，是对尚在开化状态中的雅利安人社会的最初和最广泛的描写，其中充分地表示了当时人类进步的状态及其所包含的内容。由于荷马的诗篇，使我们能够很自信的断言希腊人在其还未达到文明之域以前，已经知道了那些东西。并且对于开化时代的早期及中期，也给予一种启发性的说明。

---

① 表音字母的发明，和其他的伟大发明一样，是连续努力的结果。迟缓的埃及人，从象形文字发展，通过其各种形态渐次地达到了由音字构成的缀音表，到此，他们的努力也就终止了。他们能够在石头上雕刻留传永久的文字。随后出现了富于研究性的腓尼基人（Phoenician），他们是最初的航海家和海上贸易者。他们是否以前就精于象形文字，或是不知道，然而他们似乎一跃就进到了埃及人的成就范围以内，借其天才的灵感，而解决了埃及人所梦想解决的问题。腓尼基人发明了由十六个符号而成的新奇的字母，这种字母，在当时给了人类一种书写的语言，以及可以用为文学上及历史上记录的方法。
② 《斯特累波》，第一卷，二页。

开化时代晚期的主要贡献

以荷马的诗作为指导，继续回溯到开化时代的晚期，让我们从人类的知识及经验中列举：诗歌的发明；形式复杂的古代神话与其奥林比亚（Olympian）的神灵；寺庙建筑；谷物——不包括玉蜀黍及其他栽培植物——同农业的知识；备有雉堞、角楼、城门的石墙围绕着的都市；建筑上大理石的使用；用木板、可能用钉的造船术；车辆及战车；金属板制的甲胄；铜矛头及浮凸饰的盾；铁制的刀剑；或许还有酒的酿造；除了螺旋以外的机械力的利用；陶钧及碾谷物用的手磨；机织的亚麻布及毛织品；铁斧及铁锄；铁小斧及铁锛；铁槌及铁砧；风箱及熔铁炉；设在丘腹的熔解铁矿的炉，以及关于铁的知识等。除了以上所列举的各项以外，还必须举出的：有单偶制家族；英雄时代的军事民主制；后期的氏族、胞族、部落等组织；或者还有阿哥拉（agora），即人民会议；关于房屋和土地的私有的知识；以及设防城镇都市生活的进一步的形成。当以上所举出的这些东西渐次完成之时，属于最高级的开化时代的人类，便献出了他们伟大事业的主要部分，以及从之所获得的精神上的及道德上的发展。

开化时代中期的主要贡献

由上述的时代，再上溯到开化时代的中期时，各种事业的征迹便渐形模糊，各种制度、发明及发现出现的相对顺序，也不如以前的明了了。不过甚至于追溯到雅利安族的这些遥远的时代时，我们并不是没有若干知识来作我们的指导。如在以前所已经说过的理由一样，除了雅利安族以外，现在也可以在人类其他的族系中，得到我们所希望得到的资料。

其次进到开化时代的中期，让我们用同样的方法，将此时代的人类经验中，列举：青铜制造方法；家畜；用日晒砖建筑的砖墙、及用砂与石灰灰浆建筑的石壁共同居室；巨大的墙垣；建筑在桩上的湖上居室；关于自然①金属的知识，及熔解金属用的木炭和坩埚的使用；铜斧及凿；梭及雏形的织机；用灌溉、堤道、蓄水库，及灌溉沟渠的农事耕作；铺砌的道路；柳枝建的索桥；人格化的神、及借服装区别并组织成教阶的僧侣团；用人作牺牲；阿兹忒克式的军事民主主义；西半球的棉织品及其他植物纤维织品，东半球的毛织品及亚麻织品；装饰的陶器；附有燧石的尖端的木制刀剑；磨光的燧石器及其他石器；关于棉花及亚麻之知识，以及家畜的饲养。

开化时代初期的主要贡献

这一时代人类成就的总合，是少于其继起的一时代人类成就之

---

① 荷马曾提到天然金属；但是天然金属在荷马以前并且在铁以前就早为人类所知道了。用木炭及坩埚来熔解这种天然金属，便为冶铁术准备了条件。

总合的；但是在其对于人类进步之总和的关系上其贡献则是很大的。在东半球则包括动物的饲养，使肉食及乳食永久地成为人类的食物，最终促成了农业的发生；并且开始了对天然金属的实验，结果产生了青铜，①同时为熔解铁矿上所需要的较高的方法开拓了道路。在西半球中，其标志则为天然金属的发现及其处理，结果独立地发明了青铜；为采用灌溉方法种植玉蜀黍及其他的植物，及用日晒砖及石头建筑带有堡垒性的大规模的共同居室。

再继续向前追溯，便进入开化时代的初期，从人类所获得的事物中我们可以列举：根据氏族、胞族及部落，而在一酋长会议的政府之下的联盟组织，它给予人类社会以一种前所未知道的较高级的社会组织状态。同时在西半球有玉蜀黍、豆、南瓜、烟草等之发现及其栽培，和淀粉性食物的知识；备有经纬线的手织物；经过硝制的鹿皮短裤，鹿皮靴及胫衣；射鸟的吹气铳；为防御用的村落木栅；部落间的竞技；自然力的崇拜与大主宰神的渺茫认识；战时食人的习惯；以及制陶术。

---

① 柏克曼（Beckmann）的研究的结果，对于在希腊人及罗马人获得关于铁的知识以前是否存在有一真正的青铜时代一事，留下了一个疑问。他以为荷马在《易利亚德》中所说的琥珀金（electrum）是一种金银的合金。〔见柏克曼的《发明史》（History of Inventions）Bohn 版，第二卷，二一二页。〕他又以为罗马人的"锡"（stannum），乃是银与铅的合金，而与荷马所说的"kassiteron"是同一东西。（同上书，第二卷，二一七页。）荷马所谓"kassiteron"一词，普通都解释为锡。柏克曼对于称为青铜的一种合金说道："依我的意见，这种东西的大部分，正确的说，是由称为锡（stannum）的一种金属制成的，其中羼杂有比较贵重的金属，熔合较困难，所以它较诸纯粹的铜更适宜于铸造。"（见《发明史》第二卷，二一三页。）柏克曼的这种观察，只限于地中海沿岸的诸民族，在他们的地域上是不产锡的。可是对于在瑞士、奥地利、丹麦及北欧其他各地方所发现的斧、小刀、剃刀、刀剑、匕首以及个人的装饰品，经分析的结果，都是铜与锡的合金，合于青铜的严格的定义。从它们发现的关系上言，则在铁器之前。

当我们依照时代及发展的顺序上升时，但同时在人类进步的阶梯上则系下降，因而发明成为更单纯，而与人类的基本欲望更直接相联系；制度也一步一步的更接近于由血亲所构成的原始形态的氏族，有他们自己所选举的酋长，由有亲属关系的氏族所构成的部落，及一酋长会议所统治的政府。这一时代的亚洲及欧洲的诸部落的状况（当时雅利安族及闪族或许还没有出现），已基本上消失了。只有征诸陶器的发明与动物的饲养之间的古代技术的遗物，或可窥见他们的生活状态于一二；其中包括波罗的海沿岸建筑贝丘的部落，他们似乎除了驯养的犬而外更无其他的家畜。

要之，任何对于人类在开化状态的三个时代中所成就的业绩的正确的估计，不仅在数量及真实价值上必须视为是极其广大的，就是那必然随之而来的精神上及道德上的发展，也是极其卓越的。

野蛮时代的主要贡献

其次，再上溯到通过漫长时间的野蛮时代，我们从人类的知识中可以列举：氏族、胞族及部落的组织；对偶家族制度；最低形态的自然力之崇拜；缀音语言；弓矢；用石及骨制造的工具；藤制及薄木片制的篮；皮制衣着；群婚家族制；以性为基础的社会组织；由密集房屋而形成的村落；舟船，包括树皮制成的小舟及独木舟；附有燧石尖的标枪及战斗棍棒；粗制燧石工具；血缘家族制；单缀音语言；拜物主义；食人之习惯；用火的知识；最后，姿势语言。^①我们将人类的这些成就依照其完成的顺序逐一列举出来后，我们便接近到人类刚学会用火，使鱼食生活及变换居住地成为可能与试图形成发音分明的语言的人类生存之幼稚时代。在这样一种绝对原始状态的幼稚时代，人类不仅是立于人类进化阶梯的最下层的幼儿，而且他的简单的头脑还没有被这些制度、发明、发现所表现的思想或概念所透入，——一言以蔽之，他们是站在阶梯的最下层，但是在其潜在力方面却具有在以后要形成的一切。

随着发明及发现的出现，随着制度的发展，人类的心灵亦必然地因之而成长、而扩展；终必导致我们认识脑髓的自身，尤其是大脑部分，渐次的扩大。在野蛮时代，这种迟缓的精神发展是不可避免

---

① 关于语言起源问题的研究，其程度已达到了知道任何解决这一个问题的方法上的严重困难。到现在，似乎大家都认为这一研究是没有益处的而予以放弃了。在这一问题上所关联的，与其说是在于语言的资料，毋宁说是在于人类发展的法则与精神原理之必然作用的问题。琉克理喜斯曾说原始时代的人类借声音及手势期期艾艾的彼此传达思想。（见其《哲学者》第五卷，一〇二一页。）他假定思想在语言之先，姿势语言在发音分明的语言之先。姿势及符号语言似乎是原始的东西，是发音分明的语言的姊姊。在开化状态的人类之间，如果不在野蛮人之间的话，当他们的方言不是同一的时候，姿势或符号语言还是他们互相交通的一般的语言。美洲土著中即发展了这样一种语言，因此显示着这种语言是可以形成为适合于一般传达思想的工具的。他们使用这种语言，既娴雅，又明了，而使用者感到一种愉快。这是一种自然符号的语言，所以其中含有普遍语言的要素。符号语言较诸声音语言的发明为易，并且因其较易通晓，所以可假定符号语言发生于发音分明的语言之先。依照这种假定，声音最初是姿势及手势的补助，从而声音渐次具有习惯的意义，所以声音在此种范围内，便代替了符号语言，或与之相合并。同时它必倾向于发展发音器官的机能。所以没有一个假设能比这还要明显，即姿势语言自从发音分明的语言发生以来即与之相随。在今日，姿势及手势依然与声音保持着不可分离的关系，自遗留上讲，还保持着古代精神上的习惯。倘若语言是完全完备的话，那么，用姿势来引申或加强语言的意义，便是一种缺点。可是，当我们朝着语言发展的阶段向下走，回溯到古代语言的粗朴的形态时，我们便发现姿势的成分，不拘在其分量上抑或在其形态的种类上，都益形增加，以致我们发现语言之依赖于姿势的程度，即如果没有姿势语言基本上便不可了解。语言与姿势，在野蛮时代中两相提携而并相发展与繁荣，甚至到了开化时代的后期，其形态虽已变化，而在二者之间却依然保持不可分离的结合。希望从事解决语言之起源问题的人，应该充分地借观察姿势语言而能得到的可能的暗示。

的，这是由于他们要从无物之中来计划最简单的发明、或从近于无物之中来帮助精神的努力、以及在如此粗野的生活状况中发现可资利用的物质或自然界的力量的极度的困难。并且从这样野蛮和难于驾驭的材料之中来组织极其简单形态的社会，其困难也不减于前者。最初的发明及最初的社会组织，无疑的，是最难于达到的，因此，彼此间所间隔的时间必定极其长久。家族组织之连续的形态便是极显明的例证。在这一按照几何级数的比率而进展的进步法则之中，可以找到野蛮时代期间之所以历时长久的充分说明。

原始人类的低下状况

人类的早期状况实质上如上所述者，并不是绝对地近世所发生的见解，甚至于也不是最近所发生的见解。古代的诗人及哲学家中便已经认识了这一事实：即人类开始于极端粗笨的状态之中，渐次缓慢的一步一步地向上发展。他们还认识了人类发展的进程系借一系列进步的发明及发现所记录的，但是他们却未充分的了解从社会制度中所能得到的更有决定性的论证。

几何级数的人类进步

与文化上各时代之相对的期间有着直接关联的人类进步率这一重大问题，现在便呈现于我们之前了。人类的进步，自始至终，虽不是严格地，但本质地却是呈示着几何级数的比率的。这一点，在事实表面上是很明显的，即按诸理论，亦不能按其他的方法发生。绝对知识的每一个项目，一旦为人类所获得时，便立即成为次一知识进一步获得上的动因，直至到达知识的现在的复杂程度为止。因之，虽然人类的进步在最初的一时代中为最缓，在最后的一时代中为最速，然而当两个时代所成就的事业在人类成就的总合关系上来加以考察时，其相对量或许以最初的一时代为最大。在这里可以指出，我们可能终须承认在人类进步之总合的关系上，野蛮时代的进步，较诸后来的开化状态的三个时期的进步程度为大；同样，在整个开化时代所实现的进步，也较诸后来整个文明时代的进步程度为大。

文化上各时代的相对期间

这些文化上的时代之相对的期间究竟有多长呢？倒是推论的一个好题目。精确的计算固属不可得到，然而一种概算却是值得一试的。根据几何级数的进步率而言，野蛮时代必然地较开化时代为长，开化时代也必然地较文明时代为长。如果我们假定人类生存于地球上的期间为十万年，——实际上或许较长也或许较短——以此为准绳来衡量每一文化时代所经历的比较期间，那么在十万年之中至少有六万年应归诸于野蛮时代。根据这个分配，则在人类最进步的部分中其生活的五分之三都消耗在野蛮状态之中。所剩下的四万年，其中二万年——即五分之一——应归诸于开化状态的初期。开化状态的中期及晚期，不过一万五千年；留下来给文明时代的，不过五千年而已。

野蛮时代的相对期间，有如上面所估计者，与其说是过长，毋宁说是过短。关于作出这种分配的原则是如何姑不置论，除了人类的进步系由几何级数进展的必然性的论证而外，还有在古代技术遗物中所普遍发现的进步的累进阶梯一说；进步的这种累进阶梯，就制度而言，也同样是真实的。要之，在野蛮状态中人类所经历的期间，较诸在这一状态以后人类所经历的一切期间为长，而文明时代所包括的不过是人类生活中的一小部分而已；这一个事实，乃是民族学上极重要的结论。

雅利安与闪族的出现

在人类的各支中，雅利安族及闪族是最早脱离开化状态的；他们其所以能如此，是由于他们与不同种族的混合，由于他们食物的优越性或是由于获得了地利，也可能是由于这些原因的总和的结果。这两族实质上是文明的建立者①。但是他们以独立不同的种族出现，无疑的，是比较晚的事实。他们的祖先已消失于不可区别的早期的开化人的集团之中了。可以确定的雅利安族的最早的出现，是与饲养家畜相联的，在是时，他们在语言上及国家上，都已是一个民族。然而却不可认为雅利安族或闪族在开化时代的中期开始以前就形成为独立的民族了，或由于家畜的获得而从其他的开化部落集团中分化出来了。

人类中最进步的部分，似乎好象说，在进步的途程上达到某一阶段时便行停止，直等到某些大发明或大发现的出现，如动物的饲养或铁矿的熔解等，才给予一新的和强有力的前进的冲动。在他们这样停滞着的时候，其他比较粗野的部落则继续向前进步，而达到与它们相同阶段的各种不同接近的程度；因此，只要有大陆相连接的地方存在，其中所有的部落在某种程度上都必会共享彼此间的进步。一切大发明及大发现都传播甚广，但是在落后的部落能够去利用这些大发明与发现之先，必定曾经领会了它们的价值。在大陆的各地域上，有某些部落在前进中居于领导的地位；但是在一文化时代的行程中，这种领导地位每每要经过若干次数的变更。某些部落的文化纽带及生活的破坏、与随之而来的他们的衰落，在许多实例中及所有时代中必定会一时的阻滞了人类向上的大潮流。从开化时代的中期以来，雅利安族及闪族似乎俨然代表了这一时代的进步的中心地位；但在文明时代中，这一中心地位却渐次为雅利安族所单独领有了。

美洲土著们在被发现时期的状态，即可说明这种一般情况的真

---

① 埃及人是被假定为疏远地属于闪族的。

实性。这些土著们从野蛮时代开始他们在美洲大陆上的生活，虽然他们在精神的禀赋上是低劣的，然而他们全部却脱离了野蛮状态而到达了开化的低级状态；同时他们当中的一部分，如像南北美洲的村落印第安人，却到达了开化的中级状态。他们驯养了原驼，这是在他们的大陆中能够在饲养的情况下唯一有用的兽类，并且又以铜与锡的搀合而发明了青铜。他们只需要一个发明，一个最大的发明，即铁矿熔解的技术，就能把他们推进到开化高级状态。他们与东半球最进步的人类部落完全没有联络，不借助于他人而能从野蛮状态中进行其独自的发展，从这一点看来，实是一件可以惊异的事实。当欧亚诸部落忍耐地等候着铁器这个自然的恩赐的时候，美洲的印第安人部落却接近于青铜的获得，从时间的顺序上言，仅次于铁了。当东半球的人类进步陷于停顿的时候，美洲的土著们却在进步中，但并不是达到他们被发现时的状态，而是充分的接近于这一状态，其时东半球的诸部落正在通过开化时代的晚期及文明的最初四千年。这一事实，给我们以美洲土著们在进步的竞赛上落后于雅利安族的一种时间上的衡量：即开化时代的晚期所经历的期间再加上文明时代。雅利安族及加罗汪尼亚族两者，除了野蛮时代晚期之最初部分外，共同的例示了人类文化上五个时代中的人类的全部经验。

野蛮状态是人类种族的形成时期。从知识及经验的零点上出发，没有火、没有发音分明的语言，也没有技术，我们的野蛮祖先进行了伟大的战斗，首先为了生存，其次为了进步，直等到从凶猛的野兽得到了安全和获得了固定的食物为止。由于这些努力，逐渐地产生了一种成熟的语言，占据了地球的全部面积。当时的社会在它的粗野的状况之下，还是不能以多数人口而组织的。当人类中最进步的部分脱离野蛮状态而进到开化的低级状态时，地球上的全部人口在数量上必定是微小的。因为当时人类抽象推理力的薄弱，所以最初的发明是最难于成就的。人类知识之每一实质项目的获得，便成为进一步发展的基础。但是这种进步在漫长的世代之中几乎是不可察觉的，因为在进步中所遭遇的许多障碍，和人类对抗这些障碍所费的精力差不多相抵消了。野蛮时代的成就，自其性质上言，并不是什么特别了不起的；然而它们却代表在它们还没有到达完全程度之前，人类在长时期间凭着薄弱的手段所作的一种可惊数量的坚强努力。弓矢的发明即其一例。

不发达、无经验、以及为低劣动物嗜好和情欲所拘束的野蛮人，其在精神上及道德上的低下的事实，虽然为人们所不愿意承认，然而却被用燧石及骨头所制成工具的古代艺术、与其在某些地带的穴居生活、以及人类骨骼上的遗物所明白地证实了。这种情况还可进一步的借存在于低度发展状态的野蛮部落的现在生活状况而得到证明，这种生活状况还遗留在球上被隔离的部分作为过去的纪念物。然而这一野蛮的大时代中却包含发音分明的语言的形成及其进展到缀音阶段，两种家族制度可能还有第三种家族制度的建立以及氏族的组织，这些东西给社会以名实相称的第一种形态。所有以上这些结论，都包括在本书开端所述的命题之中，即认为人类是从阶梯的最下层开始其生活活动的；这一命题，是"近世科学要求对人类及其工作用最仔细最详尽的研究来证明的。"①

同样，开化的大时代也以具有最主要的四大事迹为其标志：即动物的饲养，谷物的发现，建筑上石材的使用，以及铁矿熔解术的发明。最初或者是以狗作为狩猎中的伴侣，其后或因狩猎而获得其他动物的幼子而饲养之，最初很可能仅仅是幻想的游戏，至于发现所有这些动物的效用，想方设法使其能大量的繁殖，以及学会甚至在饥饿之前而不屠杀的必要的忍耐性等。凡此种种都是需要时日及经验的。倘若能够知道每一动物驯养的特殊历史，那便会出现许多可惊异的事实。闭藏在可疑的机会之中的饲养动物的实验，决定了人类以后命运的大部分。第二，由栽培而来的淀粉性食物的获得，必须视为人类经验上最伟大的事迹之一。在知道饲养动物以后，淀粉性食物之获得，就东半球而言，不及西半球那样的重要；在西半球这一件事实是使美洲土著的大部分从野蛮状态进到开化低级状态和另外一部分进到开化中级状态的一种媒介。倘若人类从没有进步到以上的最后一种状态以上，那么他们却具有比较容易而愉快生活的手段的。第三，随着房屋建筑上日晒砖及石材的使用，便开始了一种进步的生活样式，这种生活样式是极适切于刺激精神能力和建立勤勉习惯——进步的丰富源泉。但是从其与人类高级生活之关联上看，则第四种发明必须视为是人类经验中最伟大的事业，是进到文明的准备。当开化时代的人类一步一步地前进而发现了天然金属，学会了熔解它于坩埚之中，并将它熔铸于型模之中的时候，当他们揉合天然铜及锡而产生出青铜，最后当他们用更

---

① 辉特尼（Whitney）著《东方及语言学的研究》（Oriental and Linguistic Studies）三四一页。

大的思索努力而发明了熔铁炉，能从铁矿熔化出铁的时候，他们为着要达到文明的战斗十分之九已经赢得了。[①]有了能用其刃及其尖的铁工具的装备，人类之得到文明是肯定了的。铁的获得，是人类经验中的事件中的大事件，没有可与它相等、没有可与它相匹敌的，除了它，其他一切发明及发现都是无足道的，或至少是处于从属地位的。由铁产生出铁锤及铁砧，斧及凿，备有铁尖的犁，以及铁剑等；要之，可以说文明的基础完全是定立在这一种金属之上的。开化时代人类缺乏铁，阻止了他们的进步。倘若人类不能越过这一鸿沟，那么人类在今天或许还是处在开化状态之中。关于熔解铁矿及其过程的概念之出现，在人类中似乎只有一次。倘若能够知道这一伟大发明及其结果——文明——应该归功于哪一个部落，那么，我们或许要觉得这是一件异常称心的事情。当时闪族较雅利安族为进步，而居于人类的领导地位。他们曾给予人类以声音字母，似乎他们也曾给予人类以铁的知识。

在荷马诗篇所说的时代，希腊各部落已成就了很多重要的进步。在当时已知道一切普通的金属，包括熔解矿石的方法，或者还知道炼铁为钢的方法；主要的谷物同其种植方法及在农业中利用犁耕都已经发现和知道；如以前所述的一样，犬、马、驴、牛、豕、羊、山

---

① 　一个瑞士工程师歧克勒（M. Quiquerez）在瑞士伯尔尼（Berne）区，发现了几个铁矿熔解用的丘腹熔矿炉以及熔矿具、铁片及木炭。要建造一个熔矿炉，首先就要在丘腹凿一穴，用黏土在穴中筑一熔矿炉，并在上面建立一圆盖状的烟突以通风。使用通风箱的证据却没有找到。在熔炉里面，似乎是将矿石粉末及木炭，交互重积；为要使之继续燃烧，便扇动火焰。其结果便是如海绵状的半熔解的矿石，再加之以锤，以锻炼成块。木炭之堆积，则发现于厚约二十呎的泥炭层之下。这种熔矿炉，是否与铁矿熔解的知识同时代，却是一个疑问；但是，这很可能是一个最初熔矿炉的模仿品。见费给（Vide Figuier）著《原始人类》（Primitive Man）Putnam 版，三○一页。

羊，已经成群地饲养了。建筑术也渐次发达，用耐久材料建筑的备有数间房间①二层以上的房屋亦已存在；②造船术，兵器，纺织品，酿造葡萄酒，栽培苹果、梨、橄榄、无花果③，舒适的衣服，有用的工具及器皿等都已产生，且供人类之用了。但是，人类的早期历史却被遗忘于过去的时代之中而消失了。传说被追溯到前存的开化状态时亦无法稽考。语言已发展到这样的程度，那具有至高体裁的诗篇将要体现天才的灵感了。开化时代将要完结时，由于他们过去伟大业绩的鼓舞，及在经验的学校中锻炼成的刚毅而明敏的性格，与其创造力的全部光华中所表现的奔放不羁的想象力，将人类的这一部分带入了文明的门限。开化状态随着开化时代的伟大个人的产生而终结。然而这一时代的社会状态虽为后来的希腊及罗马的学者所理解了，但是关于具有特殊文化及经验的这一时代以前的状态，对于这些学者们，也与对于我们一样，深藏于他们的理解之外了；他们只是对于当时的状态，在时间上比较我们接近一些，所以能够较明确地看出过去与现在之间的关系而已。在发现及发明的系列之中，存在着某一种顺序，而在制度的发展之中亦存在着某一种次第，人类由之从野蛮状态而进到荷马时代的状态，这些对于他们都是很明白的；但是在这两种状态之间存在着的无限的时间上的间隔，这一层对于他们似乎甚至于未把它当作一种推论的题目。

---

① 《易利亚德》第六章，二四二节，"普赖安宫"（Palace of Priam）。

② 《奥德赛》（Odyssey），第十六卷，四四八页，《攸力栖兹之家》（House of Ulysses）。

③ 《奥德赛》第七卷，一一五页。

第二编
政府观念的发展

第一章

以性为基础的社会组织

澳大利亚的级别制

在论究政府观念的发展问题时，那种以血缘亲属为基础的氏族组织，自然的便成为一种形成古代社会的原始骨干的东西；但是却还有一种较诸氏族组织为更古和更原始的组织，这就是以性为组织基础的级别制。我们首先要注意这种级别组织原因，并不是因为它在人类经验中的新奇性，而是因为它似乎是包含氏族最初原理的一种更高的理由。假若这个假定可以从事实上得到证明的话，那么就可以推定今天盛行于澳洲土著间的那种以男性与女性为基础的级别组织，其在古代亦必盛行于人类的诸部落间，正如最初的氏族组织一样。

以性为基础的组织

在野蛮时代的低下阶段中，于规定范围以内的夫与妻之共有是当时社会制度的中心原理，这在不久便可以明白的。在集团以内所树立的婚姻的权利及特权，[①]发展成了一个庞大的制度，形成为社会构成上的组织的原则。这样的婚姻的权利及特权，自其性质言，是如此的根深蒂固，致使经过许多运动的不知不觉的改革，人类才慢慢地从之得到解放。因之，我们将要发现家族随着这一婚姻制度范围之渐次缩小才从低级形态而渐次进展到高级形态。家族开始于血族中，以一群兄弟及姊妹之互相婚配为基础，其次进入到第二种形态，即在和澳大利亚级别相类的社会制度之下的普那路亚制（群婚制度），它破坏了婚姻的第一种制度，而代之以一群兄弟间的妻室之共有，及一群姊妹间的丈夫之共有——这两者之中不拘是在男子或在女子方面，婚姻都只限于集团之内。以性为基础的级别组织，以及继之而起的以血族为基础的高级氏族组织，都必须视为系借自然淘汰不知不觉地而发生的社会大运动的结果。由于这些理由，以下所要叙说的澳大利亚的社会制度，虽然它使我们回返到人类生活的下层，然而它却是值得我们加以详密的考察的。它代表人类古代社会史中的一个显著的阶段。

以性为基础的级别组织及以血族为基础的原始氏族组织，在今日尚流行于使用卡米拉罗依（Kamilaroi）语的澳洲的土著之间。这

---

① 罗马人对于connubium和conjugium二词曾加以区别，后者不过表示男女肉体上的结合，而前者则是视为一种与结婚有关的社会制度。

些土著居住于悉德尼（Sydney）北之达令（Darling）河流域。这两种制度，也在澳洲其他的部落中发现，其流行之广，很可能在古代曾普遍地盛行于他们之间。从其内部加以分析，便可明白男女两性的级别较诸氏族组织为早：第一，因为氏族是较男女两性级别为高的组织；第二，因为氏族组织在卡米拉罗依部落之间今日正在瓦解男女两性级别组织的过程中。级别制的男女两支，是他们社会制度的单位，这一单位的地位，当氏族充分发展时应属于氏族。论到这里，事实的一种显著的结合便因之提示我们之前了：即性的组织与氏族组织的两者同时并存，前者居于中心地位，后者处于未发达的状态，但是它却以侵蚀前者之范围而进展至完备之域。

以性为组织基础的原始性

以性为基础的组织，到今日在澳洲以外的野蛮部落间尚未曾发现过，但是由于在这一与世隔绝的大岛上居民的缓慢的发展，以及以性为基础的组织之较氏族组织之更为原始的性质，却向我们提示了如下所述的一种推测：即在后来达到了具有氏族制度的诸部落之间，那以性为基础的组织，可能曾经普遍地盛行过。虽然对于级别制度若予以充分地探究时，其中不免包含有一些惑乱复杂的因素，然而为了要了解它而花费一些必要的注意，也是有其报酬的。如果我们把这个制度仅仅视为是野蛮部落中的奇怪的社会组织，那它所具的意义就很小了；但是如果把它视为是到现在所发现的社会组织中最原始的形态，特别是如果我们雅利安族的远祖也万一曾经有过同样的组织的话，那么，它便成为重要了，并且可能证明它是具有指明性的意义的。

澳大利亚的氏族

澳大利亚人在进化的阶段上低于坡里内西亚人，更远低于美洲的土著。他们在非洲的黑人之下，差不多是处在阶梯的最下层。因此，他们的社会制度，较诸其他现存的任何民族的社会制度，都要接近于原始的类型。[1]

因为氏族是下一章所讨论的题目，所以不在这里讨论，仅为各级别所必需的说明上提到它。

卡米拉罗依部落分为六个氏族，这六个氏族更根据其婚姻权而分为以下二部：

（一）1. 鬣蜥（Duli）

    2. 袋鼠（Murriira）

---

[1] 关于澳大利亚社会制度的详细资料，我要感谢住在澳洲的英国宣教师罗立马·斐逊。他的这些材料，一部分是得自利特里（W. Ridley）牧师，其他一部分系得自兰斯（Lance）先生。利特里及兰斯两人都在澳洲的土著中生活了多年，而享有对于各方面观察的绝好机会。这些材料是斐逊寄给我的，并附有关于这种制度的批判分析及讨论。这些资料和我的按语，在一八七二年发表于《美国艺术及科学学院院报》（Proceedings of the Am. Acad.of Arts and Sciences）上。见《院报》第八卷，四一二页。关于卡米拉罗依部落的级别制，在马克楞喃（McLennan）所著的《原始婚姻》（Primitive Marriage），一一八页；及泰勒著的《人类初期史》，二八八页；均略有论述。

3. 负鼠（Mute）

（二）4. 鸸鹋（Dinoun）

5. 袋狸（Bilba）

6. 黑蛇（Nurai）

原来，头三个氏族之间是不许通婚的，因为他们都是原来由一个氏族分出来的；但是他们可与其他的任何一个氏族通婚，同样，其他的氏族，也可与这三个氏族中的任何一个氏族通婚。现在这一古老的规则，在卡米拉罗依部落之中，在某些特定的情况下业已改变了，但其变更的程度，却还没有达到与自己所属的一氏族以外的任何一个氏族通婚的地步。无论男女，都不许与其自己所属氏族之内的人员结婚，这一禁令是绝对的。世系由母方传递，所生的子女属于母方的氏族。凡是在发现氏族制度之保存原始形态的地方，这些规定都是它的基本特征。从而，自其外部的特征言之，这种制度在卡米拉罗依部落之间，是完善和完全的。

八个级别

但是这一部落，还有一个进一步的和更老的区分，即分为八个级别，其中四个专由男子所组成，其他四个专由女子所组成。这一组织，随伴着有关于妨碍氏族制度的一种婚姻和世系的规定，这证明氏族制度正在发展到它真实的逻辑的形态之过程中。这就是男子四级别中的某一级别，只能与女子四级别中的某一级别结婚的规定。其结果，从理论上言，则属于一级别的所有男子，都是允许他们与之结婚的那一级别的所有女子的丈夫。不仅如此，倘若男子是属于头三个氏族中者之一，那么，女子也必须是属于对面的三个氏族中者之一。似此，则婚姻便限于属于一氏族的男子之一部分与属于其他一氏族的女子之一部分之间，这样便违背了氏族制度的真正的原理，因为依据氏族的原理而言，各氏族的一切成员，都可以和属于自己一氏族以外的任何氏族的异性结婚。

八个级别如次：

男　子	女　子
（1）　依摆（Ippai）	（1）依把达（Ippata）
（2）　孔博（Kumbo）	（2）布达（Buta）
（3）　穆利（Murri）	（3）马达（Mata）
（4）　库比（Kubbi）	（4）卡波达（Kapota）

所有依摆，不问其氏族如何，彼此都是兄弟。从理论上言，他们都是从一假定的共同女性祖先传下来的。所有孔博，也与此一样；所有穆利及所有库比，依据同样的理由也各处于同样的关系之下。同样的，所有依把达，不问其氏族之如何，彼此都是姊妹；所有布达，也是一样；进而所有马达及所有卡波达，也各处于同样的关系之下。其次，所有依摆及所有依把达，不问他们是否出自同母所生，也不论是否由旁系之血亲所生，更不问其所属之氏族为何，都彼此是兄弟姊妹。同样，所有孔博与布达，也都是兄弟姊妹；所有穆利与所有马

达，所有库比与所有卡波达，也各都是兄弟姊妹。如果一个依摆遇着一个依把达，纵令他俩在以前从不曾会见过，然而彼此都互相以兄弟姊妹相称。如上所述，所以卡米拉罗依部落是由主要的四大群兄弟姊妹所组织的，每一群中又各包含有男子部分及女子部分；但是，在他们所居住的地域上却是互相混杂的。不以血族为基础而以性为基础的这种制度，较诸氏族制度为古，并且可以重复说一句，较今日所已知的任何社会形态为原始。

婚姻的规则

这些级别体现了氏族的萌芽，但是没有到达氏族的实现。依摆及依把达，事实上是一个级别分为男女二部，因为他们彼此不许通婚，所以他们可以形成为一个氏族的基础，佀是因为他们各具有不同的名称，且每一级别在某种意义下则是完整的，再者因为他们的子女都具有与他们自己不同的级别名称，所以就与氏族的原则相违背了。这种级别的区分，系以性为基础而不以血族为基础，并且它的主要关系是在婚姻的规则上，这是特殊而且是本原的。

因为兄弟与姊妹不许通婚，所以这些级别对于婚姻权、或者不如说同居权——这样的说法比较更能明白地表示这一关系——是互相立于不同的地位的。所以其本来的法律，如次所示：

依摆得与卡波达结婚，而不得与其他级别结婚。

孔博得与马达结婚，而不得与其他级别结婚。

穆利得与布达结婚，而不得与其他级别结婚。

库比得与依把达结婚，而不得与其他级别结婚。

这一绝对的禁例，有一特殊的部分业已改变了：即给予各级别的男子以与另外一级别的女子通婚的权利。在这一事实里面，可以找到氏族制度如何蚕食级别制度，及倾向推翻级别制度的证据。

似此，则每一男子在其选择其妻子之时，便限制于卡米拉罗依部落全部女子四分之一的范围以内了。但是，这一点却不是这个制度的特殊的部分。在理论上，每一卡波达都是每一依摆之妻；每一马达都是每一孔博之妻；每一布达都是每一穆利之妻；每一依把达都是每一库比之妻。关于这一重要点，资料是明确的。以上所引的斐逊，当其说了"兰斯曾多年住在沿达令的边境牧畜场及外达令（trans-Darling）地方，且与土人有密切的交往"以后，就引用兰斯的书信说："倘若一位库比遇着一位一面不相识的依把达，他们俩彼此便以Goleer相称，即配偶之意。……似此，一个库比遇着一个依把达，纵令她（依把达）是属于其他的部落的，然而库比可以把她视为他的妻子，库比的这一权利，是为依把达部落承认的。"从而，只要在他认识范围以内的每一依把达，便都是他的妻子了。

在这里，我们便发现了一种直接及确定形态的，行于非常广泛范围以内的群婚式的集体婚姻，但是，又分割为许多小集团，每一小集团都是大团体的缩影，各结合于住居及生活的关系之上。在这种婚姻制度之下，我们发现卡米拉罗依各部落的一切男子的四分之一，与属于各部落的一切女子的四分之一，都由婚姻而结合起来了。这种野蛮生活的情况，不必令我们心中作恶，因为在他们看来这不过是婚姻关系的一种形态，并没有什么不合之处。它不过是多妻及多夫的一种扩大了的形态而已，在比较狭窄的范围内，它曾一般地盛行于野蛮部落之间。这种事实的证据，还以明白的形式存在于它们的亲属制度之中，这些制度的寿命已超过了产生它们的风俗与习惯而依然存续着。我们可以注意到，这种婚姻制度仅高出杂交状态一筹，因为这只等于杂交之上加上一种方法而已。可是，因为这种婚姻制度已变成为一种有机的节制问题，所以它与一般的杂交却迥然不同。再者，这种婚姻制度揭露婚姻及家族的一种现存状态，离开了这些事实以外，是不能形成对它们的充分的概念的。并且这种婚姻制度对于从前由亲属制度所推论出来的极端可能的社会状态，提供了第一个直接的证据。[①]

虽然子女存留于他们的母亲的氏族之内，但同时他们又编入到同一氏族而与他们的双亲不同的级别中去了。这一点，看以下表便可明白：

男　女	男　女
依摆与卡波达结婚。	所生的子女便是穆利与马达。
孔博与马达结婚。	所生的子女便是库比与卡波达。
穆利与布达结婚。	所生的子女便是依摆与依把达。
库比与依把达结婚。	所生的子女便是孔博与布达。

---

① 《人类的血族及姻族制》（斯密逊研究所报告）第十七卷，四二〇页以下。

女性本位的世系

倘若把这些世系追溯出来，便可以知道在女系一方面，卡波达是马达之母，转过来马达又是卡波达之母；同样，依把达是布达之母，转过来布达又是依把达之母。其在男的级别一方面，也与此一样；但是，因为世系是由女方传袭的，所以卡米拉罗依各部落都溯源于两个假定的女性祖先，这便奠定了两个本原氏族的基础。更进一步追溯这些世系，那便可以发现流通于每一级别中的血统，同时也流通于所有一切的级别之中。

虽然每个人都具有如上所举的级别名称之一，但是在这里还要知道的，每个人除了他的级别名称以外还有他自己的个人名字，这种情况，在野蛮部落间以及在开化部落间都是很普遍的。我们如果愈精细的研究以性为基础的组织，就愈觉得野蛮人事迹之可惊叹。当其一经确立而传递到数代以后时，其控制社会的力量之强大，将难以废止。这将需要一个同样的及较高的制度，而且需要数世纪的时间来完成这一任务；特别是如果要将婚姻制度的范围缩小时更加是如此。

氏族组织，作为一种较高的组织，便自然的会加盖于级别制之上，单纯不变地将其笼罩。从时间的顺序上说氏族组织是后起的东西，这一事实可以从这两种制度的关系上、从氏族制度的未发达的状态上、从受了氏族制度的蚕食而受到毁伤的级别制度之状态上、以及从级别还依然是社会组织之单位的诸事实上，得到证明。这些结论，将在以下的论证中加以阐明。

庞大的婚姻制度

由上面的论证看来，氏族的构成，当其被置于与级别之关系中时即可得到理解。级别是自相派生的兄弟、姊妹的对偶，氏族自身则通过级别而形成对偶。其式如下：

氏族　　　　　　　　　男　女　　男　女

一、鬣蜥。（其所包含的级别）都是穆利与马达，或库比与卡波达。

二、鸸鹋。（其所包含的级别）都是孔博与布达，或依摆与依把达。

三、袋鼠。（其所包含的级别）都是穆利与马达，或库比与卡波达。

四、袋狸。（其所包含的级别）都是孔博与布达，或依摆与依把达。

五、负鼠。（其所包含的级别）都是穆利与马达，或库比与卡波达。

六、黑蛇。（其所包含的级别）都是孔博与布达，或依摆与依把达。

子女与某一氏族的关系，可以借婚姻的法则而得到证明。因之属于鬣蜥氏族的马达必须与孔博结婚，从而他们的子女必须是库比与卡波达，因为世系是由母方传递，所以其子女亦必然是属于鬣蜥。鬣蜥氏族的卡波达必定要嫁与依摆，她的子女便是穆利与马达，因为世系是女系，所以子女亦当然属于鬣蜥。同样，鸸鹋氏族的布达必须嫁与穆利，其子女为依摆及依把达，其氏族亦必属于鸸鹋。所以鸸鹋氏族的依把达必须嫁与库比，其子女为孔博及布达，同样，其子女的氏族也属于鸸鹋。如此，则不拘哪一氏族，都是将其女性成员所生的子女留于氏族之中以得到维持。这一事实，对于其他五氏族中的任何一氏族，不论在哪一方面都是真实的。我们将要注意到，在理论上言，每一氏族都是由假定的二个女性祖先的子孙所构成的，其中包含有八级别之中的四个级别。这似乎很可能原来只有二个男子级别与二个女子级别，在结婚的权利上彼此相对峙着，到了后来这四个级别才再分割为八个级别。因为级别是一种较早的组织，所以明显地配置在氏族之内，而不是由氏族的分割所形成的。

每一氏族以内的男女两级别

再者，因为鬣蜥、袋鼠、负鼠这三个氏族在其所包含的级别中都彼此处于相称的地位，所以这三个氏族系由原来的一个氏族所分割而成的。这对于鸸鹋、袋狸、黑蛇三氏族而言，也恰恰同样是真确的。如此，六个氏族依旧归并为两个原来的氏族，彼此享有互为婚姻的权利，但在同一氏族内则不得通婚。这一点，征诸以下的事实亦可得到证明，即前三氏族的成员原来不得通婚，后三氏族的成员亦同样不得通婚。当三个氏族还是为一个氏族的时候，为了防止在氏族以内通婚的理由，在分割为三个氏族以后仍依然有效，因为他们都是出于同一世系，虽然他们氏族的名称已经不同了。完全与此相同的现象亦在辛尼加·易洛魁人中发现，这是以后将要论及的。

因为婚姻仅限于特定的级别以内，所以当氏族尚只二个而没有分割时，自理论上言，一氏族的女子的总数之半即是对方氏族的男子总数之半之妻。当其分割为六氏族以后，因为多数级别的存在以及如上所述的限制，于是氏族外婚的利益——这是这一制度主要的长处——纵不随之而抵消，但因之而受到阻碍了。其结果便发生同胞兄弟姊妹以外的连续的近亲婚姻。倘若氏族能够消灭级别，那么，这样的弊害便可大部分除去。[①] 级别的组织，其唯一的目的似乎是为了打破兄弟姊妹之间的通婚，这或许是级别制度起源的一种可能的解释。但是，因为这一制度没有注意到这种特可憎恶的行为以外去，所以致使这种极可非难的婚姻制度任其保留而且使之固定成为永久的形态。

级别上的革新

现在我们所应该注意的还有一个问题，即级别制的原来的构成上有利于氏族制度的一种革新，这种革新显示出正向着氏族制度之真

---

①　倘若做成一个世系表，例如做成一个依摆与卡波达的世系表，并且追溯到他们的第四代，在每代之中都各生育男女各一名，那么，其结果便如次所示。首先，依摆与卡波达所生的子女为穆利及马达。因为穆利与马达是兄弟姊妹，所以无结婚之理。到了第二代，与布达结婚的穆利的子女便是依摆与依把达，嫁与孔博的马达之子女则为库比与卡波达。在这些子女中，依摆娶其堂姊妹卡波达为妻，库比娶其堂姊妹依把达为妻。我们将要注意到，在第二代及第三代之中，除了孔博及布达之外，所有的八个级别便由二个级别从新派生出来了。到了第三代，便有二名穆利、二名马达、二名孔博以及二名布达；在他们之中，穆利与其再从姊妹布达结婚，库比与其再从姊妹马达结婚。到了第四代，则依摆、卡波达、库比、及依把达均各有四名，这些都互相为三从兄弟姊妹。其中依摆与卡波达结婚，库比与依把达结婚。如此，一代一代的进行下去。其余可以结婚的级别之同样的世系表，也将产生同样的结果。叙述这些细节虽使阅者感觉厌倦，可是这些细节却可以阐明在古代社会的此种情况下，他们中不仅不断的实行相互内婚而且因为在以性为基础的社会组织下不得不如此做。因为由于一整个男性级别与一整个女性级别集体婚配，所以同居不一定在这种一定不变的途径上进行；但是在这种制度之下，必然是常有的现象。如是，当氏族充分成熟时所获得的主要目的之一，遂因此被破坏了：即将一假定共同祖先的子孙在氏族内婚的禁止下隔离成两半，而随之与其他任何氏族通婚的权利。

正理想进行的一种运动。这种革新运动由两方面可以看出来：第一，允许三氏族一组内的各氏族，在一定的限制之内，相互通婚；第二，允许与以前所不许通婚的级别通婚。所以属于鬣蜥氏族的穆利，现在可与属于袋鼠氏族的旁系姊妹马达结婚了；但是原来则只许与对方三氏族中的布达结婚。同样，属于鬣蜥氏族的库比，现在可与其旁系姊妹卡波达结婚了。鸸鹋氏族的孔博，现在可与布达结婚了；鸸鹋氏族的依摆，现在可与属于黑蛇氏族的依把达结婚了；这些都是违反原来的限制的。属于三氏族一组的每一级别的男子，现在似乎许可与在同一三氏族一组中的、自己氏族以外的二氏族中其他一级别的女子通婚，若在以前这种通婚则是被禁止的。但是，斐逊所寄来的文件中，并未显示出在这里所提出来的全面的变革。①

这种革新很明白地是一种退步的运动，但是它带有打破级别制的倾向。卡米拉罗依部落间的进步的途径，就现在所能观察到者，是由级别制到氏族制，而继之以氏族为社会组织机体的单位，而不以级别为组织单位的倾向。在此运动中，笼罩其上的同居制度，是阻滞的要素。若不缩小同居制度的范围，社会的进步是不可能的，并且在级别制及其所授予的特权依然发挥其全部势力的时候，要缩小同居制度的范围也一样是不可能的。属于级别的同居权，是卡米拉罗依部落的一种千钧重负，他们若不从这一重负得到解放，他们还得要再停留于基本上与当他们被发现时相同的社会状态中数千年。

与以上所述的制度多少相类似的组织，可以在夏威夷人的普拉

---

① 《美国艺术及科学学院院报》第八卷，四三六页。

努亚制中得其征兆，这在以后将要加以说明。凡是发现处于低级或中级野蛮状态中的任何地方，都可以发现在习惯所规定下的这种全群与全群的婚配，或以绝对的形态行之，或留有形迹指明在人类历史的这一全部时代中，这种婚姻无疑地是正常的。这种的群是大或是小，在理论上并不关重要，因为他们在这种习惯下对于谋共同生活情况的需要，对于群之大小可能加以实际上的限制。如果我们发现夫与妻之共有是野蛮时代的法则，所以它也是野蛮状态中的社会的基本情况；那么，在野蛮时代中的我们自身的祖先，也不能不经历人类的这种共同的经验，这样的推测应当是肯定的。

　　在这种风俗及习惯中可以找到关于野蛮部落的低下状态的说明。倘若在野蛮状态中的人类没有遗留在地球上隔离的部分来证明关于人类的一般的早期状态，那么，就不可能成立关于原始状态必须是怎样的任何确定的概念。因此，一个重要的推论便立刻产生了，即是人类的诸制度，乃系由于一种相互关联的累进系列而发生的，其中的每一种制度都是代表要将社会从现存的弊害中解救出来的那种无意识的改革运动的结果。从而，为了正确地理解时代之消长对于这些制度所发生的影响，那就不得不在这种见解下来加以研究了。我们不能假定澳洲的野蛮人现在还是处在阶梯底最下层，因为他们的技术及制度虽说是卑下，却是与此种假定相反的。我们也没有理由假定他们是从一种较高级的状态而退化下来的，因为在人类经验的事实中并没有对于这样的假设提供什么健全的基础。部落和民族在精神上和体质上的退化的例证，固然是可以承认的，且其理由也是为人们所周知的，但是它绝未有阻碍人类整个的进步。所有人类知识及经验的事实，都倾向于证明整个的人类系从低级状态而逐次进步到高级状态的。野蛮人为维持他们生存的一些技术是显著地持久的。这些技术在它们没有被其他更高级的技术所代替以前，绝未有消失的。凭着这些技术的应用，凭着那由社会的组织而获得的经验，人类在发展的必然规律下前进，虽然他们的进步可能在数世纪之间基本上是不可察觉的。虽然因文化生活上的破坏而使部落和民族归于灭亡，但是人类的进步，在种族间与在个人间是一样的，都是一直向前的。

氏族还是幼稚的

澳大利亚的级别，据著者所知，提供了最初的而且是唯一的实例，我们可以由之窥见氏族组织的初期阶段，甚至由之可以窥见如此原始的以性为基础的一种内部组织。它似乎供给了当社会邻接于原始状态时的一瞥。在其他诸部落间，氏族的进步似乎是与婚姻制度的缩小成比例的。当这些婚姻权利在社会改善其内部组织的努力面前下沉时，人类便在进步的阶梯上上升，家族制度便经过其连续的形态前进。

澳大利亚人若没有被发现，纵令他们再经过数千年也可能不能实现级别制度的推翻；同时处于比他们较为有利地位的大陆上的部落，却早已完成了氏族，更经过连续的阶段将其推进，当其进入文明之域后便把它撇开了。说明各种连续社会组织发生的事实，如像以性为基础的，和以亲属为基础的组织，都具有氏族学上最高的价值。如果要把人类初期历史加以适度的恢复的话，这些事实所指示的知识是十分必要的。

在坡里内西亚的诸部落间是不知道所谓氏族的，但是在夏威夷的普拉努亚的风俗中却可以找到与澳大利亚的级别相类似的制度的痕迹。绝对地不依靠以前的知识及经验的独创的思想，其数量必然是很贫乏的。如果将人类思想的总和能够还原于全无依据的独创的东西的话，其数量之少是足令人惊异的。发展才是人类进步的方法。

由这些事实的观点下看来，近世文明中一些赘疣无用之物，如象摩门教（Mormonism），不外是还没有从人类的脑海中被除去的古代野蛮主义的遗物而已。我们具有与以往时代在开化人及野蛮人的头盖骨中起作用的同样的脑髓，由遗传而留传到今日；这种脑髓，被它在传递下来的这些中间时期中忙于从事的种种思想、希望和感情所载满和浸透了。它还是由时代的经验所长老了及增大了的同一的脑髓。开化状态的种种的暴露，便是它的种种古代癖性的显现。这些都可以作为一种精神的隔代遗传来说明的。

从古代人类所思索出的少数思想的萌芽出发，演化为人类的一切主要的制度。这些萌芽，在野蛮时代开始其发展，经过开化时代而渐次发酵，一直通过文明时代仍继续向前进展。这些思想萌芽的进化，是受着构成脑髓自身的本质属性的自然逻辑之指导的。这个原则，在所有的经验状况中，在所有的时代中，是如此坚定不移地完成了它的作用，所以它的结果是划一的、是连贯的，在其经过的过程中是可以找出其痕迹的。只单凭这些结果，将来便可得出关于人类共同起源的确实的证据。在这些制度、发明和发现中所启示的人类精神的历史，可以认定是借个人而留传下来的、借经验而发展的一个种属的历史。在思想的这些最初的萌芽中，对于人类心理及人类命运曾予以极强烈的影响的，即是那些关于政治、家族、言语、宗教和财产方面的思想萌芽。这些萌芽在遥远的野蛮时代中有其一定的开端，具有一逻辑的发展，但是不能有最后的终结，因为它们在今日还正在向前进展，并且必须永远不断地进展。

第二章

易洛魁氏族

氏族的组织

人类的经验，如在他处所述，在政府上只发展了两种方案，把方案一词用作科学的意义讲。这两种方案都是明确的及有系统的社会组织。第一和最古的一种，即是建立在氏族、胞族及部落上面的一种社会组织。第二和在时间上最迟的一种，即是建立在领土及财产上面的一种政治组织。在第一种方案之下便创立了氏族社会，氏族社会里面的政治通过个人与氏族及部落的关系而与之发生联系。这种关系纯粹是个人的。在第二种方案之下便建立了政治社会，政治社会里面的政治通过人民对于领土的关系，即市镇、县和州，而与之发生联系。这种关系纯粹是区域性的。这两种方案在性质上根本不同。前者属于古代社会，后者属于近世社会。

氏族制度的普遍性

氏族组织给我们展示了人类中最古而且流行最广的制度之一。它几乎供给了古代社会的——不拘是亚洲的、欧洲的、非洲的及澳洲的——政府的普遍方案。氏族制度是社会所赖以组织和维系的工具。它发端于野蛮时代，经过开化时代的三时期，一直继续到政治社会的建立为止，而政治社会在文明时代开始以前是尚未出现的。希腊的氏族、胞族和部落以及罗马的氏族、古利亚（curia 胞族）及部落，都可在美洲土著的氏族、胞族及部落中找到相同的组织。同样，爱尔兰的西卜特（sept），苏格兰的克兰（clan），阿尔巴尼亚的弗拉拉（phrara），梵语的加纳斯（ganas），这里用不着再去引申这种比较了，也都是与通常所称为克兰的美洲印第安人的氏族相同的。就我们所知道的范围而论，这种组织流行于全部古代世界的各大陆之间，由达到文明之域的部落将其带入历史时代。不仅是如此，无论在什么地方所发现的氏族社会，其构成上的组织及行动上的原则都是一致的；不过随着其人民的进步的发展，由低级形态变而为高级形态而已。这些变革给同一原来的概念提供了发展的历史。

氏族的定义

拉丁语之 gens，希腊语之 genos，梵语之 ganas，都同具有亲属（kin）一意的本义。它们都包含有该各语中的gigno，gignomai，ganamai等词相同的要素，即表示"生育"的意思。从而这几个名词，也都含有每一个氏族的成员都是属于共同的直接世系的意义。所以一个氏族组织，就是以有共同的祖先、以氏族名称相区分、以血缘关系相结合而成的一个血族团体。每一个氏族仅包含它这样子孙的一半。当在原始时代中世系普遍地以女性为本位时，氏族的组织是由一个假定的女性祖先和她的子女及她的女性子孙之子女所构成，其世系由女系而永远地传递。降至世系以男性为本位的时候——是由财产大量的出现后而转变的——氏族的组织便由一个假定的男性祖先和他的子女及他的男性子孙的子女所构成，其世系由男系而永远地传递。现在在我们之中的姓氏，即是世系以男性为本位及同样传递的古代氏族名称的一种遗留。近代的家族，有如其姓氏所表示者，是一种没有组织的氏族；亲属的纽带已被破坏，它的成员亦广泛的散布于各地，有如其姓氏所散布的一样。

在上面所举的各民族中，可以看出氏族是具有特殊性质的一种社会组织，因其从如此遥远的古代即已盛行于人类之间，致其起源已消失于遥远时代的暗影之中了。在另一方面，氏族又为一种社会及政治制度的组织单位，——即古代社会的根本基础。氏族组织并不只限于拉丁语、希腊语以及梵语的诸部落间，不过在他们中使氏族成为一种极显著的制度罢了。氏族也在属于雅利安族的其他诸民族间，闪族、乌拉尔（Uralian）族和图兰（Turanian）族的诸民族间，非洲和澳洲的诸部落间，美洲大陆的土著间发现。

氏族制度的基本构成，它的功能、权利、与特权的阐释，是需要我们首先注意的；其次，在人类的各部落及各民族中尽可能广大范围以内追踪它的发展过程而加以比较，借以证明氏族组织的根本一致性。如此才可以看出，我们必须把氏族制度视为是人类的基本制度之一。

女性本位是原始的法则

氏族制度随着人类的进步经过了一系列的连续发展阶段，由其原始的形态递变到最终的形态。此种变迁，主要的限于两方面：第一，从原始法则的女性本位世系转变为如希腊、罗马所流行的男性本位世系；第二，改变死亡者之财产继承在古代由死者所属的氏族成员所继承，而为其男系亲族所继承，最后更改为由他的子女所继承。这样的变迁，骤然视之似乎是很轻微的，实则是表示社会状态的重大激变和累进发展的一巨大程度。

起源于野蛮时代，经过开化时代三个时期的氏族制度，当比较进步的部落一旦达到文明的时候，因为它不能满足文明时代的要求，最后便陷于灭绝的命运了。所以当希腊人与罗马人达到文明时代的开始的时候，政治社会便继氏族社会而起。此时拥有固定财产与居民、组织成为政治体的都市（及与其相等的市区），便成为新的、根本不同的政府组织的单位与基础了。到了政治社会建立以后，这种为历来所尊崇的古老组织，便和由它而发展起来的胞族及部落，渐次地同归于消灭。我在这一部书里面所研究的目的，即在于追溯氏族制度在野蛮时代中的兴起、直到在文明时代中的最后被推翻的发展过程，这是因为在野蛮时代中的人类的某些部落在氏族制之下赢得了开化的境界，在开化时代中的这些同一部落的子孙在它之下赢得了文明。氏族制度将人类中的一部分从野蛮带入了文明。

氏族组织可以有成效的从多数部落和科族中的现存的形态及其历史的形态两方面加以研究。在这样的一种研究中，最好先从氏族的原始形态开始，然后再在进步的各民族间追踪其连续变更的历程，以便发现它的变迁及其变迁的原因。所以我将要从美洲土著中现时尚存在的氏族制度开始，因在其中还可以发现氏族的原始形态，而且对于其理论上的组织及其实际上的应用，亦较研究希腊、罗马的历史的氏族制度更能够得到较好的成效。事实上，我们若要充分地了解希腊、罗马的氏族，对于美洲印第安人氏族的功能及其成员的权利、特权和义务的知识，是迫切需要的。

在美洲的民族志里面，因为未察觉氏族的普遍性，常常把部落（tribe）和克兰（clan）两词当作和氏族（gens）相等意义的名词使用。在我以前的著作中，也仿效我的前辈，同样的用过它们。[1]把印第安人的克兰与希腊人及罗马人的氏族（gens）比较一下，立刻便可

---

[1] 一八四七年在《美洲评论》（American Review）中所发表的《斯盏南多（Skenandoah）关于易洛魁的信件》里；在一八五一年发表的《易洛魁部落联盟》里；以及一八七一年出版的《人类的血族及姻族制》（《斯密逊研究所报告》第十七卷）里；我曾把部落（tribe）与氏族（gens）用作相等的意义去解释，并用部落代替氏族（gens）；但对于这类的团体我都下了一个准确的定义。

发现两者在构造上及功能上是全然相符合的东西。就是胞族与部落也是一样。如果将这几种组织的一致性能够证明的话——毫无疑问是能够的——那么，我们重新采用含义充分而精确、且是历史的拉丁和希腊的术语，很明显地是适当的。我在这里已作了必需的掉换，并且打算表明这几种组织的相类似性质。

美洲土著的政府上的方案，始于氏族制而终于联盟制（confederacy），后者且为他们的政府制度所到达的最高点。现在把美洲土著的政府方案的有机系列列举如下：第一，氏族，即具有共同氏族名称的血族团体；第二，胞族，即由有亲属关系的几个氏族为着某种共同的目的而结合的一种较高级的集团；第三，部落，即氏族的集合，通常组织成胞族，其成员都操同一方言；第四，部落联盟，其成员都操同一语言的各种方言。其结果，就是与政治社会或国家（civitas）有区别的氏族社会（societas）。氏族社会和政治社会之间的差异是很大的而且是根本的。当美洲被发现之初，无所谓政治社会、无所谓公民、无所谓国家与任何文明。即最进步的美洲印第安人部落与文明时代的初期之间，尚间隔着一个文化上的整个时代，因那个期间是被正确了解了的。

希腊部落的政府方案，在文明出现以前也是包含一个同样的有机系列的，除掉缺少上面所说的最后一阶段，即部族联盟而外：第一，氏族，即具有同一氏族名称的血族集团；第二，胞族，即以社会上及宗教上目的相结合的氏族集合体；第三，部落，即基于同一世系并组织在胞族之下的氏族集合体；第四，民族，即在氏族社会之中聚居于同一领土上而形成的部落结合体，例如阿提喀（Attica）的雅典人的四个部落，斯巴达的多利安人（Dorian）的三个部落。这种结合体的组织是较联盟为高级的一种过程。在后者之中各个部落都占有独立的领土。

罗马人的政府方案及其有机系列，也是相同的：第一，氏族，即具有同一氏族名称的血族团体；第二，古利亚（胞族），即一种氏族的集合，为实行宗教上及政治上的功能所结合的比较高级的团体；第三，部落，即组织成古利亚的氏族的集合体；第四，民族，即在一氏族社会中所结合的部落的集合体。早期的罗马人常自称为罗马民族（Populus Romanus），这是十分得当的。

凡是在氏族制度盛行而政治社会还没有建立的地方，所有的民族都是处在氏族社会之中的，绝没有超越它的范围之外者。国家是不存在的。他们的政治基本上是民主的，因为氏族、胞族、及部落所依以组织的原则是民主的。关于这一提法虽与一般的意见相反，然而在历史上却是重要的。若是我们把美洲土著的氏族、胞族及部落与希腊人及罗马人之间的相同的组织依次加以考虑之后，便能证实这一提法的真实性。因为组织的单位——氏族——既在本质上是民主的，所以由氏族构成的胞族、由胞族构成之部落以及由部落的联盟或由部落的结合所成的氏族社会，也必然是民主的。

氏族虽然是建立在血族基础之上的一种极古的社会组织，然而它并不包含出自一个共同祖先的全部子孙。因为氏族组织出现之时还不知道一夫一妻的婚姻，所以由男性传袭的世系就无法肯定地确定。

血缘的联系只以母方的纽带为主。因为这个缘故，所以古代氏族的世系只限于女子方面。它包含出自一个假定的共同女性祖先的、女系方面的一切子孙，他们具有共同的氏族姓氏，这就是这件事实的证据。此种世系包含一个女性祖先和她的子女及其女儿所生的子女、以及她的女系女性子孙的子女，永远地由女性传递；至于女性祖先之子所生的子女以及她的男性子孙的子女，则属于其他的氏族，即属于他们各自的母亲的氏族。这就是当子女的父系尚无法可准确的确定、而母方的系统供给了血统上唯一的正确标准时的古代氏族的形态。

世系的这种状态，在澳大利亚人中可以追溯到野蛮时代的中级期，在美洲的土著中则从野蛮时代的高级期一直保存到开化时代的低级期，但有偶尔的例外。到了开化时代的中级期，印第安人部落开始改变女性本位而为男性本位世系，因为此时代的对偶家族已经开始具有单偶制的特征。当开化时代的高级期中，在希腊的诸部落间——吕西亚人（Lycian）除外——以及在意大利的诸部落间——伊特剌斯坎人（Etruscan）除外——也都把女性本位世系改变为男性本位世系了。财产及其继承对于产生单偶家族的影响，而后者对于子女的父亲亲权的确定，以及使世系由女性本位变为男性本位等问题，将在另外一处去讨论。由两种世系规则所代表的两极端之间，横贯着三个整个文化时代，绵亘数千年之久。

迨至世系成为以男性为本位以后，氏族之中便包含出自一个假定的共同男性祖先的男系男子的一切子孙，这也和女性本位的世系一样，他们所具有的共同氏族姓氏便是这种事实的证据。男性世系包含一个男性祖先和他的子女、与其子之子女以及其男系男性子孙之子女，世世相传；反之，男性祖先的女儿之子女、以及其女系女性子孙之子女，则属于其他的氏族，即各属于他们的各自父方的氏族。换言之：即留在男性本位氏族中的分子，在女性本位的氏族中则被排除；留在女性本位氏族中的分子，在男性本位氏族中亦被排除。这就是子女的父系因单偶制的兴起而得到确立以后的氏族最后的形态。氏族由一种形态过渡到另一种形态的方式是非常简单的，并不包括氏族制度本身的覆灭。所需要的只是一个充分的动机，这是我在另外一处将要论及的。氏族的世系虽变成为男性本位但依旧是同样的氏族组织，仍旧为社会制度的单位。氏族制度如果没有在以前的一种形态中存在过，便不能达到第二种形态。

因为氏族内婚之被禁止，于是氏族成员中的血族结婚的弊害始得以革除，种族的活力得以增进。原来，氏族制的出现是基于三个主要的概念：即亲属的纽带，纯粹的女性本位世系，以及氏族内婚的禁止。当氏族观念渐次发展的时候，一面因为男子所生的子女不能留在原有的氏族以内，一面又因为有组织这两类子孙的同等必要，所以氏族组织将很自然地采取成对的形式。如果有两个氏族同时开始出现，则整个的结果便达到了；因为属于一氏族的男子和女子，将与对面一氏族的女子和男子互相婚配；其所生的子女则各随着他们的母亲而分配在两氏族之中。氏族结合的原则既建立在亲属的纽带上面，所以它对于氏族内的每一成员个人的保护至为周到，远非其他任何现存的势力所可能给予的。

　　氏族成员的权利、特权和义务一经考察以后，便应该进而追踪氏族对于胞族、部落及联盟的有机的关系，借以发现氏族所施行的功用、所授与的特权和其所育成的原则。易洛魁人的氏族将被作为加罗汪尼亚支族系中的这一制度的标准实例。易洛魁部落曾将其政治机构从氏族发展到联盟，每一阶段无不完备，实为说明原始形态氏族组织性能的绝好实例。当易洛魁部落初被发现时，他们的进化阶段属于开化时代的低级期，从这一时期的生活上各种技术的状态来讲，他们的发展是很完备的。他们用树皮的纤维制成网和线索；他们用同样的原料，由经线与纬线织成细带和荷绳；他们用含矽质的物质与黏土相混合制成容器和烟斗，再加上火力使之坚硬，并且有些还饰以粗糙的雕刻；他们在园圃之中栽培玉蜀黍、豆、南瓜及烟草，并且将玉蜀黍粉盛于陶容器之中以火煮之，制成没有发酵的面饼。[①]他们把皮制成革，用之来制短裤、胫衣和鹿皮鞋。他们所用的主要武器是弓矢和战斗棍棒；他们使用燧石和骨制的工具，他们穿皮革制的衣服，他们是有经验的狩猎者和渔人。他们建造长形的共同住宅，其面积之大足以居住五个家族、十个家族乃至二十个家族，每一家族都实行生活上的共产制；但是他们对于房屋的建筑上还不知道使用石头和日晒砖，也不知道利用天然的金属。他们的智能以及一般的发展程度，可以住在新墨西哥以北的印第安部落为最具代表性的分支。倭克尔（Walker）将军在叙述易洛魁部落的军事生活时曾作过两段描写，其中有说："易洛魁部落的军事生涯，实在是可怖的。他们是上帝加在美洲大陆

---

①　这种面包或面饼，其直径约六英寸，厚约一英寸。

上土著的灾祸。"①

随着时代的变迁，易洛魁部落里面的氏族数目及氏族名称，也产生了少数的差异。氏族数目最多者为八，如下所示：

（1）辛尼加（Senecas）部落：（一）狼，（二）熊，（三）龟，（四）海狸，（五）鹿，（六）鹬，（七）鹭，（八）鹰。

（2）揆由加（Cayugas）部落：（一）狼，（二）熊，（三）龟，（四）海狸，（五）鹿，（六）鹬，（七）鳗，（八）鹰。

（3）温嫩多加（Onondagas）部落：（一）狼，（二）熊，（三）龟，（四）海狸，（五）鹿，（六）鹬，（七）鳗，（八）鞠。

（4）奥奈达（Oneidas）部落：（一）狼，（二）熊，（三）龟。

（5）摩和克（Mohawks）部落：（一）狼，（二）熊，（三）龟。

（6）塔斯卡洛剌（Tuscaroras）部落：（一）灰色狼，（二）熊，（三）大龟，（四）海狸，（五）黄色狼，（六）鹬，（七）鳗，（八）小龟。

此等变化，表明在易洛魁的某些部落中有若干氏族因时代的变迁而灭绝了；又有些因发展过大而分裂为新的氏族了。

若具有对于一氏族成员的权利、特权及义务的知识，那么，对于氏族作为一种社会及政治制度单位的能力、以及氏族进到高级组织胞族、部落及联盟的过程，就可以能更充分地了解了。

---

① 《北美评论》（North Am. Review）一八七三年四月号，三七〇页的注解。

氏族成员的权利、特权及义务

氏族制度由其所给予其成员的权利与特权、以及所课于其成员的义务而得到个体化，此种权利、特权与义务，即所以构成所谓氏族权者（jus gentilicium）。

（1）选举世袭酋长及普通酋长的权利。

（2）罢免世袭酋长及普通酋长的权利。

（3）遵守在氏族内禁止婚姻的义务。

（4）已故氏族成员的遗产继承之相互权利。

（5）援助、防卫及复仇之相互的义务。

（6）对于氏族成员命名的权利。

（7）收养外人为氏族成员的权利。

（8）宗教仪式，审问。

（9）一共同墓地。

（10）一氏族会议。

这些功能与职权，对于氏族组织予以活力和个性，并且保障了氏族成员的个人权利。

1. 选举世袭酋长及普通酋长的权利

美洲印第安人诸部落差不多都有两种等级的酋长，可以区分为世袭酋长（沙齐姆Sachem），和普通酋长（Chiefs）。其他等级的酋长，不过是这两种主要酋长的演变。此等酋长是由各氏族的成员中选举出来的。在世系以女性为本位下，儿子不能被选举出来继承他的父亲，因为他是属于另一氏族的，所以不论哪一个氏族都不许在自己的氏族以外从其他的氏族中去选举普通酋长和世袭酋长。世袭酋长的职位在氏族内是世袭的；这里所谓世袭，是凡遇有空额出现随即补充的意义。至于普通酋长之职，是用以酬答个人的功勋的，个人死后亦即随之而终结，所以系非世袭的。再者，世袭酋长的任务只限于管理和平的事项。他不能以世袭酋长的资格参加战争。反之，普通酋长一定要他个人具有武勇的精神，对于事务有敏活的手腕，在会议中有雄辩的才能，才能够得到被选为酋长的地位；虽然他的权力不能凌驾于氏族之上，但是他却是才力出众的一类人物。世袭酋长的关系以对于氏族为主，所以他是一个法定的领袖；而普通酋长的关系则以对部落为主，所以他和世袭酋长一样同是部落会议的一个议员。

世袭酋长的职位在氏族组织之中有其自然的基础，因为这样一种的血族团体需要一个能代表它的领袖。但作为一种职务而论，它比氏族还要早些，因为在没有具有这种组织的部落之中也发现有酋长，就是在普拉努亚（群婚的）集团之中，甚至在其以前的集团之中，它也有同样存在的基础。在氏族之中，世袭酋长的选举范围是明确规定了的，他对于氏族关系的基础是恒久的，他对于氏族的职责是父亲式的。世袭酋长的职位在氏族中虽是世袭的，但是他是由氏族的男性成员中被选举出来的。我们试一考察印第安人的亲属制度便可以发现每一氏族之中的男性成员，不是兄弟关系——嫡系或旁系的，即是舅甥关系——嫡系或旁系的，或旁系的祖孙关系。[①]根据这样的关系便可以说明世袭酋长职位的继承，多是由兄传于弟，或由舅传于甥，极少是由祖传于孙的。（译者注：在美洲加罗汪尼亚式亲属制之下，兄弟的子女之子女、姊妹的子女之子女，均不加区别称之为孙。不过在职位及财产的继承上，只有姊妹的女儿的子女才能继承，因在女系世系之下只有姊妹的女儿的子女与己身才是属于同一氏族的。所以在这里所说的"由祖传孙"，都是指姊妹的女儿的子女这一类的孙而言，以下均仿此。）世袭酋长的选举，是由达到成年的男女自由投票选举，通常是选举死亡的世袭酋长的兄弟或他的姊妹的儿子（甥），就中以同胞兄弟或同胞姊妹的儿子（甥）为最容易当选。但是，一边在几个同胞或旁系兄弟之间，另一边在几个同胞或旁系姊妹的儿子（甥）之间，谁也没有优先权，因为凡是属于同一氏族的男性成员，都具有同等被选举权的缘故。在他们当中选择一个，即是此种选举原则的功能。

例如，在辛尼加·易洛魁部落间当一世袭酋长死亡之时，死亡酋长的氏族即召开一氏族会议，以提名其承继者。依照他们的习惯，先要就氏族成员中提出两名候补人。其次，召集氏族中所有成年的男女，各就两名候补者之中表示他的或她的选择，其得到同意的宣称最多者，即被提名为世袭酋长。但是，尚须得其他七氏族的同意后提名才能完备。如果在为选举而举行的胞族会议中，不能取得其他七氏族

---

① 　几个姊妹的儿子，彼此互称为兄弟，而不称为从兄弟。在这里，对于后者则以旁系的兄弟区别之。所以一个男子对于他的兄弟的儿子，也称为子，而不称为侄；而他的旁系姊妹的儿子，和同胞姊妹的儿子一样，均称为甥。至于前者，则称为旁系之甥以示区别。

的同意时，则提名便被认为无效，提名氏族须再举行第二次选举。如果其他七氏族批准了被提名的人选，则选举便算完全；但是，在新世袭酋长执行其职权以前，还需要召开一次联盟会议，用他们的语言说，来举行"起用"式（raised up），即授予职权的仪式。这样的手续，就是他们授予最高权（imperium）的方式。依照这种方法，各个氏族的权利和利益才得到了协商，并得到了保存；因为一个氏族的世袭酋长在职权上，一面为部落会议的当然议员，同时又为地位较高的联盟会议的当然议员。关于普通酋长的选举及任命，基于同一的理由，其方式一如世袭酋长。但从不另行召集联盟会议来为世袭酋长以下的酋长举行起用式。他们须等到世袭酋长就职之际，一并举行。

由于氏族成员保留有选举他们的世袭酋长及普通酋长的权利，和防止篡夺酋长地位所设立的保护规定，以及其他七氏族对于酋长的选举有否决权的事实，可以看出民主制的原则是诞生于氏族制度之中的。

各氏族酋长的数目通常是与氏族成员的数目成比例的。在辛尼加·易洛魁部落之间，大约每五十名成员设有一名酋长。现在住在纽约的辛尼加·易洛魁部落的人口约三千，其中有八名世袭酋长及约六十名的普通酋长。但是，我们有理由假定，现在的比例数比以前或许要大些。至于一部落中氏族的数目，也是与部落中的人口成比例的，人口愈多则氏族的数目也愈多。氏族的数目每每因部族而异，如德拉瓦（Delaware）部落及猛西（Munsees）部落仅有三氏族，而阿吉布洼（Ojibwas）及克里克（Creeks）两部落，则有二十个氏族；

这是两个极端的例子，就一般而论，六氏族、八氏族、乃至十氏族，是一部落内氏族的普通数目。

2. 罢免世袭酋长及普通酋长的权利

罢免世袭酋长的权利和选举他的权利是同样重要的，这一权利是每一个氏族成员所享有的。虽然酋长的职位在名义上是终身职，但是，因为有罢免权的存在，所以只有在其行动善良的时期以内才能实际继续其职务。当世袭酋长举行就职的仪式时，在他的头上"戴上角"以作酋长的象征，在被罢免退位时则"将角摘下"。在分布很广的人类部落间，常常把角当作职位及权能的象征，这样的事例，或许是像泰勒所暗示的那样，有角的反刍动物的雄兽特别显得威风凛凛，所以人们也模仿起来。与酋长不相称的行为，继之以信仰的丧失，就构成了罢免的充分理由。若是一个世袭酋长或普通酋长经过氏族会议正当手续罢免以后，则不复被认为具有以前的资格而成为一个平常的私人了。部落会议同样有罢免世袭酋长或普通酋长之权，并可不待他们的氏族表现行动，甚至竟可违反他们氏族的意向，而径行罢免。由于这种权力的存在与偶尔的行使，氏族成员对于世袭酋长及普通酋长的优越权力，而能得到伸张和保障。这一事实同样表现出氏族制度的民主原则。

3. 遵守在氏族内禁止婚姻的义务

氏族内禁止婚姻虽是一消极的规定，却是重要的。此一规定的主要目的，很明显地是在于将一个假定祖先的子孙的半数使之孤立，并且在血族的理由下防止他们间的互相婚配。当氏族制出现之初，一群兄弟是与彼此的一群妻子互相婚配的，一群姊妹也是与彼此的一群丈夫互相婚配的，氏族对此并未加以阻碍。但是氏族却对于兄弟姊妹间的婚姻关系则极力排除，这是在现在所讨论的禁令下而实现的，并且是有充分的理由可述的。如果氏族想借着直接行动企图根本推翻这一时期的全部婚姻制度，那么，若要使其成为一般的规定的话，可能性便很少了。氏族制度的起源，大概是由于一小群野蛮人的聪明的办法，必定不久以后因产生了优良的人种而证明其功用。这一制度在古代世界中几乎普遍的流行，即是它所给予的利益的最高证据，以及它对于野蛮时代及开化时代的人类要求的适应性了。就是到了现在，易洛魁部落仍然是很坚强地厉行禁止氏族内部通婚的规则。

4. 已故氏族成员的遗产继承之相互权利

在野蛮状态及开化状态的低级期，财产的分量是很有限的。在野蛮状态之下财产的范围仅限于个人的所有品，在开化状态的低级期始在个人所有品之外加上共同住宅及田圃的占有权。个人物品之最贵重者，死时则以之殉葬。但是继承问题必然是会发生的，且随着财产的种类与分量的增加而愈变为重要，结果便是某些继承法的制订。因此，在低下的开化时代，甚至在野蛮时代，即可发现关于遗产继承原则确立的事实，这就是在个人死亡以后，其所占有的财产必须保留在自己的氏族以内，并且分配于自己的氏族成员之间。希腊及拉丁诸氏族在开化状态的高级期中，便把这种原则——即死亡者之财产须保留在氏族以内——演为习惯法，迨进至文明期以后更规定成为成文法。但是梭伦（Solon）时代以后，在雅典人之间，这样规定的执行只限于死亡者没有遗嘱的时候。

关于谁应该继承遗产的问题，曾经连续地产生了三种大的继承法。第一，死亡者的财产须分配于死亡者所属的氏族成员之间。这是开化状态低级期所流行的法则，就所知道的范围而言，就是在野蛮状态之下，也有这样的规定。第二，遗产的继承仅限于死亡者的男系亲族间，其他的氏族成员则被排除。这一规定的萌芽开始出现于开化状态的低级期，大概到了开化状态的中级期才完全树立。第三，遗产的继承只限于死亡者的子女，其他之男系亲族则被除外。这是在开化状态的高级期所规定的法则。

易洛魁部落，自理论上言，应以第一种继承法为原则；但在实际上，死亡者的所有品则为死亡者所属氏族中最近的亲属所占有。即死亡者如果系男子，则由他的同胞兄弟、姊妹及他的舅父（母之兄弟）分享他的所有品。遗产的这种继承，实际限制于最近氏族亲属之内，实为男系亲属继承的萌芽。如果死亡者系女子，则由她的子女及姊妹分配她的财产，至于她的兄弟则被排除。要之，在两种情况之下，遗产都是保留在氏族以内的。死亡的男子之子女，因为他们属于不同的氏族，所以不能从他们的父亲取得任何物品的继承权利。在同一理由之下，夫对于妻、或妻对于夫，也不能互相享有继承权。此种继承的相互权利，巩固了氏族的独立权。

5. 援助、防卫及复仇之相互的义务

在文明社会中，国家负保护个人身体及财产的责任。惯于依赖这种国家力量来维持个人权利者，血族纽带的力量也必因之有相应的削减。但是在氏族社会之下，个人的安全则依靠他的氏族。氏族在当时所占有的地位即是后来国家所占有的地位，并且也拥有必需的人数，能够使其保护任务得以充分行使。在它的成员中，血族的纽带是互相扶助的强有力的要素。对于个人的不法的行为，即是对他的氏族的不法行为；对于个人的支持，也即是与他的全体氏族亲属共同对于他的支援。

氏族的成员，在他们的忧患及困难之中都互相协助。今就整个印第安人部落中举出两三个实例，借以窥见一斑。厄累刺述及关于犹嘎旦（Yucatan）地方的玛雅人（Mayas）时，他说："如果有人对于损害事件要负赔偿的责任，而且受了应该赔偿的裁判，若是因为赔偿而陷于贫困时，那么，他的亲族就起来分担这种责任。"[①]这里厄累刺所说的亲族，我们有理由把它当作氏族的意义来解释。厄累刺又对于佛罗里达（Florida）州印第安人部落说道："假使其家族遇着不幸，死了儿子或弟兄，家人在三个月以内宁可饿死不愿出外寻找食物，在这种情形中，凡有亲族关系者，都把东西馈送到这个家族里面去。"[②]若是有人由这个村落迁移到那个村落去，他不能把他的耕地或共同住宅的一部分的占有权让与其他的人；他必须让与他的氏

---

① 厄累刺著《美洲史》（History of America），一七二五年 Stevens 译本，伦敦版，第四卷，一七一页。
② 厄累刺著《美洲史》第四卷，三四页。

族里面的亲族。厄累剌氏对于住在尼加拉瓜（Nicaragua）地方的印第安人部落间类似的习惯，也有所论及。他说："由这个镇市移到那个镇市，他不能卖掉他的所有物，他必须留给他的最近的亲族。"[①]他们的财产属于氏族共同所有一事是如此的重要，所以在他们的生活计划上断不能容许把财产让与其他氏族里面的人们。实际上，对于财产的这种权利，只是所有权，一旦放弃时就应该返还氏族。加锡拉梭·德·拉·维格（Garcilasso de la Vega）对于栖息于秘鲁安第斯（Andes）山脉的部落说："当平民举行结婚时，社团全体的人员，对于新婚夫妇都负有建筑及供给他们房屋的义务。"[②]这里所说的社团，我们是有理由把它当作氏族去解释的。厄累剌对于该同一部落说道："从这些民族中而来的这些多样的方言，分为种族、部落或氏族。"[③]在这里，氏族的成员对于新婚夫妇有协助他们建造房屋的义务。

古代人类部落间流行如此之广的报血仇（blood revenge）的习俗，实滥觞于氏族制度。氏族的一成员被杀害，这就靠氏族去为他报仇了。审问罪犯的法庭以及规定刑罚的法律，在氏族社会中是出现得很晚的；但是在政治社会建立以前，这些已出现了。另一方面，谋杀罪犯与人类社会有同样悠久的历史，而亲族报仇又与谋杀罪犯的历史同样的悠久。在易洛魁部落及其他印第安人诸部落间，对于同族者被

---

① 同上书第三卷，二九八页。

② 《大注辞典》（Royal Commentaries），Rycaut译本，一六八八年伦敦版，一〇七页。

③ 厄累剌著《美洲史》第四卷，二三一页。

杀害之报仇，是普遍所承认的义务。[①]

然而，在未采取极端手段以前，设法使杀害事件归于公平解决，这是谋害者及被害者的双方氏族的共同义务。为得要达到这一目的，双方氏族都分别举行会议，对于谋杀犯提出宽宥的条件，其性质通常为表示歉意及相当价值的赎罪赔偿。如果酌量前后事实认为平允，则以和解而终结；若是被害者的氏族认为无可和解，则由氏族在其成员中指定一名或几名报仇者，他们的任务是追踪罪犯直至其发现，不论在什么地方即就地杀戮。倘若他们达成了这一任务，而在被报仇者之氏族的任何成员中不能据以为愤愤不平的任何理由。生命已为生命所偿还，正义的要求已经和缓了。

同样兄弟般的感情也在其他方面表现出来，如对于同族成员在患难危险中的救援，及保护其不致受伤害等。

6. 对于氏族成员命名的权利

在野蛮及开化部落间，是没有家族姓氏的。同一家族内的各个人的名字，并不表示他们之间的任何家族关系。家族的姓氏并不早于文明。[②]但是印第安人的个人的名字，通常却表示个人所属的氏族，及与同一部落中其他氏族人员的关系。就一般而论，各氏族对于它的

---

① "在他们未实行以血偿血以前，他们心里面的热血是很猛烈的燃烧着的，夜以继日，不会有停止的时候。他们关于被杀害事件的记忆，不论被杀害者是他们的亲族，或部落里面的人，纵令是一个年老的妇人，他们也要把这件被杀害的事实，由父而传之于子。"见阿对耳著《亚美利加印第安人史》（History of Am. Indians），一七七五年伦敦版，一五〇页。

② 蒙森著《罗马史》（History of Rome），Scribner版，Dickson译，第一卷，四九页。

成员都有一套名字，这些名字都是氏族的特别财产，所以同一部落中其他的氏族是不能使用的。氏族所给予的名字，其本身即是氏族权的代表。这些名字，由其意义言，或表示他们所属的氏族，或为人所公认是某一氏族中的人名。[①]

当婴儿生产以后，其母即选择一个未为同一氏族中所尚在用的名字，经过她最近亲族的同意，就给予这个婴儿作名字。但是，若没有把婴儿的生产与婴儿的名字及他母亲的名字与氏族同他父亲的名字在随即召开的部落会议中一同披露以前，则婴儿的命名手续还不能认为完全。一人亡故之后，其名字在其长子生存的期中不能再用，否则须要得到他的许可。[②]

通用的有两种名字，一为用于幼年时代的名字，一为用于成年时代的名字。一到适当的时机，第二种名字即与第一种名字相交换，其换名的仪式，与给予第一种名字时的仪式完全相同；用他们的话来说，即取去一个名字，再换上另一个名字。例如O-wi-go（向下流的独木舟）及Ah-wou′-ne-ont（悬着的花），是辛尼加·易洛魁部落给与女子的名称。又如Gä-ne-o-di′-yo（美丽的湖），Do-ne-ho-

---

① 属于俄马哈（Omahas）部落十二氏族之一的Lä′-ta-dä，即鸠鹰氏族，有如下列的一些名字：

男儿的名字：

Ah-hise′-na-da（长翼）

Gla-dan′-noh-che（高翔空中的鹰）

Nes-tase′-kä（白眼鸟）

女儿的名字：

Me-ta′-na（鸣啭于日光中之鸟）

Lä-tä-dä′-win（诸鸟之一）

Wä-tä-na（鸟之卵）

② 当特殊的习俗被提到时，除非另外指出以外，都应理解为易洛魁人的习俗。

gä′–weh（门的守卫者），是辛尼加·易洛魁部落给与成年男子的名称。一经到了十六岁或十八岁的时候，通常是由氏族的酋长取去最初的名字而给与第二种名字。在次一回所召开的部落会议中把改换的名字公布以后，如果是男子，就要负起成年男子的任务。在有些印第安人部落中，青年男子必须在他参加战斗，由某种行为表示了个人勇敢以后，才能够取得第二种名字。也有不少因为迷信关系，在患过一次重病后，由特别请求而得到改名的。也有到了老年，再改换名字的。当一人被选为世袭酋长或普通酋长后，就把原有的名字去掉，在就职之时给予一个新名字。个人对于改换名字的问题并不能控制，这是女系亲属以及酋长的特权；但是一个成年人假使他能够鼓动一个酋长使他在会议席上替他公布一个改换的新名字，那是可以的。一个人对于一特殊的名字他可以支配，如死亡者的长子，能够把他父亲的名字转借与其他氏族的朋友；但是，当其人亡故以后，即返还其原来所属的氏族了。

在萧尼（Shawnee）及德拉瓦两部落中，在现在母亲对于其子有一种权利可以把她所喜欢的任何氏族中的名字，给与其子；所给的名字就把其子转属于那个名字所属的氏族了。但是这与古代的习惯相去太远，实际上是例外。它具有败坏及紊乱氏族世系的倾向。现在易洛魁及其他印第安诸部落间所通用的名字，多半是从不能记忆的古代所传下来的老名字。

关于属于氏族名字的谨慎应用，可以充分的证明他们赋与名字上的重要性，及其所授予的氏族权利。

个人名称的问题，纷歧万端，过多论列是与我们的研究的目的无关的；在这里不过引用一般的命名习惯，足以说明氏族与其成员间的关系即够了。美洲印第安人在亲密的交际及正式的寒暄中，彼此都以亲属称谓相称呼。如系亲族关系，则以亲属的称呼表示敬意；如无亲族关系，则以"我的朋友"代之。当日常应酬之际，直接呼对方个人的名字，或直接询问对方个人的名字，在印第安人间是被认为失礼的。

我们的萨克森（Saxon）祖先，直到被诺耳曼（Norman）人征服时代，单有个人名字，而无表示家族的姓氏。这件事实指明单偶制家族在萨克森民族间出现是比较晚的。从而便产生出一个假定，即萨克森人的氏族在一早期时代中是存在的。

7. 收养外人为氏族成员的权利

由收养而接受新成员，这是氏族的另一种特殊权利。在战争中所捕获的俘虏，不是杀死即是收养于氏族之内。被捕获的妇女和小儿，通常也是一样经过了这种恩泽形式的。收养不仅给予他氏族权，同时还给予部落的族籍。收养一个俘虏的个人，就把他或她置诸与自己的兄弟或姊妹的关系之列了；比如一个年长的母亲，收养一个男儿或女儿，以后在各方面，均把他或她当做恰如自己所生的男儿或女儿一般。在开化状态的高级期，奴隶便成了俘虏的运命；但是在土著时代的开化状态低级期诸部落间，是不知道有所谓奴隶的。鞭索刑亦与收养有些相连的关系，若是俘虏因为豪迈或因为受恩宠能在鞭索之间平安通过，那么他便可享受收养的报酬。俘虏一经收养以后，时常被分派在一家族代替家族中战死者的地位，以便补充亲族的空缺。若是衰弱不振的氏族，可以由收养的方法以补充其成员，不过这样的事例很稀少罢了。从前有一个时期，辛尼加部落中的鹰氏族人口顿减，灭绝之祸迫于眉睫。后来因为要拯救这一危机，经过相互间的同意，采用收养的方法从狼氏族中转移了若干人整体的收养于鹰氏族之中。收养权似乎是由各氏族自行决定的权利。

在易洛魁部落间，收养的仪式在一个公开的部落会议中举行，在事实上，后来竟把这一仪式变为宗教的典礼了。①

8. 氏族内之宗教仪式，审问

在希腊及拉丁部落间，宗教的仪式占有显著的地位。当时出现的多神教宗教最高的形态，似乎是从经常保持宗教仪式的氏族中而发生的。其中有一些仪式，他们认为具有神圣的性质，便民族化了。还有一些都市中，某些神的最高祭司的职位，是在一定的氏族中世袭的。②氏族就变成宗教发展的自然中心和宗教仪式的摇篮了。

印第安人诸部落虽然也有与希腊、罗马所发生的相类似的多神教系统，但是没有发展到希腊、罗马诸部落的宗教所给与氏族那样强

---

① 等到参加人在会议室聚齐后，首先由酋长一人致词，报告被收养者的经历，收养的理由，收养者的名号和氏族，以及给予被收养者的名号。随即由二名酋长各挽其臂，一面唱收养之歌，一面绕行会场，每唱完一节，大众合唱以和之。在唱歌的时间内，绕行须继续，共须绕行会场三周。此后仪式即告完成。有时美国人亦被收养而作为一种敬礼。数年前著者亦曾受过辛尼加部落内鹰氏族之收养的待遇，彼时所行的仪式，即是如此。

② 格罗特（Grote）著《希腊史》（History of Greece）第一卷，一九四页。

烈印象的程度。我们固然不能说印第安人每一氏族都有特殊的宗教仪式；但是他们的宗教崇拜对于氏族制度多少是有直接关系的。这是在氏族制度之下，宗教观念才自然地萌芽，崇拜形式才被制定。但是这种宗教观念及其崇拜形式，将扩展到部落中去，而不能留为氏族所特有。所以我们在易洛魁部落中找到六个宗教的周年祭典（枫树祭、栽培祭、浆果祭、青玉蜀黍祭、收获祭、新年祭）。[1]这些祭典，是在每年内一定季节，由结合成一部落的所有各氏族共同举行的。

每一氏族各选出男女若干名作信仰守护人（Keepers of the faith），他们共同司祭典庆祝之任。[2]他们把各氏族所选出司此职位的人数之多寡，视为是氏族对宗教信仰诚笃的证据。信仰守护人指定祭典的日期，办理庆祝上一切必要的准备，与世袭酋长及普通酋长共司祭典；世袭酋长及普通酋长，在职务上是当然的信仰守护人。在他们中间，既无正式的首领，也无僧侣的特征，他们的功能是平等的。不过女性信仰守护人对于飨宴的准备特别要多负责任，这是所有会议中每日开会时为所有出席人所准备的，这是一种共同的聚餐。关于此种宗教上的仪式，在以前所引的著作里[3]已经论及过了，这里不用多赘；要之，他们的崇拜是一种感谢的性质，是向主宰的神灵及其他各

---

[1] 《易洛魁部落联盟》（League of the Iroquois）一八二页。

[2] 信仰守护人之数目与酋长之数目大致相等，他们是被各氏族中之年长有智者及女家长所选举出来的。选出之后，便由部落会议依照与其相当的典礼举行起式。这时废去彼等原有的名字，代以属于这一种人的新的名字。被选择的人中，男女约各占半数。他们是人民的监察人，谁有不良的行为，他们有权向会议报告。被选择的人，都有就职的义务，但是经过相当的服务期间，也可以辞去其职务，辞职的形式，只是取去信仰守护人的名字，恢复以前的名字而已。

[3] 《易洛魁部落联盟》一八二页。

种神灵祈祷永远把生活上的幸福赐给他们。

随着人类从开化时代的低级期进到中级期，尤其是从中级期进到高级期时，氏族益成为宗教的势力的中心及宗教发展的源泉。现在残留下来的宗教仪式，我们只有阿兹忒克部落宗教制度的大概；其在昔日，除民族的诸神之外，似乎还有属于比胞族较小的集团所信奉的其他诸神。阿兹忒克部落间既有祭典及僧侣制度的存在，那么在阿兹忒克部落间发现氏族制与宗教仪式的关系，应该比在易洛魁部落间之所发现者较为密切；但不幸的，阿兹忒克部落的宗教信仰与其仪式，也和他们的社会组织一样，已为湮灭的暗云所隐蔽了。

9．一共同墓地

古代的、但不是唯一的埋葬法，是先将尸体曝于尸架之上，等到尸体上的肉质全部消灭后，随即搜集骨骼纳于树皮制成之桶中，最后放在专为此事所建造的一所厝屋的里面。凡属于同氏族的尸体，概纳于同一厝屋中。居鲁士·拜茵顿（Cyrus Byington）博士于一八二七年在绰克托部落间发现这样的习惯，而阿对耳亦谓拆洛歧部落间实行同样的葬法。阿对耳说："在他们相距很近的镇市中之一，我发现三个这样的实例。……每一所厝屋，都是专收贮他们同一部落人员的遗骨的，在奇特形状的函柜上面，用象形文字写着他们家族（即氏族）的名称。他们以为同氏族的骨与骨、肉与肉，应该是互相结合在一块的，所以亲族的遗骨与其他异族的遗骨埋在一处，他们认为是非宗教的。"①古时易洛魁部落亦用尸架法，他们把死亡的亲族之遗骨，也是放在树皮制的桶里面，往往保存于自己所住的房屋之中。也有埋葬于地下的。在后一情形之下，除非他们的村落中有共同墓园而外，属于同氏族的人，并不限定在当地葬在一处。已故的来特（Wright）牧师在辛尼加部族中过了很长时间的传教生活，他是美国传教师中一个高洁人格的典型，有一次他给我的信中，有下面的一段记载："在死者埋葬的地方，我找不出来一点氏族制度影响的痕迹。我相信他们的埋葬是杂乱的。据他们自己说，不同氏族的成员同居在一处的事，在从前比现在要多些。作为一个家族而论，他们由家族感情所影响的比较的多，而由个人利害所支配的比较的少。因此，某一特殊墓地的死者，大部分可能是属于同一氏族的事实也可以偶尔发生的。"在各个埋葬地中，住在一村落中的各氏族之成员都可埋葬在里面；但是同氏族的成员，仍可局部保持同葬在一起。来特的观察，无疑的是正确的。关于说明此种事实的例证，在邻近路易斯吞（Lewiston）地方的塔斯卡洛剌（Tuscarora）保留地，现在尚可发现出来。在保留地中塔斯卡洛剌部落有一个共同的墓地，凡属于同一氏族的人，都是成列的埋葬在一起。其中一列是海狸氏族死者之墓，两列是熊氏族死者之墓，一列是灰色狼氏族死者之墓，一列是大龟氏族死者之墓，像这样，直至八列墓。夫与妻分别埋葬，异其墓列；父与子，也各异其墓列。但是母子、兄弟、姊妹，是埋葬在同一墓列的。这种事实，表明氏族感情的力量，并表明氏族在良好的条件之下便很

① 《亚美利加印第安人史》一八三页。

迅速地回复到古代的旧习；塔斯卡洛刺部落现时虽已基督教化，但未放弃其旧时的习惯。一个温嫩加多部落的印第安人曾对著者说过，同样的氏族埋葬法在温嫩多加及奥奈达（Oneida）墓地现在还是流行的。这样的习惯，我们虽不能断言通行于所有印第安人的部落间，但是在古代却有爱采取此种埋葬法的倾向，这是没有什么可怀疑的。

易洛魁部落间，当举行一个已死的氏族成员葬仪之际，凡属于氏族的一切成员，都全部是送葬者。这种现象，实不仅易洛魁部落中是如此，而在其他发展状态相同的印第安人部落间，亦大概都是如此。埋葬时的演说，墓地的准备，以及尸体的埋葬等，都是由其他氏族之人为之。

住在墨西哥及中美洲的村落印第安人举行一种草率的火葬，而同时亦有尸架及土葬。火葬只限于酋长及著名之人。

10. 一氏族会议

氏族会议，从野蛮时代氏族制度形成之日起直至文明时代为止，是所有亚洲、欧洲及美洲的古代社会之一大特色。它是政治机关，而同时又是支配氏族、部落、以及部落联盟的最高权力。日常事务概由酋长负责，至于关于一般利害的事务，则须待此会议之决议。作为从氏族组织发生的一种会议，这两种制度经过无数年代相并而传至后世。酋长会议是代表古代开发人类智慧而应用于人事上的方法。它的历史，氏族的、部落的及联盟的，都表现政府概念的整个发展，直等到政治社会的建立、将它改变为元老院而传于后世。

最单纯及最低形态的会议即是氏族会议。它是一个民主的集会，因为在会议的里面每一成年男女对于一切提出的问题每人都有发言权。它选举和罢免世袭酋长及普通酋长，选举信仰守护人，它解决氏族成员被杀害事件之宥恕与复仇，以及收养外人于氏族之内。氏族会议是较高形式的部落会议、以及更高形式的联盟会议的萌芽，因为后二种会议都是完全由作为氏族代表者——酋长——所组织而成的。

这些就是易洛魁氏族成员的权利、特权和义务；依据我们现在的研究所知道的，这些也就是一般印第安人部落的氏族成员的权利、特权和义务。假令我们把希腊及拉丁诸部落的氏族加以考察，除上面所述的第一、第二及第六，三项以外，也可发现有同样的权利、特权和义务之存在；就是关于这三项，我们虽说是找不着证据，在古代也还可能是存在的。

易洛魁氏族之所有的成员，都享有个人的自由，都负有相互保护彼此自由的义务；不论在特权方面及个人权利方面，他们都是平等的，世袭酋长及普通酋长不能要求优越权；他们都是由血缘的联系所结合的同胞。自由、平等与博爱，虽然没有在形式上表示出来，实则是氏族的主要原则。这些事实都是很关重要的，因为氏族是社会及政治制度的单位，是印第安人社会所依以组织的基础。由这种单位所构成的组织，必然也会带着这种单位的特色，盖单位既如此，则由其所形成的组织自然也不得不如此，这些足以说明印第安人性格的独立意识与个人尊严的普遍属性。

由此，我们可以知道在古代存在于美洲土著社会中的氏族是真实的与重要的，而且它至今还很有生机地存在于印第安人的许多部落之间。氏族是胞族、部落以及部落联盟等组织的基础。当然，氏族的功能也可以在若干方面加以更详细的论列，不过在前面所叙述的，已足以说明它的永恒的及耐久的性质了。

氏族的命名

当欧洲人发现美洲大陆时期，印第安人部落一般都组织成氏族，并以女性世系为本位。有一些部落，如在达科他（Dakotas）部落中，氏族制已经解体了。还有一些部落，如在阿吉布洼、俄马哈及犹嘎旦的玛雅诸部落中，已经由女性本位改变为男性本位了。通美洲土著间，所有氏族命名的方法都是采取动物或无生物的名称，决没有采取个人名称的。在此种早期社会状态之中，人们的个性都在氏族的里面消失了。这至少还可推测希腊及罗马部落中的氏族，在古代的某一个期间，其命名的方法也是和美洲的土著一样的；然而当他们开始在历史上为人所注意时，便把人名作为氏族的名称了。尚有在一些部落中，例如新墨西哥的摩其（Moqui）村落印第安人，氏族中的成员声称他们是从那作为氏族名称的动物所传下来的——他们的远祖是被主宰之神将其从动物变成人形的。阿吉布洼部落的鹤氏族也有同样的传说。有一些部落中，氏族成员不吃他们氏族名称的动物，这无疑地是受了此种传说的影响的。

氏族内人员的数目

关于氏族内人员的数目，则随氏族的数目以及其盛衰而异。三千人口的辛尼加部落由八个氏族平均分有，每一氏族约三百七十五人。一万五千阿吉布洼人，平均分为二十三个氏族，每一氏族约六百五十人。拆洛歧部落每一氏族平均约千人以上。就印第安人主要部落的现状而论，每一氏族的人口大约在一百人至一千人之间。

在人类制度中出现最古、流行最广的氏族制度，与人类的进步是密切相联系的，并且予以极强烈的影响。在世界各大陆处在野蛮状态及开化状态的低级期、中级期以及高级期的诸部落中，我们都可以发现氏族的存在，在希腊与罗马诸部落间，当文明开始以后氏族制尚富有生机地存在着。除了坡里内西亚人而外，一切的人类都似乎是经过了氏族制度而来的，他们由之而得到存续和进步的手段。它所经历的时期之长，只有亲属制度可以与之相颉颃，亲属制度发生于一更早的时期之中而一直存留到现在，虽然产生亲属制度的婚姻习俗已早归泯灭了。

从氏族制度的很早就建立的事实，从氏族制度在很长的时间中能存在的事实，当人类在野蛮状态及开化状态中时它对于人类的特别适应性，必须视为是充分的证实了。

第三章

易洛魁胞族

胞族的定义

就胞族这个名词的意义来说，即是一种兄弟关系的意思，它是由氏族制度自然地发展而来的。胞族是属于同一部落中二个或二个以上的氏族，为着某种共同的目的所结合而成的一种有机的联合或组织。此等氏族，通常是从一个基本氏族分裂而成的。

近亲氏族在一高级组织中的重行结合

在希腊诸部落间胞族组织的存在几与氏族制度的存在相等，所以胞族组织便成了一个极显著的制度。雅典人四部落的每一部落系由三个胞族所组织而成，而每一胞族又包含三十个氏族，共计有十二胞族和三百六十氏族。每一胞族及部落在其构成成分上的数字如此精确划一，自不可能是氏族分裂的自然过程的结果。只有像格罗特所提示的那样，必须运用立法上有利于均等的组织之处理，才可以产生数目上划一的结果。凡属于一部落中的氏族，照例都是起源于一个共同祖先，具有一个共同部落名称，因之，以一定数目的氏族结合而为一个胞族，更以一定数目的胞族结合而为一个部落，便用不着严厉的强制了。但是胞族组织在其从一个基本氏族所派生出来的若干氏族的直接近亲关系中，有它存在上的自然基础，无疑地这即是希腊胞族所依以开始形成的根基。不同血缘氏族的合并，以及由同意的或强制的氏族之转移，可以说明雅典人氏族及胞族在数目上的调整。

　　罗马的古利亚（curia），相当于希腊的胞族。带奥奈萨斯（Dionysius）常常把古利亚当作胞族而言。[①]每一古利亚中包括十氏族，而罗马三部落中的每一部落又包含十古利亚，所以罗马三部落中共有三十古利亚和三百氏族。罗马古利亚的功能与希腊胞族的功能比较起来，我们知道要深切些，且就其发达的程度而论也比较高些，因为古利亚已直接参与了政治上的功能。氏族会议（comitia curiata）系依古利亚而投票，每一古利亚有一集体票。此种会议，直到塞维阿·塔力阿（Servius Tullius）时代一直是罗马人民的最高权力机关。

　　在希腊胞族的功能中有：特殊宗教祭仪的遵奉，对于胞族成员被杀害事件的宥恕和报仇，及关于凶手在逃免罪刑后准备复员于社会

---

① 《带奥奈萨斯全集》第二卷，第七章及第十三章。

中时施行被除礼等。①其后，在雅典人之间——因为雅典人的胞族在克来斯忒尼（Cleisthenes）之下政治社会建立后还是依旧存续的——胞族便执掌了公民登记的任务，于是胞族成了谱牒及公民证的保护者。妇女结婚以后，即编入其丈夫的胞族中，婚姻中所生的子女，则编入其父亲的氏族与胞族中。在法庭中检举杀害一个胞族成员的凶手，也是胞族组织的责任。这些就是在初期及后期时代中所已知道的胞族的目的和功能。若是所有的详细情形都能充分地确定的话，那么，如像公共食堂、公共竞技、著名人物的葬仪、最早的军队组织、各种会议的议事、宗教仪式的遵守以及社会特权的保护等等，或者莫不与胞族有直接的关系。

　　大多数美洲土著部落中都有胞族的存在，它似乎是由自然的发展而产生的，在组织的系列中它居第二位，有如在希腊及罗马的部落中一样。它不具有原来的政治功能，有如氏族、部落和联盟所具有的那样；但在社会组织的系统中因为需要有大于氏族而小于部落的一种组织，尤其是当部落发达到了庞大的形态的时候，所以胞族却赋有某种有用的权力。美洲的胞族，不拘是在基本的特征上抑或在其性质上，都可以说是希腊罗马的同一制度，但表现其原始的形态、具有其原始的功能。所以，一种对于印第安人胞族的知识，是对希腊罗马胞族组织的明晰理解所必需的。

---

① 　被除礼由胞族举行，这是伊士奇（Æschylus）所说的。（译者按：伊士奇是希腊悲剧作家之祖，生于纪元前五二五年，死于纪元前四五六年。）见《攸门尼第》（Eumenides）六五五页。

易洛魁部落的胞族

易洛魁·辛尼加部落的八个氏族重行组合而为两个胞族：

第一胞族

　　氏族 ——（1）熊，（2）狼，（3）海狸，（4）龟；

第二胞族

　　氏族 ——（5）鹿，（6）鹬，（7）鹭，（8）鹰。

每一胞族（De-ǎ-non-dǎ'-yoh），有如这一名词的涵义所示，系一种兄弟关系。属于同一胞族的氏族彼此互为兄弟氏族，对于其他胞族的氏族则互为从兄弟氏族。所有的胞族，在等级上，性质上以及特权上，都是平等的。辛尼加部落当他们述及氏族对于胞族的关系时，对于自己所属胞族中的氏族称为兄弟氏族，对于其他胞族的氏族则称为从兄弟氏族，这是他们中的普通习惯。同一胞族成员间的结婚，原来是禁止的；但两胞族中的成员都可与其对面的胞族中任何氏族的成员结婚。这样的禁止，表明每一胞族中的氏族都是从原来的一个氏族所分化出来的，所以氏族内婚的禁止也随着氏族的分化而扩大到其分支里面来了。但是除掉自己所属的氏族以外，此种限制早已废除了。辛尼加部落中有一种传说，谓熊氏族与鹿氏族是基本的氏族，其他的氏族都是从这两个基本氏族分化出来的。依据这个传说，我们便可以知道胞族在其构成的氏族之亲属关系中有其自然的基础。氏族因人数之增加而分化之后，便有为着他们的共同目的再行结合而为一个较高组织之自然的倾向。但是一个胞族中的各氏族，并不是永久的保留于这一胞族以内的，这件事实，当我们把易洛魁部落中的其他胞族组织的构成考察以后，便可以看出来。当胞族中氏族的数目失掉均衡之际，个别的氏族由这一胞族转移到另一胞族，必定是发生过的。作为古代社会制度之一部分的胞族组织，了解它发生时的单纯形式及其运用的巧妙，也是极其重要的。随着一氏族内成员人数的增加，接着以氏族成员间的地方上的隔离，分裂就发生了，脱离的部分便采取了新的氏族名称。但是他们从前是统一的一种传统将要保留下来，成为重组为胞族的基础。

同样，易洛魁·揆由加（Cayuga-Iroquois）部落也有八个氏族分成两个胞族，不过这八个氏族并不是平均分配在那两个胞族里面的。其情况如下：

第一胞族

　　氏族——（1）熊，（2）狼，（3）龟，（4）鹬，（5）鳗；

第二胞族

　　氏族——（6）鹿，（7）海狸，（8）鹰。

这八个氏族中有七个氏族和辛尼加部落中的氏族相同，但是鹭氏族灭绝了，鳗氏族起而代之，但移在对方的胞族之中。海狸及龟两个氏族，也互换了胞族。揆由加部落亦称其同一胞族中的氏族为兄弟氏族，称属于另一胞族的氏族为从兄弟氏族。

易洛魁·温嫩多加部落亦包含有同样数目的氏族，但其中有二氏族的名称与辛尼加部落的氏族不同。这些氏族，组成下面的两个胞族：

第一胞族

氏族 ——（1）狼，（2）海龟，（3）鹬，（4）海狸，（5）鞠；

第二胞族

氏族 ——（6）鹿，（7）鳗，（8）熊。

这两个胞族的组成，与辛尼加部落中的胞族的组成，也不一样。在第一胞族中有三个氏族是相同的，但是熊氏族则转移到对方的胞族中和鹿氏族同隶于第二胞族。各氏族的分配，如在揆由加部落中一样，亦不均等。对于同胞族的氏族称为兄弟氏族，对于其他胞族的氏族则称为从兄弟氏族。在温嫩多加部落中没有鹰氏族，在辛尼加部落中没有鳗氏族，但是当两个氏族的成员相遇着时则视为兄弟，并言他们两者之间有亲族关系。

摩和克部落及奥奈达部落仅有熊、狼、龟三氏族，而无胞族组织。当联盟结成时，辛尼加部落中的八个氏族就有七个氏族存在于数部落之中，这在他们中所设立的世袭酋长之职位中即可看出；但是摩和克部落及奥奈达部落中仅有上面说过的三氏族。如果我们假定各部落原来是由同样数目的氏族所构成的，那就证明当时摩和克及奥奈达部落各失掉了一整个胞族，只有其中的一个氏族得保存下来。当一个组织为氏族及胞族的部落而再行分裂时，这在胞族方面是可能出现的。虽然部落中的诸成员都由于通婚而互相混杂了，但是每一胞族内的各氏族仍然是由女子和她们的子女以及女系女子之子孙所构成，这些分子即构成胞族的集团。他们在每一个地方至少有留在一起的倾向，亦可以因此而整体的脱离而去。氏族中的男性成员与其他氏族的女子结婚而留与其妻同居，将不影响自己的氏族，因为男子的子女是不属于他所属的氏族的。如果印第安人诸部落的详细历史能有一天能被找出来的话，那就必须于氏族及胞族中求之，它们是可以从一部落追踪到一部落的。在这样的一种研究中，究竟部落中有没有由胞族而分解的，这倒是值得注意的问题。至少，可能性是很少的。

易洛魁·塔斯卡洛剌部落在过去的一个不曾知道的时代中即与其主要的集团脱离，当他们初次被发现时，他们居住在北卡罗来纳（Carolina）州的纽斯（Neuse）河流域地方。约当一七一二年，他们被迫离开他们所居住的区域，迁移到易洛魁部落所栖息的地方，并得其许可，以第六员的资格加入联盟。他们共有八个氏族，组织为两个胞族：

第一胞族

　　氏族——（1）熊，（2）海狸，（3）大龟，（4）鳗；

第二胞族

　　氏族——（5）灰色狼，（6）黄色狼，（7）小龟，（8）鹬。

这八个氏族中，有六个是与揆由加及温嫩多加共同的，有五个是与辛尼加共同的，有三个是与摩和克及奥奈达共同的。他们当中以前曾有鹿氏族，到近代才归于灭绝。此外尚可注意的，狼氏族现在分为灰色狼和黄色狼两氏族，龟亦分为大龟及小龟两氏族。第一胞族中的三个氏族，与辛尼加及揆由加部落中的第一胞族中的三个氏族是相同的，惟狼氏族分为灰色狼及黄色狼二氏族，而移于第二胞族，此其相异之点。自塔斯卡洛剌部落与其同族分离至复归于其同族，其间经过了数百年之久，这便在氏族存续的恒久性上提供了一些证据。在塔斯卡洛剌部落中也和在其他部落中一样，属于同一胞族的氏族互称为兄弟氏族，对于其他胞族的氏族则称为从兄弟氏族。

胞族的组成

征诸上面所举出的数部落中胞族的组成各不相同的事实，似乎胞族因适应其环境的变化，每经过一相当的时期时有改变它所包含的氏族的可能。有的氏族繁荣而成员数目增加，有的氏族遭罹灾难而衰微，更有些氏族则完全消灭；为了保持各胞族中成员数目一定限度的均衡起见，氏族在胞族间的转移就成为必要了。从古以来胞族组织即在易洛魁部落中存在。胞族组织比距今四百多年以前所组成的联盟组织或许要早些。各胞族在其构成上差异的程度，有如它们所包含的氏族的差异，代表每一部落在其经历的期间所遭遇的变迁。从任何方面看，这些差异都是很微小的，这有助于证明胞族和氏族的耐久性。

胞族的效用及功能

易洛魁诸部落共有三十八个氏族，在四个部落中共包含有八个胞族。

就易洛魁胞族的目的及效用而论，正如所想象的一样，当在希腊胞族之下，虽然我们对于希腊胞族功能的知识是有限的；即使拿罗马诸部落中胞族的效用来说，就已知道的而论，亦要低下些。将后者与前者相比较，我们就后退了两个文化上的时代而进入十分不同的社会状态之中了。然而这种差异，是进步程度上的差异，而不是质量上的差异；因为在两个种族里面，都有同一的制度起源于同一的或类似的萌芽，经过极长久的期间，作为社会制度之一部分而被保留。氏族社会，在政治社会没有代替它以前，必然存续于希腊及罗马部落间；而且氏族社会还在易洛魁诸部落中存在，因为易洛魁部落进步的历程距文明尚有两个文化上的时代之遥。所以凡与印第安人胞族之功能及效用有关联的每一事实都是重要的，因其趋向于说明一种制度的原始性质，而此一制度在更发达的社会状态中，其影响成为如此其重大。

胞族的效用及功能的实例

易洛魁部落中的胞族，一部分是为了社会上的目的，一部分是为了宗教上的目的。它的功能与效用，最好是用实际例子来说明。现在就从部落会议及联盟会议中通常举行的竞技那样最寻常的事件来开始。[①] 例如球类竞技，在辛尼加部落中是在胞族之间举行的，即以胞族对胞族；他们并以竞技的结果互赌胜负。每一胞族选出其最优秀的

---

① 《易洛魁部落联盟》二九四页。

竞赛员，其数目普遍由六名到十名；各胞族的成员全数出席参观竞赛，分座于竞技场之两侧。在竞技开始以前，双方胞族成员对于胜负的结果，竞以个人的所有物作为赌注。此种物品，在胜负未决以前概寄托于保管人之手。竞技在活泼热烈的气氛中举行，是一种极兴奋的景象。各胞族的成员在他们相对的席次上，热烈地参观竞技，当他们自己胞族的选手得到每一胜利的时候，则对他们群起欢呼。

胞族组织在多方面显示它的效用与功能。在部落会议之中，各胞族的世袭酋长及普通酋长对坐于想象的会议炉火（council fire）的两侧，发言者对着这两列对坐的胞族的代表者陈述自己的意见。像这样的礼节，对红色人种在事务的处分上有着特殊的魔力。

其次，当一谋杀案件发生以后，被杀害者的氏族通常召集一个会议，当事实确定以后，即决定报仇的手段。凶手的氏族也同样召集一个会议，力求与被杀害者的氏族取得和解或求其对于罪行加以宥恕。但是，假使凶手与被害者各属于相对的胞族时，则凶犯的氏族，往往召集属于自己胞族的诸氏族，联合起来以求得到罪行的宽宥。在这种情况之下，则召开一胞族会议，推定代表携带白色贝壳珠带到被害者所属的胞族中，用会议的名义请求其召集一胞族会议并宽宥罪行。他们对于被害者的家族及其氏族表示遗憾，并献与贵重的赠品请求赎罪。在未有得到肯定的或否定的结论以前，双方的交涉仍然在两会议间继续进行。由几个氏族所组成的胞族，其力量必较单只一个氏族为大；假使凶犯的胞族能够耸动对方的胞族，特别是当有减轻罪行的情况时，宽宥的可能性便可增大了。因此，我们便可看出在文明时代以前，希腊胞族怎样自然地承担了办理谋杀事件以及罪犯逃免惩罚后的被除的任务，它虽不是唯一的任务，至少是主要的任务；我们又可看出在政治社会建立以后，胞族怎样正当地在法庭中履行了检举凶手的义务。

在部落中占有重要地位的人物死亡后的葬仪中，胞族以极显著的姿态出现。死亡者的胞族是集体的葬主，葬仪则由对方胞族的成员领导进行。如果葬的是一个世袭酋长，则对方的胞族于葬仪完毕后，通常即刻将死亡酋长的贝壳珠带送到温嫩多加中央会议的炉旁，作为他逝世的讣告。此种贝壳珠带，一直保管到继承者就职的时候而授予之，作为他职位上的徽章。在数年以前，辛尼加部落的美湖酋长（Gä-ne-o-di′-yo 八个世袭酋长中之一）举行葬式时，会葬者之多，竟有二十七名世袭酋长与普通酋长及属于两胞族成员的大会合。在遗骸移动以前，对于死者的惯例致词以及其他之演说，全由对方胞族的成员担任。在演说完毕后，即由对方胞族所选派的人员将遗骸抬往墓地，其随从在后面执绋的行列：最前为世袭酋长及普通酋长，其次为死者的遗族及氏族成员，其次为胞族成员，最后为对方胞族的成员。遗骸安放于墓穴后，世袭酋长及普通酋长围绕而立成一圆圈，以备填土。先从年长者起，各自用铲填土三次，这是他们宗教上的标准数目；即第一次关系于主宰之神（Great spirit），第二次关系于太阳，第三次关系于地母神。当墓筑成后，再由年长的酋长将象征死亡酋长地位的"角"，置于墓顶首部之上，一直到继承者就任的日子，才从死亡统治者的墓上取下"角"来，戴于继承者的头上。[①]胞族的社会与宗教的功能、以及胞族在古代社会组织系统中的自然关联，只在这一种习俗中已很明白地显示出来了。

胞族对于所属氏族的世袭酋长及普通酋长的选举亦有直接关系，享有否定和肯定两种投票权。当死亡世袭酋长的氏族于选举了其继承者，或一个第二级酋长之后，必须取得每一胞族的承诺与追认，这是在前面已经讲过了的。属于同一胞族的各氏族，对于此种选举的追认几乎预先认为当然之事；但是对方胞族亦必须默认，不过有时也有提出异议的。各胞族分别举行会议，以决定承认或拒绝的态度。如果提名为双方的胞族所同意，则选举手续即告完成；如果为任何一方所拒绝时，选举便归无效，选举的氏族立即举行第二次的选举。氏族的选举经胞族同意后，新世袭酋长或新普通酋长，仍须和前面所说的那样，由联盟会议授予职权，因为只有联盟会议才有授予职权的权能。

到了近代，辛尼加部落的巫术集会（Medicine Lodges）已经停止了；但是在以前，巫术集会是他们宗教系统中的一个重要的部分。举行一个巫术集会即是举行他们宗教上最高的仪式，亦即是举行他们宗教上最高的神秘祭。在辛尼加部落中有两个巫术集会的组织，每一胞族中各有一个，这种组织更加表明胞族与宗教仪式之间的自然关系。关于巫术集会及其仪式，现在所知道的确实少极了。要之，每一个巫

---

① 据易洛魁人的信仰，死者的灵魂由地面上升至天国，其间所历行程需要十日。在人死后十日之间，居丧者每夜为死者聚哭，往往耽于过度的哀悼。挽歌及哀哭，由女子任之。在同一期间，每夜焚火于坟墓之上，此亦为一古代习俗。及至第十一日，居丧者举行一飨宴；死者之灵，此时认为已到达天国，最后的安息地。自此以后，居丧者不复有哀悼的理由了。哀悼随着飨宴而终结。

术集会都是一种兄弟关系，加入的新会员都要经过正式的入会式。

政治的功能，从这一名词的严格意义上说，只限于氏族、部落及联盟，而胞族则没有此种功能；但是在社会的事务之中，胞族却有很大的行政上的权力，随着人民境遇的向上进展，胞族便日益限于参预宗教的事务方面了。印第安部落的胞族，不像希腊及罗马的胞族一样，它没有正式的领袖。无所谓胞族的酋长，亦无所谓属于胞族的宗教上的职员，有如区别于氏族及部落者。总而言之，易洛魁部落中的胞族制度尚在其幼稚的原始的形态之中，它由自然的不可避免的发展而发生，因为它能够满足必需的要求所以能长久的保存。凡是每一人类的制度能够得到长久保持的，必定与一种人类永恒的欲望有着密切的关联。氏族、部族、联盟等之存在，给予胞族的存在上以实质的保障。然而胞族制度需要时间与更进一步的经验，来显示它所有的效用及使其更有稗益。

在墨西哥及中央亚美利加的村落印第安人之间，若按一般的原则来推论，胞族制度也一定是存在过的；也必定是比易洛魁部落间的胞族更为发达和更有影响的一种组织。不幸的是，所有能得到的关于此种制度的知识，仅能在西班牙人征服美洲后最初百年间、西班牙著作家所记载的繁杂故事中得到一瞥。占据特辣斯卡那村落中四区域的特辣斯卡那人（Tlascalans）的四"世系"，可能也就是四个胞族。他们的人口足以成为四个部落；但是他们同住在一个村落、同操一种方言，所以他们需要像胞族这样一种的组织则是很明白的事实。每一"世系"，可称之为胞族，都各有明确的军事组织和特殊的服装与旗帜，以及军事总首领——军团长（吐克特利Teuctli）——军团长即是军事总指挥官。他们以胞族团体参加征战。这种由胞族及由部落而组成的军队组织，在荷马时代的希腊人中也并非是不知道的，所以涅斯忒（Nestor）劝告阿加绵农（Agamemnon）道："把军队按胞族与部落分别组织，以胞族援助胞族，部落援助部落。"[1] 在最进步形态的氏族制度之下，血族的原则，在相当的范围内，成了军队组织的基础。阿兹忒克人同样也是占据分为四个明确区域的墨西哥村落的，每一区域内居民间的相互关系，较之对于其他区域内居民的关系更为亲密。他们也和特辣斯卡那人相同，有分开的世系，也似乎极有可能是分别组织的四个胞族。他们之间以服装及旗帜互相区别，出战时各分别为一个集团。他们在地理上的领域称为墨西哥的四区。关于这一问题将要在后面叙述。

在开化状态低级期的印第安人部落间，胞族组织是否通行这一问题，还没有深切的调查过。从胞族是组织系列中的必要的一员而发生的自然程序看来，以及从它适合于政治以外的各种效用看来，胞族组织在印第安人的主要部落间很可能是普遍通行的。

绰克托（Choctas）部落的胞族

胞族制在某些部落中，很明显地突出于他们的社会组织的表

---

[1] 《易利亚德》第二章，三六二节。

面。这样，绰克托氏族结合成为两个胞族，我们必须首先提到这一点，借以说明他们氏族间的相互关系。第一胞族叫做"分离之民"（Divided People），包含有四个氏族。第二胞族叫做"被爱之民"（Beloved People），亦包含有四个氏族。依着氏族将人民分而为两部分，便创成了两个胞族。关于胞族功能的一些知识，自然是需要的；但是，纵令没有这种知识，我们以人民分割的本身为根据，也能够证明胞族存在的事实。部落联盟是从一对氏族——少于两个以下的氏族在任何部落中都没有发现过——演化而成的这一问题，在理论上讲，可以从印第安人经验中既知的事实推演出来。例如，氏族成员的数目渐次增加，遂分割而为二个氏族；此二个氏族又以同样的情形而引起分割，如此分割不已，及至一定的时期便再结合为二个或二个以上的胞族。这些胞族遂形成为一个部落，其成员共操同一的方言。历时既久，复因分割作用部落亦分为数个，此数个部落再结合而成为部落联盟。像这样一种的部落联盟，乃是发端于两个氏族，经过部落及胞族的一种发展。

契卡索（Chickasas）部落的胞族

契卡索人是组织成两个胞族的，其中一个胞族包含四个氏族，其他一个胞族包含八个氏族，如次所示：

（一）豹胞族

　　氏族——（1）山猫，（2）鸟，（3）鱼，（4）鹿；

（二）西班牙胞族

　　氏族——（5）浣熊，（6）西班牙的，（7）皇家的（Royal），（8）胡悉可尼（Hush-ko′ni），（9）栗鼠，（10）鳄，（11）狼，（12）黑鸟。

　　我对于绰克托与契卡索二部落中的胞族制度不能详细的叙述。约十四年前，居鲁士·拜茵顿博士和查理·西·柯普南德（Charles C. Copeland）牧师始将此种制度告诉我，然而没有论及其效用与功能。

摩黑冈（Mohegan）部落的胞族

　　胞族是起源于氏族分化的自然发展过程而渐次形成的这一事实，从摩黑冈部落的组织上可以得到完全的证明。摩黑冈部落原有狼、龟及吐绶鸡三个基本的氏族。

　　这三个基本氏族后来都起了分化，分化出来的部分各组成为独立的氏族；但是他们都依然保存着基本的氏族的名称作为他们胞族的名称。换言之，即氏族的各再分割的部分，复组合而成一个胞族。此种情形肯定地证明：一个氏族随着时代的演进而分化为几个氏族，此等分化出来的氏族复互相结合而成为胞族的自然过程。这种过程，则由胞族袭用原来氏族的名称以表明之。其胞族的组成如下。

（一）狼胞族

　　氏族 ——（1）狼，（2）熊，（3）犬，（4）负鼠。

（二）龟胞族

　　氏族 ——（5）小龟，（6）泥龟，（7）大龟，（8）黄色鳗。

（三）吐绶鸡胞族

　　氏族 ——（9）吐绶鸡，（10）鹤，（11）雏鸡。

　　由此可见基本的狼氏族分割成为四个氏族，龟氏族亦分割成为四个氏族，吐绶鸡氏族则分割为三个氏族。新氏族各采取了新名称，基本氏族仍然保留着本来的名称，由于其先进的地位，因而成为胞族的名称。在美洲印第安人诸部落间，想找出关于氏族在其外在的组织上因分割作用，继之以分割出来的氏族，再组织成为胞族的这样明显的证据，是极其少有的。它同时也显示胞族是建立在氏族间的血族关系上的。就一般而论，其他诸氏族所从以分割出来的基本氏族的名称多是不知道的，但是每每在此种情形之下基本氏族的名称却保留下来成为胞族的名称。因为它与希腊的胞族一样，与其说胞族是政治的组织，毋宁说它是社会的和宗教的组织，而它在表面上也不及在社会的政治上所必不可缺少的氏族或部落那样突出。雅典的十二胞族中，仅有一个胞族的名称在历史上流传到现在。至于易洛魁胞族则没有名称，不过只是一种兄弟关系而已。

　　德拉瓦人及猛西人亦有狼、龟和吐绶鸡三个同样的氏族。在德拉瓦人中，每一部落有十二个雏形的氏族，但是它们似乎是氏族内的世系，还没有取得氏族的名称。但这是向着氏族组织发展的一种动向。

特林吉特（Thlinkeets）部落的胞族

在西北海岸的特林吉特部落中，其胞族制度亦呈现于他们氏族组织的表面。特林吉特部落包含有两个胞族，如下所示：

（一）狼胞族

氏族——（1）狼，（2）鹫，（3）海豚，（4）鲨，（5）Elca；

（二）大鸦胞族

氏族——（6）蛙，（7）鹅，（8）海狮，（9）枭，（10）鲑。

胞族以内禁止通婚，这一事实的本身就指明每一胞族中的各氏族是由一个基本的氏族所派生的。[①] 凡属于狼胞族内的任何氏族的成员，都可与对方胞族中的任何氏族的成员互通婚姻，反过来，大鸦胞族中所属的任何氏族的成员，亦是如此。

从以上的事实看来，胞族制度在美洲土著的几个语族中的存在已经是确实的了。同时，从胞族在上面所举出的诸部落间存在的事实而论，还可推论它在加罗汪尼亚族系间也是普遍地流行过的。至于在村落印第安人部落中，氏族及部落的人数既较多，所以胞族制度也就必然更为重要，从而也须更充分地发展了。印第安人的胞族制度尚保持着它的原始的形态，但它却具有希腊及罗马胞族的基本成分。现在我们可以断言，古代社会的全部组织系列，即氏族、胞族、部落以及部落联盟尚生机充沛地存在于美洲大陆间。依据以后将要引到的进一

---

① 班克落夫（Bancroft）著《太平洋诸州之土著种族》（Native Races of the Pacific States）第一卷，一〇九页。

步的证据，氏族制度在所有一切大陆上的普遍性，也将是确实的了。

假使进一步的研究能够特别集中于美洲土著中的胞族组织的功能上，那么，从其所得到的知识就可以说明以前所没有充分了解的印第安人的生活状态及其风俗上的种种特点，并且能够对于他们的风俗、习惯、生活方式以及政治给以新的说明。

第四章

易洛魁部落

作为一种组织的部落

要想依着部落组织上的明确要素来叙述印第安人的部落，那是很困难的。虽是如此，但印第安人的部落却具有鲜明的轮廓，是美洲土著大部分中间的最大组织。由于自然的分裂过程而建立的多数独立部落，是它们状态中的显著特征。各个部落都由于具有一个名称，一种不同的方言，一个最高的政府，以及由占领和保卫而得来的他们自己的领土，而得到了个体化。部落的数目之多有如其方言，因为部落的分割直至方言发生变化时始告完成。所以印第安人的诸部落是由他们所占据的地域内同一人口的分离，接着经过语言的变化以及后来相继而起的分割与独立，自然发展而形成的。

我们已经看出，与其说胞族是一种政治的组织，不如说它是一种社会的组织；然而氏族、部落及联盟，则是政治观念发展中之进步的、必需的及逻辑的阶段。在氏族社会之下，联盟组织假如没有部落作它的基础是不能存在的；部落若无胞族固然可以存在，但是若是没有了氏族，则部落也是无法存在的。我在本章之中将试图指出这许多部落——假定它们是起源于一个原始的人群——是怎样形成的情形；产生各部落永久分割的原因；以及区别一个印第安人部落为一种组织的主要属性。

因为印第安各部落各拥有一独占的领土与一种独有的方言，虽其每一部落的人数均有限，却引起人们对之加以民族的称号。但是部落与民族不是严格相等的东西。在氏族的制度下，诸部落还没有结合在同一政府之下融合成为一个人民以前，如像雅典四个部落之结合于阿提喀，多立安三个部落之结合于斯巴达，拉丁及萨宾（Sabine）三个部落之结合于罗马以前，民族是无由发生的。部落联盟需要分住于各个领土上的独立部落为其条件；虽然氏族及部落具有继续各自分离的倾向，但是合并作用借着一个较高的过程能把它们在同一地域内联合起来。部落联盟是与民族最近似的东西，但不是严格相等的东西。凡是氏族组织存在的地方，它的组织系列就给予在正确的叙述上所需要的一切的名词了。

部落是操同一方言的氏族所构成

一印第安部落是由二个或二个以上的氏族发展为数个氏族所构

成的，其中所有的成员都由婚姻关系而互相混合，并且都使用同一的方言。在外人看来，部落是看得见的，氏族是看不见的。在美洲土著中，部落包含使用不同方言的人民的例子是极其少见的。当这种例子被发现时，那却是由一个衰弱的部落与使用很接近的方言的强大部落相合并的结果，如密苏里部落被颠覆后之合并于奥托（Otoes）部落那样。土著中的绝大部分都各处在独立的部落中的这一事实，足以证明在氏族制度之下政治观念的发展是缓慢和困难的。只有一小部分曾经达到在他们之间所知道的最高的阶段，即由使用从同一语言所派生的各方言的部落联盟阶段。至于由部落的结合而形成为一个民族，则在美洲大陆的任何部分及任何情形之下，都是未曾出现过的。

地域的分离所导致的语言分歧与分割

氏族组织的要素中所存在的不断地分解倾向，证明为野蛮及开化部落进步上的极大障碍。此种分解的倾向复因语言趋于歧异的倾向而益为严重，而语言趋于歧异的倾向又是和这些部落的社会状态及其所占据的广大的地域分不开的。一种口传的语言虽在其语句上，尤其在其语法的形式上，有极显明的持久性，但是欲使语言长久不变则是不可能的。人民在其所居住的地域上的分离，在相当时间中必定会导致语言上的变化；接着更必引起利害关系的不一致和最后的独立。但是，这样的巨变并不是一个短时间内的工作，必须经过数百年，最后累积至数千年之久。譬如南、北美洲的大多数的方言及语族，除依士企摩（Eskimo）语而外，大约都是由一种原始的语言所派生的，完成这一演变所需的时日，须用文化上的三个时代来衡量。

部落是一种自然的发展

新部落和新氏族一样，时时由自然的发展过程而形成；而此种过程，复因美洲大陆的广大面积而愈益使其加速。其方法亦至为单纯。最先，出现一个人口过剩的某一中心区域，因其在生活的技术上具有优越的条件，其人口遂徐徐向外流出。如此年复一年的流出，遂有相当数量的人口于距离该部落原来地位稍远的地方发展起来。久而久之，这种移住者便形成了利害关系的不同与夫异乡异国的感情，待至最后语言亦分歧了。虽然他们在地域上是互相邻接的，但终不免于分离与独立。到了这时候，一个新的部落便创造成功了。这是关于美洲土著部落形成情况的一种简要的说明，但是我们必须把它当作是一种一般的说明。一代复一代的在旧领域内以及在新扩张的领域内的此种事实的重演，必须视为是氏族组织的一种自然和不可避免的结果，而且与其情况上的需要是相结合的。当人口的增加感受着生活资料的压迫时，则剩余的人口遂移居于新的土地之上借以解决生活上的困难，因为在各个氏族的里面或在任何数目的氏族所结合的一个团体里面，政治的机构都是完备的，所以他们要在一新土地上建立起来都是很容易实现的。在村落印第安人当中，这种现象的重演又稍不同。当一村落中的人口成为过多时，则这个村落的移民便沿着旧村落河流的上游或下游另行建立新村落。在相当的时期内如此连续地重演，这样的新村落便有几个出现了。每一个村落对于其他的村落都是独立的和自治的集团，但是为着互相保卫的关系而结成同盟或联盟。方言的变异终必将发生，从而完成它们形成部落的过程。

部落是一种自然的发展——实例

部落从彼此互相演化而来的情况，可以用实例来直接说明。部落间分离的事实，一部分是从传统，一部分是从各部落都具有几个相同的氏族中得出的，再有一部分是从他们方言的关系上推寻出来的。从一个基本的部落所派生出来的各部落，通常包含有数个共同的氏族，并使用同一语言的方言。即令分离的时间至于数世纪之久，而部落间常常依然保持着数个共同的氏族。比如在今日称为威安多特（Wyandotes）的呼戎（Huron）部落与易洛魁族分离后至少经过了有四百年之久，而呼戎部落中尚保持有六个和易洛魁·辛尼加部落中同名称的氏族。又如坡塔窝拓密（Potawattamies）族中有八个氏族的名称是和阿吉布洼族中的氏族相同的，但是前者尚包含有六个不同名称的氏族，后者尚包含有十四个不同名称的氏族；这一事实证明各部落自分离后由于分割作用各自形成了新的氏族。一更早从阿吉布洼部落——或从两部落的一共同基本部落——所分离出来的迈安密（Miamis）部落，则仅有三氏族，即狼、鸷及鹭氏族，是和阿吉布洼部落相同的。加罗汪尼亚族系中诸部落的详细社会史，是锁在氏族的生活及发展之中的。假使研究的方向有一天能坚强地集中于这一方面的话，那么，不论是关于出自同一基本族系的诸部落之互相分离的程序，和关于土著的各大族系间可能互相分离的程序，氏族的自身对于这双方面的研究将成为确实可靠的向导。

后面的实例是从开化时代低级期的部落中举出来的。密苏里族的八个部落当被发现的时候共同占有密苏里河沿岸一千英里以上的地带，及其支流堪萨斯（Kansas）与普拉特（Platte）两河和衣阿华（Iowa）数条小河流的沿岸。他们并占有密西西比河的西岸一直下连阿肯色（Arkansas）河。他们的方言表明他们在最后的一次分割以前，是分为三个部落的；即第一，彭加（Punkas）和俄马哈；第二，衣阿华、奥托和密苏里；第三为科（Kaws）、奥舍治（Osages）和跨把（Quappas）。这三个部落所使用的方言较诸与他们所属的达科他（Dakotian）语族所派生的其他任何方言更为接近，所以我们可以断定这三个部落无疑地是从一个原始部落所派生出来的。因此他们从一个原始部落而发生分割，在语言上也是有必要的。当他们沿着这条河流的一中心点徐徐向上游及下游两岸扩张的时候，由于他们的移住地间渐次隔远，必会引起利害关系上的分离，接着语言上生出差别，最后竟至于独立。这样一种人民因为沿着河流向着大平原扩张，起初可能分为三个部落，后来更分为八个部落，而且每一分裂出来的部落都保持了它组织上的完整。分裂既不是一种可惊骇的震动，也不是一种豫知的灾害；而是自然地展开于广大的地域上而分为各个部分，继之以完全的分割。其分布于密苏里河最上游的部落，即是住在奈奥布剌剌（Niobrara）河河口的彭加部落，其分布于密苏里河最下游的部落则为住在与密西西比河相汇合的阿肯色河口的跨把部落，这两部落之间距离约一千五百英里。横贯在中间的狭窄森林地带，则为其余的六个部落所占有。这八个部落，完全是河流部落（River Tribes）。

另外一个实例，可以在苏必利尔（Superior）湖畔的诸部落中找到。阿吉布洼、奥达洼（Otawas）以及坡塔窝托密等部落都是一个基本部落的分支。阿吉布洼部落代表正支，因为他们留居在苏必利尔湖出口附近的大渔场之原有居留地。再者其他二部落称之为"大兄"，奥达洼部落被称为"二兄"，而坡塔窝托密部落则被称为"小弟"。坡塔窝托密部落分离在先，而奥达洼部落分离在后，这在方言变异的比较量上表现得很清楚，即前者的变异量为最大。当一六四六年阿吉布洼部落被发现时，他们居住于苏必利尔湖口瀑布之旁，其后沿着湖的南岸向着安托那干（Ontonagon）地区展开，更沿着湖的东北岸下向圣马利（St.Mary）河，直向着呼戎湖扩展。他们占据的地区对于渔业及狩猎上极为有利，[①]因为他们在当时尚不知道栽植玉蜀黍及其他农作物，所以渔猎是他们的主要食品的来源。他们所占据的地域的优良，除了科伦比亚河流域而外，通北美洲全土没有

---

① 阿吉布洼部落，依他们所说，他们在古代的时候曾制造过陶烟斗、水壶以及其他的容器。印第安人的陶器曾几次在苏圣马利（Sault St. Mary）附近被发现，阿吉布洼部落认为这些陶器是他们的祖先所制造的。

其他地域可与比伦的。他们既有如此的地利，所以必定发展成为巨大的印第安人人口，连续地分出许多移民团体到其他地域中去成为独立的部落。坡塔窝托密部落占据上密齐根（Upper Michigan）与威斯康新（Wisconsin）交界的地方，一六四一年时正被达科他部落所驱逐中。同时，奥达洼部落最初大约居住于加拿大（Canada）的奥达洼河沿岸，次第向西移动占有佐治亚（Georgian）湾，马尼土林（Manitouline）各岛以及马奇罗（Machinaw）地方，他们更从这些据点向南直越下密齐根（Lower Michigan）而发展。原来是一族，并具有共同的氏族，他们成就了广大地域的占领。因为地域上的分离及居留地的相距辽远，所以在被发现很久以前就形成了方言的歧异以及部落的独立。这三个部落的领土相邻接，为着互相保卫起见结成一种同盟，这就是在我们中所熟悉的"奥达洼同盟"（the Otawa Confederacy）了。就其性质言，这一同盟是一种攻守同盟，或者不是像易洛魁部落间所组成的紧密联盟。

在上面所述的部落分割以前，另有一个相联属的部落，即迈安密部落，已经从阿吉布洼部落——或从一共同母族——分离出来，移居于伊里诺爱（Illinois）中部及印第安纳（Indiana）西部。跟着此种迁移的踪迹追踪而来的，则是伊里诺爱部落，它也是从上面所述的同一母族分离出来，而时间较晚的另一分支。他们后来更分为波奥立亚（Peorias）、卡斯卡斯启亚（Kaskaskias）、威阿（Weaws）及笔安克沙（Piankeshaws）等部落。他们的方言连同迈安密方言，可以在阿吉布洼语中找到其最近的类似，其次则可在克里（Cree）语中找到类似。①所有这些部落都是从苏必利尔湖的大渔场中心地点向外移出的这一事实，是具有很重要的意义的，因为它能说明部落的形成与食料供给的自然中心之间的密切关系。至于新英格兰（New England）、德拉瓦、马里兰（Maryland）、维基尼亚（Virginia）、以及卡罗来纳等州的阿尔衮琴（Algonkins）诸部落，极有可能都是出自同一来源。我开始所列举的那些方言的形成以及产生那些方言中现时所表现的变异量，其所经历的时间至少需要数世纪之久。

部落间的斗争

上面所列举的实例，代表诸部落彼此间互相演化、或从占据有利地位的母族演化的自然过程。每一移住的团体，如果我们可用很强的语气表示它的特性的话，可以说都带有武装殖民的性质，以求获得并且保持新得的地域；他们在尽可能的期间内，总是起初努力于维持与母族的联系。随着这种连续的运动，起初他们追求扩大他们的共同领土，后来便抗拒异族侵入。凡是使用同一语系方言的印第安部落，不论他们共有的土地扩张到如何程度，在地域上通常总是相邻接的这一事实，是值得注意的。就大体来说，凡是在言语上有联系的人类的各部落间，这也同样是真实的。这是因为这些人类从某一地理的中心

---

① 坡塔窝托密及克里二部落的差异大约相等。在坡塔窝托密部落分离以后，阿吉布洼、奥达洼与克里三部落在方言上可能是一族。

点向外扩张，为着生活和他们新领土的占有，须从事于激烈的斗争，只有与故乡保持联络，到了危急的时候才可以得到救助，到了有灾厄的时候才可以有逃避之所。

因过剩人口逐渐发展而迁徙时，需要生活资料的供给上具有特殊有利的条件，使任何区域成为迁徙的起点。像这样的自然中心地域，在北美洲确实是很有限的。其可得而数者，仅有三个区域。第一，即科伦比亚河流域，在玉蜀黍及其他植物未经栽培以前，通地球之上供给生活资料种类最多且分量最富者，当首推这个地方；[1] 第二，即介在苏必利尔、呼戎和密齐根三个湖泊间的半岛，这一地方实为阿吉布洼人的根据地，及其他许多印第安部落的摇篮；第三，为明尼苏达（Minnesota）州的湖泊地带，为现时达科他部落的策源地。在北美大陆中只有这三个区域才足以称为生活资料的自然中心，及过剩人口的自然源泉。在达科他部落没有占领明尼苏达州以前，我们有理由相信它是阿尔衮琴部落所占地域的一部分。迨至玉蜀黍及其他植物为人类所栽培以后，它倾向于使人类定居并生活于较小的地域以内，而同时使人口增加，但是它没有把美洲大陆的支配权转移于最进步的部落村落印第安人的掌握之中，当时他们差不多完全靠着耕作而

---

① 科伦比亚河流域是森林与草原夹杂的地区，是绝好的狩猎地带。在草原中，有一种面包根块（Kamash）植物，滋生繁衍。在夏季中浆果类尤为繁茂。但是在这些方面，科伦比亚河流域并不比其他的地方特别优厚。这个地方的特色，在于科伦比亚河及海岸地方的其他河流，产有极丰富的鲑鱼，可以取之无尽，用之不竭。一到渔取季节，鲑鱼万千成群，拥进此等河流之中，渔获既易，产量极丰。取出后将鲑鱼剖开，于日中晒干，然后装载运到村落中去，成为他们一年中大部分的主要食品。此外，海岸边的贝类渔场，供给了冬季大量食物。在这些集中的诸利益之上，再加上气候的终年温和与调节均匀，适于居住，——大约与田纳西（Tennessee）州和维基尼亚州的气候相同。要之，这个地方，实是没有栽种谷物知识的诸部落的乐园。

生活。当园艺方法传布到尚停滞在开化状态低级期的主要部落中时，便大大地改善了他们的生活状态。此等园艺部落和没有园艺知识的其他诸部落，在大陆被发现时共同占有北美大陆的庞大地域，这是从他们（园艺部落）的行列中，北美大陆的人得到其补充。[①]部落与方言的增加，系引起土著相互间不断斗争的有力因素。凡是相持最长久的斗争，照例都是起于语系不相同的部落间；例如易洛魁人部落与阿尔衮琴人部落间，达科他部落与易洛魁部落间的斗争等。反之，阿尔衮

---

①　证明科伦比亚河流域是加罗汪尼亚族系的发祥地这一点，有极高度的可能性，在过去的时代中曾从这个地方陆续发出移民团体，直至占有南、北美洲为止。其后，两大陆继续由此一泉源得到人口的补充，直至被欧人发现时为止。这些结论，可以从印第安人部落的物质原因、比较状态及语言关系等推寻出来。横贯南北的中央大草原地带，南北长一千五百英里以上，东西亦一千英里以上，对于北美大陆的太平洋沿岸与大西洋沿岸的往来交通插入了一大阻碍。因此，这似乎可能原来移住的一支人，从科伦比亚流域开始发展，为物质的原因所影响而继续向前迁移，在没有达到佛罗里达地方以前，就已经达到巴达哥尼亚（Patagonia）地方了。根据既知的事实，都指明科伦比亚河流域为印第安人诸部落的发祥地，若再加上相当的补充证据，将使这一假设益成为肯定的。

　　玉蜀黍的发现与栽培并没有实质地改变人事的进程，或阻止以前既存原因的作用，虽然它在人类生活的改善上确是一个重要的动因。这一亚美利加的谷物，究竟是什么地方固有的这一问题，我们还不明白；但是据一般公认，以为中央亚美利加热带地方——这个地方植物生长极其繁茂，玉蜀黍亦特别丰产，且为村落印第安人的最古的根据地——即其可能的原生地。若是中央亚美利加是玉蜀黍开始栽培的地方，那么，玉蜀黍最先传播的地方必是墨西哥，复由墨西哥而移至新墨西哥以及密西西比河流域，更东向而输入于大西洋沿岸诸地方；其栽培的分量，距原生地愈远则愈少。它将由比较更野蛮的部落欲得到新食物的欲望而离开村落印第安人独立地传播；虽然上密苏里的明尼达里（Minnitarees）与曼旦（Mandans）、北密苏里境内临红河（Red River）的佘安（Shyans）、加拿大西木河（Simcoe）湖畔的呼戎、基尼伯克（Kennebec）的阿奔纳奇（Abenakies）、以及密西西比河与大西洋之间的诸部落都实行种植玉蜀黍，但是它的传播绝没有越过新墨西哥而推广到科伦比亚河流域。从科伦比亚河流域所分离出来的移民团体，追踪他们祖先的踪迹，将先压迫新墨西哥及墨西哥的村落印第安人，把被排斥而散在于各地的部落，经巴拿马地峡驱逐到南美洲去，这些被驱逐的移民足迹所到的地方，一定携有村落印第安人所发展的生活中之进步的最早胚种。这种的迁徙移住经过时重演以后，势必使南美洲得着一种优秀的住民，远胜于以前到达该地的蛮族，而北美洲势必因移之故而受到不良的影响。其最终的结果，南美洲虽地理上的自然条件稍逊，而在发展上将处于先进的地位，这似乎是事实。有一个关于曼柯·卡把克（Manco Capac）与妈妈·奥伊罗（Mama Oello）的秘鲁传说，相传他们是太阳的子女，一面是兄妹同时又是夫妇，这个传说表明，如果它能表明什么的话，应该是指着一村落印第安人的移民团体，他们从远道迁徙而来，即令不一定直接来自北美，也当来自很远的地方，聚居在一起对于印第斯山脉的诸粗野的部落教以生活上比较高等的技术，其中包括玉蜀黍及其他植物的栽植知识。用一种简单而十分自然的处理，这个传说便把移民团体漏掉，只把它的首领及其妻的名字保留下来了。

琴与达科他部落间一般是和平相处的。如果不是如此，那么，他们就不会占领相邻接的地域了。易洛魁人却是一个凶恶横暴的例外，他们对于其同族的伊利（Eries）、中立（Neutral Nation）、呼戎以及萨斯克罕那（Susquehannocks）等部落进行了一种歼灭性的战争。使用同一语系方言的各部落都能够彼此了解通话，借以解决他们的纠纷。他们也知道，由于都是出于共同的祖先，如有缓急可以互相依靠，作为自然的同盟者。

一定地域内人口的数目，是受着该地域内所产食料的限制的。在以渔猎为主要食物的来源时，就需要一庞大的地域来维持一小部落的生活。到了加上淀粉性的食物以后，而一部落所占据的地域与其人口的数目相较，在比例上仍是很大的。就纽约州而论，其面积不下四万七千平方英里，然而栖息于纽约州的人口从来就没有一个时期超过二万五千印第安人的，即包括易洛魁人部落、分布于哈得逊河东岸和琅岛（Long Island）的阿尔衮琴人部落、以及分布于纽约州西部地方的伊利与中立等部落。总而言之，建立在氏族制度之上的个人政府是不能发展充分的中央权力以控制其激增的人口的，除非人民居住的地域保持着在相当范围内的距离以内。

在新墨西哥、墨西哥及中央亚美利加的村落印第安人中，在一狭小地域内的人口骤增并未阻止分解的过程。每一村落，通常就是一个独立的自治团体。如有数村落共沿一条河流而互相邻接，其居民大概都是出自一系，如此则结合在一部落政府或联合政府之下。单就新墨西哥而论，约有七种语言，每一语言又各分为数种方言。在科罗纳多（Coronado）的远征时，一五四〇至一五四二年，所发现的村落数目很多，但都很小。其被发现的村落，在西波那（Cibola）、图卡扬（Tucayan）、丘维那（Quivira）以及黑麦斯（Hemez）地方的则各有七村落，在梯丘（Tiguex）地方的则有十二村落，以及其他集团；并指明在其居民中有着言语上的联系。至于各集团是否已经联合，则不得而知。七个摩其村落（科罗纳多远征时的图卡扬村落）在今日说是联合在一起的，在其被发现时大概也是如此。

由以上的实例，已说明数千年中在美洲土著间分裂过程一直在起着作用，直到单只在北美洲，就所知道的而言，已经发展到四十种以上的语言；每一种语言复分为若干方言，而为同等数目的独立部落所使用。他们的经验，可能只是亚洲、欧洲以及非洲诸部落当他们在相应社会状态中的经验之重演。

根据以上的观察，美洲印第安人的部落是一种极简单同时又是极低下的组织，是十分明显的。这不过只需要数百人或至多数千人形成一个部落，使其在加罗汪尼亚族系中处于被尊重的地位。

一个部落的特质

现在剩下的问题，即是提出一个印第安人部落的功能及其特质，可在下列的题目下加以讨论：

（1）具有一部落领土及部落名称。

（2）操一独有的方言。

（3）授予由氏族所选出的世袭酋长及普通酋长职权的权利。

（4）罢免世袭酋长及普通酋长的权利。

（5）具有一种宗教上的信仰及崇拜。

（6）包含一酋长会议的一个最高政府。

（7）在某些情形中部落得设置一领袖酋长。

只须对于上列一个部落的各种特质，各作简略的叙述就够了。

1. 具有一部落领土及部落名称

一个部落的领土，包括该部落实际所居住的地域，及其为渔猎而设置且能防御其他部落之侵略的周围地带。在这个地域以外则为中立地带，不属于任何部落；如果邻近的系不同语言的部落，则以宽广的中立地带介乎其间；如果邻接的是同一语言中另一方言的部落，中立地带则较为狭小，界限亦比较不明了。一部落的领域，不论其面积之大小，都是这样划分不明确的，但它是一部落的领域，其他的部落亦承认其如此，占领的部落亦如此的加以保卫。

在相当的时期内，一部落由着具有一个属于自己的名称而得到个别化，从一般的性质来说，此种名称与其说是有意的毋宁说大半是偶然的结果。例如辛尼加部落自称为"大丘人民"（Nun-da′-o-wä-o-no），塔斯卡洛刺部落自称为"著衬衣的人民"（Dus-ga′-o-weh-o-no′），锡色顿（Sissetons）部落自称为"沼地村落"（Sis-sé-to-wän），奥加拉拉（Ogalallas）部落自称为"幕营移动者"（O-galal′-lä），俄马哈部落自称为"上流人民"（O-mä′-hä），衣阿华部落自称为"灰鼻子"（Pa-ho′-cha），明尼达部落自称为"远来人民"（E-năt′-zä），拆洛歧部落自称为"大人民"（Tsä-lo′-kee），萧尼部落自称为"南方人"（Sä-wan-wäkeé），摩黑刚部落自称为"海岸人民"（Mo-he-kun-e-uk），奴隶湖（Slave Lake）印第安人自称为"低地人民"（A-cháo-tin-ne）。其在墨西哥的村落印第安人间，如梭其米尔哥（Sochimilcos）部落自称为"花种民族"（Nation of the Seeds of Flowers），加尔卡（Chalcans）部落自称为"口的人民"（People of Mouth），铁潘尼冈（Tepanecans）部落自称为"桥的人民"（People of the Bridge），铁兹旧冈（Tezcucans）或丘尔华（Culhuas）部落自称为"不正直的人民"（A Crooked people），特拉斯卡那（Tlascalans）部落自称为"面包之民"（Men of Bread）。当欧人开始殖民于美洲大陆北部时，其所得的印第安人诸部落的名称，往往不是从其部落自身直接所得来的，而是由其他给予他名称的部落中得来的，所以异于其部落的自称。其结果，致使有一部分部落现今在历史上所知道的名称，并不是他们自身所承认的名称。

2. 操一独有的方言

部落与方言，实质上是同其范围的，但是亦有发生于特殊情形下的例外。比如达科他的十二集团，现时可以适当的称为部落，因为他们在组织上及在利害关系上都各显然不同，但是他们在时机未成熟以前即被迫而分离，因为受着美国人对他们原有地域的侵略，不得不退出而移住于平原。他们在以前是保持着如此密切的联系，仅一种新方言，即提顿（Teeton）方言，在密苏里河沿岸开始形成着；密西西比河沿岸的易逊提（Isauntie）语是其本来的语言。在数年以前，拆洛歧部落的人口有二万六千人，是在现时美国境内所发现的印第安人部落中使用同一方言的最大的一个部落。不过该部落中分布在佐治亚州山岳地带的，虽尚未足形成一种不同的方言，但在语言上已出现了少数的变化。其他类似的例子也还可以找出一些来，但无论如何不能打破土著时代的一般原则，即部落与方言是同其范围的。又如阿吉布洼部落，在大体上现在仍是非园艺部落，其人口约一万五千人，都共操同一方言；达科他部落的人口总数约二万五千人，使用两种关系极其密切的方言，这在前面已经说到。这些部落都是特别大的部落。在美国及英属美洲（British America）领域内部落的人口，平均计之，每部落约在二千人以下。

3. 授予由氏族所选出的世袭酋长及普通酋长职权的权利

在易洛魁部落间，其被选为酋长者在未经酋长会议授予其职权以前不得称为酋长。因为氏族的酋长组成部落会议，而部落会议有照顾共同利益的权力，所以部落会议保留授予职权的权能显然是很适当的。但是，到了联盟形成以后，"起用"世袭酋长及普通酋长的权能便由部落会议转移于联盟会议之手了。关于说明各部落授予职位所习用的方式，现在所能得到的材料尚嫌不足。但是，这一问题，是我们在充分地说明印第安人诸部落的社会制度以前所要详细研究的许多问题之一。其在墨西哥以北的诸氏族间，世袭酋长及普通酋长一般都是选举的；至于关于大陆的其他各地方，则须要充分的证据使这一原则的普遍性立于无可怀疑的地位。

在德拉瓦部落间，每一氏族都有一世袭酋长（萨齐马 Sä-ke′-Mä），他的职位在氏族内是世袭的，除世袭酋长外尚有二名普通酋长与二名军务酋长（war-chief）——三个氏族共有十五名酋长——他们共同组成部落会议。在阿吉布洼部落中，每一居留地普通总有某一氏族的成员占大多数。每一氏族有一名世袭酋长与数名普通酋长，世袭酋长的职位在氏族内是世袭的。如有同一氏族内的多数成员聚居在一个地方时，他们也是同样组织的。普通酋长的数目没有一定的限制。关于世袭酋长及普通酋长的选举与授职的习俗虽从未搜集过，然而可以断言，在印第安人的这些部落中确实是存在的。并且关于此等习俗的知识对于我们的研究将是很有价值的。至于易洛魁部落的世袭酋长与普通酋长的"起用"方法，我将于次章内加以说明。

4. 罢免世袭酋长及普通酋长的权利

这一权利基本上是世袭酋长及普通酋长所属的氏族所享有的权利。但是，部落会议亦具有同样的权利，并且可以不通过氏族，甚至违反其意志，而采取独立行动。在野蛮状态和开化状态的低级期与中级期中，酋长之职是终身职，或限于本人行为合法的期间。当时的人类对于选举的职位尚不知道加以一定年限的制限。从而为着维持自治的原则起见，此种罢免权便成为极关重要的了。此种权利使氏族及部落能永远的保持其主权，此一主权在当时虽只曾微微的被了解，然而确是一种现实的东西。

5. 具有一种宗教上的信仰及崇拜

美洲的印第安人和其他开化人类一样，也是一种富于宗教信仰的人民。诸部落在每年一定的季节内，都用各种形式的崇拜、舞蹈及竞技来一般地举行宗教上的祭典。有很多部落中的巫术集会是执行祭典的中心。在举行巫术集会的数周或数月以前，每每有发出通告的习惯，借以唤起一般人对于此种仪式的兴趣。关于土著的宗教制度，又是一个未曾充分地研究的问题之一。对于将来的学者，此中的资料是极为丰富的。这些部落在发展他们宗教的信仰上及其崇拜的仪式上的经验，是人类经验的一部分；而此等事实在比较宗教学上将要占有很重要的地位。

印第安人的宗教制度多少是模糊不定的，并且充满了粗俗的迷信。在主要的部落间能够找出自然崇拜的痕迹，在进步的部落间有多神教的倾向。例如：在易洛魁部落中，相信一主宰的大神和恶魔及其他各种次等的精灵以及灵魂不灭和来世等等。在他们的概念中，主宰的大神是一个具有人形的神；此外如雷魔（He′–no）、风魔（Gǎ′–oh）以及三姊妹神——即玉蜀黍之精、豆荚之精、南瓜之精——在他们的观念中也都是具有人形的。他们统称三姊妹神为"我们的生命"（Our life），或"我们的赡养者"（Our Supporters）。除此以外，更有数种树木、植物及奔流之精。此等无数精灵的存在及其属性，只能空泛的想象而已。在开化时代低级期的诸部落间，是不知道偶像崇拜的。[①]阿兹忒克人有人格化的神灵，并用偶像代表它们，还有寺院崇拜。若是阿兹忒克的宗教制度的详细情形能够准确地知道的话，那么，大概可能阐明它是从印第安人的共同信仰发展出来的。

舞蹈在美洲土著中间是一种崇拜形式，并且成为一切宗教祭日所举行的仪式的一部分。在全世界任何地方的开化部落间，舞蹈再没有像美洲土著中经过这样更有意识的发展的。每一部落都有十种至三十种的舞蹈，每一种都有它固有的名称、乐歌、乐器、步调、舞者的姿式和服装。其中有某种舞蹈，例如战争舞（War dance），在所有部落间是共同的。特殊的舞蹈是特殊的财产，或是属于氏族或是属于为此种舞蹈所组织的团体，并时时接受新会员。达科他、克里、阿吉布洼、易洛魁以及新墨西哥的村落印第安人诸部落的舞蹈，在步调上、方式上、乐器上以及在一般的性质上都是相同的；阿兹忒克部落的舞蹈，据我们所准确知道的也是一样。通印第安人部落间，舞蹈只是一个系统，且与他们的信仰及崇拜系统有着直接的关系。

6. 通过酋长会议的一个最高政府

部落会议是由氏族的酋长所组织而成，所以它在氏族中有其自然的基础。此种会议满足了一项必然的要求，所以只要氏族社会存在一日，这种会议也要存在一日，这是肯定的。因氏族系由其酋长来代

① 当十八世纪末叶，辛尼加·易洛魁人在临阿利根尼（Alleghany）河的一个村落中建立了一座偶象，他们围绕着这座偶像举行跳舞及其他宗教上的仪典。这是已故的威廉·巴克（William Parker）告诉我的，他亲自在其所抛弃的河中看见这一偶像。但是，这偶像究竟是象征什么，他不曾知道。

表，所以部落则由氏族酋长所组织的会议来代表。它是社会制度中的一个永久的特征，对于部落掌握有最高的威权。这种会议是在部落全体成员所周知的情况下召集，在他们之中举行，对于他们的演说家是公开的，它肯定的是在群众的影响下动作的。就其形态而论，虽属寡头政治，然而在实质上确是代议制的民主政体；出席会议的代表是以终身职而选举出来的，但是可以罢免的。各氏族成员的同胞关系，关于职位的选举原则，实是民主原则的萌芽和民主原则的基础。在人类进步的初期中，民主主义的原则也和其他重要的原则一样，在其发展上虽不完全，然而民主主义在人类的部落中却有一极古的家谱。

保护和防卫部落共同利益的任务，则赋者予酋长会议了。在人民的智慧与勇气上，和在会议的明敏与远见上，是部落的繁荣和生存之所系。因为部落之间经常处于战争状态，所以纠纷和紧急事件也就相继而起，在这种情形当中，需要人民与会议方面应用上面所有的特长，然后才能应付和处置裕如。因此，不可避免的，人民成分在其影响中必须是突出的。会议的一般原则，对于所属的任何个人纯然采取开放的政策，不论任何个人，只要对于公共问题欲发表意见时都可向会议直接陈述。就是妇女也允许她委托她自己所选出的发言人表示她的愿望和意见。但是决议之权则操诸会议之手。在易洛魁部落中，一致的通过是其决议的根本法则；但是这种习惯，是否为所有部落所通有，我却不能断言了。

军事的行动，通常是采取志愿的原则。就理论上言，每一部落对于其他没有缔结和平协定的部落，都是处于交战状态之中的。不论什么人都可自由地组织一个战斗队到任何地方去远征，只要他自己高兴的话。凡想从事远征的人们，最初照例举行一次战争跳舞，来宣布自己的远征计划，并借以募集志愿兵。这种方法，是这种企图是否得到人民支持的一种实际测验。如果参加跳舞的人其数足以编成远征队，那么，就可趁着士气激昂之际立刻出发远征。若一部落有被攻击之虞时，为防卫计亦用同样的方法编成战斗队。像这样募集的兵力，能团结成为一个整体，每队各设一队长任指挥之责，而军队的共同行动则由队长会议决定之。如果战斗队之中有一个已成名的军务酋长，他就自然地成为指挥官。以上所说的，是关于开化状态低级期诸部落的一般情状。阿兹忒克及特辣斯卡那人以胞族单位参加战争，每一分队各有自己的战斗队长，各用制服及旗帜相区别。

印第安人的部落，甚至于联盟，在军事活动上是很薄弱的组织。只有易洛魁人与阿兹忒克人的组织，在侵略的目的上表现得最为露骨。在开化状态低级期的部落间——内中包含易洛魁人部落——最破坏的工作都是由这些微小不足道的战斗队所造成的，它们在不断地被编成和不断地举行远征遥远的地方。他们的给养包括焙干了的玉蜀黍粉末，每一战士都把这种粉末盛于有腰带的革囊中，另外还加上在远征途中所能捕获的鱼类及猎取物。此种战斗队的出发以及其凯旋时的公开欢迎，是印第安人生活中最显著的事件。这些远征并不请求会议的裁可，也没有这样的必要。

部落会议有宣战及讲和之权，有迎送使节与缔结同盟之权。部落会议行使了这种非常单纯而事务有限的政府所需要的一切权力。独立部落之间的交涉，则由谋士及酋长充当代表，当折冲之任。当任何部落期望这样一种的代表团将要到来之时，则为其欢迎及其折冲事项召集一个会议。

7. 在某些情形中部落得设置一领袖酋长

有一些印第安人部落中常有世袭酋长一人被公认为是领袖酋长的，他在等级上亦被认为高于他的其他同僚。当部落会议在闭会期间，在某种限度内，有设置一个正式代表部落的领袖之必要；但是，此种领袖的任务与权力，都是很轻微的。会议虽然握有最高的权力，但是开会却甚为稀少，而问题可能随时发生需要有权代表部落的一人临时加以处理，当然事后须得到会议的追认。这种情形，据著者所知，是设立领袖酋长职位的唯一基础。在有些部落中虽然有领袖酋长的存在，然在权限的形式上是如此其微弱，则远在我们概念中的一个行政长官之下。从前的著作家中有把领袖酋长称为国王的，这简直是一种讽刺。印第安人部落的政治知识的发展，还没有达到领袖行政长官那样观念的程度。易洛魁人部落不知道有所谓领袖酋长，其联盟也不知道有所谓行政长官。酋长是依选举而任职，并可能遭到罢免；根据这两件事实，便足以决定其职务的性质了。

印第安人部落的酋长会议，其自身的重要性是很小的；但是作为近世的议会、国会以及立法机构的萌芽来看，它在人类的历史上则具有重要的意义了。

氏族政府的三种连续形态

政府观念的发展，开始于野蛮时代之组织成为氏族的时期中。其发展的过程，从氏族社会到文明时代开始后所建立的政治社会期间，显示着三大累进的发展阶段。第一阶段，为由氏族所选举的酋长会议所代表的部落政府。此种政府，可称为一权政府，即会议政府。它通行于开化状态低级期的诸部落间。第二阶段，即酋长会议与军务司令官握有同等权力的政府；会议代表民政上的职能，司令官代表军事上的职能。这个第二种形式的政府，在开化状态低级期部落联盟形成以后才始出现，迄至开化状态的中级期才至于确立。此军务总司令官或领袖军事指挥官之职，即后来的行政长官、国王、皇帝、大总统等职的萌芽。此第二阶段的政府，可称之为二权政府，即酋长会议与司令长官的政府。第三阶段，即由酋长会议、人民大会及军务总司令官三者所组成的一种人民或民族政府。此种政府，在达到开化状态高级期的部落中，例如荷马时代的希腊人和罗缪路斯时期的意大利诸部落间，才开始出现。到了人口数目激增因而结合为一个民族和他们筑城而居并创造了土地、畜群等财富的时候，才将人民大会作为政治的机构，当时尚存在的酋长会议，无疑地因感受人民的压力不得不将政府中最重要的公务交与人民大会听其接受或拒绝；这即是众议院之所自出。人民大会自身并不作出处置，它职权只是接受或拒绝，它的决定即是最后的决定。自其最初出现的时候起，它即成为政府中的固定权力。酋长会议不复具有通过重要议案的权力了，它仅仅成为持有起草或完成各种立法权限的预审机关了，此等法令只有通过人民大会才能发生效力。第三阶段的政府，可称之为三权政府，即预审机关的酋长会议、人民大会及司令长官的政府。此种政府直保留到政治社会建立的时代为止，例如在雅典人之间酋长会议成为元老院，人民大会成为定期集会的众议院。此种组织，保留到现代变成为议会、国会的两院制及立法机构。同样，军务总司令官之职乃系现代领袖行政长官的萌芽，这在前面已经说到了。

我们再回转来讨论部落。它的人口有限，力量薄弱，资源贫乏，但仍不失为完全有组织的社会。它可以说明人类开化状态低级期的生活情况。及至开化状态的中级期，部落的人口有明显地增殖，生活情况亦已改善，但是，氏族社会仍然存续着，没有受到根本的变化。因为缺乏进步之故，政治社会尚属不可能。氏族组成部落依然如故，不过联盟组织必较前为多。有一些区域，如墨西哥流域，在一共同政府之下发展成较大的人口，同时生活技能上有所改进；然在他们之间并没有倾覆氏族社会而代以政治社会的证据存在。在氏族制度之上不可能建立一个政治社会或国家。一个国家必须建立在区域之上而不能在个人之上，必须是建立在作为政治制度之单位的都市之上，而不是建立在作为社会制度之单位的氏族之上。这需要超越印第安人部落的时间和广泛的经验，来作为制度中这样的基本变革的准备。这又需要有一种人类具有像希腊、罗马民族那样的智力，和从一系列的远祖所传下来的经验，来计划及逐渐地采用一种政府的新方案，这种政府就是现在各文明民族在其下生活的政府。

依照递升的有机系列的顺序，我们将于次章讨论联盟的组织；在联盟组织中，我们将要看出氏族、胞族、部落等的新关系。氏族组织对于开化时代的人类状态与要求的显著的适应性，将由此得到进一步的说明。

第五章

易洛魁联盟

联盟制是自然的发展

结成联盟以期相互防卫的这一倾向，存在于有血族关系与领土邻接的诸部落间是极其自然的。当结合的利益由实际经验中得到认识以后，则联盟组织，最初不过是一种同盟，将逐渐地结合而成为一种统一的联盟。他们所过的永久战争状态的生活，将使其在智力方面与生活技术方面都有足够的进步而能认识到联合利益的部落中，更易促进此种自然倾向的实际行动。照这样看来，联盟制不过是从低级组织进到较高级组织的自然发展中由氏族结合而为部落的原理之扩大而已。

当北美洲最初被发现时，正如所期待的一样，有好几个联盟组织存在于北美的各地，其中有几个在计划及机构方面都是值得我们注意的。此中可以列举出来的有由五个独立部落而结成的易洛魁联盟，有由六个部落而结成的克里克联盟，有由三个部落而结成的奥达洼联盟，有所谓"七会议炉"（Seven Council-Fires）的达科他联盟，有由七村落而成的新墨西哥地方的摩其联盟，以及新墨西哥河谷的三个部落的阿兹忒克联盟。其他如墨西哥、中亚美利加、南美洲以及其他地方的村落印第安人，大概也都有由两个或两个以上的近亲部落所组成的联盟组织。从他们制度的性质以及支配他们发展的法则而言，进步之采取此种方向实是必然的。不过从他们所具有的那样的要素，从他们那样不固定的地理关系，形成联盟是一件困难的工作。惟有在村落印第安人中，因其村落之互相接近，及其所占面积之狭小，所以他们形成联盟是最为容易的；但是，开化状态低级期的诸部落亦偶有完成此种事业的，易洛魁部落即其一个显著的例子。凡是有联盟组织结成的地方，它本身即可证明其人民的优越智力。

北美洲的印第安人联盟组织最高的实例，当首推易洛魁及阿兹忒克两联盟。不论就他们的被一般所承认的优越武力，或就他们地理上之位置而论，此两联盟在双方面都产生了显著的结果。不过关于前者的机构及其原则，我们所有的知识是肯定的而且是完全的，至于关于后者的知识，则远难令人满意。阿兹忒克联盟，或是仅由三个有血族关系的部落所组成的攻守同盟，或是一个有系统的联盟像易洛魁联盟那样，因为历史的记载不明而成为疑问了。虽是如此，对于易洛魁联盟所认为是真实者，大体上对于阿兹忒克联盟也可能同样是真实的，所以对于一个联盟所得的知识，也可以用来说明另一个联盟。

建立在共同氏族及一共同语言之上

产生联盟的条件以及形成联盟的原则，是非常单纯的。它们是因时代并由既存的要素，而自然形成的产物。譬如某一部落，因分化作用而成为数个部落，此数部落复各占据独立而互相邻接的领土，于是便在各部落所具有的共同氏族的基础上，及其所使用的相联属的方言上，把各个部落重新结合于一较高级的组织中而形成联盟。体现于氏族中的血族的情感、氏族的共同世系以及他们尚能相互了解的方言，此三者，供给了联盟的物质要素。因之联盟是以氏族为其基础及中心，而以共同语系为其范围的。所以从来没有发现一个联盟组织，越过其由共同母语所派生的数种方言范围以外的。如果这种自然的境界被突破，则势必使异质分子羼入其组织之中。但是，偶然也有在语言上不相联属的部落的残余，准许加入到一个现存的联盟中去的，如那拆兹（Natchez）部族①即其一例；不过这一例外，不能打破一般的原则。一个印第安人国家（Power）想从由氏族组成的部落而结成之联盟崛起于美洲大陆而雄视其他部落，除其所包含的成员均系出自一共同祖先而外，是不可能的。语族的繁多，就是这种失败之不可动摇的说明。除掉由氏族和部落成员保有血族关系以及共同语言而外，没有其他的方法能在平等的条件下加入一个联盟。

这里尚须附带说明的，不问在地球上任何部分，当开化状态的低级期、中级期或高级期中要在氏族制度之下依着自然的发展而形成

---

① 那拆兹部落为法兰西人所击溃后，其残部被允许加入于克里克联盟。

一个王国，那是不可能的事实。我于讨论之初其所以敢为此提示者，意在使读者对于组织成氏族、胞族及部落的古代社会的机构与其原则，能够引起深切的注意。君主政体是与氏族制度相矛盾的。君主政体是文明时代晚期的产物，专制政治在开化时代高级期的希腊诸部落间曾有几次出现过，但是出于篡夺；在当时人民的心目中是视为非法的，所以在实际上，是与氏族社会的观念背道而驰的。希腊部落中的暴政政府，是建立在篡夺上的专制政治，是后代王国所由而发生的萌芽；至于英雄时代的所谓王国，不过是军事的民主政治而已，并非其他。

易洛魁人诸部落及其定居于纽约州

易洛魁部落提供了由着自然的发展并助以巧妙的立法而形成联盟的一个绝好实例。原来，易洛魁部落是来自密西西比河以外的移民，大约是达科他族的一支，最初他们向着圣·罗凌士（St. Lawrence）河流域进展，定居于蒙特利奥（Montreal）附近。因为受着四周诸部落的攻击，被迫离开此区域而移居于纽约州的中部地方。他们因为人口不多，所以乘着小舟沿着安大略（Ontario）湖的东岸，最初定居于鄂斯威哥（Oswego）河河口的周围；据他们的传说，他们在这个地方居住得很长久。在当时他们至少有三个不同的部落，即摩和克部落、温嫩多加部落与辛尼加部落。随后，其一部落占据坎喃对瓜（Canandaigua）湖的湖头地带，成为辛尼加部落。另一部落占据温嫩多加河流域，成为温嫩多加部落。其第三部落向东面移动，最先定居于与犹提喀（Utica）城相接近的奥奈达地方，这一部落中的主要部分，更由奥奈达地方移住于摩和克河流域成为摩和克部落。其留居于奥奈达地方的则为奥奈达部落。温嫩多加或辛尼加部落中的一部分定居于撰由加湖之东岸，成为撰由加部落。纽约州在没有被易洛魁部落占据以前，似乎是属于阿尔衮琴部落领域内的一部分。据易洛魁部落的传说，当他们在东向哈得逊河和西向真涅栖（Genesee）河逐渐扩张其殖民地时，便把以前的住民尽行驱逐了。他们的传说又宣称，在他们定居纽约州以后和组织联盟以前，其间经过了很长的时间；在这一时期中，他们为了共同应付外敌，于是他们得到一种经验，知道联合的原则在攻守两方面都有莫大的利益。他们聚居于村落之中，村落的外面通常围以木栅。他们以渔猎为生，另外加上一些小规模的园艺产品。就人口而论，易洛魁部落从未有一个时期超过二万人以上的，若是他们曾达到这一数目的话。生活资料的困难与夫不断的战争，抑制了所有土著部落人口的发展，就是村落印第安人也不能逃掉这一公例。易洛魁部落为当时蔓延于纽约州全部的大森林所包围，他们对之无力对抗。易洛魁部落最初被发现时系在一六〇八年。及至一六五七年间，他们的领土掩有纽约州、宾夕法尼亚（Pennsylvania）州与俄亥俄（Ohio）州①的大部分以及安大略湖以

---

① 约在一六五一年至一六五五年，易洛魁部落将其近亲部落——伊利人，从真涅栖河与伊利湖之间的地带加以驱逐。其后不久，又从耐亚嘎拉（Niagara）河驱逐中立民族部落，于是除哈得逊河下流及琅岛外，纽约州的其余部分悉纳于易洛魁人领域之中了。

北的加拿大诸地；其幅员之广，至此时而臻于绝顶。易洛魁部落在被发现的当时，不论在智力方面，抑或在进步方面，他们是在新墨西哥以北的红色人种中最优秀的代表，虽然他们的生活技能或者在墨西哥湾的若干部落之下。在他们天赋能力的质与量方面而论，必须把他们列于美洲大陆最高级的印第安人之中。他们的人口虽已经减少，但其分布于纽约州者至今尚有四千，在加拿大者约一千，在西部者其数亦约一千；像这样，就证明野蛮人的生活技术在支持生存上的效能和耐久性。到了现在，听说易洛魁部落的人口又在重新渐渐地增加起来了。

联盟的形成

在联盟形成的时期，即在一四〇〇年至一四五〇年[1]之间，如前所述的状况就已存在了。易洛魁人当时已分成为五个独立的部落，各占据互相接壤的土地，操出自同一语言的方言，都能彼此互相了解。除了这些事实以外，还有若干氏族在好些部落中是共同的，这层业已说过。此等共同的诸氏族因其为同一氏族的分离的各部分，所以在它们的相互的关系上就为形成联盟提供了自然和耐久的基础。有了这些要素的存在，则联盟的形成所剩下的问题只是智力与技术而已。但是，散在大陆各地的及其他人口众多的部落，也有具备恰如易洛魁部

① 易洛魁人声称在他们最初看见欧罗巴人的时候以前一百五十年至二百年，联盟组织即已存在了。依据大卫·丘西克（David Cusik，塔斯卡洛剌人）所著的历史中的世袭酋长的世系表，则联盟出现的时期更要在以前了。

落那样相同的条件的，然而没有形成联盟组织。而易洛魁部落却完成了这一事业，足以证明他们的能力之优秀。不仅如此，联盟组织在美洲土著间既为组织上之最高的阶段，所以这一组织的存在只能期诸理智最发达的部落，这也是一种必然的道理。

联盟的机构及其原则

易洛魁人声称，联盟的产生是由五个部落的巫师和酋长会议所组成的，这一会议为了组成联盟在临温嫩多加湖北岸的昔拉丘斯（Syracuse）城附近举行，在会期未终以前，联盟组织便已完成，旋即运用于实际。在他们时时举行的起用世袭酋长的会议中，他们尚解释联盟的发生是一种立法上长期努力的结果。联盟的建立，或者是他们从前为着互相防卫而结成的一种同盟的结果，使他们认识了同盟的利益遂使他们把同盟变成为恒久的制度。

联盟计划的起源，则归诸一个神话的、或至少是传说的人物，他的名字叫做哈约万哈（Hä-yo-went′-hä），即是朗匪罗（Longfellow）的著名诗中所称述的喜亚窝塔（Hiawatha），他出席于上面所说的会议，是规划联盟组织的中心人物。在其向会议的建议中，他为要把他所提议的联盟的机构和原则向会议说明，所以他使用了一个温嫩多加部落里面的巫师叫做大嘉罗维达（Da-gä-no-wé-dä）的，做他的通译兼发言人。这个传说又说，当联盟的工作完成以后，哈约万哈便乘着一个白色的小舟，很神妙地冉冉升天而去。依据这个传说，还有其他许多神奇之事，随着联盟的形成而使之更为卓著，现在他们还时时加以庆祝，作为是他们先民的聪明才智所构成的一种杰作。这也是真实的。此一组织的形成，在史册中将留为他们在发展氏族制度之过程上天才表现的一个纪念物。不但如此，这一事业将显示人类部落当处于开化状态的低级期时，虽在此种境遇之不利的情况下，然在政治的技术上却能成就如此伟大的事业，将使后人追念往迹大有不能忘怀之势。

在此二人中谁是联盟制的创设者，是很难决定的。沉默的哈约万哈大概是易洛魁苗裔中的实在的人物，[①]但是，传说将他的性格完全罩上了超自然的外衣，致使他失掉了他是他们当中一员的地位。若是喜亚窝塔果为一个真实的人物，则任通译的大嘉罗维达必须处于从属的地位；但是，如果喜亚窝塔不过是在联盟组织之际所祈求的一个神话人物，则计划联盟制度之功，则应属于大嘉罗维达。

易洛魁人声称自从联盟组织在此会议中产生以后，其原有的权力、功能和行政方法，历许多世代以传至于今日，其内部的组织不曾有何等变化。其后，当塔斯卡洛剌部落被许可加入时，由于特别宽典，许其以同等资格出席联盟大会，但是世袭酋长的数目并未增加，严格言之，塔斯卡洛剌部落并不是构成统治体的任何部分。

易洛魁联盟的一般的特征，可以概括为下列各项：

（1）联盟是在平等的基础上所建立的一个政府之下，由共同的

---

① 我的朋友著名的语言学家何拉迪奥·霍尔（Horatio Hale）曾告诉我说，他也达到这一同样的结论。

氏族所构成的五个部落的结合；关于地方自治的所有事项，各部落依然独立。

（2）联盟之中，创设了一个世袭酋长大会，此等酋长的数目有一定的限制，但在位置上与权限上则完全平等，他们对于联盟中的一切事项握有最高权。

（3）设立五十名世袭酋长及其世袭名号，此五十名世袭酋长永久地规定限于为五个部落中的某氏族所有；各酋长所属的各氏族，遇有空缺出现时有补充之权，其补充方法，由属于同一氏族全体成员中选举之；此等氏族，在相当理由下，有罢免其世袭酋长之权，但是授予职位于此等酋长的权力，则保留于大会。

（4）联盟中的世袭酋长同时又是自己所属各部落中的世袭酋长，他们与其部落中的普通酋长共同组成部落会议，部落会议对于部落内的一切事项独握有最高权力。

（5）每一公共法令须在联盟会议中一致通过方能有效，这是联盟会议的基本原则。

（6）世袭酋长在大会中以部落单位投票，即每一部落一票，这一办法，给每一部落对于其他部落以一反对票。

（7）各部落会议有召集大会之权，但大会无自行召集之权。

（8）大会对于为着讨论公众问题的人民中的演说者完全开放，可入会演说；但决议权则只限于大会。

（9）联盟无领袖行政官，或正式领袖。

（10）联盟感觉有设立军务总指挥官的必要，但以二元形式设立之，使其可以互相节制。所设立的此二名主要军务酋长，则使其权限上相等。

上述各项，将在下面加以讨论与说明，惟不拘泥于上列的形式或次第。

五十名世袭酋长的创设

在联盟开始创立之时，同时设立了五十名永久的世袭酋长及其世袭名号，且规定永久属于他们所分派的氏族之中。自当时以迄今日，世袭首长之职，除两名仅补充过一次以外，其余者则代代相承，一代过去，则下一代承袭。各世袭酋长的名号，亦即是在职中的各酋长之个人的名号，继承者亦承袭前任者的名号，此等世袭酋长在会议期间形成联盟会议，联盟会议受有立法、行政与司法等权，不过这种功能上的区别，在当时尚未划分而已。当世袭酋长有空额出现之际，则在其世袭之氏族中立即就其成员中选择继任者，以便保存继承次第，这在前面已经讲过了。每一世袭酋长于当选及正式被认可之后，即由联盟会议授与酋长之职位，此种步骤，系在使联盟组织进一步得到保障。当世袭酋长就职之时，即"取去"其私人的名称，而易以联盟所授与之世袭酋长的名号。自此以后，便以这一新的名号而见知于人。又此等世袭酋长，在等级上、在权力上、及在特权上，完全平等。

分配于每一部落的世袭酋长的人数

此五十名世袭酋长，在五个部落中分配并不均等；但也不含有对于某一部落给以优越权之意义；又在下面所列举的最后三个部落的各氏族中，其分配之人数亦不均等。摩和克部落有九名世袭酋长，奥奈达部落亦有九名，温嫩多加部落则有十四名，撲由加部落有十名，辛尼加部落则只有八名。这种数目是最初规定的，一直继续以至于今日还是如此。现将世袭酋长表附录于后，各世袭酋长的名号，是依照辛尼加方言录下来的。其排列以组为序者，系使其在会议中易于得到一致。其名号的意义及其所隶属的氏族，附注于原名之后。

下面是易洛魁联盟组成时所设立的世袭酋长表，其名号，自当初以至现在，为各继承的世袭酋长所袭用。

摩和克部落

一组　1. Da-gä-e′-o-gǎ

　　　"中立"或"盾"，

　　　2. Hä-yo-went′-hä

　　　"梳头的人"，

　　　3. Da-gä-no-we′-dä

　　　"无尽藏"，以上属于龟氏族。

二组　4. So-ä-e-wä′ah

　　　"小语"，

　　　5. Da-yo′-ho-go

"在分歧点",

6. O-ä-ä'-go-wä

"在大河",以上属于狼氏族。

三组　7. Da-an-no-gä'-e-neh

"曳彼之角",

8. Sä-da'-gä-e-wä-deh

"平静沉着",

9. Häs-dä-weh'-se-ont-hä

"悬挂响器",以上属于熊氏族。

奥奈达部落

一组　1. Ho-däs'-hä-teh

"负重荷的人",

2. Ga-no-gweh'-yo-do

"以猫尾绒毛覆盖的人",

3. Da-yo-hä-gwen-da

"森林中的孔隙",以上属于狼氏族。

二组　4. So-no-sase'

"长索",

5. To-no-ä-gǎ'-o

"头痛的人",

6. Hä-de-ä-dun-nent'-hä

"咽下自己",以上属于龟氏族。

三组　7. Da–wä–dä′–o–dä–yo

"回声之地"，

8. Gä–ne–ä–dus′–ha–yeh

"地上的战斗棍棒"，

9. Ho–wus′–hä–da–o

"以汽自蒸的人"，以上属于熊氏族。

温嫩多加部落

一组　1. To–do–dä′–ho

"缠结"，熊氏族。

2. To–nes′–sa–ah

3. Da–ät–ga–dose^①

"守望"，熊氏族。

二组　4. Gä–neä–dä′–je–wake

"苦身"，鹬氏族。

5. Ah–wä′–ga–yat

龟氏族。

6. Da–ä–yat′–gwä–e

狼氏族。

三组　7. Ho–no–we–nǎ′–to

狼氏族。

四组　8. Gä–wǎ–nǎ′–san–do

---

① 此世袭酋长及其前者，是 To-do-dä-ho 酋长的顾问，To-do-dä-ho 是世袭酋长中之最有声誉者。

鹿氏族。

9. Hä-e′-ho

鹿氏族。

10. Ho-yo-ne-ä′-ne

龟氏族。

11. Sa-dä′-kwä-seh

熊氏族。

五组　12. Sä-go-ga-hä′,

"一瞥"，鹿氏族。

13. Ho-sa-hä′-ho

"大口"，龟氏族。

14. Skä-no′-wun-de

"越过小河"，龟氏族。

揆由加部落

一组　1. Da-gä′-ǎ-yo

"受惊的人"，鹿氏族。

2. Da-je-no′dä-weh-o

鹭氏族。

3. Gä-dä′-gwä-sa

熊氏族。

4. So-yo-wase′

熊氏族。

5. Hä–de–äs′–yo–no
龟氏族。

二组　6. Da–yo–o–yo′–go
（不详）。

7. Jote–ho–weh′–ko
"甚冷"，龟氏族。

8. De–ä–wate′–ho
鹭氏族。

三组　9. To–dä–e–ho′
鹬氏族。

10. Des–gä′–heh
鹬氏族。

辛尼加部落

一组　1. Ga–ne–o–di′–yo
"美丽的湖"，龟氏族。

2. Sä–dä–gä′–o–yase
"水平之天"，鹬氏族。

二组　3. Gä–no–gi′–e
龟氏族。

4. Sä–geh′–jo–wä
"大额"，鹰氏族。

三组　5. Sä–de–a–no′–wus

"助手"，熊氏族。

6. Nis–hä–ne–a′–nent

"日暮"，鹬氏族。

四组　7. Gä–no–go–e–dä′–we

"烧掉发的"，鹬氏族。

8. Do–ne–ho–gä′–weh

"开门"，狼氏族。

由世袭酋长所组成的联盟会议

在这些世袭酋长中有两名从设置以来，只充任过一次。哈约万哈与大嘉罗维达曾同意就任摩和克部落的世袭酋长，惟附有一个条件，即在其亡故以后，此两名世袭酋长的职位须保存空位，仅留其名于名簿上。这是他们就职的条件，这一规定一直到现在还遵守着。所以后来，凡是为世袭酋长就职而召集的一切会议中，这两名世袭酋长的名号总是与其他酋长一齐唱名以表示纪念和敬意。所以，大会的世袭酋长只有四十八名。

每一世袭酋长有一名助理酋长，此助理酋长系从正酋长所属之氏族成员中选举出来的，其就职的仪式与典礼，一如正酋长。助理酋长又称为"近侍"。他对于正酋长所负的任务，是每逢举行仪式之际须侍立于酋长之后，及作正酋长的使者；一般地说来，服从正酋长的指令。给予世袭酋长的近侍以酋长的职位，这就使他在其正酋长亡故之后有被选举以继其职位的可能。用他们的比喻来讲，世袭酋长的近侍则称为"长屋的支柱"（Braces in the Long House）。这里所谓长屋，是象征联盟的。

最初所给予世袭酋长的名号，其后遂永久为其继任者之名号。例如，辛尼加部落中八世袭酋长之一的嘉列阿底约（Gä-ne-o-di′-yo）死亡后，即由有世袭权的龟氏族选举继任者，此继任者由大会起用之时，舍弃自己原有之名称而易以前任者之名号，作为仪式之一部。我在温嫩多加与辛尼加两保留地曾几次参加过他们为着世袭酋长之起用所举行的会议，亲自看见过上述的仪式。其在今日，虽只保留着古时联盟制度的残影，然而除一七七五年移居于加拿大的摩和克部落外，其他诸部落至今尚有补充世袭酋长及助理酋长的风俗及联盟制度的完全的组织。不论什么时候，如有空位出现则即行补充，并召集大会举行新世袭酋长及其助理酋长就任典礼。现在的易洛魁部落尚能完全熟悉古代联盟制度的机构及其原则。

为着实现部落统治的全部目的，五部落相互之间是彼此独立的。部落的领域，以一定的境界线划分，部落的利害关系亦显然各异。例如，辛尼加部落的八世袭酋长与其部落的其他普通酋长，共同组成部落会议处理部落的行政事务，让其他各部落对于他们的个别利害关系亦能同样的支配。作为一种组织而论，参加联盟、部落组织并未削弱或因之而蒙受损毁。各部落在其固有的范围内都是生机蓬勃，有如我们合众国中的各州一样。易洛魁人于一七七五年那样很早的时候，便能把几个殖民地结合起来—如他们自己的组织一样的事实提示于我们的祖先之前，这是值得我们回忆的。他们看见几个殖民地有共同的利害关系与共同的语言，即认为备有联盟组织的要素，他们所能看到的，只能是这样远了。

易洛魁诸部落在联盟内，在权利、特权及义务上，均完全处于平等地位。其对于甲部落或乙部落有时所给予的一些特许，绝不是表示建立不平等的契约或让与不公平的特权的意思。在其有机的规定上，有明显地授予某一部落以优越权的；譬如，温嫩多加部落允许有十四名世袭酋长而辛尼加部落则仅有八名；在会议中酋长数目较多的部落，其影响必自然地会大于酋长数目较少的部落。但是此种情形，并不给予更多的权力，因为每一部落的世袭酋长对于每一个决议都有平等的发言权，且对于其他的部落也各有一个反对投票权。在会议中是以部落为单位取得同意的，而每一公共法令的通过，意见的一致则是必需的。温嫩多加部落所负的责任是"贝壳珠带的保管者"兼"会议炬火的看守者"，摩和克部落是从被征服部族的"贡物受领者"，辛尼加部落是长屋门的"守卫者"。这样的以及类似这样的规定，是为共同利益而设立的。

联盟制度的团结原则，不单是从一种相互保卫同盟的利益发生出来的，而在血族的联系中有其更深的基础。联盟制度在表面上是建筑在部落的上面，但在基本上则是建筑在共同氏族的上面的。不论是摩和克部落、奥奈达部落、温嫩多加部落、揆由加部落或辛尼加部落，凡是属于同一氏族的分子，以其起源于共同祖先之故，彼此都是兄弟姊妹；他们彼此也是以十分亲爱的态度承认这种关系的。当他们会见的时候，他们首先要问的就是彼此氏族的名称，其次就是世袭酋长的直接世系。这样一来，他们便可以了解在他们特有的亲属制度之下彼此相互间所处的关系。狼、熊及龟三氏族，在五个部落中是共同的；[①]这三个氏族和其他三个氏族，又在三个部落中是共同的。事实上，狼氏族因为其原来的部落分化为五个部落，所以狼氏族也就分裂为五个氏族，分处于五个部落之中。熊氏族和龟氏族也是如此。鹿、鹬、鹰三氏族，在辛尼加、揆由加与温嫩多加三部落中是共同的。氏族分离以后的各部分，其成员虽使用同一语言的不同方言，然而他们相互之间存在着同胞关系，这种不可分解的联系把各族紧密地结合在一起。当一个狼氏族的摩和克部落的个人认同一氏族的奥奈达、温嫩多加、揆由加或辛尼加部落的个人为兄弟时，以及其他同一分离的氏族成员相互之间认为兄弟时，其关系并非出于理想，而是建立在血缘关系之上的事实，及建立在出自一个比他们的方言更早和他们还是一族时的共同世系的信念之上的事实。在一个易洛魁人的观念中，凡是自己氏族的各成员，不问他是属于哪一部落，肯定的都是像兄弟一般的亲族。此种散在各部落里面的同一氏族成员之间的错综关系，现在依然保持着，在他们之间且具有原来一切的力量。这说明古代联盟的断片，到现在还仍然结合在一起的坚强性。假使五部落中的任何一部落从联盟中退出来的话，那它就将脱离血族的联系，纵使这种情况只

① 兄弟的子女互为兄弟姊妹，又后者之子女亦互为兄弟姊妹，代代相传，至于无限；姊妹的子女及子孙，亦复如此。又兄弟之子女与姊妹之子女互为表兄弟表姊妹，而后者之子女亦互为表兄弟、表姊妹，下传至于无限。对于同一氏族之各成员间的亲属关系的知识，是从不会忘失的。

将微微地有所感触。但是如果部落之间一旦发生了冲突，那就势将使狼氏族与共同氏族的亲族相争，或熊氏族与熊氏族相争。换言之，就是使兄弟与兄弟相争了。然而，易洛魁人的历史，证实了血族连系的实在性与其持续性，并他们对于血族关系之如何忠实的尊视。在联盟制度存在的长时期间，他们绝没有陷于纷乱状态，或令组织发生裂痕。

"长屋"（Ho-de′-no-sote）是联盟制度的象征，易洛魁人自称为"长屋之民"（Ho-de′-no-sau-nee）。这一名称，是他们表示他们自己的唯一的名称。联盟制度产生了一种较在一个单一部落中所能产生的更复杂的氏族社会，然而，它依然还是很清晰的氏族社会。但是，无论如何，联盟制度是向着民族组织演进的一个进步阶段，因为民族组织是在氏族制度之下实现的。联合（Coalescence）是此种过程中的最后一阶段。雅典的四部落由于杂居于同一地域，由于部落间地理的境界线渐次消灭，遂在阿提喀联合成为一个民族。部落的名称及组织和以前一样还是很有生机的存续着，但是各部落的独立领域的基础已不复存在了。当政治社会在都市制的基础上建立以后，市区的全体居民，不问氏族或部落的关系如何，都成为一个政治整体，到了这一境地，联合过程便完成了。

拉丁及萨宾等氏族之联合而成为罗马民族及国家，亦是同样过程的结果。在所有的情形中，氏族、胞族及部落是组织的最初三个阶段。联盟继之而为第四。但是，在开化时代晚期中的希腊或拉丁部落间联盟组织尚未出现，不过当时它已变为超出于以攻守为目的的松懈同盟之上了。关于希腊及拉丁联盟组织的性质及其详细情形，我们的知识是很有限和不完全的，因为事实已湮没于传说时代之中而无可稽考了。联合过程在氏族社会中是比联盟发生得较晚的一种过程，但它实为由之而达到民族、国家、以及政治社会等组织所必需和极重要的一个进步阶段。在易洛魁人部落间没有将它表现出来。

温嫩多加流域——易洛魁人的中央部落的根据地，亦信为是会议炬火（Council Brand）永远燃烧着的地方——虽不是唯一的但亦是联盟会议通常举行的地方。其在古代，联盟会议在每年秋季召集；但是每因公共的紧急事件，使会议的举行较为频繁。每一部落都有召集会议的权力，并且在某种情形之下认为有变更定例开会地点——温嫩多加的会议堂——之必要时，各部落都可指定开会时期及在任何部落的会议室举行。惟会议的自身却没有自行召集的权力。

会议原来的主要目的，是在于当世袭酋长死亡或罢免之际起用后任酋长，以补充统治集团中的空额；但是它处理了关系于公众福利之其他一切公务。到了后来，由于部落人口之增加及与其他部落间之交涉范围亦渐次扩大，会议遂分为三种不同的性质，可以区分为行政、哀悼及宗教三类。第一种会议所负的职务，为宣战与媾和，派遣及迎送使节，与其他部落缔结条约，处理被征服部落之事务，以及为增进一般福利所需要采取的一切措施。第二种会议，则为起用世袭酋长并授与他们职位。其所以得到哀悼会议之名者，因起用酋长仪典之开始时首先即对于死亡酋长表示哀悼，及其空出的职位之行将补充。第三种会议之举行，在于执行一般宗教上的祭祀。这一种会议，成为使参加联盟的各部落能在大会名义之下连合起来举行共同宗教仪式的一种机会。但是，因为哀悼会议随带有很多与宗教会议相同的仪式，所以哀悼会议后来竟致负起哀悼及宗教两会议的任务。现在联盟会议的行政权因有国家的最高权居临其上故已终止，他们现在所举行的唯一会议只有哀悼会议了。

行政会议

关于行政会议及哀悼会议处理事务之方法，在这里我认为还有详细说明的必要，所以请读者暂时忍耐一下。因为要说明在氏族制度之下的古代社会的状态，再没有其他的方法有像这样容易的了。

假令外面某一部落对于联盟有所建议，它可以向五部落中任何一部落提出。其所建议的事件，是否有充分的重要性需要来召集一次联盟会议，其决定是接收该建议部落的特权。如果达到了一正面的结论，则派遣一名使者带着贝壳珠带，到东方和西方最邻近的部落里面去，贝壳珠带附有召开行政会议（Ho-de-os'-seh）的地点、时日以及召集会议目的的口信，均一一规定清楚。接到通知的部落负有义务把这种通告转送于地位上与它最接近的部落，直等到各部落完全得到通知为止。[①] 从来没有会议曾经举行过，除非它是在这种规定的形式

---

① 任何部落都可以召集的行政会议，其通常召集与开会的方式如下：假定例如温嫩多加部落欲召集会议，他们即派遣使者，到东方的奥奈达部落与西方的揆由加部落里面去，使者带着贝壳珠带，并附以何月何日在温嫩多加会议林集会以及会议的目的的邀请。揆由加部落于得到通知后即同样转达于辛尼加部落，奥奈达部落也同样将通知转告于摩和克部落，这是揆由加与奥奈达两部落的责任。如果会议是为

下召集的。

　　当诸世袭酋长于指定之时日集合指定之会场后，首先举行定例的欢迎式，旋即分为两组，相对而坐于会议炉之两侧。一方为摩和克、温嫩多加与辛尼加三部落的世袭酋长。他们在会议中所代表的部落彼此为兄弟部落，对于其他二部落则为父属部落。同样，此三部落的世袭酋长彼此亦互为兄弟，对于对方二部落的酋长则居于父属地位。将结合诸氏族而为一胞族的原则加以扩大，他们即构成一个部落的并世袭酋长的胞族（a phratry of tribes and of sachems）。坐在会

着和平的目的而召集的，则世袭酋长们各携带扁柏一束，以象征和平；如果其目的是在于战争，则各携赤杉一束，作为战争的象征。

　　到了指定的日期，各部落的世袭酋长，同其随从人员通常于会期前一二日前往，并露营于相当距离之处，由温嫩多加部落的世袭酋长于旭日初升之际，予以正式接待。他们各排成分别的行列，从野营出发，向着会议林前进，各酋长带着革衣，并携束薪一把，温嫩多加部落的酋长们及人民会合在其地迎候。各酋长到后排立成圆周，一温嫩多加的世袭酋长被指名任司仪之职，他站立于圆周日出之方。等到信号一出，众酋长由北起绕圆周旋转而行。在这里所应该注意的，即圆周的北方的轮缘，他们叫做"寒冷之方"（o-to′-wa-ga），西方的轮缘，叫做"日没之方"（ha-gǎ-kwǎs′-gwä），南方的轮缘，叫做"太阳高照之方"（en-de-ih′-kwä），东方的轮缘，叫做"日出之方"（t′-kǎ-gwit-kǎs′-gwä）。进行时，排成单列，绕行圆周三匝以后，即首尾相接。先导者停止于圆周日出之方，置其所持束薪于己之前面。依着向北旋转的顺序，各酋长都将所持的束薪一一置于自己之前，于是成为一薪柴的内圆圈。自此以后，各酋长亦以同样的顺序，展开革衣于地，双足相交，面向束薪，而坐于革衣之上，助理酋长则立于正酋长之后。休憩片刻后，司仪起立，先从革囊中取出干木两片与引火用之朽木一片，随即摩擦取火。候火点着后，司仪即进入圆圈内，先将自己之束薪点燃，然后依照顺序，将其他酋长之束薪悉以火点之。当所有束薪着火后，在司仪的信号下，众酋长起立，仍和以前由北旋转之顺序，沿着燃烧的火圈之周围环行三次。当行进中，各个酋长时时转动其身体，使其周身各边都能受到火焰的暖气。这就表示他们要以友谊与协力处理会议之公务，不可以情感相温暖的意思。其后，各酋长各复坐于其革衣之上。坐毕，司仪再起立，纳烟草于平和之烟管中，以自己之火点之。由是连续喷烟三次，第一次吐向天顶，其次吐向地上，最后吐向太阳。第一次之举动，乃系感谢主宰之大神在过去一年间保持他的生命且现在允许他出席此一会议。第二次乃系向出生种种产物、支持他的生活的慈母，大地，表示感谢。第三次乃系向以其光明永远地普照于万物之上而从不失错的太阳，表示感谢。像这类的意思，通常虽不用语言说出，但是这就是这些举动本身的意义。此后，司仪即将烟管传予其右方向北的第一位酋长，他亦如司仪之仪式，复作一次，更将烟管传予其次之酋长，他亦如此连续下去，直至焚烧着的火圈一周而止。此种以烟管吸烟的仪式，也是表示互相保证他们的信用、友谊及名誉等之意义。

　　此等仪式完成了会议的开幕式，接着便宣布已准备好为协议召开此次会议的公务了。

议炉之对方者，为奥奈达与揆由加以及后来加入的塔斯卡洛剌三部落的世袭酋长。他们所代表的部落彼此间互为兄弟部落，对于对方的三部落则为子辈部落。他们的世袭酋长亦彼此互为兄弟，对于对方三部落的世袭酋长则居于子辈地位。它们形成一种部落的第二胞族（a second tribal phratry）。因为奥奈达部落乃系由摩和克部落所分出，揆由加部落乃系由温嫩多加或辛尼部落所分出，衡以行辈关系即应用胞族的原则，奥奈达与揆由加两部落实际上亦为后辈部落。所以在会议中部落唱名时，摩和克部落因系前辈故首先唱名。他们的部落绰号为“楯”（Da-gä-e-o′-dä），温嫩多加部落以“名号执持者”（Ho-de-san-no′-ge-tä）的绰号第二唱名，因为他们曾被推举来选择名号及命名五十名最初的世袭酋长。[①]再其次唱名的，乃绰号为“门卫”（Ho-nan-ne-ho′-onte）的辛尼加部落。他们世世代代是长屋西门的守卫者。第四及第五唱名的乃绰号为“大树”（Ne-ar′-de-on-dar′-go-war）的奥奈达部落与绰号为“大烟管”（Sonus′-ho-gwar-to-war）的揆由加部落。最后唱名的则为加入联盟较迟的塔斯卡洛剌部落，没有区别他们的绰号。这样的形式，在古代社会中比我们所想象的要重要得多。

---

① 据传说，因为当时时机紧迫，温嫩多加部落曾委托一巫师周游诸部落间，借以为任命的新世袭酋长选择名号以命名之。这一传说，说明对于世袭酋长之职位在氏族间分配不均等的事实。

行政会议处理事务的方法

在习惯上，外部的部落得以巫师及酋长组成的代表团参加会议，他们亲身带着提案向会议提出。当会议已正式开幕代表团被介绍以后，即由一名世袭酋长简单致词，在致词之中先感谢主宰的大神全活了他们的生命，并允许他们能重行集会；其次，向代表团致词，说会议已经召集，准备听取他们的提案。于是，代表团中的一人，按照规定的形式提出提案，并尽他所能举出的理由予以支持。在会议中各议员均聚精会神注意于代表的说明，以便能清楚的了解提案的内容。致词完毕后，代表团便退出会议，于隔若干距离之处静待考虑的结果。这于是就成为世袭酋长的责任，须依照通常议事方法，通过辩论及协商，对提案作出一个答案。当答案一致同意后，即选定一名发言人把会议的答复传达于代表团，此时代表团又重行列席，接受报告。此发言人，照例是从召集会议的部落中选出。习惯上发言人于正式致词答复之际，须将问题的全部重述一遍，并附带说明接受全部或一部或拒绝的理由。如果得到成议，则双方交换贝壳珠带以作其条件的证明。经过以上的手续，会议便宣告终结。

"我的话都保存在贝壳珠带中"，这是一个易洛魁部落的酋长在会议中所常说的一句话。他于是交出一条贝壳珠带，当作他言论的证据。在与对方交涉的过程中，可陆续把数条贝壳珠带交给对方。对方在答复中每接受一条提案时，也给与一条贝壳珠带。易洛魁人经验到当一提案的执行中牵涉到他们的信用与名誉时，须有一种精确记录的必要，于是他们想出了交换贝壳珠带的方法，将其置于无可争论的地步。

全场一致是其行动的必要条件

世袭酋长的"全场一致"（unanimity），在一切公共问题上都是必须的，及在每一公共法令的效力上也是必要的。全场一致是易洛魁联盟的根本法则。①他们采取了一种方法可以免除投票的必要，而能够确定会议全体成员的意见。再者，他们对于会议的行动，全然不知道多数与少数的原则。他们在会议中系用部落投票的方法，各部落的世袭酋长一定要意见一致才能构成一个决议。易洛魁联盟的创始者认识到全场一致是必要的原则，遂把各部落的世袭酋长分为若干组，作为达到这一目的的手段。这件事实，我们参看前面的世袭酋长表就可明白了。不论哪一个世袭酋长，非等到他得到他所属之组的世袭酋长对于他所要发表的意见表示赞同时，和被推为代表自己所属之组的发言人时，不许在会议席上发表带有投票性质（the nature of a vote）的意见。所以，辛尼加部落的八名世袭酋长分成为四个组，故最多只能

---

① 当美国革命初起时，易洛魁部落因为在会议中缺乏全场一致的表决，所以他们对我们联盟的宣战不能取得意见一致。奥奈达部落中有数名世袭酋长反对这一提案，最后他们拒绝同意。因为摩和克部落和辛尼加部落已决心出战，中立已成为不可能了，所以最后决议，各部落可自行参加战争而自行负责，或维持中立。他如对于伊利部落的战争，对于中立民族与萨斯刻罕那等部落的战争，以及对法兰西人的几次战争，都是在大会中得到决议的。我们的殖民史，大部分充满了与易洛魁联盟交涉的纪录。

有四个不同的意见。揆由加部落的十名世袭酋长亦分成为四个组，也只能有四个相异的意见。用这样的方法，各组的世袭酋长的意见事先在他们当中已取得一致，于是便由每一组所推定的一名发言人交互协商，如果在他们中取得协议，则由他们之间指定一人，向会议陈述他们意见的结果；此最后的意见，即是他们部落的答复。依照这种巧妙的方法，如果数部落的世袭酋长分别得到相同的意见，所剩下的问题，只要将各部落的意见比较一番，若是大家意见一致，则会议的决议便告成立。否则，议案就被否决，会议也宣告闭幕。代表五部落表示其决议的五名世袭酋长，对于阿兹忒克联盟的六名所谓选举人之任命与职能，可能予以说明。阿兹忒克联盟将要在另一处讲到。

部落的平等与独立，由于全场一致的这种方法，得到了承认和保持。假使有某世袭酋长赋性刚愎不可理喻，则以压倒的感情加之，鲜有能反抗者。因此，全场一致规定的遵守，很少有遭到不便或阻碍的。万一费尽各种努力仍不能获得全场一致的结果，则将所提出的全部问题搁置一边，因为进一步的行动已经成为不可能了。

哀悼会议

新世袭酋长的就职，对于一般人民是一具有极大兴趣的事件，并且不下于对于对加入他们团体中的新分子保持有相当支配权的世袭酋长们的兴趣。原来设立大会的主要用意，即是为起用世袭酋长时举行仪式。自当时起或自以后则称为哀悼会议（Hen-nun-do-nuh′-seh），因为它含有对死亡酋长之哀悼及对其继任者授予职位之双重目的。当某一世袭酋长死亡之时，其所属之部落有召集大会及指定集会时日及会场的权力。此时，即由其所属之部落派遣一名使者携带贝壳珠带，通常为逝世酋长于就任时所授予之珠带，用以传递这一简要消息——"名号"（举出逝世酋长之名）"召集一会议"。同时，并宣布会议之时日及会场。也有一些时候，直到葬仪结束后即刻将逝世世袭酋长的职带径投于温嫩多加之中央会议炉之傍，作为他逝世的讣告，以后再决定召集会议的时日。

哀悼会议，与其随后的授予继任世袭酋长职位时之祝典，对于易洛魁人具有极大的魔力。他们怀抱着兴奋及热情，从极远的地方成群结队的来参加这种会议。集会期间通常为五日，其开幕及进行具有种种的形式与仪典。第一日，则用以对于死亡酋长举行表示哀悼所规定的仪式，这是作为宗教仪式执行的，所以在日出时开始。在此时召集会议部落的世袭酋长们，带着他们的族人整队出来正式迎接参加会议的其他部落的世袭酋长及其族人，他们都是于期前到达而留宿于相当距离之处以等待这一天的。宾主应酬毕后，即排成行列由迎接之处向会议场进发，沿途唱哀悼之歌，会合的各部落则循声和之。此种哀悼歌词及其和唱，乃系纪念死亡酋长者之颂词，参加者非独死亡酋长所属之氏族，而他的部落与联盟都一样参加。这种种仪式，的确是超过我们所应期待于一开化时代人民之情感与尊敬的微妙同情的证验。这种仪式，及会议的开幕式，便结束了第一日的程序。第二日，就任式开始，通常继续至第四日。各部落的世袭酋长，分为二组对坐于会议炉之两侧，一如行政会议时。如起用的世袭酋长是属于三先辈部落的某一部落，则就任仪式由后辈部落的世袭酋长执行之，新酋长则如父辈而就职。如起用之世袭酋长是属于三后辈部落的某一部落，则就任式由先辈部落执行之，新酋长则如子辈之名分而就任。我在这里所以叙述此种特殊情形者，是在于显示他们社会与政治生活的特色。至若对于易洛魁人，此种形式与仪典，是充满了深长的意义的。

新世袭酋长起用的方法

在这些贝壳珠带和其他的物件之中，用易洛魁人的话来说，联盟的机构与原则，"已经谈入其中了"，此时为教导新任的世袭酋长取出来朗诵之或解释之。一巫师，不必是世袭酋长之一，将这些珠带一条一条地拿起来，徘徊于两组对坐的世袭酋长之间，朗诵带中所记载的事实。根据印第安人的概念，此等贝壳珠带经解释者之手能够把当时"谈与它"的正确规则、规定以及事项等，明明白白地说了出来。关于这些，贝壳珠带是惟一的记录。由紫色及白色贝壳珠所串成的珠带，或由种种色彩的贝珠所织成图形的珠带，是运用某一特殊事实与某一特殊的串珠或某一特殊的图形、发生联想作用的原理而编成的；所以此种贝壳珠带能够对各种事实予以系列的配置，同时对于过去事实之记忆予以忠实性和正确性。这些贝壳珠带是易洛魁人的唯一能看得见的记录；但是它们需要那些有训练的解释者，才能够把连锁在贝带上的珠串和图案中的记录抽绎出来。温嫩多加的世袭酋长中的一个酋长（Ho-no-we-nǎ′-to）被委为"贝壳珠带的保管者"，另外还设立两名助理酋长，他们与正酋长一样都是需要精于贝壳珠带解释的人物。在巫师的讲解中，就把这些贝壳珠带中所包含的关于联盟形成的事实都连贯有系统的解说出来了。此种传说，都全部的重与讲诵，每到其主要的部分时，又用带中所包含的记录加以支持和巩固。如此，世袭酋长的起用会议，就变成一种教育的会议了；它使联盟的机构与原则及其形成的历史等，在易洛魁人的心目中永久常新。这些程序占据会议的上午直至中午为止，午后则专用于竞技与娱乐。当薄暮时所有来赴会的人共同聚餐。食品包括羹类及煮肉之类，烹调之处即设在会议堂的附近，直接从釜中以木碗、木盘及柄杓盛之。在飨宴以前，则举行祷谢。祷谢时，由一人唱冗长的感叹辞，其声始而高亢激扬，继而低下，入于静寂，出席者复答而和之。入夜，则举行舞蹈。此等仪式与其继起的庆祝，继续延至数日之久，他们的新酋长从此便就职了。

由大会授予世袭酋长以职权的规定，在联盟制的创设者的心目中实有三重目的：即使酋长之职在氏族内永久是世袭的；使氏族之成员有自由选举的利益；对被选举的人，经过授职的仪式加以最后的监督。为了要使第三种目的发生效力，则联盟不能不有拒绝被选人的权力。但是授职权或纯系形式的，抑或有权拒绝，我却无从断言。被选人曾被拒绝的例子，从未有举出来过。易洛魁人为维持一种世袭酋长的统治集团所采取的方策，在许多方面可以视为是他们独创的功绩，同时也是适合于他们的境遇的。自形式上言，它是一种寡头政治，以这一名词最好的意义来讲，但它实是原始型的代表制的民主政治。一强有力的民主要素浸透了易洛魁联盟的整个机体，并影响其行动。这些可以在氏族选举并罢免其世袭酋长及普通酋长的权力中、在人民依着自己所选择的发言人把自己的意见陈述于会议之前的权利中、以及在兵役方面的志愿制度等事实中，都可以看得出来。在这一时代以及在其继起的文化上的时代中，民主主义的原则是氏族社会的基本要素。

易洛魁人称一世袭酋长为 Ho-yar-na-go′-war，意思就是"人民的顾问"。这一名称，对于一种自由民主政治的统治者，是特别恰当的。它不但很适当的阐明了这一职务的本身，并且还对于与希腊酋长会议的成员相似的名称，亦有所提示。因为希腊的酋长亦被称为"人民的顾问"。[1]就易洛魁人中世袭酋长的性质与其在职而论，他们并不是以独立权力治理人民的统治者，而是由氏族的自由选举而任职的代表者。值得注意的，这一创始于野蛮时代，继续经过开化时代三时期的酋长职务，当氏族组织已将希腊人带进到了文明之域以后，而在他们之间还能如此地显示它的原始的特性。这一事实，进一步的显明了民主主义的原理在氏族主义（gentilism）之下是如何地深植于人类心灵的里面了。

易洛魁人称第二级酋长（即普通酋长）为 Ha-sa-no-wä-na，即是"高尚的名号"的意思。这指明在开化时代的人类对于个人野心的

---

[1]　伊士奇（Æschylus）《反抗底比斯的七人》（The Seven against Thebes），一〇〇五页。

一般动机已经有了认识。它同时又显明不问人类进步阶段之高下，其本性则是一致的。易洛魁人中著名的雄辩家、巫师以及军务酋长等，差不多没有例外都是第二级酋长。造成这种情况的一个理由，可以在易洛魁部落的组织上限制世袭酋长的任务于管理平和事件的规定上找到。另一个理由，或者是要将部落中最有能力的人物排除于统治团体以外，恐怕他们的野心企图妨害统治团体的行动。因为普通酋长的地位是用以酬赏功勋的，从而授予最有能力的人物自是必然的事。红贾克（Red-Jacket）、布蓝特（Brandt）、格南古拉（Garangula）、玉蜀黍栽培者（Cornplanter）、农夫之兄弟（Farmer's Brother）、弗罗斯特（Frost）、约翰孙（Johnson）、以及其他著名的易洛魁人，全是与世袭酋长有分别的普通酋长。反之，这样多的世袭酋长中，除掉罗冈（Logan）、[1]美丽的湖（Handsome Lake）[2]以及最近的伊里·斯·巴克尔（Ely S. Parker）[3]等以外，在美洲的历史上鲜有著名者。其余的许多世袭酋长，其生平行事在易洛魁以外没有留下一点回忆。

在联盟形成之时，多杜达河（To-do-dä'-ho）是温嫩多加部落的酋长中最著名及最有势力的酋长。他若同意于一个联盟计划，在其中他必将感觉到他个人的权力势必减小，但他终于同意了，这一点在易洛魁人看来认为是非常值得赞美的。他以温嫩多加部落的世袭酋长之一而被起用，他的名字列在名簿的第一位。与多杜达河同时还起用

---

[1]　揆由加部落的世袭酋长之一。

[2]　辛尼加部落的世袭酋长之一，易洛魁人的新宗教的创始者。

[3]　辛尼加部落的世袭酋长之一。

了两名助理酋长，作为他的副官，当有公务时站在他的背后。因为第一个多杜达河建立了殊勋而被尊崇，所以自此以后这一世袭酋长的职位在易洛魁联盟的四十八名世袭酋长中，认为是最为显赫的。不料此种情形早被酷好穿凿的殖民者所误解，竟把这一世袭酋长的职位当作易洛魁联盟的王位了。但是这种误解毕竟被驳倒，易洛魁联盟的制度才消除了一个不可能的特征的担负。在大会中他与其同僚平等而坐。在易洛魁联盟中并没有领袖行政长官。

领袖行政长官的萌芽

在部落的联盟之下，将军的职位，"大战士"，开始出现。此时，数部落在联盟的资格下从事作战的情势势必将发生；所以，指挥联合集团军事行动的总指挥官，就将感觉其必要了。这一职位，在政府组织中成为一个永久的特征，是人类进步史上的一大关键。这是军权与民政权分化的起点，此种分化作用一旦达于完成时，政府组织的外在的表现将本质上予以改变。但是，甚至于在社会进步较后的阶段中，当崇尚武力的精神取得优越的地位时，政府组织的根本特性依然如故，不曾发生何等变化。氏族主义遏制了篡夺。不过，随着将军职位的兴起，政府的组织亦渐由一权政府转变而为二权政府。政府的功能同着时代的演进，在军权与民政之间也变协调了。此等新设的将军职位即是领袖行政长官的萌芽，因为后世的国王、皇帝、大总统等，如在前面已经提示过一样，是由此种将军演变而来的。此种将军职位的产生，是由于社会在军事上的必要，并有其逻辑的发展。因为这个缘故，它的开始出现及其随后的发展，在这一讨论中有其重要的地位。我在这部书的里面，将从易洛魁部落的大战士（Great War Soldier）开始，通过阿兹忒克部族的吐克特里（Teuctli），希腊部族的巴赛勒斯（Basileus），与罗马部族的列克斯（Rex），试为追溯这种官职的累进的发展程序；在所有这些部落间，经过连续的文化上三个时代，职位都是相同的，质言之，即是军事民主政治（military democracy）中的将军职位。在易洛魁、阿兹忒克与罗马人之间，此一职位是由选民选举，或是由选民追认的。在传说时代的希腊人中，也可以推测是一样的。在荷马时代希腊部落间的巴赛勒斯一职，据说，是由父传子而世袭的。但这一说法至少是可疑的。此一说法，与原来的事实距离过远，需要更确实的证据方能成立。在氏族制度之下，选民的选举或追认，还是必不可少的步骤。如果在无数的事例中已经知道此一职位系由父而传子，那么，我们可以建议，现在所采用的父子世袭的推测，在历史上是真实的，不然的话，此种父子世袭的继承法在当时并不存在。不幸的是，关于传说时代的社会组织及其习俗的深邃知识，是完全缺乏的。当他们的动作必定成为需要时，人类活动的大原则能供给最可靠的指针。远较为可能的，世袭继承制的最早的出现，与其说是由于人民的自由许可，毋宁说是用暴力所树立；在荷马时代的希腊部落间，世袭继承制没有存在的可能。

军务总指挥官

当易洛魁联盟形成之时，或在其后不久，便创设并任命了两名永久的军务酋长，两名都划归辛尼加部落。其一名（Ta-wan′-ne′-ars 乃针之折断者之义）为狼氏族所世袭，其他一名（So-no′-so-wä大牡蛎壳之义）为龟氏族所世袭。两名都划归于辛尼加部落的理由，因为他们领土的西端受外敌攻击的危险为最大。但另有一说，谓军务酋长是后来设置的。他们与世袭酋长一样，是同样选举的，同样由大会起用，二人的品级与权力均相等。易洛魁人在联盟创立之后，即刻便发现了"长屋"的机构有不健全的地方，因为联盟军事上的指挥没有专人负责。于是为了补救这一缺陷计，便召集了一个会议，其结果，遂添设了两名永久的军务酋长。这两名军务酋长，以总指挥官的名义掌管联盟的军务，当联盟出征时则任联军总指挥官。最近身故的黑蛇长官（Governor Blacksnake）曾任前面所举的第一名职位，因此，显明这种职位的继承还是照例维持的。他们甚至在军事上为防闭一人专擅之事发生，故对于军务酋长之职不单设一名而同时设两名，且授予同等之权力，足见他们所采取的方策之周到及思虑之深远。易洛魁人的这样作并不曾有若何经验，然而他们的设施，与罗马人在废止列克斯（rex）之职以后设置二名执政官的用意，先后如出一辙。盖设立两名执政官，则双方之军权便可均衡，而阻止任何一人形成专擅。军务酋长之职在易洛魁人部落间从没有成为有势力的地位。

易洛魁人的智能

在印第安人的民族志中，最重要的题材即是氏族、胞族、部落及联盟。它们表现社会的组织。其次，则为世袭酋长与普通酋长职位的任免及其功能，酋长会议的功能，以及军务正酋长职位的任免及其功能。当这些事项确定以后，印第安人政府制度的机构及原则，也将可以了解了。此外更加上他们的风俗、习惯，他们的技术及发明和他们的生活方式等知识，那就可以得其社会的全貌了。在美国诸研究者的工作中，对于前者实在注意得太少。它们还是一极丰富的园地，从其中可以搜集到许多材料。我们现在关于它们的知识还是一般性的，应该使其成为精密的及比较性的。在开化状态的低级期与中级期的印第安人诸部落，代表从野蛮进步到文明之域的两大阶段。我们的远祖也是先后陆续的经过了与印第安人相同的社会状态的，毫无可疑地，也具有同一的、或极其类似的制度和多数相同的风俗与习惯的。即使我们个人间对于美洲印第安人的研究不感到多大的兴趣，若是把他们的经验看做是我们祖先的经验的一个例证，那无形之间，就与我十分关切了。我们的基本制度，都是植其根于以前的氏族社会之中的，而在氏族社会中是以氏族、胞族及部落为其组织的系列的，以酋长会议为其政府之机关的。我们祖先的古代社会的现象，一定表现着与易洛魁及其他印第安人诸部落有许多共同之点。这一见地，对于在人类制度的比较研究上，可以加添一些兴趣。

易洛魁联盟是氏族社会在此种组织形式之下最好的例证。在一方面，它似乎把开化时代低级期的氏族制度所有的可能性都一一实现了；在另一方面，它又留下进一步发展的机会，但是直等到基于领土及财产上的政治社会制度的建立而将氏族组织予以根本推翻时，它却没有后继的政府组织方案。中间阶段是过渡的，除开一些为建立在篡夺上的暂时暴政政府所代替的以外，自始至终均停留在军事的民主政治之中。易洛魁人的联盟，本质上是民主的；因为这一联盟是由以民主主义之共同原则为基础的氏族组织而构成的，不是最高型而是原始型，因为各部落都保留有地方自治权。他们曾征服了其他部落而使之服从，如德拉瓦部落即其一例；但是后者，依然在他们自己的酋长治理之下，对于联盟并没增加任何力量。在此种社会状态之下，要把言语不同的部落结合于同一政府之下，或想对于被征服部落于贡献物之外获得一些利益，是不可能的。

以上关于易洛魁联盟的说明虽未能穷尽事象，然而为着解答目前所讨论的问题也就足够了。易洛魁人是一精力充沛而聪慧的人民，其脑的容积接近于雅利安人的平均脑量。他们辩才无碍，坚定不挠，在战争之中勇往直前，在历史上他们已博得一光荣的地位。即使他们在军事的成就中不能免掉野蛮战事的残暴而令人可怖，他们于彼此相互的关系上确发挥了人类的若干最高美德。他们所组织的联盟，我们不可不视为是他们的智慧和聪明的一可惊异的产物。联盟的公开目的之一是维持和平；首先把他们的各个部落结合在一个政府之下以扫除争斗的原因，再扩大其范围把同一名称与同一苗裔的其他部落结合一气。他们力劝伊利与中立民族两部落加入他们的联盟，因为被拒绝，才把这两个部落从他们的边境驱逐开去。他们关于政治上最高目的的这样的灼见，应归诸于他们智力的超越。他们的人口甚少，但他们利用了他们中最多数的杰出的人物。这一点，也可以证明他们的种族之优秀。

由于他们所占领的地位与军事力量，对于英法两国在北美互争雄长的斗争中曾给与以显著的影响。此两国于殖民于北美最初的百年间，在力量上及资源上差不多两相匹敌，然而法国在新大陆建设一帝国的计划之被推翻，一大半应归诸于易洛魁人。

以我们的关于氏族的原始形态的及其作为一社会制度单位可能性的知识，我们将能够更好的了解即将研究的希腊及罗马的氏族制度。当希腊、罗马两民族以其文化上两个整个时代所蓄积的经验而进到文明之域时，在氏族社会中用氏族、胞族及部落所构成的政府之同样方案在这两民族间也将要发现。在他们当中世系已变为男性本位，财产的继承已非男系的亲族而为所有者之子，家族制度现在亦具有了单偶制的形态。此时，财产的发达已成为一种支配的要素，人口的增加则聚居于以城壁围绕的都市之中，这两件事实，都逐渐的表示关于政府第二个大方案——政治社会——之必要。旧的氏族制度已不能满足接近于文明的社会之要求了。以领土及财产为基础的国家观念，在希腊、罗马两民族的头脑里面已开始震动，在其面前氏族及部落将同归于消灭。使进入政府组织的第二种方案必需以都市及市区代替氏族——以领土制度代替氏族制度。氏族之废灭与都市之勃兴，实为开化世界与文明世界之分野——古代社会与现代社会之分野。

第六章

加罗汪尼亚族系其他诸部落中的氏族

美洲土著的分类

当美洲在其几个区域被发现之初，发现土著们处于两个不同的境况之中。第一、为村落印第安人，他们差不多完全依靠园艺为生；在新墨西哥、墨西哥、中央亚美利加以及安第斯高原地带的诸部落均属于这一状态。第二、为非园艺的印第安人，他们依靠鱼类、面包根块以及狩猎为生；在科伦比亚河流域地方的、哈得逊湾地域的、加拿大一部分地方的、以及在美洲大陆其他好几个地方的印第安人均属于这一类。介在这些部落中间而连结于不可察觉的两极端之间的，则为半村落半园艺的印第安人；如易洛魁人、新英格兰与维基尼亚州的印第安人、克里克人、绰克托人、拆洛歧人、明尼达里人、达科他人以及萧尼人，均属于这一类。以上这些部落的武器、生活技术、习惯、发明、舞蹈、房屋建筑、政府形式以及生活的方案，都一样地带着一共同心理的印象，在其广泛的范围中都表现同一基本概念的连续阶段的发展。我们的第一种错误，即在于对村落印第安人之比较发达的程度而予以过高的估计；我们的第二种错误，在于对非园艺的印第安人与半村落的印第安人加以过低的估计；其结果，便发生了第三种错误：即将前者与后者彼此割离，认为两者是不同的种族。在他们各自被发现的情况中，其间存在着显著的差异；因为在非园艺的一部分部落中是处在野蛮的高级状态中；介于中间的诸部落则在开化的低级状态中；村落印第安人则在开化的中级状态中。他们都是出于同一起源的证据，现在已累积到使这一问题无可置疑的程度，虽然这一结论尚没有普遍地被承认。至于依士企摩人，则属于另外一支。

在我以前的一部著作中，我发表了约七十种美洲印第安人部落的亲属制度；并且根据他们共有一个同一制度的事实，并与这一制度系从一个共同的源泉而发生的证据，我曾冒昧的为他们主张：在加罗汪尼亚族系，即"弓矢族系"[1]的名义之下，列为人类中的一个不同的族系。

印第安人诸部落的氏族制与他们的世系及继承的规定

在原始形态中的氏族制的属性既已讨论过了，所有剩下来要说

---

[1] 《人类血族及姻族制》。见《斯密逊研究所对知识的贡献》，一八七一年，第十七卷，一三一页。

明的，便是氏族制在加罗汪尼亚族系的诸部落间所流行的范围。从而，本章将追溯这一组织在他们之中的痕迹，并只限于列举各部落中的氏族名称，与叙述关于其世系、财产及职位的继承之规定。倘遇必要时，再加以进一步的说明。可是，首先要确定的主要的一点，便是在他们之间是否存在有氏族组织的一问题。在这些部落间任何地方所发现的氏族制度，其本质的要点都是与易洛魁部落的氏族制度完全相同的，所以在这一方面就用不着再加说明了。除非有相反的申明外，都可以了解为著者已经从印第安人部落或其成员中确定了氏族组织在他们之中的存在。部落的分类，系以《人类血族及姻族制》中所采用的为标准。

I. 荷敦洛梭尼亚（Hodenosaunian）诸部落

（1）易洛魁部落。关于易洛魁人的氏族，已如前述。[①]

（2）崴安多特部落。此部落系古代呼戎部落之后裔，由八氏族构成，如后：

（一）狼氏族，（二）熊氏族，（三）海狸氏族，（四）龟氏族，

---

① （一）狼氏族（Tor-yoh′-no）（二）熊氏族（Ne-e-ar-guy′-ee）（三）海狸氏族（Non-gar-ne′-e-ar-goh）（四）龟氏族（Ga-ne-e-ar-teh-go′-wa）（五）鹿氏族（Na-o′-geh）（六）鹬氏族（Doo-eese-doo-we′）（七）鹭氏族（Jo-as′-seh）（八）鹰氏族（Os-sweh-ga-da-gg′-ah）

（五）鹿氏族，（六）蛇氏族，（七）豪猪氏族，（八）鹰氏族。[①]

世系由女方传递，同一氏族内禁止通婚。世袭酋长（或政务酋长）之职系氏族世袭制，但由氏族成员间选举之。他们有七名世袭酋长及七名军务酋长，现在鹰氏族已绝。世袭酋长之职由兄传弟，或由舅父传诸外甥；但军务酋长之职则授予立有功勋之人以为报酬，而非世袭。财产在氏族内承袭，因而子女不能从其父亲继承什么，但可以继承其母亲的所有品。以下关于叙述这种规定的地方，不拘为未婚者抑或为已婚者，均可了解为包含在这种规定之内。各氏族均有选举和罢免其酋长之权。崴安多特部落与易洛魁部落分离至少已有四百多年，但是他们还有五个共同的氏族，虽然它们的名称已改变到辨识的程度以外，或以新的名称代替了旧的名称。

现在已消灭的或为其他属于同一血统的部落所合并的伊利、中立民族、诺托威（Nottoways）、吐特罗（Tutelos）[②]以及萨斯刻罕那[③]诸部落，他们大抵也是组织成氏族的，但是关于这种事实的证据却已消失了。

[①]　（一）Ah-na-rese′-kwa（咬骨头的人）（二）Ah-nu-yeh′（栖于树上的人）（三）Tso-ta′-ee（胆小的动物）（四）Ge-ah′-wish（好的土地）（五）Os-ken′-o-toh（徘徊）（六）Sine-gain′-see（爬行）（七）Ya-ra-hats′-see（高的树木）（八）Da-soak′（飞翔）

[②]　何拉迪奥·霍尔（Horatio Hale）最近曾证明吐特罗部落与易洛魁部落的关系。

[③]　法兰西斯·巴克曼（Francis Parkman），是关于美洲殖民史的许多名著的著者，他是首先证明萨斯刻罕那部落与易洛魁部落有血族关系的人。

II. 达科他诸部落

在这一美洲土著的大族中，包含有很多的部落。当他们被发现时，已分为若干集团，他们的语言也分为若干方言；但是他们大半均居住于彼此相接壤的地域。他们在密西西比河上流及密苏里河两岸占有一千里以上的面积；易洛魁人以及与他们同族的诸部落，很可能都是达科他族的一分支。

（1）达科他，一名苏（Sioux）。在今日包含约十二种独立部落的达科他族，其氏族组织业已衰微。但是，因其最近的同族密苏里的诸部落在今日是组织成氏族的，所以达科他诸部落曾经有过氏族组织似乎是确实的。他们有若干会社其名称是与氏族相同用动物名称而命名的；但是现在却没有氏族。一七六七年曾在他们之间的卡费尔（Carver）说道："印第安人的每一不同集团，又分成为许多组或族；这些组或族，在其所属的部落中又形成一个小会社。因为部落皆有其特别的象征用以与其他的部落相区别，所以每一组或族也各有其标记，如鸷、豹、虎、野牛等以名其组或族。老多维西（Naudowissies）部落中（苏族的一部落）有一组以蛇为象征，另一组以龟为象征，第三组则以栗鼠，第四则以狼，第五则以野牛。每一部落都用这个方法在他们自己之间以表示区别，甚至其中最卑贱的人也牢记其血统世系，从其各自的家族以表示与他人的区别。"[1]卡费尔曾探访过密西西比河傍的东达科他部落。由他这种详细明白的说明，

---

[1]　卡费尔著《北美洲游记》（*Travels in North America*），一七九六年费城版，一六四页。

我看不出有任何理由去怀疑氏族组织当时在他们之间是生机活跃的。当我在一八六一年探访东达科他的部落、于一八六二年探访西达科他的部落时，在他们之间我不能发现氏族组织的满意的痕迹。当他们被驱逐到平原地方而变为游牧集团的时候，正是在这些时代之间在他们中发生了生活方式的变化，这一事实，或者可以说明他们中氏族制度衰废的原因。

同时，卡费尔在西部的印第安人之间也发现了酋长的两种等级，这一情况已在易洛魁人间存在的相同情况中说明过了。卡费尔说道："每一组都有一个酋长，他们称为大酋长，或称为大战士，他是因为具有指挥他们的军事行动及处理关于这一部门一切事务的作战经验和其为众人所公认的勇略而被选举的。但是，这个大酋长并不可认为是国家的元首；因为除了这个由军事上的资格而被选为大战士的之外还有另外一个酋长，享有由世袭权而来的优越地位，而更直接的掌管关于政治的事项。这一酋长可以更适当的称之为世袭酋长（sachem）；他们的同意对于一切转让证书（conveyances）及条约是必要的，他将部落或民族的图记印在证书及条约之上。"[1]

（2）密苏里诸部落。

甲、彭加部落。这一部落系由八个氏族所构成，其氏族如下：

（一）大熊氏族，（二）多民氏族，（三）麋氏族，（四）臭鼬氏

---

[1] 卡费尔著《北美洲游记》，一六五页。

族，（五）野牛氏族，（六）蛇氏族，（七）药氏族，（八）冰氏族。[①]

在这一部落中，与一般的规则相反，其世系由男子传递，子女属于其父亲的氏族。禁止在同一氏族内通婚。酋长职位为氏族世袭制，人选则由选举决定；但已故世袭酋长的儿子有被选举权。世系从原始形态的转变可能系最近的事件；因从密苏里八部落中的奥托及密苏里两部落、及从曼旦部落，其世系依然为女系一事实而论，就可以判断这一点。财产在氏族内世袭。

乙、俄马哈部落。此部落包括十二个氏族，其名称如下：

（一）鹿氏族，（二）黑氏族，（三）鸟氏族，（四）龟氏族，（五）野牛氏族，（六）熊氏族，（七）药氏族，（八）科（Kaw）氏族，（九）头氏族，（十）赤氏族，（十一）雷氏族，（十二）多季节氏族。[②]

世系、继承、及婚姻法之规定，均与彭加部落相同。

丙、衣阿华部落。同样也有八个氏族，其名称如下：

（一）狼氏族，（二）熊氏族，（三）牝野牛氏族，（四）麋氏族，（五）鹫氏族，（六）鸠氏族，（七）蛇氏族，（八）枭氏族。[③]

在衣阿华与奥托两部落中，以前曾有一海狸氏族（Pa–kuh–

---

① （一）Wä-sä′-be（二）De-a-ghe′-ta（三）Na-ko-poz′-na（四）Moh-kuh′（五）Wä-shä′-ba（六）Wä-zhä′-zha（七）Noh′-ga（八）Wah′-ga。

② （一）Wä-zhese-ta（二）Ink-ka′-sa-ba（三）Lä′-tä-dä（四）Kä′-ih（五）Da-thun′-da（六）Wa-sa-ba（七）Hun′-ga（八）Kun′-za（九）Ta′-pa（十）In-gra′-zhe-da（十一）Ish-da′-sun-da（十二）O-non-e′-ka-ga-ha。

③ （一）Me-je′-ra-ja（二）Too-num′-pe（三）Ah′-ro-wha（四）Ho′-dash（五）Cheh′-he-ta（六）Lu′-chih（七）Wa-keeh′（八）Ma′-kotch。

在此处，H表示深喉音（a deep sonant guttural）。在密苏里诸部落以及明尼达里与克洛（Crow）两部落的方言中，这是极普通的发音。

tha），但现在已绝。世系、继承、以及氏族内禁止通婚等规定，都与彭加部落相同。

丁、奥托与密苏里部落。此两部落已合并为一个部落，有后列的八个氏族：

（一）狼氏族，（二）熊氏族，（三）牝野牛氏族，（四）麋氏族，（五）鹫氏族，（六）鸠氏族，（七）蛇氏族，（八）枭氏族。①

在奥托及密苏里部落中，世系为女系，子女等属于母亲的氏族。世袭酋长之职及财产均为氏族世袭制，在同一氏族内禁止通婚。

戊、科部落。科（Kaw-za）部落有后列之十四个氏族：

（一）鹿氏族，（二）熊氏族，（三）野牛氏族，（四）白鹫氏族，（五）黑鹫氏族，（六）鸭氏族，（七）麋氏族，（八）浣熊氏族，（九）郊狼氏族，（十）龟氏族，（十一）大地氏族，（十二）鹿尾氏族，（十三）天幕氏族，（十四）雷氏族。②

科部落是美洲土著中最蒙昧未开化的一个部落，但他们却是伶俐而有兴趣的人民。世系、继承及婚姻法之规定，均与彭加部落相同。我们可以注意，在他们之中有两个鹫氏族与两个鹿氏族，这便是氏族分化的一个很好例证；可能鹫氏族分化为两个氏族，再冠以白、黑以便互相区别。龟氏族在以后也可以证明这一同一事实。当我于

---

① （一）Me-je'-ra-ja（二）Moon'-cha（三）Ah'-ro-wha（四）Hoo'-ma（五）Kha'-a（六）Lute'-ja（七）Wa'-ka（八）Ma'-kotch。

② （一）Ta-ke-ka-she'-ga（二）Sin'-ja-ye-ga（三）Mo-e'-kwe- ah-ha（四）Hu-e'-ya（五）Hun-go-tin'-ga（六）Me-ha-shun'-ga（七）o'-pa（八）Me-ka'（九）Sho'-ma-koo-sa（十）Do-ha-kel'-ya（十一）Mo-e'-ka-ne-ka' -she-ga（十二）Da-sin-ja-ha-ga（十三）Ic'-ha-she（十四）Lo-ne'-ka-she-ga。

一八五九年及一八六〇年历访密苏里诸部落时，我不能到达奥舍治及跨把两部落的居住地。以上列举的八部落，其语言都是以达科他语为母语的互相类似的方言；从而认定奥舍治及跨把两部落均有氏族组织一层，大体上是很肯定的。当一八六九年时，科部落的人口大为减少，其总数为七百，每一氏族平均约为五十人。这几个部落的发祥地为沿密苏里河沿岸及其支流地方，自大苏（Big Sioux）河口直至密西西比河，和自密西西比河西岸而下至阿肯色河地方。

（3）文尼伯哥（Winnebagoes）部落。当其被发现之时，此部落居住于威斯康新州之文尼伯哥湖附近。他们也是达科他族的一个分支，他们很明显的是随着易洛魁部落所经过的踪迹东向圣·罗凌士河流域发展，当他们更朝着这一方向进展时，便为居住于呼戎与苏必利尔两湖之间的阿尔衮琴部落所阻止。他们最近的同族是密苏里的诸部落。他们有八个氏族如次：

（一）狼氏族，（二）熊氏族，（三）野牛氏族，（四）鹫氏族，（五）麋氏族，（六）鹿氏族，（七）蛇氏族，（八）雷氏族。[①]

在他们之中，世系、继承以及婚姻法的规定与彭加部落相同。从达科他系统分出的多数部落，其世系多由女系转变而为男系，这是值得惊异的，因为当他们最初被发现时，财产观念大体上尚未发达，或仅仅稍超越萌芽的阶段，很难像其如像在希腊与罗马氏族中一样具有推动的作用。也很可能系在近代受了美国人及宣教师的影响而发生

---

① （一）Shonk-chun′-ga-dä（二）Hone-cha′-dä（三）Cha′-rä（四）Wahk-cha′-he-dä（五）Hoo-wun′-nä（六）Chä′-rä（七）Wä-kon′-nä（八）Wa-kon′-chä-rä。

的。卡费尔于一七八七年在文尼伯哥部落间曾发现其世系尚带有女系的痕迹。卡费尔说道："在有些部落中，当其显职为世袭时，其继承仅限于女系。酋长死亡时，酋长的姊妹之子较诸其嫡子，具有继承的优先权；若遇酋长无姊妹时，则以其最近的女系亲属继承这个显职。这就是文尼伯哥部落以一女子而居于其元首地位之故；当我不知道他们的法律的时候，我对于这一事实觉得奇异。"[①]一八六九年时文尼伯哥部落的人口约一千四百人，每一氏族平均约为百五十人。

（4）上密苏里的诸部落。

甲、曼旦部落。曼旦部落的智力及生活上的技术，在其所有的同族当中是最为进步的，这一点，或者应该归诸于明尼达里部落的影响。他们分为七个氏族如次：

（一）狼氏族，（二）熊氏族，（三）松鸡氏族，（四）好小刀氏族，（五）鹫氏族，（六）扁平头氏族，（七）高村氏族。[②]

世系为女系；公职及财产为氏族世袭制。在同一氏族内禁止通婚。属于同一系统的其他许多部落的世系均为男系，而曼旦部落的世系则为女系，若非其他部落系最近才由原始形态转变而为男系的话，这一现象就觉得奇怪了。由这一材料，使我们更可以推定。在一切达科他的部落中，其世系原来都是女系。关于曼旦部落的这些材料，系于一八六二年在上密苏里的一个旧曼旦村落中得自约瑟·奇卜

---

① 《北美洲游记》，一六六页。

② （一）Ho-ra-ta'-mŭ-make（二）Mä-to'-no-mäke（三）See-poosh'-kä（四）Tä-na-tsŭ'-kä（五）Ki-tä'-ne-mäke（六）E-stä-pa'（七）Me-te-ah'-ke。

（Joseph Kip）的，他的母亲是一个曼旦人。他举出他母亲的氏族亦即是他的氏族来说明他的世系，这证实了他们的世系为女系的事实。

乙、明尼达里部落。此部落和乌布萨阿卡（Upsarokas），一名克洛部落，都原来是一个族的分支。他们在加罗汪尼亚族系中的地位是可疑的，因为他们方言中一部分词汇与在密苏里和达科他的诸部落方言中的一部分词汇是共同的，所以从语言上把他们列在一起。他们有他们以往的历史经验，但是对于这种经验我们所知道的却极其微少。明尼达里将园艺、木建房屋和一种特殊的宗教制度带到这一个地域，并将其传予曼旦部落。有一种可能，他们是丘岗建筑者（Mound-Builders）的后裔。他们有七个氏族如下：

（一）小刀氏族，（二）水氏族，（三）小屋氏族，（四）松鸡氏族，（五）丘民氏族，（六）未知的动物氏族，（七）软帽氏族。[①]

世系为女系，禁止同一氏族内通婚，世袭酋长的职位及财产在氏族内承袭。明尼达里与曼旦两部落现在同村而居。从品貌上言，他们是现在栖息于北美洲的任何红色人种中最优美的。

丙、乌布萨阿卡或克洛部落。此部落有下列的十三个氏族：

（一）场拨鼠氏族，（二）劣脚绊氏族，（三）臭鼬氏族，（四）不可恃的小屋氏族，（五）失落的小屋氏族，（六）坏誉氏族，（七）屠兽者氏族，（八）移动小屋氏族，（九）熊足山氏族，（十）黑足小屋氏族，（十一）捕鱼者氏族，（十二）羚羊氏族，（十三）大鸦

---

① （一）Mit-che-ro′-ka（二）Min-ne-pä′-ta（三）Bä-ho-hä′-ta（四）Seech-ka-be-ruh-pä′-ka（五）E-tish-sho′-ka（六）Ah-nah-ha-nä′-me-te（七）E-ku′-pä-be-ka。

氏族。①

世系、继承以及氏族内禁止通婚，均与明尼达里部落相同。克洛部落中的有些氏族的名称是罕见的名称，这暗示着，与其说它们是氏族，不如说它们是小组集团。有一个时期我不相信这些是氏族的名称。但是，氏族组织的存在，可以从他们关于世系的规定、婚姻的习惯以及关于财产继承的法则等而清楚的得到证明。我在克洛部落中时候的翻译，是美洲毛皮公司代理人之一，名叫罗伯·麦尔竹姆（Robert Meldrum）者，他在克洛部落中住了四十年之久，而且是此部落的酋长之一。他精通克洛言语，其精通的程度，可以完全用这种言语去思考。以下所述的关于继承的特殊习惯，便出自他之口。若是一人接受了财产上某种物品的赠予，死亡时还保持这种物品，而赠与者已经死亡，则此物品即返还于赠与者之氏族。妻子自己所手创的财产或取得的财产，在她死亡后传与她的子女；丈夫的财产，在其死亡之后则归于其氏族的亲族之手。若是某人赠送一礼物予其友人后而死，其友人必须举行某种为众所公认的哀悼行为，如当举行葬仪之际切断手指一节，不然须将礼物归还于死亡的赠送者之氏族。②

克洛部落有一种关于婚姻的习俗，我至少在四十种其他印第安

---

① （一）A-che-pä-be′-cha（二）E-sach′-ka-buk（三）Ho-ka-rut′-cha（四）Ash-bot-chee-ah（五）Ah-shin′-nä-de′-ah（六）Ese-kep-kä′-buk（七）Oo-sä-bot′-see（八）Ah-hä-chick（九）Ship-tet′-zä（十）Ash-kane′-na（十一）Boo-a-dä′-sha（十二）O-hot-dŭ′-sha（十三）Pet-chale-ruh-pä′-ka。

② 这种哀悼行为的习惯，在克洛部落中是很普通的，并且在举行巫术集会——一种宗教上的大仪典——时，也作为其宗教上的祭献。悬挂在巫术集会中为着专门收容祭献的篮子，我曾被告诉说，五十个并且有时一百个手指关节，都曾收集过。在上密苏里的克洛部落驻屯地中，我看见过由这种习惯而切断手指关节的许多男女。

人的部落中也发现过；关于这一种习俗，因为在下一章中要用它作参考，所以在这里顺带一提。若是一个男子与某一家族的长女结婚，他可以把其妻的所有的妹妹当其长成时取作次妻的权利。他可以放弃这一权利，但是他若坚持时，他的优先权是为妻方的氏族所承认的。多妻制，在美洲的土著间一般地是为习俗所许可的；但是，因为很少的人能够赡养一个以上的家庭，所以这种风俗从不曾广泛地流行过。前面所叙述习俗的存在的直接证据，是麦尔竹姆的妻子所供给的，当时她才二十五岁。在对黑足部落一场袭击中，她为麦尔竹姆所俘虏，那时她还是一个小孩。麦尔竹姆劝诱了他的岳母把这个小孩收为她氏族的及家族的养女，这样一来，这个俘虏在当时便成了麦尔竹姆的妻子的妹妹，到她长成以后，麦尔竹姆便有了纳她为次妻的权利。麦尔竹姆利用部落中这种习俗以提高他的权利。这种习俗在人类中有极其悠久的历史。它是群婚旧习的遗风。

III. 海湾部落

（1）马斯科基（Muscokees），一名克里克部落。克里克联盟包含六个部落，即克里克部落、喜赤特（Hitchetes）部落、约歧（Yoochees）部落、阿拉巴玛（Alabamas）部落、科萨特（Coosatees）部落及那拆兹（Natches）部落；他们除那拆兹部落外，都操同一语言的方言，那拆兹部落系被法国人倾覆以后才加入联盟的。

克里克部落系由二十二个氏族所组成，其氏族如次：

（一）狼氏族，（二）熊氏族，（三）臭鼬氏族，（四）鳄氏族，（五）鹿氏族，（六）鸟氏族，（七）虎氏族，（八）风氏族，（九）蟾蜍氏族，（十）鼹鼠氏族，（十一）狐氏族，（十二）浣熊氏族，（十三）鱼氏族，（十四）玉蜀黍氏族，（十五）马铃薯氏族，（十六）泽胡桃氏族，（十七）盐氏族，（十八）山猫氏族，（十九）〔意义已失〕，（二十）〔意义已失〕，（二十一）〔意义已失〕，（二十二）〔意义已失〕。[①]

克里克联盟的其他部落，据说也有氏族组织，劳立芝（S.M.Loughridge）牧师曾告诉过我；他在克里克部落间做了多少年的传教师，以上所列举的氏族名称就是他供给我的。他还说克里克部落的世系是女系；世袭酋长之职位及死亡者之财产，都是氏族世袭制，并且禁止在同一氏族内通婚。到现在，克里克部落已进到半文明境域，他们的生活状态也起了变化。他们已用政治制度代替了旧的社会制度，所以不到几年他们旧时的氏族制度的一切痕迹都将归于消灭。在一八六九年，他们的人口约一万五千人，平均一氏族为五百五十人。

（2）绰克托部落。在绰克托部落中，胞族组织表现得很显著，因为每一胞族都各有名称，并当做一个胞族明显地突出。在上面所述

---

① （一）Yä′-hä（二）No-kuse′（三）Ku′-mu（四）Kal-pǔt′-lǔ（五）E′-cho（六）Tus′-wä（七）Kat′-chǔ（八）Ho-tor′-lee（九）So-päk′-tǔ（十）Tǔk′-ko（十一）Chǔ′-lä（十二）Wo′-tko（十三）Hǔ′-hlo（十四）U′-che（十五）Ah′-ah（十六）O-che′（十七）Ok-chǔn′-wä（十八）Kǔ-wä′-ku-che（十九）Tä-mul′-kee（二十）Ak-tǔ-yä-chul′-kee（二十一）Is-fä-nǔl′-ke（二十二）Wä-hläk-kǔl-kee。

的多数部落中，胞族制度之存在是无疑的，不过对于这一题目还没有特别的研究罢了。绰克托部落包含有八个氏族，此八个氏族如在易洛魁人中一样，区分为两个胞族，每一胞族各包含四个氏族。

甲、分离之民——第一胞族

（一）芦氏族，（二）Law Okla氏族，（三）Lulak氏族，（四）Linoklusha氏族。

乙、被爱之民——第二胞族

（一）被爱之民氏族，（二）小民氏族，（三）大民氏族，（四）龙虾氏族。[①]

属于同一胞族中的氏族不得通婚；但是属于第一胞族的任何氏族的成员，得与属于第二胞族的任何氏族的成员通婚，反之亦然。这证明绰克托人与易洛魁人一样，最初以两个氏族开始，后来每一氏族各再分为四个氏族，禁止同一氏族内通婚的原来规定，则随之伸展到再分的氏族之中了。绰克托部落的世系为女系；财产及世袭酋长之职均为氏族世袭制。在一八六九年时，他们的人口约一万二千人，平均每氏族为一千五百人。以上的资料，是已故的居鲁士·拜茵顿博士所给予著者的，他于一八二〇年即在该部落中从事传教工作，当时该部落尚居住在密西西比河东岸他们的古代领土上，在他们移住印第安人保留地时，博士也一同迁往，他在他们中从事传教事业前后共四十五年，至一八六八年时卒于职。他是一位人格高洁之士，他在人类中留

---

① 第一胞族——Ku-shap′. Ok′-lä（一）Kush-ik′-sä（二）Law-ok′-lä（三）Lu-lakIk′-sä（四）Lin-ok-lǔ′-sha。
第二胞族———Wă-tăk-i-Hǔ-lä′-tä（一）Chu-fan-ik′-sä（二）Is-kǔ-la-ni（三）Chi′-to（四）Shak-chuk′-la。

下了一种足以夸耀的声名与纪念。

有一次，一个绰克托人向拜茵顿博士表示他希望做一个合众国的公民，因为他想不依照其氏族的旧例，以其遗产为其氏族内的亲族所承继，而想让渡与他自己的儿子。按照绰克托的习惯，他死后，其遗产应分配与他的兄弟、姊妹以及他的姊妹的儿子。他可以在他生前将其财产给与他的儿子，使他的儿子在此种情况下能够对于其父亲的氏族之其他成员能保持此项财产。今天在许多印第安人部落中，都有在家畜、房屋、土地等相当的个人财产，在这些人之中，为避免其氏族亲属的继承计，都在生前将其财产让与他们自己的子女，这一点，已成为普通的习惯了。当财产的数量增加，而子女们如无权继承，势必引起对氏族继承制的反抗；在若干印第安人部落中，就中如绰克托部落，数年以来已废止了这种旧习惯，而继承权便专给与死亡者之子女了。然而，这是要由以政治制度代替氏族制度、以选举制的议会与行政长官代替酋长的旧政治才可以办得到的。依照旧日的习惯，则妻不能继承夫之所有物，夫亦不能接受妻之何等让渡物；妻之所有物均分配与她的子女们；倘遇无子女时，则分配与她的姊妹们。

（3）契卡索部落。同样，契卡索部落亦分为两个胞族，一胞族包含四个氏族，其他一胞族包含八个氏族，如次所示：

甲、豹胞族

（一）山猫氏族，（二）鸟氏族，（三）鱼氏族，（四）鹿氏族。

乙、西班牙胞族

（一）浣熊氏族，（二）西班牙氏族，（三）皇家氏族，（四）

Hush-ko-ni氏族,（五）栗鼠氏族,（六）鳄氏族,（七）狼氏族,
（八）黑鸟氏族。①

世系为女系，禁止同一氏族内通婚，财产及世袭酋长之职为
氏族世袭制。以上所述，系得自居住于这一部落间的美国传教师查
理·西·柯普南德。一八六九年，其人口约为五千，平均一氏族约
四百人。有一新氏族似乎是与西班牙人开始交道以后才形成的，也可
能为着某种理由而采用西班牙这个名称以代替旧有的名称的。在胞族
中，也有一个胞族叫做西班牙胞族。

（4）拆洛歧部落。此部落在古代系由十氏族而成，其中有两个
氏族，一为橡实氏族（Ah-ne-dsu'-la）一为鸟氏族（Ah-ne-dsé-
skwä），现在已绝；现在存在的氏族如次：

（一）狼氏族,（二）赤色油漆氏族,（三）长草原氏族,（四）
聋（一种鸟）氏族,（五）冬青氏族,（六）鹿氏族,（七）青氏族,
（八）长发氏族。②

世系为女系，禁止同一氏族内通婚。一八六九年时，拆洛歧部
落的人口为一万四千人，平均每一氏族为一千七百五十人。从今日所
已知的事实言之，以一个氏族中而拥有这样多的人口，在美洲的土著
中是仅见的。在今日从使用同一方言的人口数言之，能够越出拆洛歧

---

① 甲. 豹胞族（Koi）——（一）Ko-in-chush（二）Hä-täk-fu-shi（三）Nun-ni（四）Is-si。乙. 西班牙胞族
（Ish-pän-ee）——（一）Shä-u-ee（二）Ish-pän-ee（三）Ming-ko（四）Hush-ko-ni（五）Tun-ni（六）Ho-chon-
chab-ba（七）Nä-sho-lă（八）Chuh-hlä。

② （一）Ah-ne-whi'-yä（二）Ah-ne-who'-teh（三）Ah-ne-ga-tä-ga'-nih（四）Dsŭ-ni-li'-a-nä（五）U-ni-sdä'-
sdi（六）Ah-nee-kä'-wih（七）Ah-nee-sä-hok'-nih（八）Ah-nŭ-ka-lo'-high。

Ah-nee系复数之意。

及阿吉布洼两部落之右者，在合众国内之任何印第安人部落中都是没有的。还有一点要说明的：从来不拘在任何时代，和无论在北美的任何地方，其存在有使用同一方言的十万印第安人这样的事实，是不可能的。只有阿兹忒克、铁兹旧冈以及特辣斯卡那三部落，在某种限度下可以正确的说拥有这样多的人口；然而关于这三个部落在被西班牙人征服的当时，根据可靠的证据怎样去确定这三个部落中的任何一个部落包含有这样多的人口一事，却是很困难的。克里克及拆洛歧两部落的人口之所以如此异常之多者，系由于他们拥有家畜及一发达的农业之所致。他们现在已到达了半文明的境地，已用选举的立宪政府代替了古代的氏族制度，在这样的影响之下，氏族制度已在迅速地消灭中。

（5）森密诺尔（Seminoles）部落。此部出自克里克族，亦有氏族组织，惟其详情不明。

IV. 庞泥（Pawnee）部落

庞泥部落究竟有无氏族组织，尚无确证。从前曾在此部落中传过教的撒母耳·阿利斯（Samuel Allis）牧师告诉著者，他虽然对于这一问题没有特别调查过，然而他相信他们是有氏族的。他举出后列氏族的名称，并相信此部落是由这些氏族组成的。

（一）熊氏族，（二）海狸氏族，（三）鹭氏族，（四）野牛氏族，（五）鹿氏族，（六）枭氏族。

我有一次在密苏里的河岸上遇着庞泥部一个团体，但是不能找到一个翻译。

阿里加里（Arickarees）部落，他们的村落在明尼达里部落附近，是与庞泥部落最相近的同族。对于他们，已遇到同样的困难。此等部落与休科（Huecos）部落以及栖息于喀拿的安（Canadian）河流域的其他两三个小部落，都常住于密苏里河以西，他们操一种独立的语言。如果庞泥部落是组织成氏族的，那么，其他这些部落大概也是同样组织成氏族的。

V. 阿尔衮琴诸部落

美洲土著中的这一大支当其被发现之初，有从落机（Rocky）山脉至哈得逊湾，锡斯卡圻温（Siskatchewun）河以南，更东出大西洋海岸，括苏必利尔两岸，除湖首不计外，以及张卜伦（Champlain）湖以下的圣·罗凌士河两岸的一带地域。他们的地域更沿着大西洋海岸南行伸展至北喀罗林纳（North Carolina）州，再下至威斯康新与伊里诺爱州的密西西比河的东岸直至垦塔启（Kentucky）州。在这一庞大区域的东部，易洛魁人及其同族们是突入的民族，也是与他们在这个境界内争取优越权的惟一竞争者。

吉漆加米亚（Gitchigamian）诸部落[①]

（1）阿吉布洼部落。阿吉布洼部落均操同一的方言，有氏族组织，现在已经得到的已有其中的二十三个氏族的名称，但是否已包括了其全部，还不能确定。在阿吉布洼方言中，有图腾（totem）——往往发音为dodaim——的一词，是表示一氏族的象征或徽章的；从而狼之图形，便是狼氏族之图腾。由这种事实，斯库尔克拉夫特（Schoolcraft）便运用"图腾制度"（totemic system）这一术语来表示氏族组织；若是在拉丁语中或希腊语中没有一种术语以表示这种既已成为历史制度的一切特征和性质等，则以图腾制度这一术语来代替氏族制度而使用，是完全可以接受的。虽然，这一术语是可以适当的加以利用的。阿吉布洼有下面所列的氏族：

（一）狼氏族，（二）熊氏族，（三）海狸氏族，（四）泥龟氏族，（五）鳖氏族，（六）小龟氏族，（七）驯鹿氏族，（八）鹬氏族，（九）鹤氏族，（十）鸠鹰氏族，（十一）秃鹫氏族，（十二）䴙鹈（Loon）氏族，（十三）鸭氏族，（十四）鸭氏族，（十五）蛇氏族，（十六）麝鼠氏族，（十七）貂鼠氏族，（十八）鹭氏族，（十九）牡牛头氏族，（二十）鲤氏族，（二十一）鲶氏族，（二十二）蝶鲛氏族，（二十三）梭鱼氏族。[②]

---

① 由阿吉布洼语 gi-tchi'，训为大，gä'-me，训为湖，Gitchigamian 即由此二语复合而成，这就是苏必利尔湖及其他数个大湖的土名。

② （一）My-een'-gun（二）Mä-kwä'（三）Ah-mik'（四）Me-she'-kä（五）Mik-o-noh'（六）Me-skwä-da'-re（七）Ah-dik'（八）Chu-e-skwe'-she-wä（九）O-jee-jok'（十）Ka-kake'（十一）O-me-gee-ze'（十二）Mong（十三）Ah-ah'-weh（十四）She-shebe'（十五）Ke-na'-big（十六）Wa-zhush'（十七）Wa-be-zhaze'（十八）Moosh-kä-oo-ze'（十九）Ah-wah-sis'-sa（二十）Nä-ma'-bin（二十一）不详（二十二）Nä-ma'（二十三）Ke-no'-zhe。

世系为男系，子女属于父亲的氏族。有若干理由可以推测这个部落的原来世系是女系，其转变为男系乃系比较的晚近的事实。第一、德拉瓦部落是所有一切阿尔衮琴部落所认为是他们系统中最老者之一，都称之为"祖父"，现在还是女系。若干其他阿尔衮琴部落，也是一样。第二、距现在两三代以前，尚残存有证据证明酋长之职位是由女系传袭的。[①]第三、美国人及传教师的势力一般地都反对女系本位。一种世系制度剥夺了自己子女的继承权，在早期的传教师们看来，是不公道及不合理的，因为他们都是在完全不同的观念下所训练出来的，所以可能有一部分部落，其中包括阿吉布洼部落在内，受了这些传教师的感化将女系改变为男系了。最后，现在还有一些阿尔衮琴部落依然还是女系一层看来，可以下一结论说：女系在古代加罗汪尼亚族系中是一种普遍的制度，也是这种制度的原始形态。

同一氏族内禁止通婚，公职与财产均系氏族世袭制。然而，在现在，死亡者的子女却撇开其同氏族的亲族而自身取得遗产的大部分。母亲的财产及其物品均传与她的子女；设无子女，则让与他的嫡系或旁系的姊妹。同样，儿子也可以承继他父亲的世袭酋长之职；若有几个儿子时，人选则依选举原则决定。氏族成员不但有选举权，而且保留有罢免权。现在阿吉布洼部落的人口约一万六千，每一氏族平

---

① 阿吉布洼部落的一个名叫Ke-we′-kons的世袭酋长，死于一八四○年间，其时为九十岁。当我的通告人（译者按：即供给研究材料与著者的人）问他为什么不退休而将职位传与他的儿子的时候，他的答复是他的儿子不能继承他，继承权却属于他的外甥叫做E-kwä-ka-mik的，他必定继承这一职位。这个外甥，是他的姊妹中之一的儿子。依据这个说明，便可以知道世系在古代并且在现代的一时期内，是以女系为主的。可是这个说明，并不是说他的外甥将由继承权取得他的职立，但是他在继承者之列，大概他之被选举为酋长是肯定了的。

均约七百人。

（2）坡塔窝托密部落。坡塔窝托密部落有十五个氏族，如次：

（一）狼氏族，（二）熊氏族，（三）海狸氏族，（四）麋氏族，（五）鹛鹩氏族，（六）鹜氏族，（七）蝶鲛氏族，（八）鲤氏族，（九）秃鹜氏族，（十）雷氏族，（十一）兔氏族，（十二）鸦氏族，（十三）狐氏族，（十四）吐绥鸡氏族，（十五）黑鹰氏族。[①]

世系、继承以及婚姻法之规定，均与阿吉布洼部落相同。

（3）奥达洼部落。阿吉布洼部落、奥达洼部落以及坡塔窝托密部落，都是一个基本部落的分支。在最初被发现时，他们是结成联盟的。奥达洼部落无疑地是组织成氏族的，但是各氏族的名称却没有得到。

（4）克里部落。当这一部落被发现时，他们据有苏必利尔湖的西北岸，从此地扩张到哈得逊湾，更西达于北方之红河地方。以后遂占有锡斯卡圻温地方及其南部。与达科他的诸部落一样，大概在他们之中原来曾有氏族组织，后来才归于消失。从语言学上言之，他们与阿吉布洼是最近的同族，在风俗、习惯以及个人外貌上，两者都极为相似。

密西西比诸部落。集合于密西西比这一名称之下的西部阿尔衮琴诸部落，占有在威斯康新及伊里诺爱二州中的密西西比河东岸，南进扩展到垦塔启州，东则至于印第安纳州。

---

① （一）Mo-ăh′（二）M′-ko′（三）Muk（四）Mis-shă′-wă（五）Maak（六）K′-nou′（七）N′-mă′（八）N′-mă-pe-nă′（九）M′-ge-ze′-wä（十）Che′-kwa（十一）Wä-bo′-zo（十二）Kä-käg′-she（十三）Wake-shi′（十四）pen′-nă（十五）M′-ke-eash′-she-kă-kah′（十六）O-tä′-wa。

（1）迈阿密部落。迈阿密最近的同族为威斯（Weas）、笔安克沙、皮奥立亚以及卡斯卡斯启亚四个部落，他们在昔时都总括于伊里诺爱一名称之下而见称于世，其在今日，人口甚少，并且已放弃了他们古代的习惯而作定居的农业生活了。他们以前是否具有氏族制度，则无从确定，但是他们或者是有氏族组织的。迈安密部落有如次之十个氏族：

（一）狼氏族，（二）鹧鸪氏族，（三）鹭氏族，（四）雕氏族，（五）豹氏族，（六）吐绶鸡氏族，（七）浣熊氏族，（八）雪氏族，（九）太阳氏族，（十）水氏族。[①]

在环境转变与人口减少之下，他们的氏族组织在迅速地消亡中。在其开始衰微时，其世系为男系，禁止同一氏族内通婚，世袭酋长之职及财产均为氏族世袭制。

（2）萧尼部落。这一出色的和高度进步的部落，乃是阿尔衮琴族的最高代表之一，还依然保存着他们的氏族制度，虽然他们已用民政组织代替了古代的氏族制，有第一第二两领袖酋长及一会议，均系每年由民众普选。萧尼部落有十三个氏族，他们为着社会及宗谱的目的，尚仍然保持。其氏族之名称如次：

（一）狼氏族，（二）鹧鸪氏族，（三）熊氏族，（四）雕氏族，（五）豹氏族，（六）枭氏族，（七）吐绶鸡氏族，（八）鹿氏族，（九）浣熊氏族，（十）龟氏族，（十一）蛇氏族，（十二）马氏族，

---

① （一）Mo-wha'-wä（二）Mon-gwä'（三）Ken-da-wä'（四）Ah-pǎ'-kose-e-ǎ（五）Ka-no-zä'-wa（六）Pi-la-wä'（七）Ah-se-pon'-nä（八）Mon-nǎ'-to（九）Kul-swä（十）不详。

（十三）兔氏族。①

世系、继承以及关于氏族外婚之规定，都与迈安密部落相同。在一八六九年，萧尼部落的人口仅七百人，每一氏族平均约五十人。他们的人口曾有一个时期达到三、四千人，超过美洲印第安人诸部落的平均人口。

萧尼部落与迈安密、索克（Sauks）、福克斯（Foxes）诸部落一样，有一种共同习惯，即在某种制限之下，将子女命以属于父亲氏族的、或母亲氏族的、或属于其他氏族的名字，这一问题是值得一提的。在易洛魁部落中，各氏族都保有其个人的特殊名称，其他氏族无采用之权，这在前面已经讨论过了。②这种习惯，或者是普遍流行的。在萧尼部落中这种名称附带有其所属氏族的权利；所以名称就决定个人的氏族。因为在一切情况中，世袭酋长必需是属于授与他权力的氏族之中，所以世系从女系转变为男系，也或者是开始于这种习惯之中；首先，使儿子能够承继他的父亲，其次，使子女能够承继他们父亲的财产。若是儿子在命名时，而命以属于其父亲的氏族之名称，那么，这个儿子便属于其父亲的氏族了，而取得在承继系列中的地位，但是，须由选举原则来加以决定。然而父亲对于这个问题却无支配之权。这种支配权，系由氏族委托于某种人，其中大部分系妇女，

---

① （一）M′-wa-wä′（二）Ma-gwä′（三）M′-kwä′（四）We-wä′-see（五）M′-se′-pa-se（六）M′-ath-wa′（七）Pa-la-wä′（八）Psake-the（九）Sha-pä-tä′（十）Na-ma-thä′（十一）Mana-to′（十二）Pe-sa-wä′（十三）Pä-täke-e-no-the′.

② 在各部落中，名称即指明氏族。故在索克及福克斯两部落之间，"长角"是属于鹿氏族的名称，黑狼"是属于狼氏族的名称。在鹫氏族中，下面所列举的是代表的名称：Ka′-po-nä（引张其巢的鹫），Ja-ka-kwä-pe（昂首而坐的鹫），Pe-ä-tä-na-kä-hok（飞翔于一肢之上的鹫）。

当子女命名时须与她们协商，她们有权决定给以某名称。在萧尼部落中的各氏族与具有命名权的个人间，有某种办法，使经过规定手续而得到名称的人，便可以入籍于其名称所属的氏族之中。

在萧尼部落中，尚留存有关于世系的原始规定的痕迹，有人告诉著者下面的一件事实，可以举出来作为例证。狼氏族一世袭酋长Lä–ho'–weh在其临终之际，表示他希望以一姊妹之子代替他自己的嫡子为他的继承者。但是，其外甥（Kos–kwa'–the）则属于鱼氏族，其嫡子则属于兔氏族，所以如果他们两人不转籍于代代世袭此酋长职位的狼氏族的话，都不能为死者的继任者。他的愿望被尊重了。在其死亡之后，其外甥之名遂改为狼氏族的名称之一的Tep–a–tä–go–the'，然后被选举为世袭酋长。这种不严谨的指置，显示氏族组织的颓废，然而这却可以证明在距今不远以前，萧尼部落的世系为女系的事实。

（3）索克部落及福克斯部落。此两部落已合并成为一个部落，有下列的氏族：

（一）狼氏族，（二）熊氏族，（三）鹿氏族，（四）麋氏族，（五）鹰氏族，（六）鹜氏族，（七）鱼氏族，（八）野牛氏族，（九）雷氏族，（十）骨氏族，（十一）狐氏族，（十二）海氏族，（十三）蝶鲛氏族，（十四）巨树氏族。[1]

---

[1]　（一）Mo-whǎ-wis'-so-uk（二）Ma-kwis'-so-jik（三）Pǎ-sha'-ga-sa-wis-so-uk（四）Mǎ-shǎ-wǎ-uk'（五）Kǎ-kǎ-kwis'-so-uk（六）Pǎ-mis'-so-uk（七）Nǎ-mǎ-sis'-so-uk（八）Na-nus-sus'-so-uk（九）Nǎ-nǎ-ma'-kew-uk（十）Ah-kuh'-ne-näk（十一）Wä-ko-a-wis'-so-jik（十二）Kǎ-che-kone-a-we'-so-uk（十三）Nǎ-mǎ-we'-so-uk（十四）Mǎ-she'-mǎ-täk。

世系、继承以及氏族外婚的规定，都与迈安密部落同。在一八六九年时，其人口仅七百，每氏族平均为五十人。从其现在所残存的氏族数目加以判断，以证明在过去的二百年间其人口必较今日多出数倍。

（4）麦诺米泥（Menominee）部落及奇卡波（Kikapoo）部落。这两个互相独立的部落都有氏族组织，但其名称则未有得到。关于麦诺米泥部落，至最近其世系仍可推断为女系，由一八五九年此部落中名叫Antoine Gookie其人者，所告诉著者的谈话中可以得到证明。他对于关于继承法的询问回答说："假若我亡故，我的兄弟及舅父必会从我的妻子及子女手中夺取我的财产。我们现在希望我们的子女能够承继我们的家产，但是确定与否，则不敢决。根据旧法律，则我的财产须传与我最近的亲属之手，他们不是我的子女，而是我的兄弟、姊妹和舅父。"由这一点，证明财产是在氏族内世袭的，并且仅限于女系的亲属。

落机山脉诸部落。（1）血黑足（Blood Blackfeet）部落。此部落由下面的五个氏族所组成：

（一）血氏族，（二）食鱼者氏族，（三）臭鼬氏族，（四）绝种动物氏族，（五）麋氏族。[①]

世系为男系，但氏族内不许通婚。

（2）皮冈黑足（Piegan Blackfeet）部落。此部落有如次的八个氏族：

---

① （一）Ki'-no（二）Mǎ-me-o'-ya（三）Ah-pe-ki'（四）A-ne'-po（五）Po-no-kix'。

（一）血氏族，（二）臭鼬氏族，（三）蹼脂氏族，（四）内脂氏族，（五）幻术家氏族，（六）不笑氏族，（七）饥饿氏族，（八）半死肉氏族。[①]

世系为男系，氏族内禁止通婚。以上所列举名称中的若干名称，与其说是氏族名称不如说他们是小团体的名称，还较为适合些；但是，因为这一材料，是通过有能力的通译而直接得自于黑足部落者——亚历山大·库尔伯特逊（Alxander Culbertson）夫妇，其妇系一黑足部落妇人——所以我认为是可靠的。在某些情况中，以氏族的绰号代替其本来的氏族名称，这是可能的。

大西洋诸部落。（1）德拉瓦部落。如前所述，德拉瓦部落在其分离后的生存时期中，它是阿尔衮琴部落中最老的一个部落。当初发现他们时，其所居住的区域为德拉瓦湾周围及其北部诸地方。他们包含下面所列的三个氏族：

一、狼氏族 Took′-seat（圆蹠之意）

二、龟氏族 Poke-koo-un′-go（爬行之意）

三、吐绶鸡氏族 Pul-la′-cook（不咀嚼之意）

这三个氏族均带有胞族的性质，因为每一氏族之下更再分为

[①]（一）Ah-ah′-pi-tä-pe（二）Ah-pe-ki′-e（三）Ih-po′-se-mä（四）Ka-ka′-po-ya（五）Mo-tä′-to-sis（六）Kä-ti′-ya-ye-mix（七）Kä-ta′-ge-mä-ne（八）E-ko′-to-pis-taxe。

十二个次氏族，每一次氏族均具有一氏族的若干特征。①其名称大都是个人的名称，并且其中的一大半——若非所有的话——都是女性的名称。因为这一特点不是寻常的，所以我于一八六〇年在堪萨斯州的德拉瓦保留地得着一个受了教育的德拉瓦人威廉·亚当（William Adams）之助，尽可能地予以详细调查。结果证明不可能找出这些次氏族的起源。但是，他们似乎是祖先的名称，各氏族是从这些名祖派生出来而形成其世系的。由这个事实，亦可证明胞族乃系从氏族自然发展而来的东西。

德拉瓦部落的世系为女系，这一现象使这种形态在阿尔衮琴诸部落间的古代普遍性有其可能。世袭酋长之职为氏族世袭制，但在其成员中是选举的，各成员均享有选举权及罢免权。财产也是氏族世袭制。在早，三个原来的氏族以内是禁止通婚的，但是到了最近这个禁令则只限于次氏族之中了。例如，现在大体上已形成为胞族的狼氏族，其中之同名的人便不能相互婚配，然而不同名的人则可以通婚。将属于父亲氏族的名字以名其子女的习惯，在德拉瓦部落间也很盛

---

① 一、狼氏族 l. Mä-an'-greet（大脚）2. Wee-sow-het'-ko（黄树）3.Pä-sa-kun-ǎ'-mon（摘玉蜀黍）4. We-yar-nih'-kä-to（注意地走进来的人）5. Toosh-war-ka'-ma（越过川河）6. O-lum'-a-ne（丹碌）7. pun-ar'-you（站在炉边的狗）8. Kwin-eek'-cha（长身）9. Moon-har-tar'-ne（掘着）10. Non-har'-min（逆流而上）11. Long-ush-har-kar'-to（柴木）12.Maw-soo-toh'（拿来）。

二、龟氏族 l. O-ka-ho'-ki（统治者）2.Ta-ko-ong'-o-to（高的河岸）3. See-har-ong'-o-to（下山）4. Ole-har-kar-me'-kar-to（选举人）5. Mä-har-o-luk'-ti（勇敢）6. Toosh-ki-pa-kwis-i（绿叶）7. Tung-ul-ung'-si（最小的龟）8. We–lun-ǔng'-si（小龟）9. Lee-kwin-ǎ-i'（啮龟）10. Kwis-aese-kees'-to（鹿）；其他二次氏族已绝。

三、吐绶鸡氏族 1. Mo-har-ä'-lä（大鸟）2. Le-le-wa'-you（鸟之啼声）3. Moo-kwung-wa-ho'-ki（眼痛）4. Moo-har-mo-wi-kar'–nu（爬路）5. O-ping-ho'–ki（负鼠之栖巢）6. Muh-ho-we-kä'-ken（老胫）7. Tong-o-nä'-o-to（漂着的柴枝）8. Nool-ǎ-mar-lar'-mo（生活于水中）9. Muh-krent-har'-ne（掘根的人）10. Muh-karm-huk-se（红面）11. Koo-wä–ho'-ke（松林地方）12. Oo-chuk'-ham（抓地者）。

行，并且与在萧尼及迈安密两部落中一样，引起了世系的混乱。美国的文明及交通，必然地对于印第安人的制度给予了一严重的打击，在其下，他们的文化生活便渐次地解体了。

关于公职继承的实例，对于美洲土著的世系法予以最满意的说明。德拉瓦部落的一个女子，在她向著者说明了她及其子女属于狼氏族而其夫属于龟氏族以后，并说：当龟氏族已故的领袖世袭酋长克齐姆队长（Captain Ketchum，本名 Tä-whe′-lä-na）死去之时，其甥约翰·康拉（John Conner，本名 Tä-tä-ne′-shă）——其一姊妹之子——继任为酋长，他也是属于龟氏族的。死者遗有一子，但他属于另一氏族，故不能承继其父。恰与易洛魁部落一样，德拉瓦部落的公职也是由兄终弟及或由舅传甥的，因为世系是女系。

（2）猛西部落。猛西部落是德拉瓦的一分支，并且有同样的三氏族：狼氏族，龟氏族以及吐绶鸡氏族。世系为女系，氏族内禁止通婚，世袭酋长之职位及财产均为氏族世袭制。

（3）摩黑冈部落。基尼伯克河以南所有新英格兰的印第安人部落，在言语上均有密切的关系，并且都能互相了解彼此的方言，摩黑冈部落即是他们当中的一部分。从摩黑冈部落具有氏族组织一点看来，便可以推测：倍揆特（Pequot）、那剌干塞特（Narragansett）以及其他诸小团体，不仅是同样组织的，而且有同一的氏族。摩黑冈部落具有与德拉瓦部落相同的三氏族：即狼氏族、龟氏族以及吐绶鸡氏族，三氏族又各包含若干次氏族。这一事实，不但在世系上证明其与德拉瓦及猛西两部落的直接关联，而且，如以上所述，显示一个基本氏族分裂为数个氏族，更互相结合为一胞族的过程。在这种情形中，也可以看出胞族在氏族制度之下怎样自然地而发生。要在美洲土著间找寻关于保存基本氏族之分裂作用证据者，有如像在摩黑冈部落中表现这般明白的，实属稀有。

摩黑冈的胞族，较诸美洲土著的其他部落的胞族表现得更为突出，因为各胞族包罗了各个胞族中的氏族，并且要说明氏族的分类也必须提出胞族；但是我们对它们所知道的，却不及易洛魁胞族的清楚。他们的胞族组织如次所示：

甲、狼胞族（Took-se-tuk'）

（一）狼氏族，（二）熊氏族，（三）犬氏族，（四）负鼠氏族。[1]

乙、龟胞族（Tone-bä'-o）

（一）小龟氏族，（二）泥龟氏族，（三）大龟氏族，（四）黄鳗氏族。[2]

丙、吐绶鸡胞族

（一）吐绶鸡氏族，（二）鹤氏族，（三）雏鸡氏族。[3]

世系为女系，禁止同一氏族内通婚，世袭酋长之职为氏族世袭制，即由兄终弟及，或由舅传甥。在倍揆特与那剌干塞特两部族间，其世系亦为女系，这一点，是我在堪萨斯州遇着一个那剌干塞特妇人所告诉我的。

---

[1] 狼胞族（一）Ne-h'-jä-o（二）Mä-kwä（三）N-de-yä'-o（四）Wä-pa-kwe'。
[2] 龟胞族（一）Gak-po-mute'（二）不详（三）Tone-bä'-o（四）We-saw-mä'-un。
[3] 吐绶鸡胞族（一）Nä-ah-mä'-o（二）Gä-h'-ko（三）不详。

（4）阿比纳奇部落。此部落的 Wä–be–nǎ′–kee—名称，为"旭日人民"之意[1]，他们比之基尼伯克河以南新英格兰的印第安人，在血缘上更为接近于米克马克（Micmac）部落。他们有十四个氏族，如后：

（一）狼氏族，（二）山猫（黑）氏族，（三）熊氏族，（四）蛇氏族，（五）斑点动物氏族，（六）海狸氏族，（七）驯鹿氏族，（八）蝶鲛氏族，（九）麝鼠氏族，（十）鸠鹰氏族，（十一）栗鼠氏族，（十二）斑点蛙氏族，（十三）鹤氏族，（十四）豪猪氏族。[2]

现在，世系为男系，在古代则严禁同一氏族内通婚，但此禁令多已失其强制力。世袭酋长之职为氏族世袭制。可以注意，以上所列举的氏族中，有好些是与阿吉布洼部落中相同的。

VI．亚大巴斯喀—阿帕奇（Athapasco–Apache）诸部落

哈得逊湾地域的亚大巴斯喀部落与新墨西哥的阿帕齐部落都是一个基本族的分支，他们是否具有氏族组织尚未十分确定。一八六一年当我在哈得逊湾之时，在兔·亚大巴斯喀及红小刀·亚大巴斯喀人间，我曾努力于问题的解决，但是，因为没有得到适当的翻译，

---

[1] 在《人类血族及姻族制》中，可以找到关于印第安人诸主要部落的土著名称及其意义。

[2] （一）Mals-sǔm（二）Pis-suh′（三）Ah-weh′-soos（四）Skooke（五）Ah-lunk′-soo（六）Ta-mä′-kwa（七）Mä-guh-le-loo′（八）Kä–bäh-seh（九）Moos-kwǎ-suh′（十）K′-che-gä-gong′-go（十一）Meh-ko-ǎ′（十二）Che-gwä-lis（十三）Koos-koo′（十四）Mä-dä′-weh-soos。

这企图遂归于失败；然而，若果他们中存在氏族制度，纵令调查方法不完善，其痕迹也是可能发现的。已故的罗伯·垦尼科特（Robert Kennicott）为著者在A–chä′–o–ten–ne——一名奴隶湖亚大巴斯喀人——间，也作了一个同样的企图，也没有得到成功。他发现了关于婚姻及世袭酋长职位继承的一些特殊规定，这些似乎指明氏族制度的存在，然而他无法得到满意的材料。育空（Yukon）河地域的库清（Kutchin），一名罗修（Louchoux），是属于亚大巴斯喀族的。已故的乔治·季布兹（George Gibbs）曾经写了一封信给著者，他说道："在麦肯基（Mackenzie）河的辛普孙（Simpson）贸易场的一位绅士曾给我一封信，在其中说到罗修或称库清中存在有社会的三个等级或阶级——无疑地是图腾之误，图腾或者有等级之别，于是这位绅士接着又说：一个男子不能与自己所属的一阶级的女子通婚，而必须与其他一阶级的女子结婚；就是最高级的酋长也可以与最低级的女子结婚，而不致丧失他自己的阶级。子女属于其母亲的等级；再者，属于不同部落中的同等级的成员彼此不相互争斗。"

在北美西北海岸的科留舍（Kolushes）部落中存在有氏族组织，这一部落，在语言上与亚大巴斯喀族的关联虽不密切，但是有关系的。加拉廷（Gallatin）君说，他们"恰如象我们的印第安人一样，分为部落或克兰；这种区别，根据霍尔（Hale）君所说，在俄勒冈州的印第安人中间是找不出什么痕迹来的。部落（氏族）的名称，都是动物的名称，如：熊、鹫、乌、海豚和狼……其承继权为女系，由舅传甥，除主要酋长之外，一般地说，舅父是家族中最有权力的人"。①

VII. 西北海岸的印第安部落

在这些部落的若干部落中，除科留舍部落而外，氏族组织的存在是普遍的。季布兹在其给著者的一封信中说："当离开谱热海峡（Puget's Sound）以前，我很幸运的遇着了我们所称为北部印第安人的三主要部落的代表，他们是栖息于美洲西北沿岸的部落，从温加华（Vancouver）岛的北部伸展至俄属领土，而至于依士企摩人的境界。从这些代表中，我已肯定地确定了图腾制度至少在这三个部落中存在。我这里所说的部落，先从西北沿岸说起，即是特林吉特（Tlinkitt）部落，一般称为斯迪肯（Stikeen）部落，这一名称是根据他们中的一个团体的名称而来的；其次为特来达（Tlaidas）部落；及被加拉廷所称为威斯（Weas）的歧姆赛安（Chꞓmsyans）部落。他们有四个共同的图腾：即鲸、狼、鹰及乌。此四图腾中的个人，只要图腾相同，即令部落相异，亦禁止通婚。尤其令人注意的一点：便是这些部落相互间，是完全不同的支系。我的意思是说，他们的语言是本质地相异的，在他们的语言间找不出一点相似之处。"又达尔（Dall）在这以后所发表的关于阿拉斯加（Alaska）的著作中说："特林吉特部落分为大鸦（Yehl）、狼（Kanu′kh）、鲸及鹰（Chethl）四

---

① 《美国民族学会会报》（Trans. Am. Eth. Soc.）第二卷，引言，一四九页。

个图腾……只有在相异的图腾之间才许可通婚，子女通常属于其母亲的图腾。"[1]

班克落夫（Hubert H. Bancroft）对于特林吉特部落图腾制的说明更为详细，证明他们有两个胞族及属于两个胞族的氏族。关于特林吉特部落的组织，他说："此部落分为两大派别或克兰，一个叫做狼，其他一个叫做大鸦。大鸦派别又分为蛙、鹜、海狮、枭及鲑五个副克兰。狼派别则包含熊、鹫、海豚、鲨、海雀……属于同一克兰的部落，彼此不相争斗；但是同时禁止同一克兰之内通婚。因此，狼克兰内的年少战士，便不得不在大鸦克兰中去寻求其对偶。"[2]

依士企摩人不属于加罗汪尼亚族系。他们占据美洲大陆，较之加罗汪尼亚族系中的诸部落，是比较晚近或现代的事。他们也没有氏族。

VIII. 舍力西（Salish）、舍哈甫定（Sahaptin）及科特勒（Kootenay）部落

居住于科伦比亚河流域的诸部落，一般都没有氏族组织，这里所列举的乃其主要的支系。我们有名的语言学者何拉迪奥·霍尔及已故的乔治·季布兹两氏，对于这个问题都曾予以特别的注意，但是在

---

① 《阿拉斯加与其资源》（Alaska and its Resources），四一页。

② 见《太平洋诸州的土人》（Native Races of the Pacific States），一〇九页。

他们中间却没有发现氏族制的任何痕迹。我们有强有力的理由相信，这一特别的地域是加罗汪尼亚族系的摇篮地，从这个地方，作为他们迁徙的出发点，向大陆的两大区域发展。所以，他们的祖先可能是曾有氏族组织的，后来渐渐衰颓，最终则归于消失了。

IX. 勺匈尼（Shoshonee）部落

得克萨斯（Texas）州的科曼奇（Comanches），与犹提（Ute）诸部落，波拿克（Bonnaks）、勺匈尼及其他数部落，都属于这一支系。一个崴安多特部落的混血儿倭克尔（Mathew Walker），于一八五九年向著者说他曾在科曼奇部落中居住过，并说此部落有后面所举出的诸氏族：

（一）狼氏族，（二）熊氏族，（三）麋氏族，（四）鹿氏族，（五）小栗鼠氏族，（六）羚羊氏族。

若果科曼奇部落具有氏族组织，那么，亦可以推定与科曼奇同一支系的其他诸部落也应一样具有氏族组织。

在这里，我们就完结了对新墨西哥以北的北美洲印第安人的社会制度的概述。以上所列举的诸部落的大部分，在欧洲人发现他们之初，都处在开化的低级状态之中，其余一部分则在野蛮的高级状态之中。从氏族组织的流行甚广和几于普遍一点言之，我们有理由假设氏族制度与女系世系在他们之间的古代普遍性。他们体制纯粹系社会性的，以氏族为其单位，以胞族、部落、联盟三者，为其组织系列的其余部分。这四个连续阶段的结合与再结合，说明他们在政治观念发展中的整个经验。因为主要的雅利安及闪族等部落，当其脱离开化状态而进入文明之域时也具有与以上所述的同样的组织系列，所以氏族制度在古代社会中大概是普遍的，并且可以推定都具有一个共同的起源。群婚团体，以后在与家族观念的发展相关联的地方将要详为论述，是产生氏族制度的团体却是很明白的，所以雅利安、闪、乌拉尔、图兰以及加罗汪尼亚诸人类的支系，都明确无误地指向一个共同的、附带有氏族制度的、群婚祖先集团，从之而派生出每一个及一切人类的团体，最后分化为各支系。我相信这一结论，在将来对于这一方面的研究益加发达、并且更详细的将些事实予以证实时，最后将使世人不得不接受。这一巨大的组织系列能够维系人类在社会中通过野蛮时代的晚期、开化时代的全部、而进于文明时代的初期，其发生决不是偶然的，必须是由既存的要素上所自然发展的结果。对于这一点，若理论地、严格地予以解释，似乎或者就可以证明凡是具有氏族组织的一切人类支系，其起源都是同一的。

X. 村落印第安人

（1）摩其村落印第安人（Moqui Pueblo Indians）。摩其部落现在还很安谧的居住于他们的古代共同住宅中，这种住宅一共有七个，在亚利桑那州（Arizona）小科罗拉多（Little Colorado）河的附近，此地以前曾为新墨西哥州的一部分。他们仍生活于他们的古代社会制度之下，这种生活，无疑地，在今日可以适当地代表在发现他们时代的那种广布于从组尼（Zuñi）以至古斯各（Cuzco）城的村落印第安人的生活典型。组尼、阿科马（Acoma）、陶斯（Taos）及在新墨西哥的其他一些村落，在一五四〇年至一五四二年间科罗纳多（Coronado）发现他们时都具有相同的社会机构。虽然他们显然易近，但是实际上我们对于他们的生活状况或家族制度却所知甚微。从来也没有作过系统的调查。偶然有一点资料发表，也是一般的和偶然的。

摩其部落是组织成氏族的，其数有九，如次所示：

（一）鹿氏族，（二）砂氏族，（三）雨氏族，（四）熊氏族，（五）兔氏族，（六）郊狼氏族，（七）响尾蛇氏族，（八）烟草氏族，（九）芦草氏族。

美利坚合众国的助理外科医生腾·布鲁克（Ten Broeck），他曾将他在一个摩其村落所得的关于摩其部落的起源传说供给于斯库尔克拉夫特氏（Schoolcraft）。据摩其部落的人说："在很多年以前，他们的祖母[①]从西部地方她的家乡中带来了像下面形状的九样人种：第一、鹿人种，第二、砂人种，第三、水（雨）人种，第四、熊人种，第五、兔人种，第六、郊狼人种，第七、响尾蛇人种，第八、烟草人种，第九、芦草人种。她把他们种植于现在他们村落所在的地方，并

---

① 萧尼部落从前崇拜一女神（female deity）叫做 Go-gome-tha-mä，即"我们的祖母"之意。

将他们转变为人，建设现今的村落；人种上的差别至今还保存着。一个摩其人对我说，他属于砂人种，另一人说他属于鹿人种等等。他们都是变形说的坚定信仰者，他们说他们死后将还原为原来的形状，再变为熊、鹿等等……政治为世袭制，然而不必限于传与在职者的儿子，若是他们愿意选任其他的血属亲族，就选举他。"[1]在当时，他们已从开化低级状态进入开化中级状态，他们的氏族组织仍然是充分地发达，所以氏族制度对于环境转变的适应性于此就得到证明了。要之：氏族制度一般的存在于村落印第安人间的这一事实是成为可能的了；但是，由这个地方以南的北美洲其余的地方以及南美洲全土，除拿弓纳（Lagunas）部落以外，我们却没有什么确实可靠的资料。这一点显示出美洲民族学研究工作做得如何不完全，对于他们的社会制度的单位只发现了一部分，并且没有充分地了解其重要性。然而，在早期西班牙著述家的著述中尚可找到关于氏族组织的多少痕迹，在后来少数学者的著作中亦有不少关于氏族组织的直接的材料，当把这些材料综合起来时，将证明氏族制度在整个古代印第安人中是普遍盛行的制度一层，将是无可置疑的。

在许多氏族中发现有与在摩其人中一样的流行传说，即谓他们的最早的祖先是动物或无生物的化身，这种动物与无生物即成为他们的氏族象征。例如，阿吉布洼部落的鹤氏族就有如下面的一个传说，谓一对鹤从墨西哥湾飞至大湖（Great Lakes）地方，又从密西西比河的草原飞至大西洋海岸，找寻富于食物的地方，最后便选择了在苏必

---

[1]　斯库尔克拉夫特著《印第安人部落史等等》，第四卷，八六页。

利尔湖湖口的急流地区，自此以后即以鱼产而驰名。当此二鹤在河岸落下折合其双翼之后，主宰之神即刻将此二鹤化为一男一女，这就是阿吉布洼部落中鹤氏族的祖先。在其他部落中的许多氏族都禁食他自己氏族名称所代表的动物；但是这种禁令并不普遍。

（2）拿弓纳部落。根据一八六〇年撒毋耳·郭尔曼（Samuel Gorman）牧师在新墨西哥历史学会的讲演词，拿弓纳村落印第安人有氏族组织，世系为女系。郭尔曼说："各镇均分为部落或家族，这些集团都命以兽、鸟、草、木、行星、以及土、水、火、风四元素之名。在拿弓纳村落之中，它是一千人口以上的村落之一，有此等部落十七个，有的叫做熊、鹿、响尾蛇，有的叫做玉蜀黍、狼、水，种种名称。子女属于母亲的部洛。据古代的习惯，属于同一部落的人禁止通婚；但是在晚近，这种习惯的遵守已不及古昔的严格了。"

"他们的土地为共同所有，是全社会的财产；但是，某个人所开垦的土地，他对它有所有权，可以转卖给同社会的他人；或当他死后，则归与其妻或女；或者，若是死亡者为独身者，则保留于其父亲的家族中。"[①]妻或女能继承其夫或父之财产，则是可疑的。

（3）阿兹忒克、铁兹旧冈及特拉科班部落。这些部落以及墨西哥其余的拿华特拉克各部落中的氏族组织一问题，将在下一章讨论。

（4）犹嘎旦的玛雅部落。厄累剌氏在其著述中屡屡言及"亲族"（kindred）一词，他对于这一名词的如此用法，系指墨西哥、中央亚美利加以及南美洲诸部族中存在有以血缘关系为组织基础，而除

---

① 《讲演》，一二页。译者按：引文中所谓"部落"，即是氏族。

了氏族以外找不到这样多的人数的一种集团而言。如他说："杀害一自由人者，必得对于被害者之子女及亲族予以赔偿。"①这句话，是对尼加拉瓜土著而言的，假使用在与有同一习惯的易洛魁人而言，那么，亲族一语便等于氏族，厄累刺氏更一般地论到犹嘎旦的玛雅印第安说："当对于损害所付予的任何赔偿，以及如果被判决而予以赔偿势必陷于贫乏时，则其亲族均为之醵金。"②在这一点之中，可以认识到氏族制度的另一种习惯。对于阿兹忒克部落他又说："如若他们有罪，虽宽免或亲族亦不能使之免于死。"③与此有相同意义的可以再引一例，这是对于具有氏族组织的佛罗里达印第安人而说的。厄累刺说："他们过分地宠爱他们的子女，珍惜他们，万一死亡，则其双亲及亲族悲泣至整年之久。"④早期的观察家们曾经注意到，有许多人由血缘的纽带维系在一起，便认为是印第安人社会的一种特点，于是这种集团遂称为"亲族"了。但是他们探究的深度未达到发现此种亲族的真实情况的地步，即"亲族"是形成为氏族的，而氏族则是他们社会制度的单位。

厄累刺关于玛雅部落更进一步的说道："他们最重视血统，从而认为他们都是有亲族关系的，并相互扶助……他们不与庶母或嫂弟妇等结婚，或与其父同姓的人通婚，这些，他们认为是违法的⑤。要

---

① 厄累刺著《美洲通史》，Stevens译本，一七二六年伦敦版，第三卷，二九九页。

② 同上书第四卷，一七一页。

③ 厄累刺著《美洲通史》第三卷，二〇三页。

④ 同上书第四卷，三三页。

⑤ 同上书第四卷，一七一页。

而言之：在他们的亲属制度之下的一印第安人的血统，离开了氏族观念是无何等意义的。但是，如果离开这一见解，则在印第安社会制度之下除了氏族能给予全体成员以共同姓氏而外，要使父亲与其子女具有同样的姓氏一事，便无何等可能的方法了。并且要使父亲与子女同属于一氏族，则世系属于男系乃其必要条件。不仅如此，并且这一记载也表示玛雅部落间是禁止氏族内通婚的。我们若假定厄累剌之言是正确的，那么，这就肯定的证明在玛雅部落中存在有以男系为本位的氏族制。泰勒在其极有价值的名著《人类初期史》中，——这是一部引证渊博及充分融会贯通了的民族学知识的宝库——根据其他的来源以引证同一的事实，有如以下的论证："所以北美洲印第安人之习惯与澳大利亚土著之习惯相符合之点，即在使那以女系为本位的氏族制作为婚姻限制的一事实；但是若从中央亚美利加再向南行，则与中国相同而与此相反的习惯就出现了。第亚哥·德·兰达（Diego de Landa）对于犹嘎旦的部落说道：没有人娶与自己的父亲同姓之人为妻室，因为这在他们看来是最卑劣的；但是，他们可与母方最近的表姊妹结婚。"[1]

XI. 南美洲印第安部落

氏族制度的痕迹，以及加罗汪尼亚式的亲属制度的实际存在，

---

[1] 泰勒著《人类初期史》，二八七页。

在南美洲全土的各处都曾找到，不过这个问题还没有充分地加以调查。关于由印卡（Inca）人所组成的一种联盟之下的安第斯山脉（Andes）的许多部落，厄累刺（Herrera）说："这种言语的分歧，是由于这些民族分为种族、部落或克兰而来的。"①在这里，可以在克兰中认识到氏族的存在。泰勒（Tylor）在讨论关于婚姻与世系的法则时，也说道："越过巴拿马地峡（Isthmus）更往南行，克兰制与婚姻禁令，在女系方面复行出现。柏尔脑（Bernau）说在英领基阿那（British Guiana）的阿拉洼克（Arrawak）人中'族级出于母方的子女得与父方的亲族结婚，而不许其与母方的亲族结婚。'最后，马丁·多布立兹荷夫（Martin Dobrizhoffer）教父也说，爪拉尼（Guarani）人避免与血缘最远的亲族结婚，认为这种婚姻是万分罪恶的；他对于阿比坡泥（Abipone）部落曾有下面的一段记载：……'阿比坡泥人用自然与祖先之榜样的教训，甚至对于那种与血缘关系最远的亲族结婚的一种想法，也深恶痛绝。'"②以上关于土著社会制度的这些记载都是很含混的；但是若在已经提出的事实之下来看它们，即以女系为本位的氏族制度之存在以及禁止同一氏族内通婚的两事实，就使它们可以被了解了。布勒特（Brett）关于基阿那印第安人部落说道，他们"分为许多家族，每一家族各有不同的家族名称，如Siwidi，Karuafudi，Onisidi，等等。与我们的家族不同，他们的家族是由女方传袭的，任何男女都不准与其自己的家族名称相同的人

---

① 厄累刺著《美洲通史》第四卷，二三一页。
② 泰勒著《人类初期史》，二八七页。

通婚。例如一个Siwidi家族的子女，与其母同一家族名称，但是她的父亲及其丈夫均不能是属于这个家族的。她的子女及她的女儿的子女，也叫做Siwidi；但是她的儿子与女儿都不得与同一家族名称的人通婚；若是他们愿意的话，可以与父方家族的人通婚。此种习惯，是严格遵守的，任何违反即将认为是不道德的行为。"[①]在布勒特所谓家族中，可以立即辨认出是原始形态中的氏族。以上所列举的南美洲所有的部落，除掉安第斯山脉的部落而外，在其被发现之时，均处在开化的低级状态、或野蛮状态之中。如果从加锡拉梭·德·拉·维格（Garcillasso de la Vega）的记载中，能够找到的关于他们家族制度的不完全的记录、而可以形成一种判定的话，那么，集中在印卡村落印第安人所建立的政府之下的多数的秘鲁部落，都是处在于开化低级状态之中的。

氏族组织在加罗汪尼亚族系中的可能普遍性

在研究氏族制度的过渡历史时，我们的注意自然地要转向到南北美洲的村落印第安人身上，因为他们的固有文化业已使他们进到中期开化时代，并已接近这一时代的终点。我们已将氏族制度的原始构造叙明了；所剩下来的最后阶段，将要在希腊、罗马两民族间的氏族制度之中说明之；但是在中期开化时代所起的关于世系及继承的中间

---

① 布勒特著《基阿那印第安人部落》，九八页；拉布克著的《文明之起源》，九八页所引。

变化，是一完整的氏族制度史所不可少的。我们关于这一伟大制度的
初期及后期的知识是相当丰富的，但是关于其过渡时期的资料则颇感
贫乏。不拘在人类的哪一部落中，如发现有氏族制度的最后的形态
的，那么，其远祖亦必曾具有原始形态的氏族；然而历史的批评，却
要求肯定的证据，而不要求推断的论证。这种肯定的证据，曾一时期
存在于村落印第安人之中。现在我们可以充分地断言：村落印第安人
的政治制度，是社会的而非政治的。这一系列的上层分子，即部落及
联盟，在许多方面都碰到我们；有肯定证据的氏族，即这种体制的单
元，在一部分村落印第安人的部落中我们也遇见过。但是，我们对于
村落印第安人的氏族组织，不能一般地得到像在开化低级状态中的诸
部落所供给的那种同样的精确知识。获得这种知识的绝好机会，曾呈
现于西班牙的征服者与殖民者之前而被错过了；因为在对向上进步中
离开这种社会状态太远的文明人，是不能理解这种社会状态的。因为
西班牙的历史家们未具有关于他们社会制度的单位的知识——这种
社会制度曾将其特点印入社会的整个机体中——所以西班牙的历史
在描叙村落印第安人的政治制度时便完全失败了。

　　只要对于中央亚美利加以及秘鲁各地的古代建筑的遗址予以一
瞥，便可以充分地证明开化时代的中期在人类的发展上、在知识的增
进上、以及在理智的扩展上，是一个伟大的进步时代。在东半球继之
而起的是一个更伟大的时代，因为当冶铁方法被发明以后，曾给人类
的进步以最后的大刺激，而将人类中的一部分带进文明之域。开化时
代的晚期，是发明与发现如此迅速地增加的时代，更由于村落印第安

人所表现的显著实例，所以对于这一时代的社会状态的精确知识，将使我们对于这一时代中人类的辉煌成就的认识大大地增强。若用巨大的努力更加以忍耐的工作，则至少可能使那些已经让其消逝了的知识宝库得以大部分恢复。根据我们现有的资料，下面的一种结论是可以保证的，即美洲的印第安人部落在为欧罗巴人所发现之当时，他们都普遍地组织成氏族，虽发现有少数例外，却不足以动摇这一概括的法则。

第七章

阿兹忒克联盟

对于阿兹忒克社会的误解

掠夺墨西哥城的西班牙的冒险家们，曾采用了一种谬误的见解，以为阿兹忒克的政治在本质上是和欧洲现存的诸君主国全然相同的一种君主制。西班牙初期的诸著作家们，对于阿兹忒克的社会制度的构成与其原则，也不曾经过详细的研究，就一般地都采用了这一见解。随着此种错误的观念，便产生出与阿兹忒克部落的各种制度全不相容的一套术语，其结果，致使历史上的事实几于完全失实，一若它在大体上原来就是有意的捏造一样。阿兹忒克的政治机构，随着他们所领有的最后要塞被西班牙人占领以后即被覆灭，而为西班牙的统治所代替，因此，关于阿兹忒克部落的内部组织及其政体的资料，基本上已任其湮灭了。①

阿兹忒克部落的进步程度

阿兹忒克及其联盟的诸部落不知道铁的冶炼，从而没有铁制的工具，他们没有货币，他们的交易采用以物易物的方法；但是他们冶治了天然的金属，利用灌溉实行耕作，制造粗糙的棉花织品，利用日晒砖与石头建筑共同住宅，制造品质优良的陶器。所以他们已经达到了开化的中级状态。他们依然共同地领有土地，依然居住于由有亲属关系的数家族组成的大住宅之中；有很强的理由使我们相信，他们在家族中实行共产。他们每天只有一次正规的聚餐，这是相当肯定了的；当聚餐的时候，家族的人员分别用餐，男子在先，妇女及小孩在后。他们没有用餐的桌子和椅子，他们这样每天仅有的一次聚餐，还没有学到文明民族用餐的习惯。他们社会状况的这种特征，充分地显示了他们进步上的相对地位。

栖息于墨西哥及中央亚美利加其他诸地方及秘鲁的村落印第安人，乃当时存在于地球上显示着古代社会的此种状态之最好的实例。

---

① 西班牙领美洲的各种历史，凡关联于西班牙人的行动、印第安人的行动及其个人的特性、以及关联于印第安人的武器、器械、工具、纺织品、食物、衣类与其他同性质的东西，在这一范围以内大体上都是可以信赖的。但是，关于印第安人的社会组织和政体、以及印第安人的社会关系和生活上的样式等方面，差不多是完全没有价值的，因为他们在这两方面没有学到什么东西，也不知道什么东西。关于这些地方，我们可以自由地予以摒弃，而重新研究。至于包含在西班牙领美洲历史中凡与印第安人社会既知的事实相调和的地方，我们却应该利用。

他们代表向着文明之域进展中的大阶段之一，在此阶段中，从以前的一文化时代中所发生的诸制度显示着更高的发展；此等制度将循着人类经验进展的途径传递于下一期更高级的文化状态，再经过进一步的发展使其有达到文明之域的可能。但是，村落印第安人的命运并不是注定要达到开化高级状态的命运，有如荷马时代的希腊人所如此完全代表者。

墨西哥流域的印第安人村落，显示出一种已经湮灭了的古代社会的状况于欧洲人之前，这一种状况是如此的奇异和特殊，在当时引起了他们的极端好奇心。因为这个缘故，所以关于墨西哥的土著以及关于西班牙人对他们的征服，曾写了比任何同一进步程度的人类、或任何同等重要的事件更为繁多的著作，其比例约为十与一。虽是如此，然而再没有对于一种人民的制度及生活样式，有如我们对于墨西哥的印第安人所知道的这样少的。墨西哥印第安人所表现的奇象，燃着了想象的火焰，致令荒谬无稽之谈如燎原之火弥漫于史学界而一直继续到今日。对阿兹忒克社会的机构未能予以确定，是人类历史上的一严重损失。但是，这种损失我们不能归咎于任何人，只能表示遗憾而已。甚至像这样写作出来的一些记录，实际上其所费的心力还是很大的，对于将来试图重新编纂阿兹忒克历史的人们，我以为还是有用处的。某些事实的性质将永久是肯定的，可以作为推论其他事实的根据；因此，一种正确的、新的研究方法，如果用得其宜，对于阿兹忒克社会制度的重要特征至少可以适量的重新恢复出来。

拿华特拉克诸部落

在早期历史里面所称述的"墨西哥王国"，以及后来历史里面所记载的"墨西哥帝国"，都不外是一种空想上的杜撰。当时对于墨西哥印第安人的各种制度因为缺乏正确的知识，把他们的政府当作君主政体而予以记载，还似乎有所根据；然而这种误解再不复有辩护的余地了。西班牙人当时所发现的墨西哥印第安人，不过是由他们中三个部落所成立的一种联盟；此等相类似的组织也存在于美洲大陆的各地；关于他们的记述，没有理由更超越这一单纯的事实之外一步的。他们的政治，操之于一酋长会议，辅以一名军务总指挥官。它是一种二权政府，民政由议会所代表，军政由军务酋长所代表。因为部落联盟制度在实质上是民主的所以如果需要一种名称比较联盟更为特殊一些的话，那么，此种政府便可叫做军事民主政体。

阿兹忒克联盟是由阿兹忒克（即墨西哥）、铁兹旧冈与特拉科班三个部落相结合而成的，它只是具有社会组织系列的两个高级分子。至于他们是否具有第一与第二两个分子，即是否具有氏族与胞族，这在西班牙人的著述中不曾有明确的记载；但是，他们仅含混地叙述了某些制度，这只有将系列中所失去了的部分予以补充后方可以加以理解。虽然胞族不是基本的要素，而氏族则决不是如此了，因为氏族是社会制度所依以建立的单位。为了避免蹈入阿兹忒克历史的渺茫难以捉摸的迷路，有如其现存于史学界之中者，我想只举出关于阿兹忒克社会制度中倾向于说明其真实性质的若干事实，请读者加以注意。但在这一步骤开始以前，关于联盟的部落与其周围部落的关系，应先予以考察。

拿华特拉克诸部落的移住

阿兹忒克是从北方迁来而定居于墨西哥河谷及其附近的七个同族部落之一，也是西班牙人征服时代这一地区的历史部落之一。在他们传说的里面，他们集体的称他们自己为拿华特拉克人。一五八五年阿科斯塔（Acosta）游历墨西哥，一五八九年他的著作在塞维尔（Seville）发表。在这部著作的里面，他把这些部落从阿兹特喃（Aztlan）迁徙中所流行的传说、部落以及移住地的名称，都一一予以记述。他记述这些部落到达的顺序如下：第一是梭其米尔哥（Sochimilcas）部落，义为"花种民族"，他们定居于和奇米尔科（Xochimilco）湖湖畔，当墨西哥河谷之阳；第二是加尔卡（Chalcas）部落，义为"口的人民"，他们在梭其米尔哥部落迁来很久以后，才迁来定居于梭其米尔哥部落相邻接的加尔卡湖湖畔；第三是铁潘尼冈（Tepanecans）部落，即"桥的人民"，他们移居于墨西哥河谷的西麓、铁兹旧科湖西岸的阿兹科坡杂尔科（Azcopozalco）；第四是丘尔华（Culhuas）部落，即"不正直的人民"之意，他们定居于铁兹旧科湖的东岸，其后成为铁兹旧冈部落。第五是特拉特吕康（Tlatluicans）部落，义为"长山脉之人"，他们发现湖周围地带都已被人占领，便向南越过塞拉（Sierra）山脉，定居于山脉的彼方；第六是特辣斯卡那部落，义为"面包之人"，他们和铁潘尼冈部落同住了一个时期，最后东向越过河谷定居于特辣斯卡那地方；第七是阿兹忒克部落，他们是最后迁来的，遂占据现在墨西哥市的地址。[①]阿科斯塔又说："他们从北方很远的地方而来，在那里他们现在建立了一个王国，他们称为新墨西哥。"[②]

厄累剌[③]与克拉微嘿洛[④]亦举出了同样的传说。这里应该注意的，对于特拉科班部落却未曾提及。这一部落很可能就是铁潘尼冈部落的一分支，他们留居于该族的原来的地方，其余的一部分则移居于特辣斯卡那部落以南紧相邻接的地方，而成为铁比阿卡（Tepeacas）部落。铁比阿卡部落也有"七洞窟"的同样传说，并操拿华特拉克语的一种方言。[⑤]

此种传说，体现着一种不能视为是捏造性质的重要事实，即是七部落彼此有着直接共同的起源，他们的方言即是这件事实的确证。第二种重要的事实，即是他们都是从北方迁来的。这证明他们原来是一族，后来因为分化作用的自然过程而分离为七个部落，或七个以上的部落。还有一层，即这种事实不只使阿兹忒克联盟成为可能，亦且是必然的发展。因为一种共同的语言实为像这样一种组织所必不可少的基础。

---

① 阿科斯塔著《东西印度之自然及道德史》（The Natural and Moral History of the East and West Indies），一六〇四年伦敦版，Grimstone译本，自四九七页至五〇四页。

② 《东西印度之自然及道德史》，四九九页。

③ 《美洲通史》（General History of America），Stevens译本，一七二五年伦敦版，第三卷，一八八页。

④ 《墨西哥史》（History of Mexico），Cullen译本，一八一七年Philadelphia版，第一卷，一一九页。

⑤ 《美洲通史》第三卷，一一〇页。

墨西哥村落的建立

阿兹忒克部落占据了河谷中在地利上最好的地位，后来经过几次改换方位之后，最后定居于被火山岩质的原野与天然池沼所围绕的一块沼泽地带之中的一个干燥而范围狭小的地域。在这个地方，根据克拉微嘿洛，他们于一三二五年建立了有名的墨西哥村落（Tenochtitlan），这是在西班牙人征服以前一百九十六年的事件。[①]他们人口不多，境遇也不见佳。所幸者，则是和奇米尔科与加尔卡两湖的出路、以及发源于西部丘陵地带的小河，流经他们的地区而注入铁兹旧科湖。由于具有认识地利的智慧，他们用水道和堤防将他们村落的周围，围绕以非常广大的人工池沼，其水源即是由上面所说的湖泽及河流所供给的；在当时铁兹旧科湖的水平线较现今为高，所以当全部工程完成以后，所给予他们在地位上的安全、远非住在墨西哥河谷之任何部落所能比拟的。他们完成这一事业所用的机械工程的知识，实是阿兹忒克部落的最大成就之一，如果他们没有成就这一巨大事业，或者他们也不会雄视于他们周围的诸部落之上了。自此以后，独立与繁荣继之而来，他们就成了河谷中诸部落的霸主。根据阿兹忒克的传说，这就是他们的村落建立时，以及其建立如此其晚的情况，此种传说，在事实亦大体认为是可信的。

当西班牙人征服时代，七部落中的五个部落，即阿兹忒克、特辣斯卡那、特拉科班、梭奇米尔卡及加尔卡，都居住于墨西哥峡谷，

[①] 《墨西哥史》第一卷，一六二页。

这是一块面积很狭小的地域，大约与罗得岛（Rhode Island）州相上下。这个地域是一山岳或高原盆地，而没有出口，形状椭圆，南北最长，周围约一百二十英里，其总面积，除为水所被覆者不计外，约一千六百方英里。如上所述，这个峡谷被层层的山岗所围绕，山岭起伏而一层高一层，其间介以若干洼地，成为峡谷四周的屏障。上述的诸部落，居住于大约三十个村落之中，其中以墨西哥为最大。现在没有证据指明，此等部落的任何一个相当部分曾移住于峡谷以外的地区和附近丘陵的斜坡上；但是，相反地，却有充分的证据显明现代墨西哥附近其他的地方，当时为使用与拿华特拉克不同语言的多数部落所占据，并且其中的大部分是独立的。特辣斯卡那部落，缚卢拉部落——认为是前一部落的一分支，铁比阿卡部落，休克梭清科（Huexotzinco）部落，麦兹提特喃（Meztitlan）部落）——认为是铁兹旧冈部落的一分支，以及特拉特吕康部落，则是居住于墨西哥峡谷以外的其他的拿华特拉克语的部落，其中除特拉特吕康与铁比阿卡而外，都是独立的部落。此外，其他很多的部落，形成大小约十七个区域集团，使用约与其相等数目的不同语言，占据今日墨西哥的其余部分。此等部落在他们的分解与独立的状态上，几乎是合众国与英领美洲的各部落，在他们被发现时及其后约一百年间的状态的准确重演。

阿兹忒克联盟的建立

在一四二六年以前，当阿兹忒克联盟已经形成时，在峡谷部落的事务中没有什么重要性的历史事件发生。他们都陷于不统一和战争的状态之中，他们的影响不超出他们附近的地域以外。不过，在此时代，阿兹忒克部落由于人口众多与力量强大，开始显露他们优越的地位。在他们的一个军事酋长伊资科特（Itzcoatl）领导之下，把铁兹旧冈与特拉科班两部落以前的霸权覆灭了，而建立一种同盟或联盟，这一联盟，可说是他们从前互相争斗的结果。此种联盟，就其性质而言，是三部落间的一种攻守同盟，并规定在他们间以某种比例分配战利品和从被征服的部落所征取的贡物。[①] 此等贡物，包括被征服部落所制造的纺织品与园艺中的出产品，其征取似乎有一定的制度，而且勒索严峻。

这一联盟的组织方案，已湮没无从稽考了。因为详细史料的缺乏，所以它是否仅系一种可以随意继续与解散的同盟，抑或是象易洛魁联盟那样，其中的各部分均互相调整成永久的明确的关系，则不得而知。关于任何地方自治事件各部落都是独立的；但是在对外的关系上，不拘是攻或守，三部落则是一个整体。虽然各部落各有其酋长会议及领袖军务酋长，但阿兹忒克的军务酋长则是联盟军的总指挥官。这件事实，可以从铁兹旧冈与特拉科班两部落对于阿兹忒克军务酋长

---

① 克拉微嘿洛著《墨西哥史》第一卷，二二九页；与厄累刺著《美洲通史》第三卷，三一二页；以及普勒斯珂特（Prescott）著《墨西哥之征服》（Conquest of Mexico）第一卷，一八页。

的选举或追认上各享有发言权的一事实推断出来。阿兹忒克部落之取得军事总指挥之权，便可证明它在部落联盟条款的建立上其势力是处于压倒优势的。

铁兹旧冈部落的领袖军务酋长尼杂华尔科约特（Nezahualcojotl）曾被罢免，或至少也被革去职位，在这个时候（一四二六年）因为阿兹忒克部落的斡旋得以恢复其职位。这一件事，可视为是同盟或联盟形成的纪元。

领土占领的范围

在讨论关于说明阿兹忒克联盟组织特征的若干少数事实以前，我们对于该联盟在其存在的短时期内，在扩展领土上的成就，须加以简单的叙述。

从一四二六年到一五二〇年这九十五年间，阿兹忒克联盟与其邻近诸部落连续不断地从事战争，特别是与从墨西哥峡谷南出太平洋沿岸，再东向直至危地马拉（Guatemala）的弱小村落印第安人为尤甚。他们首先着手于地位最接近的诸部落，他们利用他们人口之众多与行动之集中，使之屈服而成为他们的朝贡者。在这一地带的村落甚多，但都不大；这些村落，多数只包含由土砖或石头建造的一栋大建筑物，有的由几栋这样的建筑结合而成。此等共同住宅，对于阿兹忒克的侵略曾给予严重的阻碍，但不是不能攻破的。这些突击，时起时辍，飘忽无常，其公开的目的在于掠得战利品，勒索贡品，并捕捉供牺牲的俘虏。[1]其结果，直至上述地域内的主要部落，除某些例外以外，均被征服而成为其附庸，此中包括现在委拉·克路斯（Vera Cruz）附近的托托纳克（Totonacs）诸分散的村落。

他们并没有企图将这些被征服部落合并于阿兹忒克联盟以内，因为在他们的制度之下，语言的障碍使其不可能。这些被征服部落仍使受他们自己的酋长的统治，并任其遵循他们自己的风俗与习惯。有时委派一贡物征收者留驻于他们之中。此种无收获的征服，显示了他们社会制度的实际特征。一强者对于弱者的统治，除了只向其强取非所心愿交付的贡物而外没有何种其他的目的，甚至于连形成一个民族的倾向都没有。因为，如果组织成氏族，则个人除了通过氏族而才能够成为政府的一员而外，没有其他的方法；而要进入氏族，又除了合并于阿兹忒克、铁兹旧冈或特拉科班的氏族中以外，也没有其他的方法。阿兹忒克联盟对于他们所征服的部落也可以采取象罗缪勒斯把被征服的拉丁诸部落的氏族移入于罗马的那样的手段，但是阿兹忒克联盟纵令他们能够扫除语言上的障碍，但是他们还没有充分的进步来形

---

① 阿兹忒克部落，和北部的印第安人一样，他们既不交换俘虏，也不释放俘虏。在北部的印第安人间，对于俘虏，除收养而外，杀戮是唯一的命运；但是在阿兹忒克部落之间，因为在僧侣的教条之下，不幸的俘虏，则献予他们所崇拜的主要神灵作为牺牲。利用俘虏之生命作为神灵的祀奉，在野蛮人及开化人的远古的习惯中用生命的抵偿，是社会制度顺序中初级教阶制度的最高概念。一种有组织的僧侣制初次出现于美洲土著之间，是在开化状态的高级期；而且，是与以人作牺牲和偶像的发明相关系的，通过宗教上的情感，作为取得支配人类权能的手段。在人类的主要部落中，大概都有同样的历史。关于处理俘虏的三个连续的习惯，出现于开化时代的三个时期（低级、中级、高级）中。在第一时期，俘虏则处以火刑，第二时期，则供作神灵的牺牲，到了第三时期，俘虏便成为奴隶了。总之，所有这些习惯，都是从俘虏之生命应该交与捕获者所支配一原则出发的。此一原则在人类心灵中之根深蒂固，须要文明与基督教之联合力量，方能将其拔除。

成这样一种观念。由着同样的道理，纵令把殖民派驻于被征服的部落之间，但亦不能把被征服的部落同化到这样的程度，使其能合并于阿兹忒克社会体制之中。因为如此，所以阿兹忒克联盟并没有由其所造成的恐怖中得到力量，他们对于被征服部落的压迫，只足以激起他们的敌忾，随时准备叛变。虽然他们似乎曾有时利用过被征服部落的军队，而亦不过与他们同分战利品而已。当阿兹忒克联盟形成以后，所有他们能做的，只有将其在拿华特拉克语的其他诸部落中扩张。但是这一企图，他们并不能完成。和奇米尔科和加尔卡两部落并不是阿兹忒克联盟的组成分子，他们在名义上仍享有独立，不过纳贡而已。

关于所谓阿兹忒克王国或帝国的物质基础，在今日所能发现的，只有这些了。阿兹忒克联盟在西方、西北方、东北方、东方及东南方，都与敌对的独立的诸部落相对峙。举例言之：在西方的有美觉阿康（Mechoacans）部落，在西北方的有奥托米（Otomies）部落（散在于墨西哥峡谷附近的奥托米诸集团都已被置于纳贡之列），在奥托米部落之北的有歧歧麦克（Chichimec）或野蛮部落，在东北方的有麦兹提特喃部落，在东方的有特辣斯卡那部落，在东南方的有绰卢拉与休克梭清科部落，更在这两部落之外的有塔巴斯科（Tabasco）、济阿巴（Chiapa）与查波特克（Zapotec）等部落。在此诸方面，阿兹忒克联盟的领域并没有扩张到墨西哥峡谷一百英里以外。围绕此峡谷的一部分地方，无疑地便是阿兹忒克联盟与其永世仇敌相隔绝的中立地带。从这样有限的材料中，西班牙历史中的所谓墨西哥王国便杜撰出来了，后来在近代历史中又扩大成所谓阿兹忒克帝国。

人口的估计

关于在墨西哥峡谷中及墨西哥村落的人口，似乎有一提的必要。但是没有方法可以确定栖息于峡谷的拿华特拉克五部落的人口究竟有多少。所以任何估计，必须是推测的。如果根据已经知道的关于他们的园艺情况、他们的生活资料、他们的各种制度、他们有限的地域，再加上他们所接受的贡物等而予以估计，其人口的总数，二十五万人或者是一过高的估计。根据这一估计，每一平方英里约有一百六十人，约等于现在纽约州平均人口数的二倍，而与罗得岛的平均人口数则大约相等。在墨西哥峡谷内所有各村落中有如此众多的居民，据称共有三十至四十村落，对此想找出一个充分解答的理由，我认为是一件极困难的事。那些主张墨西哥峡谷内的人口还要多的人们，对于一种没有家畜、没有农业的开化人民为什么在同等面积之内能够支持比有家畜及农业装备的文明民族更为多的人口，必须予以证明。这是不能证明的，理由很简单，因为这不能够是真实的。此人口中，大约有三万是属于墨西哥村落的。[①]

---

① 在西班牙的历史中，关于墨西哥人口的估计有若干不同，但其中有几位历史家对于户数的估计却是一致的，说也奇怪，这几位历史家都认定户数是六万。一五二一年漫游墨西哥的组阿凿（Zuazo），据他的记载，墨西哥的人口为六万（普勒斯珂特著《墨西哥之征服》第二卷，一一二页，注释）；还有随科德司（Cortes）的一位无名征服者，也记载有六万人口（H.Ternaux-Compans第十卷，九二页）；但是，哥摩剌（Gomora）与马忒（Martyr）两人则谓户数为六万，并且这种估计曾为克拉微嘿洛（《墨西哥史》，第三卷，三六页）与厄累剌（《美洲史》，第二卷，三六〇页）以及普勒斯珂特（《墨西哥之征服》，第二卷，一一二页）所采用。索利斯（Solis）则谓有六万家（《墨西哥征服史》，第一卷，三九三页）。虽然当时伦敦的人口只有十四万五千（Black著《伦敦》，五页），但根据此估计，墨西哥的人口倒有三十万。最后，托尔克马达（Torquemada）——他的估计，克拉微嘿洛曾经引用过——竟大胆地记载墨西哥户数有十二万二千（克拉微嘿洛著《墨西哥史》，第二卷，三六页，注释）。墨西哥村落

超乎以上所提示的范围之外去讨论峡谷部落的地位与关系，这是不必要的。至于所谓阿兹忒克君主国一词，必须从美洲土著历史中予以删除，因为这不单是一种虚妄，而且是对于印第安人的一种误传，印第安人既不曾发展也不曾发明君主制度。他们所形成的政治不过是一种部落联盟，并非其他；而且他们的组织，在方案上，在配合上，或者还不能与易洛魁的组织相提并论。在研究这一种组织上，军务酋长、世袭酋长与普通酋长三者，将足以区别他们中的公职人员。

墨西哥村落是美洲大陆中最大的一个村落。它位于人造湖的中央，风景如画，其巨大的共同建筑，涂以石膏，白光耀眼，并通以堤道，致令西班牙人远远望之，呈现一种惊心动魄的壮观。它显示了比欧洲社会迟两个文化时代的古代社会，从其有规律的生活方式、最适于唤起人们的好奇心，和激起人们的赞赏热忱。在这样的情况之下，意见上的某些夸张自是不可避免的。

关于指明阿兹忒克部落进步程度的一些详细情形，既已列举过了，现在尚有若干其他的特点，可以附记于此。在阿兹忒克部落中可以找到装饰的花园，武器及军事制服的仓库，改良的服装，精工制造的木棉纺织物，改良的工具和用具及种类繁多的食物；象形文字，主要用以记录各被征服村落所应纳的贡品实物；计算时间的历书，以及以物易物的公开市场等等。他们创立了为应付逐渐发达的都市生活所需要的行政公署；建立了一僧侣制度与其相关联的寺院崇拜，及包含

（接上页）里面的住宅，一般地是共同住宅，和同时代的新墨西哥的住宅一样，各住宅内足以容纳十、五十、以至一百家族，这是没有可怀疑的余地的。在任何数目的记载中，这样的误谬是出乎意表的。其中只有组阿凿与无名征服者的估计最为接近实际，因为他们没有超过可能数目的两倍以上。

以人作牺牲的宗教仪典。领袖军务酋长之职位的重要性也逐渐地增加了。这些事件，以及其他不须详细说明的情况，都暗示着他们社会制度的一种相应的发展。这即是开化低级状态与开化中级状态之间的差异，有如易洛魁与阿兹忒克两部落的相对状态所显示者，无疑地，他们是都具有同样的基本制度的。

这些初步的提示既已陈述，现在剩下要讨论的，则是关于阿兹忒克社会体制的最重要的及最繁难的三个问题。第一、是关于氏族制及胞族制的存在问题；第二、是关于酋长议会的存在与其功能问题；第三、是关于梦提组马（Montezuma）所任的军务总指挥官之职的存在与其权能问题。

氏族及胞族的存在

如果在阿兹忒克部落中事实上存在着氏族组织，而早期西班牙的著作家们却没有发现，这似乎是奇怪的；但是，这种情形和二百余年前我们自己对于易洛魁部落所下的观察差不多是一样的。在易洛魁部落间存在有以动物命名的氏族，在很早就被指出来了；但是没有设想到它是一种社会体制的单位，是部落及联盟所依以建立的基础。[①]西班牙的观察者没有注意到西班牙领亚美利加诸部落间的氏族组织之存在，并不能作为氏族组织不存在的证据；但是如果氏族组织实际上

---

① 《易洛魁部落联盟》，七八页。

是存在的，这不过证明他们的工作过于肤浅而已。

在西班牙学者的著作里面，有很多指明氏族及胞族两者的间接的和片断的证据，其中有一部分现在将予以讨论。在以前曾指出厄累剌屡屡用"亲族"一语，这表明他曾注意到有好多个人集团是由血缘关系维系在一起的。由这种集团的大小而论，似乎需要一种氏族制。他有时用"裔派"一语来指明一较大的集团，实暗示一种胞族的存在。

墨西哥村落在地理上分为四区，每一区由一裔派所占领；这里所谓裔派，是指着一个人群集团、他们相互间在血缘关系上比对于其他区的居民之间的关系要比较接近些。每一裔派可以假定是一个胞族。每一区更分割为小区，每一地方小区为一由某种共同关系相结合的个人集团所占有。[①]此等个人集团，可以假定地说就是氏族。再就特辣斯卡那的近亲部落而论，差不多可以发现同样的事实。他们的村落也分为四区，每一区为一裔派所占领。每一裔派各有它自己的吐克特里（Teuctli），即军务酋长，有它自己的特殊军用服装和它自己的旗帜与章纹。[②]作为一个部落的人民来说，他们是在他们自己的酋长会议的政府治理之下的，西班牙人对这种会议曾尊称为特辣斯卡那的元老院。[③]绰卢拉部落也同样分为六区，厄累剌称之为"里"（Ward），这也可以导引出和前面同样的推定。[④]阿兹忒克部落依照

---

① 厄累剌著《美洲史》第三卷，一九四页、二〇九页。

② 厄累剌著《美洲史》第二卷，二七九页、三〇四页，及克拉微嘿洛著《墨西哥史》第一卷，一四六页。

③ 克拉微嘿洛著《墨西哥史》第一卷，一四七页；四名军务酋长，是酋长会议的当然议员。又同书第二卷，一三七页。

④ 厄累剌著《美洲史》第二卷，三一〇页。

他们社会的区分把他们在其所居住村落中将各部分予以安排，所以此等地理上的区分大约是从他们居留的样式中所产生出来的结果。如果对厄累剌——他依据阿科斯达——对于墨西哥村落的基层组织划分的区所给予的简略叙述，在上面的说明下予以注释，可能与事实的真相相去不远了。在叙述了"为偶像用石灰及石材所建筑的一小礼拜堂"以后，厄累剌更继续说道："当礼拜堂完成以后，偶像命令一个僧侣转告酋长们，把他们自己及他们的亲族和从人分为四区或里，让为偶像所建造的房屋居于中央，每一区可照着自己所爱好的样子去建造房屋。这就是今日称为圣·约翰（St.John）、圣·玛琍（St.Mary the Round）、圣·保罗（St.Paul）与圣·瑟巴士新（St.Sebastian）的墨西哥四区。此种区分遂遵照划定了，于是他们的偶像复命令他们，把它所指定予他们的神，各个配于他们自己之间，各区应该选定特殊的场所作为崇拜神灵的地方；因之在每一区中有若干小区，其数目与其偶像所命令他们崇拜的神的数目相等……于是墨西哥——德罗齐提特南（Tenochtitlan）——便建立成功了。……当上面所说的区分划分完成以后，那些自以为受了损害的，便率领自己的亲族及其从者走了出去另找居住的地方去了。"[①]这就是附近的特拉特吕康（Tlatelueco）部落。照这样的说法，他们依着血缘首先分为四个大区，四大区再分成小区，这是一种通常叙述结果的方式，看起来也似乎是一种合理的解释。但是，实际的过程则恰恰与此相反；质言之，就是每一亲族集团各在自己的一区域内自行居住，并且在各集团居住

① 厄累剌著《美洲史》第三卷，一九四页。

区域的安排上使亲族关系最近的集团在地域上彼此连接在一起。现在假定最低的区分是氏族，每一区则为由有亲属关系的氏族所构成的胞族所占有，如此，阿兹忒克在他们村落中的基本分布就可以完全了解了。如果没有这样的一种假设，那就不能得到一个满意的解释。当一种人民组成为氏族、胞族和部落而移住于一市镇或一都市时，他们依照氏族及部落来居住，这自是他们社会组织的必然结果。希腊、罗马的诸部落即是这样地定居于他们的都市之中的。例如：罗马的三部落都是组织成氏族及古利亚的，所谓古利亚，即是胞族的类似组织；他们依照氏族、胞族和部落而定居于罗马。拉姆雷（Ramnes）部落占有帕拉泰因（Palatine）山丘。迪提（Tities）部落大部分占据奎利纳（Quirinal），而卢西勒（Luceres）部落则大部分占有厄斯启来因（Esquiline）山丘。如果阿兹忒克人是分成氏族和胞族的，但只有一个部落，那么，他们由胞族的数目来划分区域自是必要的了，至于属于同一胞族的氏族，在大体上也各自定居于一处。夫与妻属于不同的氏族，两性间所生的子女依照世系是男系或是女系而隶属于父亲的氏族或母亲的氏族，住于每一区域内人口的最大多数自必是属于同一氏族的。

他们的军事组织便建立在这些社会的区分之上。如涅斯忒劝告阿加绵农依照胞族及部落区分其军队一样，阿兹忒克部落也似乎是依氏族及胞族而编制他们的军队的。在墨西哥土著著作家推凿凿莫克（Tezozomoc）所著的《墨西哥编年史》中，记载一段关于计划侵略米绰阿坎（Michoacan）的故事。〔为引用下面一段文字，我要感谢伊里诺爱州海兰（Highland）地方我的朋友班德里亚（Ad.F.Bandelier）君，他现在正从事于此编年史的翻译。〕亚克撒加特尔（Axaycatl）"向着墨西哥人的队长特拉加德加特尔（Tlacatecatl）与特拉科奇加尔加特尔（Tlacochcalcatl）及其他一切的人讲话，并讯问所有墨西哥人是否依照各区的风俗和习惯，各在其队长之下准备好了；如果已准备停当，便应即行进军，所有的人都在马特拉新科·托卢卡（Matlatzinco Toluca）再集合起来。"①这一段故事，指明阿兹忒克的军事组织是依照氏族及胞族而编制的。

阿兹忒克部落间氏族制存在的推定，也可以从他们的土地保有权上得到。克拉微嘿洛说道："所称为Altepetlalli（Altepetl即是村落的意思）的土地，即是属于都市与村落中的团体的土地，都市内有多少区域即分成多少部分，各区域领有它自己的一份，与其他的区域完全分开和完全独立。此等土地，不论在何种情况之下不能转让。"②每一个这样领有土地的团体，使我们认识到是一个氏族，它们的地方化是他们社会体制的必然结果。克拉微嘿洛认区域为团体，实则是团体构成区域，而共同领有土地。结合各团体的亲属成分，被克拉微嘿洛所漏掉者，却被厄累剌补上了。厄累剌说："有其他的领主，称为长亲〔世袭酋长〕，他们所领有的土地财产通通属于一个裔派〔氏族〕，每一裔派都住于一个区域之内，当新西班牙（New Spain）开

---

① 《墨西哥编年史》（"Cronica Mexicana"，De Fernando de Alvarado Tezozomoc）第二章，八三页。Kingsborough，Ⅴ；Ⅸ。

② 《墨西哥史》第二卷，一四一页。

始殖民、土地被分配时，有许多这样的裔派；各裔派都分得了土地，一直保持到现在；此等土地并不属于任何个人，但为全体所共有；有土地者，虽终身能享有其土地并能把土地传给他的儿子们和继承者，但不能出卖；如果一家绝后，其享有的土地只能归还于授予他们土地的最近的长亲，不能让与其他任何人，他管理这一区域或裔派。"[①]在这一特殊的叙述中，我们的著者在调和事实与当时流行的关于阿兹忒克制度的理论中，被其所困惑了。他介绍给我们一个阿兹忒克的领主，好像一个封建的领主一样，领有土地权并享有属于领主的位阶称号，二者均可由领主传给他的儿子和嗣子。但是厄累剌为忠实于真理起见，他却说明了主要的事实，即土地是属于一亲属团体，在他们中他不过称为长亲，即氏族的世袭酋长，氏族则共同领有土地。若暗示他是土地权的寄托者，这便全无意义了。他们发现印第安人的酋长是与氏族相关联的，每一氏族共同领有一块土地，根据厄累剌所说，酋长死亡后他的地位由他的儿子继承。在这一方面，或者与西班牙的庄园及爵位有相似之处；但误解是从对于酋长职位的性质及酋长任职方法等缺乏知识所产生出来的。他们有时看见酋长的儿子不承袭酋长的职，而为其他的人所承袭；于是更进一步地说道："如果某一家（alguna casa 又是一种封建的特征）不幸而绝灭，其土地则留与最接近的长亲。"换言之，即另一人被选举为世袭酋长，这是从这段话所可能推出来的与事理最近似的结论。西班牙的学者们，关于印第安人的酋长及其部落的土地所有制所供给我们的少许资料，却被他们所

---

① 《美洲史》第三卷，三一四页。上面引用的部分，是班德里亚根据西班牙文所重译者。

采用的适合于封建制度的名词所讹乱了，而这种制度在印第安人中是不存在的。在这里之所谓裔派，我们可以认为就是阿兹忒克的氏族，所谓领主，也就是阿兹忒克的世袭酋长，此种世袭酋长之职，如在别处所陈述过的意义一般，在氏族内是世袭的，在氏族的成员间是选举的。如果世系是以男性为本位，则这种选举，便落到死亡世袭酋长的嫡系或旁系的子辈之一人的身上，或通过他的子辈之一而落到一个孙子身上，也有时落到他的同胞兄弟或旁系兄弟的身上的。反之，如果世系是以女性为本位，则这种选举，便落到一个直系的或旁系的兄弟或外甥的身上，如在另一处所解释的一样。世袭酋长对于土地没有任何所有权，所以也无所谓转让。世袭酋长之被误认为领主，因为他所任的职位是永久维持的；更因为有永久属于氏族的一块土地，而他是氏族的世袭酋长之一。关于世袭酋长的职位及其任职方法的误解，实为美洲土著历史中无数谬误的丰富泉源。厄累剌的裔派，克拉微嘿洛的团体，明明白白地都是一种组织，而且都是同一的组织。他们在这种亲属团体中发现了印第安人的社会制度的单位而不知道，这种单位我们必须假定是氏族。

西班牙的著作家们把印第安人的酋长描写成领主，并授予他们从来不曾有过的支配土地和人民的权力。以欧罗巴意义的领主加诸于印第安人的酋长，完全是一种错误观念，因为这一名称所包含的社会状态在印第安人中并不存在。一个领主是靠着世袭权取得一种位阶与称号的，并且靠着损害整个人民权利的特殊立法来保持他的位阶与称号的。自从封建制度覆灭以来，在此种位阶与称号之上并不附带有何等义务，在国王或国家可以认为是当然加以征课的。反之，印第安酋长的任职并不靠世袭权，而是由于选民的选举，并且选民还保留着只要有某种理由即可罢免的权利。酋长的职务，负有必须为选民增进利益的某种责任。他无权支配人民或财产或氏族成员所有的土地。因之，便可明白在一领主和其称号、与一印第安人的酋长和其职位，两者之间并没有何等类似之点。一方属于政治社会，代表少数对于多数的一种侵略；而另一方则属于氏族社会，是建立在氏族成员的共同利益之上的。不平等的特权，在氏族里面、胞族或部落里面，是找不到他的地位的。

阿兹忒克氏族存在的其他种种痕迹，除上面所叙述的而外，还将发现出来。氏族制存在的最显然的例证，至少是探究出来了。再者，组织系列的两个上级分子，即部落与联盟存在的事实，以及这一组织一般地流行于其他诸部落间的事实，对于阿兹忒克部落中氏族的存在这一点，也予以一种假定的可能性。假令往时的西班牙诸学者对于这一点稍加以精密的考察的话，这一问题，将无疑问地被解决了，其结果，却给了阿兹忒克的历史以一完全不同的面貌。

在阿兹忒克部落间关于规定财产继承的习惯流传到现在者，呈现出一种混乱和矛盾的状态。这些习惯，除掉显示着血族集团的存在以及父亲的遗产为其子所继承外，对于现在所讨论的问题并不关重要。如果父亲的遗产为其子所继承是事实，这就证明阿兹忒克的世系是男系，并同时证明他们对于财产知识的一种异常的进步。这并不是说，子女对于财产的继承享有独占权，或一阿兹忒克人有尺寸之土地可认为是他自己的，并可随意出卖或让与其他任何人的权利。

酋长会议的存在及其功能

阿兹忒克人中这样一种会议的存在，可以从印第安人社会的必然的构成上加以预测。从理论上言之，此种会议必须是由区别为世袭酋长的酋长等级所构成，他们通过永久维持的公职以代表亲属的集团。在这里，也和在其他的地方一样，可以看出需要有一氏族制的必要，他们的主要酋长，和在北部的诸部落中一样，代表在他们社会组织最后再分的里面的人民。阿兹忒克的氏族在说明阿兹忒克酋长的存在上，是十分必要的。关于阿兹忒克会议的存在是不容有置疑的余地的；但是关于会议的人数与其功能，我们则完全陷入不明的状态中了。布拉色·德·布尔堡（Brasseur de Bourbourg）曾概括地说："差不多所有的镇或部落都分为四个克兰或区，其酋长们构成一大会议。"① 他的意思是否限定每区只酋长一名，这是不明了的；但是在其他的地方他却把阿兹忒克的会议限于四名酋长之内。迪阿各·杜蓝（Diego Duran）的著作是在一五七九年至一五八一年中写的，以时间论早于阿科斯塔与推凿凿莫克两人的著作，其言如下："首先我们要知道的，就是墨西哥在选举国王之后，他们还要就这个国王的兄弟或近亲中选举出四名领主，而予以亲王的称号，并从他们之中

---

① 布拉色·德·布尔堡著《Popol Vuh》绪论，一一七页，注释二。

选择国王。（对于这四个职位，他举出 Tlacachcalcatl，Tlacatecal，Ezuauuacatl 与 Fillancalque 的名称）……此四名领主及爵位，被选为亲王以后，即由他们组成国家会议，恰如我们的最高会议的主席和裁判官一样，如果不得到他们的意见，什么事也不能执行。"①阿科斯塔举出与上面同样的公职后，并称任此种公职的人为"选举人"，他接着说道："所有此四位显者，成为大会议，如果国王没有他们的建议，就不能处理任何重要事务。"②又厄累剌将此等公职区别为四等级后，复继续说："此四等贵族组成最高会议，如果国王没有他们的建议，便不能执行任何重要的事件。而且选举国王，务必就此等四贵族之一而选任之。"③用国王及亲王等名称来描写印第安人的领袖军务酋长及酋长，并不能在没有国家与政治社会存在的印第安人社会中把这些东西创造出来；然而此等误称，只足以歪曲美洲的土著历史使之失去真面目，因之，应该予以废除。当休克梭清科部落派遣使节至墨西哥建议双方缔结同盟以抗特辣斯卡那部落时，根据推凿凿莫克，梦提组马向使节致辞说："兄弟们和子辈们！我欢迎你们！你们请稍待罢，我虽是国王，但我一个人不能给你们以满意的答复，只有待诸和我神圣的墨西哥元老院中所有的酋长商议以后。"④上面的一段记载，承认一个最高会议的存在，并握有左右领袖军务酋长之行动的权力，

---

① 《新西班牙印度诸岛及大陆附近诸岛史》（History of the Indies of New Spain and Islands of the Main Land），一八六七年墨西哥版。拉米利兹（Jose F. Ramirez）编辑，一〇二页。从原稿印行，班德里亚译。

② 《东西印度诸岛自然及道德史》，一六〇四年伦敦版，Grimstone 译，四八五页。

③ 《美洲史》第三卷，二二四页。

④ 《墨西哥编年史》，班德里亚译。

这是重要之点。这件事实，指明阿兹忒克部落用酋长会来控制领袖军务酋长之行动，并使其为选举的和可以罢免的，来对付不负责任的专制君主以保障自己。如果这些著者们的有限的及不完全的记载，意在限制此种会议的员数于四名之内，杜蓝似乎暗示如此，这种限制是难以置信的。因为像这样的会议，便不是代表阿兹忒克部落，不过只是代表从其中选举军务总指挥官的一亲族小团体而已，这是不合于酋长会议的原理的。每一酋长代表一个选举区，酋长的联合则代表一个部落。有时从酋长中选择一部分来组成一酋长大会，但是此种选举，是通过一种有机的规定以确定其人数，并为他们永久的维持预先规定办法。铁兹旧冈部落的会议据说是由十四名议员构成的[1]，而特辣斯卡那的会议则是由多数酋长而成的。这样一种会议之在阿兹忒克部落间，是印第安人社会的机构及其原则所需要的，所以它的存在是可以期待的。在此种会议中或可认识到阿兹忒克历史中已经湮灭了的要素。关于会议功能的知识，是了解阿兹忒克社会的基本条件。

酋长会议的功能之推测

在当时的历史中，对此种会议认为是梦提组马的顾问机关，是他自己所选任的大臣会议；所以克拉微嘿洛道："在征服史中，我们将要发现梦提组马时常与他的会议考虑西班牙人的要求。我们不知道

---

① Ixtlilxochitl 著《歧歧麦克史》；Kingsborough 著《墨西哥考古》第九章，二四三页。

每一会议里面的议员数目，历史家亦未供给我们解释此一问题的必需资料。"[1]这是首先需要研究的一个问题，早期的著作家们未能确定会议的构成及其功能，这是他们著作肤浅的肯定证据。但是，我们知道酋长会议是由氏族而来的制度，它代表选举区，它从古以来便具有一种天职和本原的治理权。我们已发现一铁兹旧冈和特拉科班会议，一特辣斯卡那、一绰卢拉和一米绰阿坎会议，每一会议都是由酋长组成的。这一证据证明阿兹忒克酋长会议的存在；但是，若仅仅只限于四名议员，都属于同一裔派，像这样的形式是难以相信的。墨西哥及中央亚美利加的一切部落都有酋长会议，这是没有置疑的余地的。此种会议是部落的统治机关，乃土著美洲所有各地的不易的现象。酋长会议是人类政治机关中最古的制度。它从野蛮高级状态起，经过开化时代的三时期以至文明时代之开始，在几个大陆上显示着一不断的连续阶段。当人民大会出现以后，它变而为一种预审议会，从之而产生现代立法机构的两院制。

阿兹忒克联盟似乎没有由三部落的主要酋长所构成的，而与各部落的酋长会议有区别的联盟会议。所以阿兹忒克的组织是否只是一种在阿兹忒克部落直接支配下的单纯的攻守同盟，抑或是一种联盟其中的各部分结合成为一对称的整体（symmetrical whole）一问题，必须先要有一详尽的考释以后，方能够予以了解。这个问题，只有待诸将来解决了。

---

[1] 《墨西哥史》第二卷，一三二页。

领袖军务酋长的任职及其权能

据最易获得的资料，梦提组马所任公职的名号只是称为吐克特利（Teuctli），即军务酋长之意。作为酋长会议的一员，他有时被称为特拉托尼（Tlatoani）即议长（Speaker）之意。军务总指挥官一职，在阿兹忒克部落间是最高的公职，是和易洛魁联盟的领袖军务酋长一职全然同一的，而且任职也是同一的。由于在某些部落之中，领袖军务酋长在议会中于辩论时及发表自己的意见时都享有优先权一事实，便可以推知凡是任此职的个人，便成为酋长会议的当然议员。①西班牙的著作家中没有一个人应用此号来称呼梦提组马及其后继者的。他们都是加以不适当的国王称号。Ixtlilxochitl 是铁兹旧冈与西班牙的混血种，他以军务酋长简单的名号称墨西哥、铁兹旧冈与特拉科班诸部落的领袖军务酋长，用另一名称以表示部落。他于叙述当联盟形成之际政权分配于三酋长以及当时三部落的酋长集会以后，接着说道："铁兹旧冈的国王被人尊称为阿丘尔华·吐克特利（Aculhua Teuctli）的称号，同时又被加上歧歧麦卡特尔·吐克特利（Chichimecatl Teuctli）的称号，这是他的先祖具有的称号，也是帝国的标识；他的舅父易兹叩钦（Itzcoatzin）得到丘尔华·吐克特利

---

① "吐克特利（Teuctli）的称号，恰如姓氏一样，附加于那种晋升到此显职的个人名号之前，例如 Chichimeca-Teuctli，Pil-Teuctli，以及其他。'吐克特利'在元老院内，不拘在席次上，或在投票上，都有优先权，并且允许一名仆从坐在他的背后。这样的待遇，一般视为是最高荣誉的特权。"——克拉微嘿洛著《墨西哥史》，第二卷，一三七页。此种习惯，也是易洛魁部落的助理酋长坐于正酋长之背后的习惯之再现。

（Culhua Teuctli）的称号，因为他统治托尔特克斯·丘尔华（Toltecs-Culhuas）部落的缘故；此外托托机华钦（Totoquihuatzin）被称为铁克巴老特尔·吐克特利（Tecpanuatl Teuctli），这一名称，曾经是阿兹加普杂尔科（Azcaputzalco）的称号。自从当时以来，他的后继者都得到这一称号。"① 这里所说的易兹叩钦（即易兹叩特尔 Itzcoatl），乃联盟形成时阿兹忒克的军务酋长。因为此称号乃军务酋长之称号而为后来其他很多的人所袭用，为表示敬意遂把这种称号与部落名称结合在一起。要之，梦提组马所具有的公职，在印第安语里相当于领袖军务酋长，在英语的里面相当于将军。

克拉微嘿洛在拿华特拉克语的若干部落中认识到有此一公职，但绝未用这一职位加之于阿兹忒克的军务酋长。"特辣斯卡那、休克梭清科以及绰卢拉诸部落中最高的尊贵位阶，便是吐克特利。欲获得此种位阶，必须出身高贵，在数次战斗中曾表现极度勇敢的行为，达到了一定的年龄，具有为此种显位所有者所必需消费的巨大财力。"② 自从梦提组马被夸大成为专制的君主并掌握文武两方面的权力以后，他所具有的公职之性质与权力，便陷入了暧昧的境地——实际上未予以研究。他以军务总指挥官的地位，他具有赢得民众欢心与使人民尊敬的条件。这一职位对于部落及联盟是一种危险的而又是必需的职位。从开化低级状态以至于现在，所有人类的经验一直都认为它是一极其危险的职位。如果文明诸民族有这一职位的话，宪法和法

① 《歧歧麦克史》第三十二章；Kingsborough 著《墨西哥考古》第九章，二一九页。
② 《墨西哥史》第二卷，一三六页。

律即能给他们予安全的保障。在比较进步的印第安部落及墨西哥峡谷的部落间，多半都产生出一套风俗与习惯，控制此一公职的权力和规定它的义务。所以从一般的理由上，可以推定阿兹忒克的酋长会议不但对于民政而且对于军事，其中包含军务酋长个人与其指挥在内，都握有最高权。阿兹忒克的政体，在人口增加与物质进步的状态下，无疑地是变为复杂了，因为这个道理，所以对于它的知识将更为有益。如果他们政治组织的精密详情能予以探究出来，便不加文饰也将足够奇特了。

梦提组马的选举

西班牙的诸学者一般地都同意梦提组马所任的公职是选举的，而且其人选只限于某一特定的家族之内。此种公职之承袭，是由兄而传于弟，或由舅而传于甥。但是他们不能解释为什么理由有时不由父传子。因为此种承袭法对于西班牙人是新奇的，所以关于主要事实的错误，可能性是很小的。再者，在征服者的直接观察下，曾有两个承袭事件出现。继承梦提组马的是丘特拉华（Cuitlahua）。这一次，职位是由兄传弟。不过因为我们不曾具有关于他们亲属制度的知识，所以无从知道他们是亲兄弟，抑是旁系兄弟。[①] 在丘特拉华死亡之后，瓜特摩钦（Guatemozin）被选举来继承他的职位。这一次，职位是由

―――――――――――――――

① 参看本书第三编，第三章。

舅而传于甥，但是我们不知道他是嫡系之甥，抑或是旁系之甥。在以前的几次事例中，此公职曾由兄传弟，也有由舅传甥的。[①] 一种选举的职位，必暗示一选民团体；但是，在此一情形下谁是选民呢？为解答这一问题，杜蓝举出了四名酋长（曾在前面讲过），谓为"选举人"，再加上铁兹旧冈部落的一名和特科班部落的一名选举人，总计六名，授予他们从某一特定家族中选举领袖军务酋长的权力。但是这一说法，是与一选举的印第安公职之原理相违背的，可以视为不是事实。萨哈干（Sahagun）所指示的选民范围，则比较广泛。他道："当国王或领主死亡时，则称为 Tecutlatoques 的一切元老，称为 Achcacauhti 的部落耆老，称为 Yautequioaques 的队长和老战士，在军事上著名的队长以及称为 Tlenamacaques 或 Papasaques 的僧侣——都集合于王宫的里面。于是他们考虑并决定何人堪任领主之后继者，他们在过去诸领主的苗裔中选举最高贵的一人，此人必须是一英勇的人，谙于军旅，剽悍而勇壮……当他们大家同意一人时，便立即提名他为领主，但是此种选举，并不用投票表决，只是参加会议的全体人员彼此协商，最后同意某人。领主一旦选举出来后，他们同时又另外选举四人，有如元老，此四人需常常与领主接近，并须关白属于王国的一切事项。"[②] 此种采用大集会以举行选举的方法，虽然它显示在当时毫无疑义地存在的政府组织中的民众成分，但是是在印第安制度之方法以外的。在这一职位的充任和选举形式能使其明了以前，必须

---

① 克拉微嘿洛著《墨西哥史》第二卷，一二六页。

② 萨哈干著《通史》（Historia General），第十八章。

先找出阿兹忒克部落是否组织成氏族，他们的世系是女系或是男系，而且对于他们的亲属制度亦需要知道一些。如果他们具有在加罗汪尼亚族系的其他许多部落间所发现的亲属制度，这亦是很可能的，那么，一个男子对他的兄弟的儿子则称为儿子，对他姊妹的儿子则称为甥；对他父亲的兄弟则称为父，对他母亲的兄弟则称为舅；对他父亲兄弟的子女则称为兄弟或姊妹，对他母亲的兄弟的子女则称为表兄弟或表姊妹；其余依次类推。如果组织成氏族并为女系，那么，凡是一个男子，在他自己的氏族中则有兄弟、舅父、甥、旁系的祖父、以及孙等；但在他自己的氏族中，不能有他自己的父亲，自己的儿子，或直系的孙子。他自己的儿子以及他兄弟的儿子，则属于其他的氏族。但是，目前还不能肯定阿兹忒克部落是组织成氏族的，不过领袖军务酋长职位承袭一事的自身，即是氏族制存在的有力的证据，因为这件事实只有根据氏族制才可得到完全的说明。如果世系是以女性为本位，则此种公职须在某一特定的氏族内世袭，但在其成员中则是选举的。如此，则此种公职，由于氏族内之选举，将由兄传弟，或由舅父传与外甥，恰如阿兹忒克中一样，决不由父而传子了。在同时代的易洛魁部落中，世袭酋长及领袖军务酋长之职，看选择的结果如何，都是由兄终弟及或由舅传甥，而绝不传子。这是由于以女性为本位的氏族而产生出来的承袭方法，此种承袭法，不是由其他任何可想像的方法所能够得到的。单是根据此等事实，便难否认下面的结论：即阿兹忒克部落是施行氏族制的，以领袖军务酋长职位的承袭一事而论，至少世系还是以女系为本位。

所以，我们可以试为以下的推测作为一种可能的解释，即梦提组马所任的公职，在一个氏族中是世袭的（"鸷"，即是梦提组马所居住宅的纹章或图腾），并由该氏族的全体成员在他们之中提出人选；随即将他们的提名分别通告阿兹忒克的四裔或分支（据推测或许就是胞族），以备接受或拒绝；同时，并通告铁兹旧冈与特拉科班两部落，因为他们对于军务总指挥官的人选也是有直接利害关系的。当他们分别考虑及追认此一提名时，各分支即选定一人以表示他们的同意；此即误称为所谓六名的选举人了。一部分著者所称为选举人的四名阿兹忒克的高级酋长，可能如特辣斯卡那部落中四裔的四军务酋长一样，实为阿兹忒克部落四分支的军务酋长。此六人的职权并不是执行选举，只是彼此会商对于氏族的选举确定同意与否，如果同意，便宣布其结果。以上所陈述的意见，不过是就残存的证据对于阿兹忒克部落的领袖军务酋长职位之继承的一种推测的说明而已。此种说明，我以为是和印第安人的习惯相调和的，是和选举的印第安人酋长职位的理论相一致的。

梦提组马的罢免

罢免职位的权利，当任期为终身职时，是随着选举权利的必然后果。因此，终身职便转为只是在良善行为期间的职位。从美洲土著社会体制中所普遍地建立的选举和罢免二原则上，充分地证明了在事实上主权实操于民众掌握之中的。此种罢免权虽少有行使，但在氏族组织中却是极关重要的。梦提组马在这一法则中也不能例外。在这一事件的特殊情况下，需要时间以达到此种结果，因为行使罢免权需要充分的理由。当梦提组马因受胁迫不得不从他的住宅被移到科德司的本营而被禁锢时，阿兹忒克部落的人民因为缺乏一军务指挥官，遂一时陷于瘫痪状态。西班牙人同时掌握了梦提组马的本人及其职位。[①]阿兹忒克人等待了几个星期，希望西班牙人退却；但是，当他们发现西班牙人意在不去，他们为应付这一急切需要计，因为这是有充分理由可以相信的，便以缺乏果敢力为理由，罢免了梦提组马而推举他的兄弟继承他的职位。自此以后，他们即刻以猛烈的攻势袭击西班牙人的本营，终于把西班牙人从他们的村落中驱逐出去。关于梦提组马之罢免的这种结论，在厄累剌的事实记述中可以得到充分的证明，当袭击开始以后，科德司察觉着阿兹忒克人服从一新指挥官之命令，他当即对于这一事实的真相发生怀疑，于是"派遣马利安（Marian）去询问梦提组马，他是否认为民众已经把政权交给他的手里去了呢？"[②]即指新指挥官之手。据说，梦提组马曾经答复说："在墨西哥，当他尚

---

① 西班牙人在西印度诸岛中发现当他们生擒一部落的酋长把他当作俘虏时，印第安人的士气便全然沮丧，拒绝参加战事。当他们侵入大陆时，于是便利用此种知识，蓄意用暴力和欺骗，诱陷领袖酋长而加以俘获，在他们未达到其目的以前，便把他禁锢起来。至于科德司之生擒梦提组马把他作为俘虏禁锢于自己的本营中，亦不过依照这种经验而行事；他如比撒罗（Pizaarro）之捕获 Atahuallpa，亦出于同一手段。依照印第安人之习惯，对于俘虏则处以死刑，如果系领袖酋长，那么，他的职位便返还于他的部落，立即补任后继者。但是，在这里所述的几种情况中，俘虏尚活着，并保有其公职，所以不能补充。民众的行动，在此种新奇的情况之下便陷于瘫痪了。科德司便陷阿兹忒克部落于此种地位中。
② 《墨西哥史》第三卷，六六页。

生存时，想他们不会选举一国王。"①于是梦提组马攀登到屋顶上，向他的民众讲话，其中有说："他曾被通知，他们已选出了另一国王，因为他被囚禁，因为他爱西班牙人。"有一个战士对于他所说的话，作了如下的无礼的答复："你尽管缄默！勿多言！你这柔弱如妇人一般的鄙夫！你生于此世之中，可说是为纺织而来的。这些狗徒把你当作俘虏，你真是一个懦弱者。"②于是，民众向着梦提组马放矢投石，梦提组马因为受到这一事件的影响及深深地感受到的侮辱，不多时便死亡了。在此次袭击中，指挥阿兹忒克军队的军务酋长便是丘特拉华，梦提组马的兄弟和他的承继者。

关于军务酋长职权的推测

关于军务酋长的职权，在西班牙学者的著作中很少能得到满意的资料。这里没有理由假设梦提组马对于阿兹忒克部落的民政也享有支配权。并且所有的推定，都是与此相反的。梦提组马当在战场上时，对于军务是握有一指挥官的权限的；但关于军事行动，大概要待诸会议的决定。领袖军务酋长，不但兼有一僧侣之职，而且依据克拉微嘿洛的说法，并兼有一裁判官的任务，这是一件很有兴味而且值得

---

① 《墨西哥史》第二卷，四〇六页。
② 同上书，四〇四页。

注意的事实。[①]在军事职位之自然的发展过程中，此等职权之早期的出现，将要与讨论希腊军务酋长（basileus）时再行提到。虽然阿兹忒克的政府系二权制，但当两者发生权限上的冲突时，会议大概对于民政及军事都握有最高权。就出现的时期而论，酋长会议是最古的组织，它在社会的需要上以及在酋长职位之代表的特性上，都在权力上最有牢固不拔的基础，这一层是应该记忆着的。

阿兹忒克的制度基本上是民主的

领袖军务酋长之任职以及一握有罢免其职位权能的会议之存在，证明阿兹忒克的制度在本质上是民主的。关于军务酋长的选举的原则，这一原则我们必须假设在世袭酋长和普通酋长中也是存在的，以及一酋长会议之存在，便决定了具体的事实。在开化的低级、中级或甚至在高级状态中的人民，是不知道雅典式的纯粹民主政体的；但是当我们想了解一个民族的制度的时候，务必要知道该民族的制度在本质上是民主的抑是君主的，这是极关紧要的。雅典式的制度与阿兹忒克的制度两者之间的悬隔，恰与民主政体与君主政体之互相径庭一样。西班牙诸学者对于阿兹忒克部落的社会体制之单位并不曾予以察究（阿兹忒克大概是组织成氏族的），并不曾获得关于实际存在的社会体制之知识，便鲁莽地为阿兹忒克部落捏造出带有高级封建特色的

---

① 《墨西哥史》第三卷，三九三页。

专制君主政体，而且能够将其保留于历史之中。此种错误的观念，由于美国人的熟视无睹，使其不应该的长久地继续流行着。阿兹忒克的社会组织的自身很明白地呈现于西班牙人之前，是一种部落同盟或联盟。除掉对于显明的事实极端的曲解以外，没有任何东西能使西班牙的学者们从一民主的组织中凭空捏造出一种所谓阿兹忒克的君主政体。

就理论上言之，阿兹忒克、铁兹旧冈以及特拉科班等部落，在酋长会议的休会期间应各有一名领袖世袭酋长，在民政方面的事务中代表部落，并在其工作的准备上起带头作用。在阿兹忒克间的齐阿华加特尔（Ziahuacatl）中可以看出此种公吏存在的痕迹，此种公吏有时称为第二酋长，因为军务酋长称为第一酋长。但是，关于此公职的可以得到的资料极其有限，所以对于此问题不能作确切的讨论。

军事民主制

在易洛魁部落间，战士能够出席酋长会议对于公共问题发表自己的意见；妇女也可以委托她自己所选择的发言人向议会陈述她们的意见；这是已经说明过了的。民众对于政府的此种参与，不久便会促成具有对酋长会议所提出的关于公共议案的接受或否决权的人民大会出现。在村落印第安人间，就著者所知道的范围而言，没有何种证据足以明具有讨论公共问题而且能左右此等问题之权力的人民大会的存在。阿兹忒克部落的四裔派为着特殊的目的或许也举行集会，但是，此种集会与具有公共目的的一般的人民大会则迥然不同。但是，从他们制度的民主性质以及从他们社会状态的进步程度而言，阿兹忒克人实已接近于人民大会出现之可以期待的时候了。

美洲土著间政治观念的发展，如在别处已经说明过，是以氏族制而开始，以联盟制而告终。他们的组织，是社会的而不是政治的。除非等到财产观念的发展远超过他们已经达到的境地以后，以政治社会代替氏族社会是不可能的。在美洲土著的任何部分，至少是在北美，没有一种事实足以指明他们已经达到了以领土与财产为基础的政府上第二大方案的概念的程度。政府之精神与民众之情况，与他们生活于其下的诸制度是互相调和的。当崇尚武力的精神占优势的时候，如像在阿兹忒克落间的那样，军事的民主政体便会自然地在氏族制度之下发生。此种的政府，既不代替氏族的自由精神，也不削弱民主制度的原则，只是与之相调和一致。

第八章

希腊的氏族制

希腊诸部落的初期状态

文明，可以说开始于亚洲的希腊人中，以荷马诗篇之创作为嚆矢，其时代约当纪元前八五〇年；其在欧洲的希腊人间，则较晚一世纪，以希西阿（Hesiod）诗篇制作之时代开始。在这些时代之前，尚有数千年之久的一个时期，在此时期中，希腊部落正在经过晚期开化时代，而准备进入一文明的生涯。他们最古的传说，认为他们早已定居于希腊半岛，扩展于地中海东岸以及其邻近的诸岛屿。与他们同族而较古的一支，其中以皮拉斯吉（Pelasgians）人为主要的代表，在希腊部落之先占领了以上所述的这些地方的大部分，其后不久，他们或被希腊人所同化，或被迫而他徙。希腊部落及其前人的以往的状态，必需从他们由前一时期所带下来的发明及技术、从他们的言语的发展情形、从他们的传说以及社会制度等，而予以推定；以上的这些，一直到文明时代还个别地存留着。我们的论述，将其主要的限制于最后所列举的一项之内，即社会制度。

氏族组织

皮拉斯吉人与希腊人一样，都组织成氏族、胞族[1]及部落；并且后者（即希腊人），借合并作用（coalescence）而形成民族。在某些情况中，组织的有机系列是不完全的。要之，不拘其为部落抑或为民族，他们的政治都是建立在氏族之上作为组织的单位的；其结果便产生氏族社会或民族（People），以区别于政治社会或国家。政治的机构是一酋长会议，而与一阿哥拉（agora，人民大会）及一军务酋长（basileus）合作。其人民是自由的，其制度是民主的。在进步的观念及需要的影响之下，氏族制已脱掉原始的形态而进入了最后的形态。由于一不断地改善的社会之不可抗的要求之压力，氏族制便不得不随之发生许多变革；虽然氏族制是改变了，但其不能应付这些需要的情形，日益愈形明显。这些变革，在大体上，限于三点内：第一，世系由女系而改变为男系；第二，如系孤女及承宗女，允许在同一氏族内通婚；第三，子女取得对于父亲遗产的独占继承权。关于这些变革以

---

[1] 胞族在多立安的诸部落间，不是常有的。——穆勒尔（Müller）著《多立安人》（Dorians），Tufnel及Law译本，牛津版，第二编，八二页。

及其发生的原因，将试在后章作一简单的探究。

希腊人一般地是分散的部落，在他们的政治形态中呈现与一般开化部落当组成氏族及在同一进步阶段之中的同样的特征。他们的情况，恰如和存在于氏族制度之下所可预期的全然相同，所以没有什么独特的地方。

一种政治制度的必需

当希腊社会初次进到历史的观察之下时，约当第一奥林比亚德（The First Olympiad，纪元前七七六年）下至克来斯忒尼之立法（纪元前五〇九年），便从事于一巨大问题的解决。这一大问题，不下于政府方案上的一根本变革，包括诸制度的一巨大改变。人民正努力于从自古以来即生活于其中的氏族社会脱离出来，而转移到以领土及财产为基础的政治社会里面去，这一企图，是文明生活所必不可少的步骤。总之，他们正力求建立一国家，这在雅利安族的经验中是初次，并把它置于领土的基础之上，有如国家从那时候起一直到现在所占领的一样。古代社会是建立在人与人间的组织之上的，是通过个人对于氏族及部落的关系以实现其统治的；但是希腊部落的发展已超过了这种政府的古老方案，开始感觉着一种政治体制的必要。为着实现这一结果，只需创设以境界线相范围的德姆制（deme）或市区制，命以某种名称，并其中居住的人民组成为一政治体。市区，与其中所包含的固定财产，并暂时居住于其中的人民，便成为政府新方案中的组织单位了。自此以后，氏族的成员便变而为一公民，国家便通过他的地域关系以实行其统治，不再通过他对于一氏族的个人关系了。他将在他所居住的德姆（即市区）中进行登记，此种登记即是他的公民权的证据，他将在他所居住的德姆内投票与纳税；并在其中应召而服兵役。在表面上看来，虽然这只是一个简单的概念，但是它却需要数百年的长时间并对既存的政府观念实行一种完全的革命，方能完成这一结果。长时间中为社会体制单位的氏族制度，如前所示，已经证明它不能满足一进步的社会的要求了。但是要把氏族制度以及胞族和部落共同弃置不顾，代以一定数目的地域，每一地域各有其公民团体，从其性质上言，是一种极困难的措施。个人对于他的氏族的关系，是属于个人的，今后须转入市区，而变为地域的关系；在某种意义上，都市的行政长官，则代替氏族的酋长的地位。一个市区与其固定的财产，此时便成为永久性的，其中的人民也完全变成永久性；而氏族组织则是一种波动的个人集合体，多少是分散的，不能在一地方的界限内成为永久性的定居。在未有经验以前，以市区制作为政治体制的单位，是一深奥隐微的概念，当其未形成及运用于实际以前，实竭尽了希腊人和罗马人的智力的。财产这种东西，是徐徐地改铸希腊诸制度而开辟建设政治社会道路的新要素，它是政治社会的基础，而同时又为政治社会的主要泉源。完成像这样一种的根本变革，在现时看来，虽是十分单纯和十分显然；但是，在当时却不是一件容易的事件；因为希腊部落的从来所有的经验，都是与氏族相密切关联的，而现在，氏族的权能都要全部让给新政治的机构。

关于新政治体制的企图

创造一新政治体制的最初企图，从开始以至问题的解决，其间经过了数百年之久。当经验证明氏族组织不能形成为国家组织的基础以后，于是在希腊各种社会中试行了一些不同的立法上的方案；他们都多少是互相模仿彼此的实验及趋向着同一的结果的。在雅典人中的经验将要拿来作为主要的例证，其中可以列举：提秀斯（Theseus）的立法（以传说为根据）；德累科（Draco）的立法（纪元前六二四年）；梭伦的立法（纪元前五九四年）；与克来斯忒尼的立法（纪元前五〇九年）；其中最后三者都属于历史时期。都市生活及诸制度的发达，财富之集聚于城壁围绕的都市之内，由之而产生的生活方式上的巨大变化，对于氏族社会的覆灭而代之以政治社会的建立准备好了道路。

在试为探索由氏族社会到政治社会的过渡以前——这是与氏族制度的最后历史相结合的——我们对于希腊的氏族及其特征将先予以考察。

雅典的制度，直至希腊古代社会之末，凡是与氏族及部落组织相关联者，一般地都可视为是希腊制度的典型。当历史时期开始之时，阿提喀的爱奥尼亚人分为机内温特（Gəleontes）、霍普内特

（Hopletes）、伊吉可尔（Aegicores）以及阿尔格德（Argades）四部落，这是为人所熟知的；他们操同一的方言，并占有一共同的领土。它们已结合成为与部落联盟有区别的一种民族组织；但是这样的一种部落联盟，或许在以前是存在的。①每一阿提喀部落包含三胞族，每一胞族有三十氏族，四部落中共有十二胞族三百六十氏族。这不过是就一般而论，部落的数目以及各部落内的胞族数目是不变的；但是，各胞族内所包含的氏族的数目则不免有变动。同样，多立安人亦在大体上分为亥内依（Hylleis）、旁非利（Pamphyli）以及戴门（Dymanes）三部落，虽然他们中已形成为若干民族；如在斯巴达、亚各斯（Argos）、息细温（Sicyon）、科林斯（Corinth）、厄匹多刺斯（Epidaurus）和特罗依宗（Troezen）等地；以及在伯罗奔尼撒（Peloponnesus）对岸的墨加拉（Megara），和其他地方。还有少数的非多立安部落有时也和他们合并起来了，如在科林斯、息细温和亚各斯等处。

在所有情况中，希腊的诸部落都不可无氏族，血缘和方言的纽带形成他们结合为部落的基础；但是部落却不一定须先有胞族，因为以胞族作为一种中间组织，虽然在所有这些部落间是极其普通的，但它却易于中断。在斯巴达，部落常再分成所谓奥伯（obês）的组织，每一部落包含十个奥伯，其性质颇类胞族；但是关于此等组织的功

---

① 　赫尔曼举述伊斋那（Ægina）、雅典、普拉西亚（Prasia）以及瑙比里亚（Nauplia）等联盟——《希腊政治的古制度》，Oxford译本，第一章，一一页。

能，现在还不甚明白。[①]

关于雅典的氏族，现在将要当其在以最后的形态出现及生机充沛时加以研究；但是当氏族制遭遇着初期文明要素的对垒时，氏族制则在其前步步地退却，终于被它自身所创造的社会制度所颠覆。从某些方面而论，这是此一非常组织的历史中最有兴味的部分，它曾经引导人类社会脱离野蛮状态，经过开化状态而进入文明时代的初期阶段。

国家的形成

雅典人的社会体制，显示着如下所示的系列：第一，氏族（genos），即以亲属关系为基础的组织；第二，胞族（phratra及phratria），由氏族，或一个本原氏族，因分化作用（segmentation）所派生出来的兄弟关系；第三，部落（phylon后来称phyle），其中包含数个胞族，其成员都使用同一方言；第四，民族（a people或nation），其中包含借合并作用互相结合而构成的一个氏族社会，并占据一共同的领土。此等完整的递升的组织，除掉占有独立领土的部落联盟而外，他们在氏族制度之下的社会体制已尽于此了。至于部落

[①] "在古代来克古士（Lycurgus）的《修辞法》（Rhetra）中，谓部落和奥伯曾有维持不变的措施；然而，穆勒尔（O.Müller）和柏克（Boeckh）的记载——每部落包含十个奥伯，共计三十个奥伯——所根据的，除《修辞法》中一种特殊的句读法以外，没有其他更可靠的证据，因此，其他的批评家都排斥此说，这似乎是有很好的理由的。虽然我们知道奥伯这一组织是斯巴达民族的一种古老特别而且有永续性的一种区分，但是，我们并不曾有关于奥伯这一组织的任何资料。"——格罗脱著《希腊史》，Murray版，第二卷，三六二页。但是参见穆勒尔著《多立安人》第二卷 第一章，八二页。

联盟，虽在某些情况中曾出现于早期时代，并从氏族中而自然产生，但是它并未产生出重要的结果。雅典的四部落，大约在合并以前曾先有联盟，而合并则是当他们因受其他部落的压迫聚居于一领域以内而后形成的。这一事实，如果在雅典四部落间是真实的话，那么，在多立安部落以及其他诸部落间也必同样是真实的。当这些部落由合并而成为一民族时，在他们的语言中除掉民族名称外，没有其他的适当名词来表示这一结果。罗马人在同样的制度下，自称为"罗马民族"（Populus Romanus），这一称号，很能准确地表示这一事实。当时罗马人不过只是一民族，并无其他；这也是由氏族、古利亚及部落的聚合而仅能产生的一种结果。雅典的四部落形成了一个社会或民族，他们在传说时代中于雅典人一名称之下完全成为独立了。氏族、胞族及部落在早期希腊的社会中，是他们社会体制中的常见的现象，不过胞族有时阙如而已。

格罗脱的希腊氏族观

格罗脱以高度的批判能力搜集了关于希腊氏族的主要事实，除了引用他的原文以外，没有其他的方法能使其更有根据，所以凡在格罗脱概括地论述这一问题时，将加以征引。格罗脱于评述希腊人的部落区分以后，进而说："但是，胞族与氏族是和部落完全不同的一种分配。它们似乎是由原始的小单位的聚合而形成为大单位的；他们是和部落独立而且不以部落的存在为前提的；它们是个别地、自发地而发生的，既不存有预先协定的一致性，也不曾顾及到政治上的共同目的；立法者发现它们既先存在，于是把它们变通与修改，借以适合于某种民族的企图。我们必须区别分类上的一般事实以及在等级上的连续隶属关系，家族之对于氏族，氏族之对于胞族，胞族之对于部落——从我们已知道的所赋予隶属关系数字上的准确均齐性——三十个家族为一个氏族，三十个氏族为一个胞族，三个胞族为一个部落。纵令这样数字上的精确的齐一性，利用既存的自然要素借着立法的抑制而能得到的话，这样的比例是不能永久维持的。所以我们可以很合理的怀疑这一事是否曾经存在过……每一胞族包含同等数目的氏族、每一氏族包含同等数目的家族这一事实，在我们未有获得比现在所具有的更好的证据时，是难以接受的一种假设。但是，从此种有问题的数字上的准确比例而外，而胞族及氏族的自身在雅典民族之间则是真实的、持久的而且是很古的结合，关于它们的理解是十分紧要的。整体的基础是住宅、炉灶或家族——以一些这样的东西，其数或有多少之差，构成一个氏族（gens 或 genos）。所以这种的氏族即是克兰，西卜特（sept。译者按：克兰，西卜特皆为氏族之义），或是扩大的，而且一部分是人为的，兄弟关系，其所以紧密地联系他们的是借——（一）共同宗教上的仪式，祀奉以为是原始祖先的同一神灵的独占的僧侣特权，并由一特殊的姓氏而得到区别；（二）一共同墓地；[①]（三）财产的互相继承权；（四）互相援助、防卫并报仇的义

---

① 狄摩西尼著《反驳论》，一三〇七年版。

务,(五)在某些特定的情况中相互通婚的权利及义务,特别是有一孤女或承宗女时;(六)有时至少具有共同财产,及一位他们自己的执政官和司库官。这些就是区别氏族结合的权利和义务。至于维系几个氏族而结合成胞族的关系,则不如以上的亲密了,但是尚包含有一种相类似性质的相互的权利和义务;特别是祭祀上特殊仪典的共享,以及关于胞族成员被杀害之相互检举的特权。每一胞族,都是视为是属于四部落中的某一部落的,凡是属于同一部落的胞族都享有在从贵族(Eupatrids)之中选拔出来的称为部落军务酋长(Phylo-Basileus)或部落王(tribe-king)的行政长官司祭之下某种定期举行的祭祀上仪典之共享权利。"[1]

希腊氏族与易洛魁氏族的类似点,我们就立刻可以分辨出来。又关于从希腊社会之比较进步的状态,以及从希腊社会之宗教系统的比较充分发达所产生的特点上的差异,我们也将可以分辨出来。关于格罗脱所举出的几种氏族特征存在的事实,并无再证实的必要,因为这些证据在古典作者中是异常明白的;此外,尚有其他几种特征,虽然难于一一证明它们的存在,但无疑的,则是希腊氏族所具有的;例如(七)世系只限于男系;(八)除承宗女而外,在氏族内禁止通婚;(九)收继外人为氏族成员的权利;(十)选举及罢免酋长的权利。

希腊氏族成员所具有的权利、特权和义务,加上上面所增加的几种,可以总括如下:

1. 宗教上的共同仪典。

---

[1] 格罗脱著《希腊史》第三卷,五三页以下。

2. 一共同墓地。

3. 对死亡氏族成员遗产的相互继承权。

4. 互相援助、防卫及复仇之义务。

5. 孤女和承宗女在氏族内结婚的权利。

6. 具有共同财产、一执政官及一司库官。

7. 世系只限于男系。

8. 除特殊情况而外，遵守在同一氏族内不得通婚的义务。

9. 收继外人为氏族成员的权利。

10. 选举及罢免酋长的权利。

对于所增加的各特征，须加以简要的叙述。

（七）世系只限于男系——因为在希腊人的世系谱上可以得到很好的证明，所以这一规定是不容置疑的。我在希腊的著作家中尚不能找出一种对于氏族或氏族员所下的定义，足以测验一定的个人对于氏族关系的权利的。西塞禄（Cicero）、发禄（Varro）和斐斯塔斯（Festus）等人对于罗马氏族及氏族员所下的定义，足以充分地证明世系是男系，而罗马氏族是与希腊氏族极相类似的组织。就氏族的性质而论，世系不属于女系便属于男系，而且只包含祖宗的子孙中之一半。这是与在我们中的家族恰恰是一样的。在我们中的家族，由男系传下来的子孙都同有家族的姓氏（family name），由此一点而论，可以说构成一完全意义的氏族，但是他们彼此均处于离散的状态之中，除了最近的亲族而外，不具有任何结合的纽带。至于女子，当她们结婚之后便丧失其家族的姓氏，同着她们的子女转移到另一家族中去了。格罗脱说亚里斯多德是"医生泥科马卡斯（Nikomachus）的儿子，属于阿斯克内比亚德（Asklepiads）氏族"。[①]亚里斯多德是否是属于他父亲的氏族一问题的决定，便先要决定亚里斯多德父子是否是专由男系从厄斯丘雷琶（Aesculapius）而传下来的。雷厄提兹（Laertius）证明了这一点，他说："亚里斯多德是泥科马卡斯之子……泥科马卡斯是由马卡温（Machaon）之子泥科马卡斯传下来的，而马卡温则是厄斯丘雷琶之子。"[②]虽然世系系列上的早期成员可能是出于杜撰，但其追溯世系的方法则可以证明一个人所属的氏族。赫尔曼根据爱栖阿斯（Isaeus）也证明了这一点。"每一幼儿都在他父亲的胞族和氏族中登记。"[③]在父亲的氏族内登记，实含有子女属于父亲氏族的意思。

（八）除特殊情况而外，遵守在同一氏族内不得通婚的义务——这种义务可以从婚姻的后果上推断出来。一女子当结婚之后，即丧失她的氏族的宗教仪典，而取得她丈夫氏族的宗教仪典。这一规定的提法是如此其一般化，实暗示婚姻通常是在氏族以外。瓦克司马斯说道："离开了她父亲家庭的处女，已不是父亲的祭祀炉灶（Paternal sacrificial hearth）的分享者，但是加入了她丈夫的宗教社团（communion），这一事实给婚姻关系以神圣性。"[④]关于已婚女子的登记一事，赫尔曼说明如次："每一新婚女子，她自己是一公民，她便

---

① 格罗脱著《希腊史》第三卷，六〇页。

② Diogenes，Laertius，《亚里斯多德传》，第一卷。

③ 《希腊政治的古制度》第五章，一〇〇页；及狄摩西尼著《反驳论》，二四页。

④ 《希腊历史的古制度》，Woolrych译，牛津一八三七年版，第一章，四五一页。

被录入于她的丈夫的胞族之中。"①特别的宗教仪典（sacra gentilicia）在希腊及拉丁的氏族中是很普通的。但是，妇女是否因婚姻关系而丧失她的父族方面的权利，有如在罗马人中的那样，我不能断言。似乎婚姻并不使她与她的氏族断绝一切的关系，她无疑的还是计算在她的父亲氏族以内的。

氏族内禁止通婚，在原始时代中是基本的制度；并且它在世系改变为男系以后还依然存续着，这也是毫无可疑的，只有承宗女和孤女的特殊规定则为例外。虽然当单偶制完全建立以后，发生了在血缘关系的某种程度以外的自由婚姻的倾向，然而只要氏族制继续为社会体制的基础存在一天，氏族外婚的规定也将要存在一天。承宗女之特殊的规定，倾向于证实以上所做的这一假定。柏刻（Becker）对于这一问题说："亲属关系对于婚姻虽有些小小的限制，但并不是障碍，能够在各种不同程度的恩岐斯特亚（anchisteia）和逊几内衣亚（sungeneia）亲属之内举行，自然地不在氏族本身以内。"②

（九）收继外人为氏族成员的权利——此种权利，在较后的期间——至少是在家族间——是常行的；但是，这一权利的行使，系采取一种公开的形式，并且无疑地只限于特殊情况之内。③血统的纯粹，在阿提喀氏族中成为一种极关重要的事件，除非遇有重要理由的

---

① 《希腊政治的古制度》第五章，一〇〇页。

② 柏刻著《Charicles》，Metcalfe译，一八六六年伦敦版，四七七页；引用《Isaeus de Cir. her.》，二一七页；狄摩西尼著《反驳论》，一三〇四页；《Plutarch, Themist》，三二页；《Pausanias》第一卷，第七章，一页；《Achill, Tat》第一章，三页。

③ 赫尔曼著《希腊政治的古制度》第五章，一〇〇页、一〇一页。

时候，无疑地对于这一权利的行使上予以极严重的障碍。

（十）选举及罢免酋长的权利——这一权利无疑地存在于古代希腊氏族间。大概当他们在开化高级状态中时即享有此种权利。每一氏族有一执政官（archon），这是他们对一个酋长的通称。此种公职，是否是像荷马时代那样，采取选举的方法呢？或是由世袭权而传于长子呢？这却是一个疑问。后者是和这一公职的古代原则相违反的；并且像这样一种重大而且根本的变革，影响到氏族所属一切成员的独立与个人权，需要有确实的证据方可将前一种假定推翻。因为对于一公职的世袭权同其相伴而来的对于氏族成员所具有的支配权及从之而来的义务，与由氏族成员自由选举所授予的公职并保留有在渎职行为下予以罢免的权利，是两回绝对不同的事。一直到梭伦与克来斯忒尼时代存在于雅典氏族中的自由精神绝不容许这一推测，因为这对于他们不啻剥夺了和全体氏族成员之独立极关紧要的权利。关于执政官的任职，我还没有找到任何满意的说明。假若世袭继承法是真的存在的话，那么，就指明贵族的成分，在古代社会中于毁损氏族的民主机构之下已有了显著的发展。再者，这至少是它们的颓废开始的象征。一氏族的全体成员都是自由与平等的，不拘贫富都享有同等的权利与特权，并且彼此同样地互相承认这种权利与特权。我们在雅典氏族的构成中发现自由、平等和友爱，一如在易洛魁部落的氏族中一样，记载得明明白白。氏族的主要公职采取世袭的继承方法，是和古代的平等权利与特权的原则全然不相容的。

安拿克斯（anax）、科依来罗斯（koiranos）和巴赛勒斯

（basileus）等高级公职，是否是由世袭继承法而由父传子？或系由较大的选举区选举或确认？这也是一个疑问。对于这个问题，将要在后面去论究。要之，后者指示氏族制度之保存，而前者指示氏族制度之废灭。在没有决定性的反面证据以前，每一推定都是否定世袭权的。我们在以后考察罗马氏族时，对于这一问题还可以得到一些附带的说明。对于这一公职的任职如果更能加以精确的研究，那么，对于现在一般所承认的说明，未始不能予以本质上的修改。

类似易洛魁氏族的氏族制

希腊氏族具有如前所示的十项主要特征，这是可以大体上视为已经确定了的。除了三项特征——即世系为男系，氏族内通婚只限于承宗女，和最高军职可能采用世袭继承法——而外，其他一切特征都与易洛魁氏族大同而小异。从而，可以明白地看出：在氏族上，希腊部落及易洛魁部落两者，都具有同一的本原制度，希腊的氏族系属于晚期的形态，而易洛魁的氏族则属于原始的形态。

现在，可以回转来对于所引用格罗脱的部分加以评判。我们可以说，如果格罗脱明了氏族的原始形态，以及家族在达到单偶制以前的数种形态，那么，恐怕他将要根本地修改他的学说中的某些部分。不过他把"住宅、炉灶或家族"视为是希腊人的社会体制的基础这一主张，必须作为例外。在这一著名历史学家心目中的家族形态，显然是父权家长严酷控制下的罗马式的家族，在荷马时代父亲在家庭中取得完全支配权的希腊家族，庶几可与其相比拟。如果他是指家族的其他、以及其以前的形态也是如此，这种看法是同样难于维持的。在起源上，氏族制度是比单偶家族要早，也比对偶家族早，大概与群婚家族同时。不拘在何种意义上，氏族制度都不是建立在任何家族制度之上的。氏族制度不承认家族存在的任何形态是它构成的一分子。反之，不拘是原始时代或后期时代的家族，其构成分子只有一部分是在氏族之内，另一部分则在氏族之外，因为夫和妻必须是属于不同氏族的。其解释亦极简单而且完全，即家族之出现是和氏族独立的，它有完全的自由从比较低级的形态进到比较高级的形态；而氏族则是长久存在的，同时亦是社会体制的单位。更明确一点说：氏族全体加入了胞族，胞族全体加入了部落，部落能全体加入了民族；但是家族则不能全体加入于氏族，因为夫与妻必须是属于各不相同的氏族。

这里所提出的问题是很重要的，因为不单是格罗脱，而尼布尔（Niebuhr）、忒尔华尔（Thirlwall）、梅因（Maine）和蒙森、以及其他许多有能力而敏锐的研究者，都同样主张父权式的单偶制家族是希腊及罗马体制中社会由之而整化的核心。但是，因为家族不能全体加入氏族，所以不论任何形式的家族都不能成为社会体制的基础。氏族是纯一的（homogeneous），其持续期间是十分恒久的，因其如此，氏族是一社会体制的自然基础。一种单偶制的家族，可以在一氏族内和一般地在社会内，成为个别的而且有力的东西；但是，氏族不曾而且不能认定或依赖家族为其构成的核心。这一论点，对于近世家族与政治社会也同样是真实的。虽然近世家族由于财产上的权利和特权得以个别化，由于法令的制定被认为是法律上的实体，但它不是政治体制的单位。国家承认它所依以组成的州，州承认市，但是市则不重视家族。同样，民族承认部落，部落承认胞族，胞族承认氏族；但是氏族则不重视家族。论究社会的机构，只能从有机的关系上予以考察。市对于政治社会的关系，与氏族对于氏族社会的关系是同一的。氏族和市两者，各成为一种体制的单位。

格罗脱对于希腊氏族所下的观察，一部分是很有价值的，我想将其参合编次作为希腊氏族的说明，虽然此等观察似乎暗示氏族并不早于当时存在的神话，或某一些氏族认为他们的名祖的祖先所从而派生的神灵系统。不过根据已经举出的事实，便可知道氏族是在希腊神话发达好久以前即已存在——即在朱匹忒（Jupiter）或涅普通（Neptune）、马尔兹（Mars）或维那斯（Venus）[①]在人类心灵中发生概念以前便已存在着。

格罗脱继续说道："阿提喀人民在其逐渐上升等次上的原始宗教及社会的联合即是如此——以区别于最初由特里迪斯（trittyes）及诺克拉里（naukraries）所代表的，后来由克来斯忒尼（Kleisthenean）十部落中再划分为特里迪斯与德姆所代表的政治联合，此种政治联合或者是后来才开始的。联合的宗教及家族纽带，在两者之中为较早。但是政治纽带虽出现较迟，然在通希腊史的大部分中其势力则不断地

①　译者按：Jupiter（天神即主神）、Neptune（海神）、Mars（战神）、Venus（爱神和美神），均为罗马神话系统中的神名，为英语中所习用，在希腊神话中亦有相等之神名，如Jupeter即Zeus，Venus即Aphrodite等。

得到增长。在社会的联合中，个人的关系为其根本的及主要的特征，地方的关系则居于从属的地位；在政治的联合中，财产与住所成为主要的特色，个人的成分则仅在财产及住所上附带地得到考虑。所有此等胞族的与氏族的组合，不论是大或小，都是建立在希腊人心灵中同一的原则与倾向之上的——即崇拜的观念与祖先的观念之结合，或宗教中某些特殊仪典的观念与真实的或想像的共同血统观念之结合所产生的结果。聚合拢来的成员所祭祀的神或英雄，则视为是他们所自出的原始祖先；此种祖先，如在前面屡次所提及的米内斯的赫刻特斯（Milesian Hekatæus）的情形一样，每每有一长系列的中间名字。每一家族都有它自己的宗教仪式及其祖先祀典，其庆祝由家长执行，家族以外之人一概不许参列。……称为氏族、胞族和部落等较大的组合，是由同样原则的扩大而形成的——家族视为是一种宗教上的同胞关系，崇拜一共同的神或英雄，有一相应的姓氏，认这种神是他们的共同祖先；每当色阿尼亚（Theoenia）与亚巴土利亚（Apaturia）节期〔当色阿尼亚是阿提喀（Attic）族之神，亚巴土利亚是爱奥尼亚（Ionian）各族的共同之神〕时，每年将这些胞族和氏族的成员集合起来举行崇拜和庆祝，以及维持特殊的同情；因之，加强大组合的团结关系，而不抹杀其小者。……但是历史家必须承认他的证据使他所知道的最古事物的状态是一种最终的事实，现在情况已摆在我们面前，氏族及胞族结合的开始是我们无法去探究的事情。"[1]

"雅典及希腊其他地方的氏族，都各有一传自祖先的姓氏

---

[1] 《希腊史》第三卷，五五页。

（patronymic name），这是他们相信出自共同祖先的标记。①……但是在雅典，至少当克来斯丹泥斯的革命以后，便不用姓氏了：各个人的称号，都于他自己的单名之外，加上他父亲的名称，再加上他所属的德姆的名称——如Aeschinês，Atromêtus之子，——Kothòkid人。……氏族对于财产以及对于个人，都形成一紧密的结合。直至梭伦时代，任何人都没有以遗嘱处分财产的权利。如果某一人死而无子，他的氏族成员便承袭他的财产，甚至到梭伦时代以后，若未立遗嘱而死者，尚是如此。氏族的任何成员对于孤女都有要求与之结婚的权利，最近的男系亲族则享有优先权；如果这个孤女贫穷，她最近的男系亲族不愿与她结婚时，则依照梭伦的法律强制他按照他所登记的财产的比例赠送嫁资，使她嫁与其他的男子。……如果一人被谋杀，最先被害者之近亲，其次被害者的氏族及胞族成员，准予并必须告发罪犯而诉诸法律；但是，与被害者同一区的或同一德姆的人员，则不享有这一告发权。我们所闻知的一切关于最古的雅典法律，是以氏族的和胞族的区分为根据的，而氏族和胞族则一直视为是家族的扩大。值得注意的，这种区分是与任何财产上的资格完全独立的，——富人和穷人均包含在同一之氏族。还有一层，在各不同的氏族之间，在尊严上表现

---

① 我们在希腊的好多地方可以发现Asklepiadæ氏族；在帖撒利（Thessaly）的有Aleuadæ；在伊斋那（Aegina）地方的有Midylidæ，Psalychidæ，Belpsiadæ，Euxenidæ等。在米利都（Miletus）地方的有Branchidæ；在可斯（Kôs）地方的有Nebridæ；在奥林比亚地方的有Iamidæ，Klytiadæ等；在亚各斯（Argos）地方的有Akestoridæ；在塞浦路斯（Cyprus）地方的有Kinyradæ；在密替利泥（Mitylene）地方的有Penthilidæ；在斯巴达的有Talthybiadæ；在阿提喀的有Kocridæ，Eumolpidæ，Phytalidæ，Lykomêdæ，Butadæ，Euneidæ，Hesychidæ，Brytiadæ等。对于每一个这样的氏族，都有一个多少为人所知道的神话的祖先，而传与氏族的初祖（first father）和氏族的名祖的英雄——为Kodrus Eumolpus，Butes，Phytalus，Hesychus等是。格罗脱著《希腊史》第三卷，六二页。

得异常不平等，产生这一现象的主要原因，实由各氏族在宗教仪式上所具有的世袭的、独占的管理权而来的；某几种宗教仪式，因其与整个都市有关而被视为特别神圣，所以成为民族化了。例如 Eumolpidæ 与 Kêrykes 两氏族供给爱流细尼亚·得米忒（Eleusinian Dêmêtêr）（译者按：得米忒系司沃壤与农事之女神）秘密教式的监督者及祭司——Butadæ 氏族则供给雅典·波利奥斯（Athênê Polias）的女祭司，及亚克罗坡利（Acropolis）的坡赛顿·伊勒克条斯（Poseidôn Erechtheus）（译者按：坡赛顿是希腊之海神，伊勒克条斯是阿提喀最古的王）的僧侣——其被人崇敬，似乎在其他一切氏族之上。"[①]

格罗脱说氏族是家族的一种扩大，并以家族的存在为其前提；把家族当作是基本的东西，氏族是次生的东西。他这种见解，根据前面所陈述的理由，是难以维持的。家族与氏族这两种组织，各从不同的原则上出发，而彼此相互独立。氏族仅仅包含一个假想的共同祖先的子孙的一部分，其他一部分则被排除；同时，氏族又仅仅包含一家族的人员的一部分，其他一部分亦被除外。家族如果要成为氏族的组成部分，则家族必须以全体加入氏族的范围之中才行；但是这在古代是不可能的，只是到了后世才成为其构成的部分。就氏族社会的组织而论，氏族是基本的，是构成社会体制的基础与单位。家族也是基本的，并较氏族为古；如群婚家族与血缘家族，就时代的顺序言则在氏族之先；但是在古代社会中家族不是组织系列的一分子，恰如在近世社会中家族不是组织系列的一分子一样。

---

① 《希腊史》第三卷，六二页以下。

在雅利安族系中当使用拉丁语、希腊语、梵语诸部落还是一个民族的时候，氏族组织便已存在，这在他们的方言中用同一名词（gens，genos 以及 ganas）来表示这一组织上即可以证明。此一名词，是从他们的开化时代的祖先所传下来的，如果更追溯上去，可以说是从他们的野蛮时代的祖先所传下来的。如果雅利安族系在中期开化时代那样遥远的时代中就分化了出来——这或许是事实——那么，所传给他们的氏族制，一定是属于原始形态的。经过这种分化作用之后，从此等部落之相互分离到文明开始时所经历的长久期间以内，我们所曾经假定的氏族制度的变化，一定是发生了的。氏族制度的初次出现，除掉原始形态而外，我们不可能想像其他任何的形态；从而，希腊氏族最初也必属于这种形态。如果能够找到理由足以说明从女系到男系的那样一种世系上的重大变迁，我们的论证也就可以说是完备了，虽然到最后它以新的亲属集团在氏族内代替了旧的亲属集团。财产观念的发达，单偶制的勃兴，供给了充分有力的动机、要求并且获得这一变迁，使子女成为他们父亲氏族中的构成分子，并共享他们父亲遗产的继承权。单偶制确定了子女的父亲的亲权——在氏族制度创立时，子女的父亲是不明白的——至此时再要排斥子女对于遗产继承权便不复可能了。在新的情状之下，氏族制度将被迫而改造或解体的两途。当我们把出现于开化低级状态中的易洛魁氏族，和出现于开化高级状态中的希腊氏族合并观察，我们便不难知道两者都是属于同一组织的，前者属于原始形态，后者属于最后形态。两者间所存在的差异，恰恰是人类进步上的急切需要所强加于氏族制度之上的差异。

随着氏族在组织上的突变，可以发现继承法则中与其相平行的突变。财产，始终是在氏族以内承袭的，最初，是在氏族内的氏族成员间承袭；第二、排斥氏族内的其他成员，只限于男系亲族承袭；现在，第三、依照死亡者亲属的亲疏顺序，依次限于最亲的男系亲族继承；这一规定，使死亡者的子女因系最亲的男系亲族而得到独占的继承权。财产须保留于死亡者所属之氏族以内这一原则很顽强地保留至梭伦时代，就可以窥见氏族组织在各时代中的持久力是何等的伟大。强制承宗女在她氏族内结婚的是这一规定，其目的在防止她因婚姻关系而移转财产于其他氏族。当梭伦许可财产的所有者，如果在没有子女时，得依照他的遗嘱处分其财产时，这可以说，梭伦对于氏族的财产权给予了第一次的侵犯。

氏族成员间的亲属关系

属于一氏族中的成员在亲属关系上其亲近的程度如何，或他们间是否有亲属上的关系一层，这是成为疑问的。格罗脱说："坡拉克斯（Pollux）明白地告诉我们，其在雅典，属于同一氏族的成员并不常有血缘上的关系——纵令没有任何明白的证据，我们也可以断定这是事实。当氏族在不可知道的遥远时代中形成之初，在什么范围内是根据实际的亲族关系而建立的一问题，不拘是雅典的氏族，或是与其在主要点上极相类似的罗马氏族，我们都无从决定。氏族制度的自身即是一种关系，而与家族的关系不同，但是，以家族的存在为其前提，并借着人为的类推（artificial analogy），一部分根据宗教上的信仰，一部分根据具体的盟约，将家族关系予以扩大借以容纳血缘以外的人员。所有一氏族的成员，或甚至所有一胞族的成员，都相信他们自己不是从同一的祖父或曾祖父派生出来的，而是从同一的神圣的或英雄的祖先所传下来的……并且此一基本的信仰，希腊人的心灵是如此容易地堕入其中，于是由于具体的盟约，将其采用并转变为氏族与胞族结合的原则了。……尼布尔在他论及古代罗马氏族的名论中，他假定它们并不是由历史上的共同祖先所产生出来的真实家族，他这一假定无疑地是正确的。在氏族观念之中，包含有一神圣的或英雄的共同初祖之信仰——有一种我们可以正确称为是杜撰的宗谱，但是被神圣化并为氏族的一般成员所相信，这种信仰成为在他们中相互结合的一种重要的纽带。尼布尔的这一见解，还是正确的（虽然他似乎以为与此相反）。……自然的家族，经过世代的变迁，自然会发生变化，有的家族扩大了，其他的缩小了，或灭绝了。至于氏族，除掉由这些构成分子的家族所表现的生殖、灭绝、或再分而外，则不受到何等改变。似此，家族对于氏族的关系，实在于永久的波动过程之中，而且氏族的祖先系谱，固然适合于氏族的初期情况，但是，因为时代的进步，已一部分变为不适合而化为无用之物了。我们对于这种系谱很少能听到，因为此种系谱只在某些情况中把它当作卓越的令人崇敬的东西提到公众的面前来。但是，比较卑下的氏族，也有他们的共同宗教仪典，以及共同超人的祖先与系谱，一如名门巨族一般；其组织与理想的基础，在一切氏族间都是一样的。"①

坡拉克斯、尼布尔与格罗脱诸人的这些论点，在某种意义上是真实的，但不能说是绝对的真实。一氏族的系谱上溯到为一般所共认的祖先，而上古时代的氏族则不能有一能知道的祖先；他们的亲属制度也不能证明一血缘关系的事实；然而氏族成员不但相信他们的共同世系，而且是有理由这样相信的。属于原始形态氏族的亲属制度——希腊人或者曾经具有过——保存了全体氏族成员相互间关系的知识。然而这一亲属制度，随着单偶制家族的兴起，则归于废绝了。关于这一问题，我将要在另一处予以阐明。氏族名称创造了一个系谱，家族的系谱与其相较便显得不重要了。氏族名称的功能，在于保存具有这一名称的全体氏族成员的共同世系的这一事实；但是，氏族系统是如此其久远，所以除了出于晚近的共同祖先的少数情况而外，致令其所包含的成员无法证明他们相互间所存在的实际关系。不过氏族名称的本身，即是共同世系的证据，除掉在以前的氏族史中间有把血缘上无关系的外人收养为氏族的成员致令遭到中断而外，氏族名称实为共同世系的肯定的证据。坡拉克斯与尼布尔对于氏族成员间一切关系的事实上的否定，势必把氏族化为一种纯系虚构的结合，这是没有何等确实根据的。氏族内的大部分，能够借氏族内的共同祖先世系，证明其相互间的亲属关系，至于其余诸人，也能以其所具有的氏族名称，在实际用途上得充分地证明其共同世系。希腊氏族

① 《希腊史》第三卷，五八页以下。

通常并不是一种多数人的大集团。一氏族以二十家族计——家长之妻不计算在内——依照计算的普通法则，平均每一氏族的人数不过一百二十人。

氏族是社会及宗教势力的中心

作为有机的社会体制单位的氏族，它自然地便成为社会生活及活动的中心了。氏族组织成为一种社会的集团，有它的执政官或酋长，及司库官；在某种范围内有它的共同土地，共同埋葬地，以及共同宗教上的仪典。除此以外，氏族尚有授予，以及强制全体氏族成员的权利、特权与义务。希腊人的宗教活动是创始于氏族之内的，进而扩大其范围及于胞族，最后成为在所有诸部落间所定期举行的祭典而臻于绝顶。关于这一论题，得·科兰朱（M. De Coulanges）在其近著《古代都市》（The Ancient City）中，曾有警策的论述。

为了了解在国家形成以前的希腊社会状态，了解希腊氏族的构成及其原则是有必要的；因为单位的性质，可以决定在递升系列中的组合体的性质，而且只有由单位的性质才能给予组合体以说明的方法。

第九章

希腊的胞族、部落及民族

胞族的特征

胞族是希腊社会制度中组织上的第二阶段，这是我们已经知道了的。它是由几个氏族为着共同的目的——特别是为着宗教上的目的——而结合起来的。胞族在亲属的关系上有其一自然的基础，因为胞族内的氏族大概都是由一个本原氏族分割出来的，关于此种事实的知识在传说中还保存着。格罗脱说："赫刻提阿斯（Hekatæus）胞族所有同时代的成员，在第十六亲等以内，有一个共同的神作为他们的祖先。"[①]格罗脱所说的这一事实，只有假定包含在赫刻提阿斯胞族里面的各氏族是起源于一个本原氏族，才能够维持。这种系谱，纵令其中有一部分是属于虚构的，是可以依照氏族的习惯来追溯的。代克

---

① 格罗脱著《希腊史》第三卷，五八页。

亚尔克（Dikæarchus）以为某些氏族间互相供给妻子的习尚，遂引起为举行宗教上共同仪典的胞族组织。这是一个可取的解释，因为这种婚姻将使氏族间的血统发生混合。相反的，一氏族随着氏族的进展由分裂及接着的再分裂而形成各个氏族，这些氏族当然共具有一个共同的血统，这便成为这些氏族再结合成为一胞族的自然基础了。因其如此，所以胞族是一自然的发展，亦惟其如此，胞族才能当作一种氏族社会的制度来说明。像这样而结合的诸氏族是兄弟氏族，而胞族的自身，一如其字义所示，即是一种兄弟关系。

拜占庭（Byzantium）的史梯芬（Stephanus）保存了代克亚尔克的一些片断材料，在其中曾提出关于氏族、胞族及部落起源的解释。代克亚尔克的解释在任何方面都不充分而足以形成为一种定义，但是作为一种对于古代希腊社会组织的三阶段的认识上，还是有价值的。他把父族（patry）去代替氏族，有如品得（Pindar）在一些场合中这样用和荷马有时这样用的一样。现在可以把这一段引在下面："依照代克亚尔克之说，父族是希腊人的社会结合的三种形态之一，即我们所谓父族、胞族和部落的。当原来孤立的关系进到第二阶段（即父母对于子女，与子女对于父母的关系）的时候，父族便出现了，它从它的最年老而且主要的成员得到名称（eponym亦可译名祖），例如：阿西达（Aicidas）、百乐丕达（Pelopidas）。"

"然而到了当某些父族把他们的女儿嫁给其他父族的时候，则称为胞族的出现了。因为嫁出的女儿，不再参加她父方的宗教仪典，但是她已加入到她丈夫的父族里面去了；从而从前由兄弟姊妹的情感所生出的结合之外，更成立了一种基于共同宗教仪典上的另一种结合，这种结合，他们称为胞族；所以父族的组织，我们在前面已经说过，是由两亲与子女以及子女与两亲间的血缘关系而产生的，至于胞族，则是由兄弟间的关系而产生的。"

"然则，其称为部落与部落员的是由于合并成为社团及民族而称呼的，因为合并中的每一集团，都叫做一部落。"[①]

这里，我们应该注意到氏族外婚当时已成为风尚，已嫁的妇女，与其说她是加入她丈夫所属的胞族，毋宁说她是加入她丈夫的氏族。代克亚尔克是亚里斯多德的门弟子，他所生存的时代，是当氏族主要的作为个人家谱而存在的时代，当时氏族的权能已经转移到新的政治机构上面去了。他从原始时代得出了氏族的起源；但是，他说胞族的形成肇端于氏族婚姻上的习尚，对于这种习惯而言，无疑的是真实的，可是对于胞族组织的起源而论，只能算是一种意见而已。互相通婚与共同宗教上的仪典，固然能够使胞族的结合愈加巩固，然而胞族的更真实的基础，可以从胞族所依以组织的氏族间的共同血统中发现出来。我们还应该记着，氏族的历史直贯开化时代的三时期而进入其前的野蛮时代，甚至早于雅利安与闪族两族的出现。至若胞族制，我们已经证明它出现于美洲土著间的开化时代的下期；而希腊人则只熟悉关于他们在开化状态高级期中的历史。

格罗脱对于胞族的功能，除了一般的说明以外，并未加以阐

---

① 瓦克司马斯（Wachsmuth）著《希腊人的历史的古制》（Historical Antiquities of the Greeks）第一卷，第一章，四四九页，正文的附录。

明。胞族的功能，无疑的是偏于宗教性质的。但是，希腊胞族的功能，或许像在易洛魁部落间的胞族那样，表现在以下诸方面，即是：在死者的埋葬中，在公共竞技中，在宗教的祭典中，在各种会议中，以及在人民大会中等；在会议中酋长和民众的分组是依照胞族而不是依照氏族。在军队编制上也自然地会把胞族表现出来，这在荷马的诗中有一个很著名的例子，即是涅斯忒对于阿加绵农的劝告。[①]"阿加绵农啊！把军队依照胞族和部落分开来，使胞族可以援助胞族、部落可以援助部落。若是你果真像这样做，及希腊人服从你，于是你就可以分别出来那些指挥官和兵士是怯懦的，那些是勇敢的，他们都将竭全力而战。"以同一氏族在军队中的人员作为组织的基础，则人数实为太少；但是在胞族及部落较大的结合下，就很够了。我们根据涅斯忒的劝告，可以推定出两件事实来：第一、以胞族及部落作为军队组织的标准，在当时已经不普遍了；第二、以胞族及部落组织军队，在古代曾经是通常的方式，关于这一知识，在当时已经消失了。我们已经知道在开化时代中期的特辣斯卡那与阿兹忒克部落，他们在组织军队以及派遣军队时，都是以胞族为标准的，在他们当时的状态之下，这样的方法或许是他们能够组织军队的唯一方法。古代日耳曼部落也是采用同样的原则去组织他们的军队作战的。[②]由此可见，人类诸部落在他们的社会制度的理论上，是怎样地封锁在一狭窄的范围以内，这是一件很有兴趣的事。

---

① 《易利亚德》（Iliad）第二卷，三六二页。

② 塔西佗（Tacitus）著《Germania》，第七章。

　　复血仇的义务，到后来变为一种在法庭中控诉凶手的责任，在最初则是被害者的氏族所负的主要义务；但是，胞族亦分担其责，并且成为胞族的义务。[①]在厄斯奇拉（Aeschylus）的《攸门尼第》（Eumenides）中，当爱利尼（Erinnys）讲述了奥勒斯提（Orestes）杀害了他的母亲之后，接着发出疑问道："他的胞族员将准备如何的涤罪水（lustral water）以等待他呢？"[②]他这句话，似乎暗示如果凶手能逃免刑罚，则最后的被除礼不是由氏族而是由胞族来举行。还有一层，义务的范围由氏族扩大到胞族，在这一事实的里面，也可看出属于同一胞族的一切氏族有共同血统关系。

　　因为胞族这一组织介在氏族和部落之间，不曾授予何种政府的功能，所以不及氏族和部落那样根本和重要；但是，使氏族和部落两者间能够再结合起来这一点上，胞族却是一普通的、自然的、而且也许还是一必要的阶段。如果我们关于希腊人的古代社会生活的精确知识能够再恢复的话，那么，集中于胞族组织中的现象，或者比我们根据贫乏的记录所推定出来的要显著得多。胞族在实际上，或者比我们作为一种组织通常所归予的权力及影响要大些。其在雅典人之间，当氏族制度已经倾覆时尚依然存续成为一种体制的基础；在新的政治体制之下，对于公民的登记、婚姻的注册以及在法庭之前告发杀害胞族员的罪犯等事项，仍保持着某种程度的支配权。

---

① 格罗脱著《希腊史》第三卷，五五页。亚略巴古（Areopagus）的法庭，对于杀人犯有裁判之权。——同书第三卷，七九页。

② 《攸门尼第》，六五六页。

我们常说雅典的四部落各区分为三个胞族，每一胞族复各区分为三十个氏族；但是，这一说法仅是为叙述上的一种便利而已。实则，一人民在氏族制度之下并不分裂成对称的区分和再区分。在他们形成的自然过程中，恰恰与这种方法相反；最初由氏族形成为胞族，次由胞族构成部落，最后部落复结合而为一社会或一人民。每一阶段都是一自然的发展。从而，雅典胞族中各包含三十氏族这一事实，是用自然原因所不能解释的一个最显著的例证。一种强有力动机，如象欲使胞族及部落成为一种对称的组织，可以由相互同意使氏族分裂，直等到每一胞族中达到三十氏族为止；当一部落中氏族过多时，即由有血缘关系的氏族合并，直减到三十氏族为止。还有一更可能的方法，即是将外来氏族收容于需要增加氏族数目的胞族之中。假令由自然的发展达到一定数目的部落、胞族及氏族以后，将四部落中的胞族与氏族化成一致，就可以这样达到。当每一胞族三十氏族、每一部落三胞族的数字一经达到之后，则此种比例，或者除了每一胞族内所包含的氏族数目之外，可以很容易地维持至数世纪之久。

氏族与胞族在宗教上的任务

希腊诸部落的宗教生活，是以氏族及胞族为中心及源泉的。希腊的可惊异的多神主义，与其神灵的等级系统，崇拜的象征和形式——这一切都给了古典社会的人心以极深刻的印象，——我们不能不假定是在氏族及胞族组织中和通过氏族及胞族组织而完成的。这一神话系统曾大大的鼓舞了传说及历史时代的伟大成就，创造了对产生寺院与装饰建筑的热忱，此种建筑，在现代社会中犹欣赏叹美不置。起源于此等社会聚合的某些宗教仪典，由于它们具有所想象的优越神圣性，而被民族化了；同时，也指明氏族及胞族在何种范围内是宗教的摇篮。这一特殊时代的事迹，在许多方面是雅利安族的历史中最重大的时期，但就历史来说大半是湮没了。传说的谱系和神话故事，以及诗歌的断章零片，而以荷马和希西阿的诗篇为殿后，构成这一时代的文学遗迹。但是，他们的制度、技术、发明、神话系统，一言以蔽之，他们所成就的以及随他们所带来的文明的实质，就是他们贡献于他们注定去建立的新社会的遗产。这时代的历史，可以从此种不同来源的知识加以重建，得出氏族社会在政治社会尚未建设不久以前的主要特点。

有如各氏族有其执政官（archon），在氏族举行宗教典礼中司祭司之责，所以每一胞族亦有其胞族长（phratriarch），在会议中充当主席，当举行宗教仪典时负司祭之责。得·科兰朱（De Coulanges）说道："各胞族都有其会议和法庭，且能通过法令。在胞族中，一如家族中一样，有一信奉的神，一僧侣团，一法庭，和一政府。"[①]胞族的宗教上的仪典，是它所包含的氏族宗教仪典的扩大。为了理解希腊人的宗教生活，我们的注意就必须转向这些方面。

---

① 得·科兰朱著《古代都市》（The Ancient City），Small译本，波斯顿，Lee and Shepard书店出版，一五七页。

部落的组成

在组织系统递升的阶段中居于胞族之上的便是部落；它包含若干胞族，每一胞族包含若干氏族。隶属于每一胞族的人民，都有同一的共同血统，都操同一的方言。其在雅典人之间，如前所述，每一部落都包含三个胞族，此等胞族对于各部落则给以同样的组织。雅典部落一方面相当于拉丁部落，另一方面又相当于美洲土著的部落，每一部落要有一独立的方言，这是使它和美洲土著部落的类似成为完全的必要条件。此等希腊诸部落既已集中于一小面积之内而结合成为一民族，便有一种抑制方言变异的倾向，其后更继之以文字和文学的兴起，这种抑制的倾向愈形加强了。但是，各部落沿习其以前的习惯，由于建立在个人关系之上的一种社会体制的要求，所以多少集中于一定的地域之内。这似乎可能每一部落各有其酋长会议，对于各部落有关的各种事项握有完全的最高权。但是，因为管理联合部落一般事务的酋长大会的功能与权力既已让其归于湮灭，那就不能期望处于低下和从属地位的会议的功能与权力能够保存了。如果这样一种会议果然存在过的话，无疑地是由于在他们的社会体制之下事实上有其必要，它也必定是由氏族的酋长所组织而成的。

部落巴赛勒斯（Phylo–basileus）

当一部落中的各胞族集合起来纪念他们的宗教仪典的时候，则是以部落的名义在较高的有机的组织下进行的。因其如此，所以司祭者是部落·巴赛勒斯（Phylo-basileus），即部落的领袖酋长。此领袖酋长是否是他们的军事上的指挥官，我却不能断言。他具有僧侣的功能——这种功能总是与巴赛勒斯的公职自然联在一起的——他在谋杀案件中有裁判管辖权；他是否审判或仅检举凶手，我尚不能断言。巴赛勒斯的公职兼具僧侣与司法之功能而言，倾向于说明在传说及英雄时代中这一职位所达到的尊贵地位。但是，在领袖酋长的职位中找不出有严格意义的行政功能——此种功能是否存在，我们还没有满意的证据——即足以使在历史上屡屡用国王一词来代替巴赛勒斯是一种误称。在雅典人中有部落巴赛勒斯，希腊人他们自己把这个名称用以称呼四联合部落的军务总指挥官，这是正当的。当把每一军务总指挥官都称为国王时，便生出四部落各受治于一个国王而又共同受治于另一国王的语法谬误。所以便生出在事实上所不需要的一大批虚构的国王了。更有进者，当我们知道在当时雅典的各制度根本上是民主的时候，这就成为希腊社会的一种讽刺了。由此即可以看出重新采用单纯而且是本原名词的适当性，采用希腊人用巴赛勒斯的地方而用之，排除国王那种虚伪的相等称号。因为氏族制根本是民主的一理由，所以君主制度和氏族制度是绝不相容的。每一氏族、胞族及部落，都是完全有组织的一个自治集团；就是在由数部落结合成为民族的地方，其所产生的政府，其构成也必须是与其推动其各组成部分的原则相调和的。

民族的组成

组织系统的第四及最后的阶段，即是在氏族社会中结合成的民族。当几个部落，如像在雅典人及斯巴达人中一样，结合成为一个民族时，它虽把社会面扩大了，但是这种聚合体不过是部落的比较复杂的副本而已。部落在民族中所居的地位，是与胞族在部落中、氏族在胞族中所居的地位是一样的。当时对于这种仅仅是一社会（societas）的有机体还没有特定的名称，但是在其地位上为其民族（people或nation）却发生了一种名称。[①]荷马在叙述当时为攻击特类（Troy）城所聚集的军队时，对于当时的民族，如有名称的话，都曾给以个别的名称，如像雅典人、挨佗利亚人（Ætolians）、罗克利亚人（Locrians）等等；但是在别的地方，又以从他们所来的都市或地方的名称称之。根本的事实却是达到了的，即在来克古士（Lycurgus）与梭伦时代以前的希腊人，其社会的组织只有四阶段（氏族、胞族、部落和民族），此种组织在古代社会中差不多是普遍的，而且已经证明在野蛮时代中有一部分是存在的，在开化时代的初期、中期和晚期中

---

① 亚里斯多德、修昔的底斯（Thucydides）以及其他学者，对于英雄时代的政府常用巴赛来亚（basileia）一名称称之。

是完全存在的；及至文明时代开始后尚存续着。这种有机的系列表明在政治社会设置以前，在人类中政府观念发展的程度。这即是希腊社会的体制。它产生一种社会，系由个人聚合体的系列所构成，政府通过他们对氏族、胞族和部落的个人关系而治理之。这还是与政治社会有区别的氏族社会，由于此，它与政治社会根本不同，并很容易区别。

英雄时代的雅典民族，其在政府上呈现出三种不同的、而在某种意义上互相协调的三部门或三权，即：第一、酋长会议，第二、阿哥拉，或人民大会，第三、巴赛勒斯，或军务总指挥官。虽然为着他们情况中日益增加的必要，设置了大批的市政上及军务僚属上的职位，但是政府的主要权力还是为上列三机关所掌握的。我对于酋长会议、人民大会及军务酋长的功能与权力不能作充分的研讨，只能满足于对极重要的、并应该经过专门研究希腊的学者之手所再行研究的问题提供若干暗示而已。

（第一）酋长会议。在希腊诸部落中巴赛勒斯的职位所引起的注意。远在酋长会议和人民大会之上。其结果，致令巴赛勒斯之职常被过于夸大；而酋长会议和人民大会，不是被轻视即是被忽略。然而我们知道此种酋长会议在每一希腊民族间，从我们知识所及的最古时代起直到政治社会建立之时止，实为一种经常的现象。这一制度能在希腊人的社会体制中成为一种永久性的特征，便肯定的证明它的功能是重要的，它的权力是最终的和最高的，至少可以推定地这样说。这种推定是从已经知道的酋长会议在氏族制度之下的原始性质及功能、和酋长会议的天职而得出的。然而在英雄时代此种会议是如何构成的，又酋长是在何种条件下任职的，我们尚不十分明了；但是，此种会议是由氏族的酋长所组成，大概是一种合理的推测。因为组织酋长会议的酋长数目，常少于氏族的数目，所以必定有一种方法在酋长集团中进行选择。这种选择是怎样进行的，我们还不知道。就会议的天职是代表主要氏族的立法机关及其在氏族组织下自然发展的过程而论，使其一自开始时即握有最高的权力，并可能使它直到其存在的最后时期，也是如此。其间，虽因巴赛勒斯之职渐次变为重要，以及因人口与财富之增加在军务及都市事务方面创设了许多新职，遂令会议对于公务之关系发生变化，或至减轻会议之重要；然而，在制度上没有根本的变革以前，会议是不能够被倾覆的。所以，政府的一切公职，从最高以至最低，在公务上似乎都对会议负责。在他们的社会体制中，会议是基本的；[①]在此时期中的希腊人，是在本质上系民主制度之下的自由自治的人民。对于会议的存在，我们可从厄斯奇拉举一例，仅以证明会议在希腊人的概念中是时时存在及发生效力的。在厄斯奇拉所著《攻击底比斯的七人》中，厄提奥克斯（Eteocles）代表守卫底比斯城的指挥者，他的兄弟玻力尼色斯（Polynices）乃围攻这一地方的七酋长之一。其攻击被击退，但是这两位兄弟乃在一城门中遭遇而作个人格斗。在此事变之后，一传令使者说道："我来公布卡德马斯（Cadmus）的这一城市人民的议员之命令与其善意，我认为是必要的。已经决议。"[②]等等。一会议能在任何时候作出并公布命令，并期

---

① 《带奥奈萨斯》第二卷，第十二章。
② 厄斯奇拉著《攻击底比斯的七人》，一〇〇五页。

望人民能够遵守，自握有政府的最高权力。厄斯奇拉虽是叙述传说时代中的事件，他却认识到酋长会议是每一希腊民族的政府体制中所必不可缺少的一部分。古代希腊社会的 boulê（即酋长会议），即是后来国家政治系统中的元老院的原型与范本。

（第二）人民大会。人民大会在传说时代中虽已设立，并有权可决或拒绝会议所提出的关于公务的议案，然而它并没有像酋长会议那样古的历史。酋长会议是在氏族建立的同时出现的；但是具有上面所举出的各种功能的人民大会，在开化时代之晚期是否即已存在，则是一个疑问。在开化初期状态中的易洛魁人间，民众能够由他们自己所选择的发言人把自己的希望提出于酋长会议，民众对于联盟的事务亦能予以影响，这两件事是已经论及过了的；但是有权接受或否决公众议案的一种人民大会，实需要超出易洛魁人之上的理智与知识上的进步才能出现。当阿哥拉（人民大会）最初出现时，如像在荷马诗中与夫在希腊悲剧中所代表者，其所具有的特点，与后来雅典人的人民政治集会（ecclesia）以及罗马人的胞族委员会（comitia curiata）是全然一致的。对公共事务作出议案是酋长会议的特权，然后提出于人民大会以备采纳或否决，人民大会的决议即是最后的决定。人民大会的功能，仅限于这一行动上面。它不能提出议案，亦不能干预政事的管理；但是它有一真正的权力，这种权力对于人民自由的保护是极其适合的。肯定地，在英雄时代中，甚至于在传说时代中，人民大会是希腊诸部落中的经常现象。它与酋长会议是所有这些时代中的氏族社会的民主机构的明确证据。由于他们的理智的应用，在民众中对于所有重要的问题，创造出一种公意，对于这种公意，酋长会议发现为着公众利益计，以及为维持他们自身的权力计，都有咨询的价值和必要；我们这样推定，是有理由的。当人民大会听取酋长会议所提出的问题以后，在其中所有欲发言者都有发言的自由，[①]在古代通常都是采用举手方法作出他们的决议的。[②]当时的民众由于参预与全体利害有关的公务，所以不断地学习了自治的要谛，其中一部分，例如雅典人，为对于后来由克来斯忒尼的宪法所树立的完全的民主政体，作了相当的准备。不幸的是，有一群学者因不能了解和体会民主主义的原则，对于人民大会对公共事务的考虑往往以乌合之众而加以嘲笑，而不知人民大会即是雅典人的人民政治集会和现代立法机关的下院的萌芽。

（第三）巴赛勒斯。此一公吏在希腊社会中成为一显著的人物，就是在传说时代中他也是同样地突出的。历史家们曾经把他放在希腊社会体制的中心。希腊第一流的学者们曾用这一职位的名称以表示这种政府的特性，称这种政府为巴赛来亚（basileia）政府。近代的学者，几乎没有例外，都把巴赛勒斯一名称翻译为国王，把巴赛来亚一名称翻译为王国，丝毫不加以限制的视为是同等的名词。但是我对于当时存在于希腊诸部落间的巴赛勒斯之职，很希望唤起学者的注意，并怀疑这一解释的正确性。盖在古代雅典人的巴赛来亚政府与近世王国或君主政体之间，实没有任何类似的地方；肯定地没有足够相同之点能使二者混为一谈。我们对于一王国政府的观念，根本上是指着一

① 幼里披底（Euripides）著《奥勒斯提》，八八四页。
② 厄斯奇拉著《请愿者》（The Suppliants），六〇七页。

种类型，其中有一个国王，被土地所持有者的特权及爵位阶级所拥护，其统治则随其心之所欲，发布法令与敕令；因为他的统治不能援引说是根据被统治者的同意的，所以只能说是根据世袭权而统治。这样的政府，一面拿着世袭权的原则以自相欺骗，一面假手于僧道主义于世袭权之上更添上一种神权。英国的都铎尔（Tudor）诸王与法兰西的波旁（Bourbon）诸王即是实例。立宪君主制是一种近代的发展，在本质上是与希腊的巴赛来亚政府不同的。巴赛来亚政府既不是君主专制，也不是君主立宪制，更不是暴君政治或独裁政治。现在的问题是，它究竟是什么？

巴赛勒斯的职能

格罗脱主张："希腊的原始政府，在本质上是依据个人感情与神权的君主政体；"[①]他为着证明这种见解接着又说："在《易利亚德》史诗中著名的格言，是被我们所听到的一切实际事件所已经证实了的：'多数人的统治终不是一桩好事；让我们只奉戴一个统治者——一个国王——对于他主斯（Zeus）曾授以王权及其保护的裁可（tutelary sanctions）。'"[②]持此种见解者，不独以格罗脱为然（因为他是一卓越的历史家，所以人们乐于承认他的见解）；但凡是研究

---

① 格罗脱著《希腊史》第二卷，六九页。
② 格罗脱著《希腊史》第二卷，六九页。荷马著《易利亚德》第二卷，二〇四页。

希腊问题的历史作家，都一般地且坚定不移地力持这种意见，竟至承认它为历史上的一种真理。我们关于希腊、罗马问题的见解，都是被熟悉君主政治与特权阶级的学者们所塑成的，他们或者乐于援引希腊诸部落最古的政府作为这种形态政府的一种裁可，君主政体便立即成为自然的、根本的和原始的政府了。

在一美国人看来，真实的说明则恰与格罗脱之说相反；质言之：就是原始的希腊政府，在根本上是民主的；它一方面是依据氏族、胞族及部落而组织成为自治的团体，另一方面则是建立在自由、平等、友爱三原则的上面。这件事实，已由我们对于氏族制度所有的知识所实证了，并且业已证明氏族制度在根本上是以民主原则为基础的。现在的问题是，巴赛勒斯之职在实际上是否是以世袭权为根据从父而传于子的；倘若真是这样，那么，上面所举的原则就被破坏了。我们已经知道，在开化初期状态中，酋长之职在一氏族内是世袭的，那就是说，假使一旦有空位出现，即由氏族的成员补充。譬如在易洛魁人间，世系是女系，故死亡酋长之后继者，通常则由死亡酋长的同胞兄弟中选择出来；又如在阿吉布洼及俄马哈人间，世系是男系，通常则以死亡酋长的长子承继。如大家对于承继者个人不表示反对，这即是照例的；但是，选举的原则依然保持，这种原则，也即是自治的真谛所在。我们还没有满意的证据主张希腊巴赛勒斯的长子，当其父亲死亡之时，由绝对世袭权承继其职位。这是基本的事实；必需要有肯定的证据尚能使其成立。纵然我们承认死亡巴赛勒斯的长子或其子辈中的一人通常承袭其职位是事实，但这不足为绝对世袭权的实证；因为他可能只是一系列中可能继承人之一，但必需由一选举团体自由选举之。这一假定，从希腊诸制度的表面上言，是与巴赛勒斯职位继承的世袭权相反的；却是与人民自由选举，或是由人民加以追认，有如罗马的列克斯（rex）一样，是相合的。[①]如巴赛勒斯职位的承袭，系采用后一种方法，我们还可以说政府依然在民众掌握之中。因为不经过选举或追认的手续，后任者就不能就职；而且因为选举与追认的权利既然保留，则暗示罢免权也依然保存。

格罗脱从《易利亚德》诗中所援引的实例，在解答上面的问题上，并没有什么意义。他所引用的一节，是从攸力栖兹（Ulysses）的演说中摘录出来的，而攸力栖兹是在被围攻的一城市之前对于军队指挥权问题的讲话。攸力栖兹自然可以说："所有的希腊人无论如何不能都在这里统治着。多数人的统治不是一桩好事。让我们只有一个科依来罗斯（koiranos），一个巴赛勒斯，主斯对他曾授以权标，并以神圣的裁可使他得以指挥我们。"

在这里科依来罗斯与巴赛勒斯是用于相等意义的，因为两者都同样是表示指军务的总指挥官。那里并不是攸力栖兹讨论或赞同任何政府计划的地方；但是在一被围攻的城市之前，他有充分的理由主张军队只服从一个指挥官。

---

① 葛拉德士吞（Gladstone）曾把希腊英雄时代的酋长作为国王和诸侯介绍给他的读者，而且加上绅士的资格，然而他不得不承认说："总的说来，我们似乎有完全的长子继承权的习惯与法律，但是没有很明确地规定。"——葛拉德士吞著《Juventus Mundi》，Little & Brown 版，四二八页。

军事的及司祭的职能

我们可以为巴赛来亚（basileia）下一定义：它是一种军事的民主政体，其人民是自由的，其政府的精神——这是根本的要素——是民主的。巴赛勒斯是他们的军帅，在他们的社会体制中就所知道的而论，此种职位是最高的、最有势力的、而且是最重要的职位。因为缺乏一更好的名词来描写这种政府，所以希腊的学者们便采用了巴赛来亚这一名称，因为在这个名称中包含有一军帅的观念，在当时的政府中成为一显著的特征。在酋长会议与人民大会二者与巴赛勒斯的并存之下，对于这种形态的政体如果需要一个更特殊的定义的话，那么，军事的民主政体一词，至少可以说是相当的正确的；如果用王国那样的名称，与其所包含的必然的意义，则将是一种误称了。

英雄时代的希腊部落，居住于有城壁围绕的都市之中，他们由于农业、制造工业和畜牧，人口及财富都有蒸蒸日上之势。于是新的官职以及在某种程度上官职的分工，也都成为必要了；同时，随着理智与需要的增长，新的都市制度也就急速的发展起来了。这一时代也是彼此都想占领最好的地域不断地发生军事争斗的时代。随着财产的增殖，贵族的要素在社会的里面也无疑地日益增加，这是从提秀斯（Theseus）时代一直到梭伦及克来斯忒尼时代雅典社会充满着纷扰景象的主要原因。在这一时代中以及直到第一奥林比亚德（Olympiad）以前不久巴赛勒斯之职最后被废止时（纪元前七七六年），由其职位的性质与其时代的情况，巴赛勒斯变为比在他们经验中以前的任何一个人都要卓越些及有势力些。除了军务之外，并附带有、或原来即有僧侣与司法官的职务；他似乎还是酋长会议的当然议员。这是一极大的、同时又是一必要的职位，在战场上他有充任军队统帅的权能，有指挥驻防都市里面的卫戍军之权；因此，也给了他在民政上获得势力的手段。但是，在事实上，巴赛勒斯似乎并不曾具有在民政上的权能。梅逊（Mason）教授说："我们关于比较更接近历史时期的希腊诸王的知识，是不丰富和不细密的，不足以使我们对于他们的职能绘出一个详细的图样来。"[①] 巴赛勒斯的军事上与宗教上的职能，是比较充分地了解了的，其司法上的职能，就知道的不完全，至于他在民政上的职能，可以适当的说就完全不知道了。像这样一种公职的权力，在氏族制度之下将由经验的应用渐次加以限定，但是，巴赛勒斯则时时有取得新权力而危害社会的倾向。因为酋长会议还存在为政府组成中的成分，我们可以说它和氏族是代表着当时社会体制的民主原则的；而巴赛勒斯不久就成为代表贵族的原则了。这可能在会议与巴赛勒斯两者之间曾不断地发生斗争，想把他的权力限制于人民所愿意给予的范围以内。再者，雅典人对于巴赛勒斯职位之废除，可能是鉴于他动辄有篡夺新权力的倾向，发现它难于制驭，而与氏族制度全然不相容的缘故。

---

① 斯密（Smith）著《辞典》"列克斯（Rex）"一条，九九一页。

英雄时代的政治是军事民主政治

在斯巴达部落间因为有与雅典同样经验的结果，在很早的时代便建立了长官制（ephoralty）以制限巴赛勒斯的权力。我们对于荷马时代和传说时代的酋长会议的功能虽不能正确地知道，但是以其长期存在的一事实而论，便是它的权力是实在的、根本的和恒久的充分证据。在与人民大会的同时存在以及没有变更制度的证据的情形之下，我们可以达到以下的结论：即在既定的习惯之下，会议对于氏族、胞族、部落及民族握有最高权，巴赛勒斯在其职务上的行为是受制于会议的。氏族的自由，而酋长会议中的成员即是他们的代表，是以会议的独立而同时握有最高权为前提的。

修昔的底斯对于传说时代的政府亦偶有所论及，其言如下："现在，当希腊人比以前成为更强大，其所得的财产比以前更多，由于岁入的增加，所以在各都市中出现了很多的暴政；然在以前，却只有世袭的巴赛来亚，其权力是规定了的。"[①]这里所说的巴赛来亚是世袭的一层，是就其系永久的意义来说的，即每遇有缺出即行补充之意。但是，所谓世袭，大概是在氏族以内承袭，由同氏族的成员间自由选举，或者可能是由酋长会议提名而由氏族追认，有如罗马人的列克斯一样。

---

① 《修昔的底斯全集》第一卷，一三页。

亚里斯多德对于巴赛来亚及巴赛勒斯所下的定义

亚里斯多德对英雄时代的巴赛来亚及巴赛勒斯所下的定义，实较其他任何希腊作家所下的定义为最足令人满意。下面是他所说的巴赛来亚的四种形态：第一、即英雄时代的巴赛来亚，系自由人民的一种政府，在某些方面具有有限制的权利；巴赛勒斯是他们的军帅，他们的司法官，同时也是他们的大祭司。第二、即开化人的巴赛来亚，是由法律所规定的一种世袭的专制政府；第三、即他们所谓爱斯米列提克（Aesymnetic）的，是由选举而产生的一种暴君政府；第四、即拉士德蒙（Lacedaemonian）政府，不过仅仅是一种世袭的将军职。①后三种形态的政府姑且置诸不论，就第一种形态的巴赛来亚而言，是与专制型的王国那样的观念以及和所知道的君主政体的任何形态都是不相合的。亚里斯多德列举巴赛勒斯的主要职务是十分明晰的，其中没有一种是包含有民政权的，而所有这些职务都是与由选举产生的终身职相一致的。这些职务也是与他绝对隶属于酋长会议相一致的。在这些著作家下的定义之中，有所谓"限制的权利"，有所谓"特定的权能"，都倾向于显明政府之所以发展成为此种形态、是与在氏族制度之下以及与氏族制度相调和的。亚里斯多德所下的定义中之主要的旨趣，在于人民的自由一点，这在古代社会中包含人民掌握有支配政府的权力，巴赛勒斯之职是由人民自愿的授予，和在充分的理由之下能够收回。亚里斯多德所说的这样的政府，我们可以理解为一种军事

---

① 亚里斯多德著《政治学》第三卷，第十章。

的民主政体，这样的政府，当作在自由制度之下的一种政府形态来看，是当尚武精神风靡一时、当财富与人口渐次增加、市民居住于筑有堡垒的都会之中而习以为常、及当经验尚未准备建立纯粹的民主政体以前的时候，由氏族制度之中自然地而产生出来的一种政府形态。

在氏族制度之下，由于人民组织成氏族、胞族和部落，而每一单位又都组织成独立自治的集团，其人民必然地是自由的。一个借世袭权而统治的国王，在这样的社会中没有任何直接的责任，这简直是不可能的事。这种不可能性，是从氏族制与国王或君主政体之不相容而发生的。如果要推翻从古代希腊社会的构造及原则所产生出来的推定，那就需要直接的证据来证明巴赛勒斯之职是绝对世袭的，及其负有关于民政方面的责任，这样的证据，我想是没有方法找着的。立宪君主政体之下的一英国人，和在共和政体之下的一美国人一样，是享受自由的，而他的权利与自由，也是同样地保障得很周密的；但是，他的那种自由和保障，是依靠由立法机关所制定、由法院所执行的成文法。至若古代的希腊社会，习惯与惯例则代替了成文法的地位，个人的自由与保障，则依赖于他们的社会体制的制度。他们的保障，最重要的就在这些制度之中，犹如职位是由选举而任职所包含的一样。

雅典的后期民主政体

罗马人的所谓国王（reges），同样是一种军事指挥官，并兼摄有僧侣的职务；这种所谓君主的政府，也可以列入于军事民主政体的同一范畴之中。如前所述，列克斯（国王）系由元老院提名，由胞族委员会（comitia curiata）追认；并且他们当中的最后的一个是被罢免了的。由于他的被罢免，这一职位就被废除了，因为它与当时罗马建立政治社会以后所保存下来的民主主义的原则是不能相容的。

在希腊诸部落间，其与王国最相类似者，则为古代希腊各地方此起彼伏的暴君政治。暴君政治是一种强力政治，他们的权力，并不超过中世纪的封建君主之上。不过若要使两者完全相似，则需要使希腊暴君能数世父子相传以确定世袭权。但是这样的政治与希腊人的观念是如此的不相容，与其民主制度是如此的相背驰，所以他们当中没有一个能在希腊得到一永久的立足点。格罗脱对于这个问题曾有所论列，他说："假令有任何精力绝伦的人，逞其横暴或使弄权术，破坏宪法而单凭自己的意志与愿望使其成为一个永久的统治者，纵令他的统治是善良的，他绝不能激励人民对他发生何种责任感。因为他手中的政权从开始就是非法的，甚至于有人剥夺他的生命，不只不受道德心的禁止反将为所赞许，若在别种情形之下，流血则认为是不可赦的罪恶了。"① 实在说来，唤起希腊人的仇视的，并不是取得政权手段的合法与否，而是民主观念与君主观念的冲突，前者是从氏族制度继承下来的。

当雅典人在领土与财产的基础上建立其新政治体制时，其政府是一种纯粹的民主政体。这不是出自雅典人心灵的一种新原理或独特

---

① 格罗脱著《希腊史》第二卷，六一页、六九页。

的发明，只不过是与氏族自身具有同等悠久历史的、所习见的旧制度而已。民主的思想，从亘古以来便存在于希腊人的祖先的知识与实践之中，到了此时，便体现于比较复杂与在多方面比较进步的政府形态之中了。虚伪的成分，即贵族主义的成分，曾浸透于当时的社会体制之中，并且在过渡时代与巴赛勒斯之职相联酝酿了许多斗争，即在巴赛勒斯之职被废止以后，其余毒尚存留于社会之中；但是，新的社会体制却将其肃清了。雅典人能够将他们的政治观念推到其逻辑的结果，在此方面较之其他希腊诸部落都要有成效些。这也是其中的原因之一，为什么雅典人成为在全人类中所仅能产生的——就其人口的比例而论——最杰出、最富于理智、且最有成就的人种。就他们的纯粹理智方面的成就而论，就是在今天，还是可以令人惊愕的。这是因为在前一文化时代中所萌芽的概念，与他们头脑里面的每一纤维已经紧密地织成了一片，而现在则在民主构成的国家的里面得到了适切的果实。在此种富有生命力的冲动之下，便发生了他们的最高的理智发展。

克来斯忒尼所制定的政治方案，虽废止了行政长官的职务，但酋长会议却仍然保持于一选举的元老院之中，人民大会也仍然保存于群众会议之中。氏族制度之下的酋长会议、人民大会以及军务酋长，即是近世政治社会中的元老院、群众会议及行政长官（国王、皇帝、大总统等）的萌芽，这是极其明显的。军务酋长的职位之从有组织社会的军事上的必要而发生，与其随着人类向上的进步而发展，对于我们知识的增进上是大有裨益的。它发端于普通军务酋长，递变而为：

第一、大战士，如在易洛魁联盟中者一样；第二、为比较进步的部落联盟的军务总指挥官，兼司一僧侣的职务，如阿兹忒克联盟的吐克特利（teuctli）；第三、成为由部落的结合所形成的民族之军务总指挥官，兼司僧侣与司法官的职务，如希腊人的巴赛勒斯；最后，为近代政治社会的行政长官。雅典人中继巴赛勒斯而起的执政官，现代共和国的大总统，两者都是选举的职位，都可以视为是氏族制度的自然产物。我们不能不感谢开化人的经验为创设并发展政治上的三大主要机构，如今在文明诸国中无有不并入他们的政府机构之中的。人类的心灵，在人类所有的部落及民族中的个人间都是一一相同的，它的能力的范围是限制了的，只能在同样一致的途径中、及在变异性极其狭小的限制内去活动，而且必须如此去活动。其结果，可以在空间上隔绝的地方，在时间上相距甚远的时代中，将人类的共同经验衔接起来成为一条在逻辑上互相关联的链锁。在人类经验的总聚合体中，还可依然认识出人类思想上的少数原始萌芽，它们利用人类的基本需要，通过发展的自然过程，产生了极其广泛的结果。

第十章

希腊政治社会的建立

氏族作为政治基础的失败

希腊的各社会团体，在其从氏族社会转移到政治社会的过程中，基本上都经历了相同的经验；但是其中最能说明此种过渡方式的，当首推雅典的历史，因为关于雅典人的事实，保存得较为完全的缘故。现在，因为我们并不计划追溯新政治体制发端以前的政治思想发展的过程；所以仅一扼要叙述重要事实的大概，即足以解答目前所讨论的问题。

很明显，氏族制度到了此时，已不能满足社会的复杂要求，于是便产生一种运动，从氏族、胞族及部落收回其民政上的一切权力，而把它们重付予新的选民团体。这种运动的进行是极其缓慢的，经过了长久的岁月，体现于用以补救现存弊害的一系列的连续实验之中。

新体制的出现与旧体制的灭亡，是同样缓慢的，而且在某一期间内，新旧两体制是相并存在的。在此种实验的性质及目的之中，我们可以发现氏族制度之所以不能满足社会要求的理由，发现作为权力源泉的氏族、胞族及部落覆灭的必然性，以及完成此一运动的手段。

试将人类进步的途径回顾一下，我们便可以看出在开化低级状态中部落的常住地，是以木栅围绕的村落。到了开化中级状态中，带着堡垒性质的、以土砖及石料建筑的共同住宅便相继出现。但是，到开化高级状态中时，环状堤防围绕的、最后用整列石头造成围墙的都市，在人类的经验中第一次出现了。当人类思想表现于以具有高塔、胸墙、和门楼的整列石头造成的防御墙壁，围绕足以容纳多数人口的广大地域，用以同样保护其中所有的人口，并用共同力量加以防卫，这确是前进道路上的一大步。属于此种等级的都市，实暗示有固定的而且发达的农业的存在，有牛、羊等家畜的存在，大量的商品以及不动产的存在。都市为社会创造了一新的环境，对政治的技术上带来了新的要求。因之，对于行政长官与裁判官、以及属于各种等级的军务和市政上的公吏、征集与供养军队所必需的公共税收方式等等需要产生出来了。都市生活与需要，必定曾大大地增加了酋长会议的义务和责任，而竭尽了它的治理能力。

前已说过，在开化低级状态中的政府，是酋长会议的一权政府；在开化中级状态中的则是二权政府，即酋长会议及军务总指挥官；在开化高级状态中的则是三权政府，即是酋长会议、人民大会和军务总指挥官。但是，到了文明时代开始以后，政府权力的分化更继续向前进展了。军事权力，最初是在军务酋长上发展起来的，现在则在更大的限制之下由将军及队长所行使了。由于进一步的分化作用，司法权现在出现于雅典人之间了。其行使则由执政官与审判官执行。同时，行政权亦在市政长官之上发展起来。随着经验的进步和向前的发展，此数种政权，逐渐地由分化作用从原来酋长会议所具的政权总体分离出去了，仅就它们而言，可以说是从人民之手转入作为一代表团体的会议之手。

此等市政公职的设置，是他们事务量的扩大与变复杂的必然结果。在担负的增加之下，氏族制度解体了。此时，一面因为权限上的冲突，一面因职权尚未分明而被滥用，所以就有无数的紊乱现象发生。由修昔的底斯关于过渡时代希腊诸部落的情况简洁而练达的描写，①及同时代其他诸著作家关于同一事实所作的记载，便可知道政府的旧体制已日益废弛，一种政府的新体制在进一步的发展上则成为必要了，这一事实，是无可置疑的。政府权力之比较广泛的分配，比较明确的限定，及官吏的责任之比较严密的规定，对于社会的幸福与安全是必要的步骤，特别是由有权威的人创制成文法以代替习惯与惯例，尤为必要。政治社会或一国家的观念在希腊人的心中渐次形成，是由此一文化时代及其以前的文化时代中所获得的实验知识而来的。从最初出现对于政府方案认为有改变的必要之日起，直到全部结果的实现以前，这是经过了数百年漫长岁月的一种发展过程。

---

① 《修昔的底斯全集》第一卷，二页、三页。

提秀斯的立法

在雅典人中初次企图覆灭氏族组织而建立一种新体制的，如果依据传说，则当归诸于提秀斯；但是，保存至历史时代的若干事实，至少可以证实所想象的提秀斯立法的某些部分。把提秀斯当作是一个时代的代表，或作为一系列的事件的代表，是可以的。依据修昔的底斯，从栖克洛普斯（Cecrops）到提秀斯时代，阿提喀人民经常居住在都市之中，有他们自己的公宾馆（prytaneums）和执政官，在无危险之虞的时候，他们并不找他们的巴赛勒斯，只是遵循他们自己的会议处理他们自己的事务。但是，当提秀斯被任为巴赛勒斯的时候，他便劝他们解散各都市中的会议堂和行政厅，而与雅典人联系，共有一个会议堂与一个公宾馆，所有的人民都视为是属于此一会议堂和公宾馆的。[①]这一记载，表现或暗示若干重要的事实；即阿提喀人是组织成独立的数部落的，各部落各有其人民聚居的区域，各有其会议堂与公宾馆；虽然他们都是自治的社会，或者为相互保卫起见而形成了联盟，并选举一名巴赛勒斯或将军，以指挥他们的共同军队。这是一种民主组织的共同社会的描写，因为他们环境上的必要，需要一名军务指挥官，但不授予民政上的职能，因为这是他们的氏族体制所不容许

---

① 《修昔的底斯》第二卷，第十五章。波芦塔克（Plutarch）述及了差不多与此相同的事实："他（译者按：即指提秀斯）把阿提喀的一切居民移住于雅典，并使他们在一个都市里成为一个民族，以前他们是从来散处于各处，为公共利益在紧急期间难于集会的……所以他把每一个别市镇中的诸会社、会议及法院都解散了；他建筑了一个共同的公宾馆及法院，一直到现在还保存着。此外，他把卫城、与其附属地以及新旧市镇，都在雅典的共同名称下统一起来。"——波芦塔克著《提秀斯传》第二十四章。

的。在提秀斯之下，他们结合而形成为一个民族，他们以雅典为他们的政治中心，这就给了他们在以前所不能形成的一种高级组织。数部落在一地域内结合而形成为一个民族，在时代上，是较各部落都占有独立领土的联盟要晚些。这是一种较高级的有机过程。在以前各氏族经常因婚姻关系而互相混合，现在各部落则由领域境界线的消灭、与共同会议堂和公宾馆的使用而互相混合了。此种归诸于提秀斯的事件，说明他们的氏族社会从一低级的进到一高级的有机形态的发展，必定是在某一时代中发生过的，或许是照上面所述的方法实现出来的。

但是，另有一桩指为是提秀斯的事件的，表明一更急进的企图，同时并认识到政府的组织有加以根本变更的必要。提秀斯不问其氏族如何，把人民区分为三个阶级，而给以名族（eupatridæ即出自名门之意）、农民（geomori）及工匠（demiurgi）等名称。凡关于民政与僧侣方面的主要职务，皆授与属于第一阶级的人民。此种分类，不仅承认财产与夫社会统治中的贵族成分，而且对于氏族的统治权力系一直接的反抗运动。此种分类的很显然的意图，是把各氏族的酋长与其家族、同各氏族中的富豪，结合成为他们自己的一阶级，垄断社会权力所寄托的要职。此外，把其余的人民区分为两大阶级，也侵犯了氏族。如果从氏族、胞族和部落剥夺其投票权而授予各阶级，使其从属于占有要职的第一阶级的权利之下，那么，也许可能产生重大的结果。此种措施，对给予新阶级以生机力而言呈有绝对的必要，可是并不曾见诸实行。不但如此，就是关于从来任职的惯例，也不曾根本地予以变更。此时称为名族（Eupatrids）的一种人，大约也就是各氏族中从前任要职握特权的人物。提秀斯的这种计划，因为在实际上并没有把氏族、胞族和部落的政权移于新阶级之手，又因为就此种新阶级作为一种社会体制的新基础而论，也远逊于氏族制，所以便归于废灭了。

巴赛勒斯职位的废除及执政官的建置

从尚不明了的提秀斯时代至梭伦立法（纪元前五九四年）所经过的数百年间，成为在雅典人的经验中最重要的时代之一；不过其间连续发生的种种事件，现时尚不能完全明了。巴赛勒斯职位的废止，是在第一奥林比亚德时代（纪元前七七六年）以前，其后便设立了执政官之职以代之。此种执政官，似乎是在一氏族内世袭的，而且据说只限于氏族内的一特殊家族。最初的十二位执政官则称为麦顿（Medon）的麦顿迪得（Medontidæ），第一个执政官据称是最后的巴赛勒斯科德拉斯（Codrus）之子。关于此等执政官（其职务系一种终身职），存在有与以前关于巴赛勒斯所提出的同样的问题；即在其能就职以前，须由一选举团体的选举或追认是必要的。这种推测，是与执政官职位传递的世袭权相反的。在纪元前七一一年，执政官的任期曾限定为十年，并采用自由选举的方法授与认为对于这一职位最为相称的人物。此时已在历史时期以内了，虽然只接近其起点，我们都遇到关于最高职位的人民授予权的选举原则已明白的完全的建立了。这正是我们从氏族制的组织和原则所期待的东西，虽然贵族主义的原则，正如我们所必须想象的那样，随着财产的增加而增强了其势力，到处成为引起世袭权的源泉。关于后期执政官的选举原则存在的一事实，对于雅典人以前的习惯关于这一问题的关系上，并不是没有意义的。在纪元前六八三年中，执政官的职位定为每年选举一次，数目增加到九名，并将他们的职务变为行政的及司法的。①在这些事件之中，我们可以察觉到他们对于公职的任免的知识上渐次进步的证据。雅典的诸部落从他们的远祖承继了执政官的职位作为氏族的酋长。关于此种公职，我们可以正确的假设，是在氏族内世袭的，并且在氏族的成员中选任。到了世系从女系变为男系以后，死亡酋长的儿子们便都在承继的范围以内来了，他们之中的一人，在对他个人没有异议时，便可能被选举为酋长。但是，现在他们回复到这一旧有的职位，作为他们的最高行政官的名称，使其不依照氏族而进行选举，最初限制其任期为十年，后来为一年。在这以前，公职的任期，在他们的习惯上，是一种终身职。在开化低级状态及开化中级状态中，我们发现酋长的职位是选举的，同时又是终身的；或者只限于能自行检点的期间，这种限制，是从氏族对酋长职位的罢免权而来的。希腊氏族中的

①　"从纪元前六八三年直至民主政体的末叶，执政官的九名数目始终继续未变。其中三名具有特殊的称号——一个称为名祖执政官（Archon Eponymus），当时的年号，就是根据他的称号而来的，通常称为'执政官'（The Archon）。一个称为巴赛勒斯执政官（Archon Basilæus）（王执政官之意），通常称为巴赛勒斯。其他一个则称为波尔马齐（Polemarch）（司令官）。其他六名执政官，则以德斯摩德特（Thesmothetæ）一般称号称之。……名祖执政官，解决与家族、氏族及胞族有关系的纠纷：他是孤子寡妇的法律上的保护者。巴赛勒斯执政官（或王执政官），享有处理关于宗教情感上的触犯与关于谋杀事件的权能。波尔马齐（就克来斯忒尼时代以前说）是军事方面的领袖，是公民与非公民之间冲突的裁判官。"——格罗脱著《希腊史》第一卷，第三章，七四页。

酋长职位，系由自由选举及由同样条件而任职，这是一种合理的推定。雅典的诸部落对于他们最重要的公职，以一定年限的任期代替终身制，让候选人有所竞争，这一事实，必须视为是他们在这样早的时代中、知识上一显著进步的证据。因之，他们已经作出了一选举的、与代表的、公职的全部原理，并且把这一原理放在它的真实基础之上了。

诺克拉里（Naucrary）与特里迪斯（Trittys）的设置

在梭伦时代还可以注意到，由卸任执政官组成的亚略巴古法庭（The Court of Areopagus）已经出现了，此种法庭，握有审讯罪犯及矫正风俗之权，此外更设立了关于陆军、海军以及行政任务的许多新职务。但是，约在此一时代中所发生的最重要的事件，便是诺克拉里（naucrary）的设置，每一部落中区分为十二个诺克拉里，合计四十八：每一个诺克拉里是一有若干家主的地方分区，从之征集陆海军兵役、或者亦从之征收租税。诺克拉里是德姆或都市的初步形式，当以领土为基础的观念充分发达时，它便成为政府上第二大方案的基础。诺克拉里制创自何人？现在还不明白。柏克（Boeckh）说："它们甚至在梭伦时代以前必已存在，因为诺克拉里的主脑官吏在梭伦立法以前就已经被人提到了；当亚里斯多德以诺克拉里的创设归诸于梭伦时，我们可以把这一记载只是当作梭伦的政治宪法加以追认而已。"①十二诺克拉里成为一特里迪斯（trittys），一较大的地域上的分区，但是不一定是彼此相邻接；同样，特里迪斯是州或郡的萌芽，成为在都市以上的次一级的地域聚合体。

尽管掌管政府行政上的机构有着巨大的变化，但是人民还是在一氏族社会之中，依然生活于氏族制度之下。氏族、胞族和部落依然显示着充分的活力，是公认的政权的源泉。在梭伦时代以前，不论何人，除了与一氏族和部落发生关联外，不能成为社会的一员。其他的一切个人，便都在政府的疆界以外。酋长会议还继续是政府的、旧的、久被尊崇的机关；但是政府的权力则在酋长会议、阿哥拉或人民大会、亚略巴古法庭、及九名执政官之间协调了。起草及完成公共提案以备提交于人民之前，是酋长会议的特权，这一规定使会议能够掌握政府的政策。它无疑的有掌管财政行政的一般的管理权；它自始至终，同样地是政府的中枢。现在，人民大会渐次变成显著了。它的功能虽然还是局限于可决或否决酋长会议所提出的关于公共的议案，但是于公务则开始发生它的强有力的影响。人民大会的兴起在政府中成为一种力量，是雅典人民在知识及理智上进步的最确切的证据。不幸的是，关于此种古代的酋长会议和人民大会的功能与权限的资料，保存得不完全，并且只曾一部分地被阐释。

纪元前六二四年德累科（Draco）为雅典人制订了一部法典，其主要特异之处即在其不必要的严苛；但是，这一法典证明在希腊人的经验上，用成文法代替惯例和习惯的时期已将到来了。不过当时雅典

① 《雅典的公众经济》（Public Economy of Athens），Lamb翻译，Little and Brown版，三五三页。

人还没有学会制定法律的技能，虽然在他们的需要上已经出现了；因为制定法律需要比雅典人所已获得的关于立法机关职能的更高级的知识。他们已进到法典制订者出现的阶段中，然而立法则是在规划或总括状态中、于个人名义的裁可之下出现的。然而，人类进步的伟大连续顺序，已徐徐地展开了。

梭伦的立法

当梭伦就任为执政官的时候（纪元前五九四年），蔓延于社会中的恶弊已达到不可忍受的程度了。财产取得的争夺，成为当时主要的利害关系，已产生出不可思议的结果。雅典人中的一部分因为债务的关系已陷入奴隶境地——负债者如不能偿清债务便有沦为奴隶的可能。其他的一部分，虽将土地抵当，仍不能免掉债权的束缚。由于此等及其他穷迫所引起的结果，致使社会自相吞噬。除了一部立法之外，——其中有些是新法，但其目的均在救治当时财政上的主要困难——梭伦重新提出了提秀斯将社会组织成阶级的计划，但他并不是像从前以职业来区分，而是以财产的数量为依据。如果我们随着废黜氏族制而代以新体制的实验的经程前进，对于我们倒是很有益的，因为我们将要发现在塞维阿·塔力阿时代的罗马部落，也在为着同样的目的做同样的实验。梭伦根据人民财产的多寡，把他们区分为四个阶级，他更超出提秀斯之外，对于此等阶级授予某些权力，同时并责以某些义务。这一立法，把氏族、胞族和部落的一部分民政权移于有产阶级了。依照自前者剥夺其权能的实质而授予后者的这一转换的比例看，氏族则将开始衰颓。但是，从以个人组成的阶级代替以个人组成的氏族来看，政府依然是以个人为基础，依然是建立在纯粹的个人关系之上。这一计划，不曾达到它所要解决问题的本体。还有一层，将酋长会议改变为四百名议员的元老院，但是议员则是以同等的名额从四部落中征集而来的，并非从四阶级中网罗出来的。但是，我们可以注意到，以财产观念作为政府体制基础的一事，现在已被梭伦结合于有产阶级的新方案之中了。虽是如此，它尚没有达到政治社会的观念；因政治社会，必须以财产而同时以领土为基础，通过人民对于领土的关系而治理之。当时只有第一阶级才有被选举任高级职位的资格，第二阶级服骑兵役，第三阶级服步兵役，第四阶级则充当轻装步兵。第四阶级在人员上占最多数。他们既无任公职的资格，亦不负纳税的义务，然而在人民大会中他们是成员，对于一切行政官及其他官吏的选举具有投票权，并有权对于此等官吏提出责问。此外，由元老院提请他们决议的一切公共议案，他们有权采纳和否决。在梭伦的宪法之下，他们的权力是实在的、坚牢的，他们对于公务的势力是恒久的、实质的。一切自由人，虽然不属于氏族和部落，然而在此时期，因为他们成为公民和人民大会的成员，并且握有如上所述的权能，所以在某种程度内，便进入政府之中了。这就是梭伦立法所获得的最重要的效果之一。

政权从氏族到阶级的部分的转移

我们可以进一步的注意到，人民在此时期是作为一种军队而组织的，其中包含三分队：即骑兵、重装步兵和轻装步兵，每一分队各有其不同等级的将校。条文形式只将参加兵役限于最后的三阶级，所以使第一阶级仅从事于政府组织中要职的猎取而不参加任何兵役，使他们沦于非爱国的地位之中。这一现象，无疑地需要加以改革。同样组织上的方案，但是包括五阶级，在塞维阿·塔力阿之下复出现于罗马人之间，他将整个人民都加以军队的组织，每一分队都有足够的将校及充分的装备。军事民主政体的观念，在组织上虽有区别，但在理论上则和前一时代的全然相同，复以一种新形式出现于梭伦的宪法及塞维阿的宪法之中。

除了成为新社会体制基础的财产要素以外，领土的要素，通过前面已述及的诺克拉里制度，也部分地结合于新体制之中了。在其中大约有公民及其财产的登记，以形成为军事征调与租税征收的基础。于此等规定之外，复有元老院、此时称为人民政治集会的人民大会、九名执政官以及亚略巴古法庭等，给了雅典人一种比他们以前所知道的更复杂的政府组织，需要更高程度的理智来加以支配。此种新政府，在本质上是和他们从前的思想与制度相调和的；在事实上，也是过去的思想与制度的逻辑的结果；而且只有如此，才可以加以说明。但是，就下列的三点而论，它还不是一种纯粹的体制：第一、其基础不是建立在领土上面的；第二、所有国家的显职，并不是对每一公民都是开放的；第三、在基本组织中的地方自治原则，除掉在诺克拉里制度中可能不完全地存在外，当时尚完全不知道。氏族、胞族和部落，依然生气勃勃地存在着，不过在权能方面减少了一些而已。这种政府是一种过渡的状态，需要更进一步的经验来发展一种政治系统的原理，为达到这一点它是一巨大的进步。人类的制度，由于人类心灵的逻辑的作用，进行于同样的、但是预定的途径之中，徐徐地、但是坚定地从低级形态进而为高级的形态。

不属于任何氏族的人民

推翻氏族制度而代之以政府的新方案，其中有一重要的理由。这一理由，提秀斯或者是认识到了的，无疑地，梭伦是认识到了的。在传说时代以及在梭伦以前的时代，因为希腊诸部落间的扰攘状态以及人民之不可避免的移动的结果，于是有多数人民从这一民族移转到另一民族，因此与他们自己的氏族失掉了联系，而又不能从其他的氏族取得关系。这样的现象，由于个人的冒险，由于通商的风气，由于战争的困境，屡屡反复地发生，致令有相当数目的人口与其子孙在每一部落中发展起来而不属于任何氏族。所有这样的人民，如前所述，系处于政府的范围以外的，因为除了通过氏族或部落以外，不能与政府发生任何的关联。这一事实，曾被格罗脱注意到了。他说："不论在任何时代，胞族及氏族大概从来没包括过一国中的整个人口——

这些不包容在胞族及氏族以内的人口，在克来斯忒尼时代以前及其以后，有渐次增大的倾向。"[1]早在来喀古士时代，就已经有相当数目的移民从地中海诸岛以及其东岸许多爱奥尼亚（Ionian）都市移住于希腊，这样一来，便使不属于任何氏族的人数因之激增。当他们整家而来时，他们则携有一新氏族的断片；但是，除非新氏族能够加入于一部落中时，他们依然还是侨民。这样的事实大概时有所发生，这也可以帮助说明希腊的氏族为什么异常之多。氏族和胞族都是紧密的组合；两者都由收容外人于本地的氏族之内而被混杂。有名的人物自可以为某一氏族所收容，或者连他们的氏族也可得到允许加入某一部落；但是，比较贫困的阶级，则没有此等机会了。早在提秀斯时代，特别是在梭伦时代，除奴隶不计外，无所隶属的人数无疑地已成为很大了。他们既没有氏族也没有胞族，所以他们也没有宗教上的直接特权，因为这些特权都是为此等组织所固有或独有的。在这一阶级的人民中，一种危及社会安全的不满情绪的高涨，是不难看出的。

公民权的授予

提秀斯和梭伦的计划，对于这些无所隶属的人民由通过阶级而授予公民权，作了些不完全的规定；但是，因为氏族及胞族尚依然存留而把他们摒之于外，所以这种补救仍然是不完备的。格罗脱更进

---

① 《希腊史》第三章，六五页。

一步的说："我们很不容易明白地找出古代氏族及胞族在梭伦立法之下的政治地位究竟是如何。四部落完全是由氏族及胞族构成的，因此，如果个人不属于某一氏族和胞族，就不能加入任何一个部落。现在，新的预审机关（probouleutic）元老院，系由四百名议员所组成——每一部落各占一百名：凡是不属于任何氏族及胞族的人民，就不能进入元老院了。根据古代的习惯，对于九名执政官的选举条件也是相同的——自然，对于亚略巴古法庭，也是一样。所以，不隶属于此等部落以内的雅典人，所能够参与的机关只剩下有人民大会了。但是他尚不失为一个公民，因为他对于执政官及元老院议员的选举有一票的投票权，并且对于执政官及元老院议员的责任的清算中，每年表决时他也可以参加；除此以外，如果他有冤屈的话，他也有权亲身向执政官要求申理——至若侨民，则只有通过一个作保证的公民（avouching citizen，or Prostatês）的居间，才能够提出。所以，这似乎不属于四部落中的一切人民，不问其等级或资产如何，和梭伦的人口调查中第四阶级即最贫阶级一样，在政治的特权上都是同一的。前已说过，甚至在梭伦以前，不包括在氏族及胞族以内的雅典人的数目，大概是不少的；因为氏族、胞族是关闭而不是扩展的集团，所以无所隶属的雅典人的数目便有日益增加之势；而新立法者的政策，则倾向于从希腊其他的部分招致勤勉的移民使之移住于雅典。"① 罗马平民的发生也是由于一样的原因。他们既不属于任何氏族，所以也不能成为"罗马民族"的一部分。在上面所述的事实中，我们可以找出氏

① 《希腊史》第三章，一三三页。

族制度何以不能满足社会需要的理由之一。在梭伦时代，社会的发展已经超过了氏族的统治能力以外，社会事务的进展，亦为氏族创始时代的状态所望尘莫及了。因此，从人民已经发达的程度为标准来看，氏族为国家所供给的基础，则太过于狭隘了。

阿提喀的市区制

把氏族、胞族及部落的成员使其聚居在一个地方的困难，同时也增加了。就作为政府中的有机系列的各部分而论，聚居的集中化是十分必要的。在初期时代，氏族共有其土地，胞族亦有作为宗教用途的若干共有土地，部落亦大概也领有其他的共有土地。当他们移居于乡村或都市的时候，他们就按着氏族、胞族和部落的区分而各聚居于一个地方，这是他们社会组织的自然结果。每一氏族大体上均聚居于一处——并非所有的成员都在一起，因为在每个家族中都为两个氏族所代表，不过蕃衍氏族的集团是聚居在一起的。属于同一胞族的氏族自然找寻接壤的地域、或至少比较接近的地域来居住，属于同一部落的数胞族当然也是一样。但是，在梭伦时代，土地和住宅变为个别地为各个人所有，并且对于土地有让渡于氏族以外的权利，不过对于住宅还不能让与氏族以外。由于个人对于土地的不稳定的关系，由于氏族成员在其他地方创立了新财产，无疑地，使氏族的成员聚居于一个地方愈成为不可能了。他们的社会体制的单位，在地域上同时也在性质上，都陷入于不稳固的状态之中，关于他们的情况虽不必再作更详细的探讨，然而这已经证明是政治的旧方案失败的理由之一。市区制（township）与其暂时的固定财产和居民，产生了为氏族制所缺乏的恒久性的要素。社会从其以前极端单纯状态中已有了巨大的进步。此时的社会，与氏族组织刚为建立起来统治时候的社会，已大为不同了。没有别的，只有从雅典诸部落定居于阿提喀直至梭伦时代的不安定状态以及部落间不断的战争，才保持了氏族制度不至于覆灭。当他们定居于城壁围绕的都市以后所出现的财富与人口的迅速发展，则使氏族制度受到了最后的试验，结果证明它没有能力统治—已在迅速地接近于文明的人民。不过，氏族制度的废灭，就是在当时也还需要一个长久的期间。

克来斯忒尼的立法及政治社会的建立

在创设政治社会中所必须克服的困难的严重性，在雅典人的经验中得出了突出的例证。在梭伦时代，雅典已经产生了有能力的人物；应用技术已获得了显著的发展；海上贸易已成为整个国民的利害关系；农业及制造业已充分进步；用文字作诗亦已开始。事实上，在过去二百年间他们已成为一文明的民族；不过他们的政府上的制度依然是氏族的，而且是整个开化时代晚期所盛行的氏族制度的典型。梭伦的新体制曾对雅典联邦给予一巨大的刺激；但是，在国家的观念充分发达于雅典人的心中以前差不多经过了一世纪之久，其间还随伴着许多扰攘现象。由诺克拉里制度终于形成了为政治体制单位的市区制的概念；但是，为着充分地把握这一概念并赋予以有机的体现，却需要一有伟大个人感召力及具有最高天才的人物。这样一种的人物终于在克来斯忒尼（纪元前五〇九年）的身上出现了，他必须视为是雅典的立法者当中最早的一人——是近代文明诸国所依以组织的人类政府第二大方案的创始者。

克来斯忒尼深入这一问题的基层，为雅典的政治体制奠定了一种基础，这一基础直存留到雅典国家独立存在的终局为止。他把阿提喀分为一百个德姆（deme），或市区；每一市区都有一定的界限，并各给以名称以区别之。每一公民都必须登记，在他所住居德姆中的财产也必须登记。此种登记，即是他的公民特权的证据与基础。德姆代替了诺克拉里。德姆中的居民都组织成一政治体，享有地方自治权，宛如近世美国的市区一样。这就是此种体制的重要而且显著的特色。它即刻显示出其民主的性质。在其区域组织的系列中，最基层组织的政权，是放在民众掌握之中的。德姆会议（demotæ）选举一市长（demarch），他保管公共登记簿；他为着选举行政官和司法官，为着改订公民登记簿，为着登记在一年中达到成年的人民，有召集德姆会议的权能。他们选举出一司库官，并规定税额与其征收，以及德姆对于国家所应分担的兵役名额。此外，他们选举出三十名审判官（dicasts）或裁判官（judges），以审理德姆内所发生的关于数量降低到某种金额以下的一切原因。除了地方自治的这些权限以外，此等权限乃系民主体制的精华，每一德姆有它自己的寺院和宗教上的崇拜，有它自己的祭司，也是由德姆会议所选举出来的。省去不重要的细节，我们可以看出一种有教育意义而且显著的事实，即当时初次创设的市区，具有关于地方自治的一切权能，其权限范围之充分与广大，甚至尚在美国市区之上。其宗教上的自由亦值得注意，在人民的支配之下已将宗教置于它应该所在的地位了。凡是注册的公民都是自由的，除掉关于尊位显职的被选举权以外，其他在一切权利与特权上都是平等的。这即是雅典的政治社会中的组织的新单位，我们可以注意到它是一自由国家的典型，同时也是智慧与知识上所放的异彩。雅典人此时开始了一种民主的组织，这是每一民族希望创立一自由国家所必须开始的，并且必须把政府的控制置于人民的掌握之中。

领土的有机系列的第二个单位，便是由十个德姆所结合而成立的一个较大的地理区域。他们为着保存旧氏族制度的一部分名词起见，所以称它为地方部落（local tribe）。[①] 每一区域用一阿提喀的英雄之名以名之；它是现代郡的类似体。每区域中的各德姆，通常都是彼此相邻接的，如果要使这一种类似成为完全，则必须均是一致；不过在少数情况中，一区域中间有一两个德姆与其他的德姆是相隔离的，大约这是由于原来有血缘关系的部落中在地域上分离的部分，希望把他们的德姆合并于他们的直接亲族所居住的区域所产生出来的

① 拉丁语之 tribus（即部落之义），原来含有"第三部分"的意思，用以表示当时由三部落而组成的人民的第三部分。但是，经过时代的变化，当拉丁诸部落由地方的关系代替血缘的关系以后，像雅典的地方部落一样，部落一语便失掉其数字上的性质，一如在克来斯忒尼之下的 phylon（亦部落之义）一语一样，而成为地方的名称了。蒙森著《罗马史》第一卷，第一章，七一页。

结果。各区域或郡的居民，也是一政治体，享有某种地方自治权。他们选出一名部落长（phylarch），他指挥骑兵；选出一名师团长（taxiarch），他指挥步兵；选出一名将军以统辖两者。又每一区域因为要供给五艘三层桨座的战舰（triremes），或许他们也要选出指挥此等战舰的舰长。克来斯忒尼把元老院的名额增为五百名，每一区域各分配五十名。他们都由各区域的居民选举之。关于此种较大的政治体的其他职能一定是存在的，不过尚未有完全被诠释出来。

领土系列的第三，即最后单位，便是由十个地方部落或区域所成立的联邦或国家。它是包容整个雅典公民的一种有组织的政治体。它由元老院、人民政治集会、亚略巴古法庭、执政官、司法官及选举出来的陆海军指挥官团体所代表。

像这样，雅典人就在领土及财产的基础上创立了政府上的第二大方案。他们以领土聚合体的一系列代替了个人聚合体的一递升系列。作为政府的一种方案，其领土的基础必须是恒久性的，其财产的基础则或多或少是地方性的，并且现在则通过公民对于地域的关系，即作为定居于德姆中的公民，而加以治理。要成为国家的一个公民，必须先成为德姆的一个公民。一公民在他的德姆内投票和纳税，从他的德姆中应召服兵役。同样，他从他的地方部落的大区域被选而入元老院，应召而指挥陆军或海军的分队。作为一个公民，他的氏族或胞族关系已停止了指挥他应尽的义务。这两种体制的对照，其显著的程度一如其性质上的根本差异。人民在领土的范围内结合而成为政治体，到了此时已经达到了完全的境地。

　　领土的系列也进入近世文明诸民族的政府方案之中。比如在我们之间有市（township）、县（county）、州（state）及合众国（United States）；而每一区域的居民都形成为享有地方自治权的、有组织的政治体。每一级的组织都充分地发挥其活力，在一定范围内完成其功能，而是至高权。法兰西亦有同样的系列，即市区（commune）、郡（arrondissement）、州（department）及帝国——现在改变为共和国。在大不列颠，其系列则有区（parish）、州（shire）、王国以及三王国。其在萨克森时代（Saxon Period）的小邑（hundred）这样的组织，似乎与市区相类似；[①] 但是，除邑裁判所而外，地方自治权已被阉割了。此等地域内的居民，都组织成为政治体；但是，直接在最高级以下的组织，其权限是十分有限的。在君主制度之下的中央集权的倾向，事实上，致使一切下级组织都萎缩了。

　　氏族、胞族和部落因克来斯忒尼立法的结果，其势力被剥夺，因为它们原有的权力被夺取而赋予德姆、地方部落及国家了，自此以后，德姆、地方部落和国家即成为一切政权的源泉。然而氏族、胞族和部落甚至在被推翻之后并没有被解散，仍作为系谱与血统、及宗教生活的源泉，绵延至数百年之久。在狄摩西尼（Demosthenes）的某些演说中，其涉及个人或财产权、世系或墓葬权的事件中，可以看出在他的时代氏族和胞族二者都似乎是现存的组织。[②] 新制度对于氏族与胞族在宗教仪典、若干刑事手续以及若干社会习惯的关系方面，并

---

① 亨利·亚当（Henry Adams）等著《盎格罗·萨克森法》（Anglo Saxon Law），二〇页、二三页。
② 特别参看《反驳反驳论》与马尔卡图斯（Marcatus）之演说。

未予以搅乱，所以阻止了它们的完全解体。但是阶级，不拘是提秀斯所设置者，或后来梭伦所创立者，在克来斯忒尼以后都消灭了。[①]

雅典的民主政治

梭伦通常被视为是雅典民主政体的建立者，但有一部分学者，以其工作的一部分归诸于克来斯忒尼和提秀斯。若是我们把提秀斯、梭伦与克来斯忒尼三人都视为是和雅典的三大运动相关联的人物，他们并不曾创制一民主政体，因为雅典的民主政体较他们当中的任何一个人都要早些，他们只是对政府的方案从氏族组织改变为政治组织而已，像这样，我们对于事实的真相就要比较接近些了。他们对于从氏族制度所继承下来的民主政体的现存原则，并未企图予以变更。他们各在他们当时的时代中，只是对于为形成国家所必需的、即以政治社会代替氏族社会的大运动中有所贡献而已。市区制的发明，以及将其居民组织成为政治体，实是此问题的主要特点。对于我们，这好像是很简单的事情；像市区这样的观念，在没有见诸于现实的创设以前，实竭尽了雅典人的最大的能力。这是克来斯忒尼天才的灵感所致，这是一巨匠的杰作。在新政治社会中，雅典人察觉到一种完全民主政体的各种根本原则实早已存在，只需要一种政府方案上的改变，以便给予它比较广泛的范围和充实的表现就行了。依著者看来，我们为大历

① 赫尔曼（Hermann）著《希腊政治的古制》第一卷，一八七页，九六节。

史学家格罗脱的错误假定所迷误的，恰恰就在于这里，（他对于希腊制度的一般见解是如此其正确和明白）即他认定希腊诸部落的初期政治在本质上是君主的。[①]在这一前提之下，则需要一种制度上的革命来说明雅典民主政体的存在，在其下雅典人完成了他们精神上的伟大成就。但是，这样的革命并没有出现过，从来也没实行过制度上的根本变革，其理由是：他们当时是、而且从来也是、在本质上是民主的。固然篡夺的事实也不免有时发生，并继之以为回复到以前秩序的争论；但是，他们从来没有失掉过他们的自由，也未尝失掉过他们的自由与自治权的观念，这种观念，是他们从所有以前的时代所继承下来的遗产。

　　现在，我们暂时回复到巴赛勒斯的问题，因为这一公职有一种使其任职者较其他任何人有易于显露头角的倾向。他在历史上是最先触着历史家的心眼的人物，并且把他蜕变为国王，借着神权以统治一原始的民主政权的矛盾现象。在一军事的民主政体中，把他作为一将军的职位看待，那他就成为可以理解了，并且亦不违反当时存在的诸制度。此种公职的设置，对于氏族、胞族和部落的原则并未予以何等改变，因为它们在本质上是民主的，并且在他们的氏族体制上必然地会留下深刻的印象。民众对于人权的侵害不断地予以反抗的行动，其证据是并不少的。军务酋长是属于传说时代的，当时政府的各种权力的界限尚未划分分明；但是酋长会议是体制的中枢，而且氏族、胞族

---

① "原始的希腊政府，在本质上是君主的，而以个人的感情和神权为基础。"——《希腊史》第二章，第六九页。

和部落亦在正盛时期。单就此等事实而论，亦足以决定当时政府的性质了。[①]

克来斯忒尼所改建的政府，和梭伦时代以前的政府，有鲜明的对比。但是，如果人民随着他们的思想推到其逻辑的结果，这一推移，不只是自然的，而且是无可避免的。它不过是一种方案的改变，并不是原则上的、甚至于不是机构上的变更。酋长会议仍保持下来成为元老院；人民大会成为人民政治集会；三名高级执政官，像从前一样，成为国务、宗教、司法等部长；同时，六名下级执政官，则和裁判所以及每年为着司法事务所选举出来的审判官一大批人，共同负着司法上的职务。在此体制之下，没有行政长官，这是这种体制的突出特色之一。其与行政长官最相接近的，便是元老院的议长，此元老院的议长是依抽签选出的，其任期只有一天，并在这一年以内，他没有再被选任的可能。元老院议长仅有一天当民众会议的主席，并掌握卫城与金库的锁钥。在新政府之下，民众会议握着权能的实质，负领导雅典命运的职责。对于国家能给予安定与秩序的新要素，是享有完全自治权和实行地方自治的德姆或市区。同样组织的一百德姆，当然可以决定联邦的一般动向。因为单位如此，故其组成亦应当是如此。如在前面已经论及的一样，若是人民要学习自治的技术、要知道维持平等的法律及平等的权利与特权，那么，就应该最先从这里着手。人民

---

① 斯巴达直到文明时代中尚保留其巴赛勒斯之职。此种职务是一种双重军职，并在一特定家族内世袭。其政府的权力则平分于酋长会议（Gerousia）、民众会议、五长官（ephors）以及两名军事指挥官之间。长官之职，每年改选一次，具有类似罗马护民官（tribunes）的权能。至于斯巴达的王位之说，则须要加以保留。军务酋长则统率军队，并以其大祭司的资格对神供献牺牲。

必须确保社会的一切权力以及政府本身的控制，除了为保证一般的行政效率所必须的权力以外，于自己的掌握之中。

雅典在新政治体制之下迅速地获得了势力和荣誉。把雅典人升到在人类的历史民族中最高卓越地位的那种天才与理智的显著的发展，是在民主制度的激励之下发生的。

随着在克来斯忒尼下的政治社会的建立，氏族制度便作为开化时代所遗留下来的一片褴褛而弃置一边了。他们的祖先，曾在不可以数计的世纪中，生活于氏族制度之下，在其间他们获得了文明的一切要素（其中包括文字），并且进入了达到文明的途程。氏族制度的历史，将存留下来成为以前诸时代的永久的纪念塔，因为它是与人最显著最广泛的经验相结合的。氏族制度必须永远列为是人类中最显著的制度之一。

在这个最简略而不充分的论列中，讨论只限于雅典历史中所发生的主要事件。不过凡是对于雅典诸部落所认为是真实的情形，对于希腊其他诸部落，基本上也一样是真实的，虽然他们所显示的规模没有这样的广泛和宏大。此种讨论，对于所提出的主要命题之一，有使其更加明白的倾向——即是：在人类一切部落中的政府的观念，都是经过连续的发展阶段而产生的。

第十一章

罗马的氏族

意大利诸部落的氏族组织

当拉丁人与其同类萨伯利亚人（Sabellian）、阿斯堪人（Oscans）以及安布立亚人（Umbrians）来到意大利半岛之时，或者还是一个民族；他们有家畜，可能还栽培谷物及其他农作物。①是时，他们至少

---

① "印度日耳曼（Indo-Germanic）语的各民族，在今日虽各自分离，但是当他们还是一个民族操同一语言的时代时，他们达到了文化上的某种阶段，而且具有适应于这一文化阶段的语汇。这些民族，都把这种语汇随着他们带着，在其既成立的习惯用法上，当作是一种共同的财产及一种他们自己语言构造向前发展的基础……从而于家畜的固定不变的名称中，我们便可获得在这辽远的时代中的关于牧畜生活发展的证据。例如梵语的 gâus，即是拉丁语的 bos，希腊语的 bous；梵语的 avis，即是拉丁语的 ovis，希腊语的 ois；梵语的 aęvas，即是拉丁语的 equus，希腊语的 hippos；梵语的 hañsas，即是拉丁语的 anser，希腊语的 chen；……另一方面，我们还没有关于这个时代的农业存在的肯定证据。不过语言却倾向于否定这一见解。"（蒙森著《罗马史》，Dickson 译，一八七一年 Scribner 版，第一卷，三七页。）在附注中，蒙森却说："大麦、小麦及 spelt（译者按：系一种小麦名）在亚拿（Anah）西北幼发拉底（Eupharates）河右岸共同野生。在美索不达米亚地方大麦及小麦的野生情况，已为巴比伦（Babylonian）的历史学家柏洛萨斯（Berosus）所言及。"

费克（Fick）关于这一问题也如次说道："牧畜为原始社会生活的基础这是明确的，我们从原始语

已进步到开化中级状态的末叶；当他们开始进入历史期间时，他们已达到开化高级状态，而接近于文明之域了。

　　在罗缪勒斯（Romulus）时代以前的拉丁诸部落的传说历史，较诸希腊诸部落的传说历史则远为贫乏与不完全。希腊人比较早的文学上的修养以及在文艺上比较强的倾向，使他们能够保存他们传说中的一大部分。关于罗马诸部落以前的经验，其传说的范围并未超越他们在阿尔班（Alban）丘陵地带以及自罗马以东阿本尼（Appenines）山脉间所营的生活以前。在生活技术上有这样进步的部落，必须在意大利有很长久的居留，才能抹杀他们关于他们所自出的国土的一切知识。在罗缪勒斯时代，① 他们已经因分化作用而形成为三十个独立部落，不过为相互保护起见尚结合为一种松懈的联盟。他们也占有互相邻接的领土区域。萨伯利亚人、阿斯堪人以及安布立亚人，在一般的情况上是相同的；其中的各部落也处于同样的关系之中；他们领土上的界限，正如所期待的一样，是以方言为基础的。他们通通一样——包括他们北部的邻居伊特剌斯坎（Etruscans）人在内——都

言中所能找到关于农业者，只是极少的开始而已。他们知道少数谷物，那是无疑的；不过它们的种植是为取得兽乳及兽肉的供给，而很偶然的为之罢了。人民物质生存的基础，并没有建立在农业之上。这一事实，由于在原始语言中关于农业语汇的极其稀少一现象来看，便完全显得明白了。这些原始语汇如 yava（即野生果实之意）、varka（锹或犁之意）、rava（镰之意）、pio，p.nsere（烤之意）、mak，希腊语的 masso，有打谷或碾谷之意等是。"（费克著《印度欧罗巴语的原始一致性》（Primitive Unity of Indo-European Languages）一八七三年 Göttingen 版，二八〇页。又参看穆勒尔著《从德意志工场而来的断片》第二卷，四二页。）

　　关于希腊·意大利人民（Graeco-Italic People）具有农业一事，可参看蒙森著《罗马史》第一卷，四七页以下。

① 　用罗缪勒斯之名及其后继者之名，这并不是就等于采用了古代罗马传说的见解之意。这些名称代表当时所发生的大运动的人格化，这些大运动，却是我们所十分关注的。

组织成氏族，并且具有与希腊诸部落相类似的制度。这便是他们从其以前的迷暗的黑幕背后初次出现、和历史的光明投射在他们身上时候的一般的状态。

罗马的建置

罗马的历史很少涉及在罗马建置（约纪元前七五三年）以前的广泛经验的详细事实。当时意大利的部落业已增多而人口稠密；他们在习惯上已变成为完全农业的，而具有牛羊群，在生活技术上成就了巨大的进步。再者，他们已经进到单偶的家族制。以上的这些情形，可以由他们当开始为我们所知道时候的情况中得到证明；但是他们由一低级状态进到一高级状态的详细情形，大半都在我们的知识以外了。在政府观念的发展上一点而论，他们是落后的；因为部落联盟依然还是他们进步上的最大限度。虽然三十个部落已经联合起来了，不过是一种攻守同盟（league）的性质，为导使成为一民族（nationality）的组织，则不够紧密或亲近。

伊特剌斯坎诸部落也是联盟起来的，大概萨伯利亚、阿斯堪以及安布立亚等部落，也是一样。当拉丁诸部落据有无数设防镇市及乡村碉堡时，他们为从事农业及放牧牛羊，遂散布于全部土地之上。直等到归诸罗缪勒斯的罗马建立的这一大运动之时，集中与合并并未达到显著的程度。此等结合松弛的拉丁诸部落，是这一新都市吸取其力量的主要材料。从阿尔巴（Alba）的酋长掌握最高权的时代直至塞维阿·塔力阿时代，关于这些部落的记载大部分是由寓言和传说而成的；但是确实的事实却存留于流传到历史时代的诸制度及社会习惯之中，这些事实很明白的说明他们以前的情况。所以这些事实，较诸叙述实在事件的历史纲要，更为重要些。

在历史开始时期存在于拉丁诸部落的制度中的，是氏族、古利亚（Curiæ 即胞族）及部落，罗缪勒斯及其继承者便在三者之上建立了罗马政权。从各方面看来，新政府并不是一自然的发展，而是将其有机系列的上级分子，借立法上的处置，加以变更而来的。然而成为组织的基础的氏族却是自然的产物，在氏族之中，大体上都具有共同的或旁系的血统。换言之：即拉丁诸氏族都属于共同血统，而萨宾及其他氏族，伊特剌斯坎族除外，则均属于旁系血统。在罗缪勒斯的第四代继承者塔克文尼阿斯·普力斯可斯（Tarquinius Priscus）的时代，就将社会组织变成了数字上的等级，即十氏族成一胞族，十胞族成一部落，三部落而成为罗马人民；总计三百氏族，整化而成一个氏族社会。

罗缪勒斯具有一种智慧来察觉一种包括氏族并占据分离地域的部落联盟，除了维持独立的生存而外，既无目的上的统一性又无充分的力量足以完成其他的事业。而且分化的倾向抵消了联盟原则的利益。所以，集中与合并，便是罗缪勒斯及其同时的贤明之士所提出来的补救方策。作为这个时代，这是一个非常的运动，在其进步上尤其非常的，是从罗缪勒斯时代到塞维阿·塔力阿之下的政治社会的建立。追踪雅典部落的路径，集中于一都市之中，他们在五代之间做成了一个政府方案上的同样的完全的转变，即从由一氏族的组织转变到一政治的组织。

在这里使读者回忆到一些大概事实便已足够，即罗缪勒斯联合了一百个拉丁氏族于帕拉泰因丘上及其周围，并把他们组织成一个部落，拉姆雷（Ramnes）；借着一有利情况的出现，一大集团萨宾人参加了这个新共同社会，后来他们的氏族数目增加到一百，于是组织成第二个部落，迪提（Tities）；其后，在塔克文尼阿斯·普力斯可斯（Tarquinius Priscus）时代，形成了第三个部落，卢西勒（Luceres），其中包括从其周围诸部落中，伊特剌斯坎族在内，所集合的一百个氏族。约在一百年之间，三百个氏族便都纠合于罗马了，而完全组织在当时称为罗马元老院（Roman Senate）的酋长会议和当时称为胞族委员会（comitia curiata）的人民大会、以及称为"列克斯"（rex）的一名军务总指挥官之下，其唯一目的，即在于获得意大利军事上的霸权。

由部落组织成的一军事民主政体

在罗缪勒斯的宪法之下，以及在后来的塔克文尼阿斯·普力斯可斯的立法之下，其政府在本质上是一种军事的民主政体，因为军事的精神在政府中超越一切。但是，在这里须要一提的，即是一种新的敌对的因素，罗马的元老院，在这个时候合并于社会体制的中心了，并且授与元老院议员及其子孙以贵族的地位。一个特权阶级，在一挥之间便创造成功了，它首先侵蚀氏族体制，其次侵蚀政治体制，最后则完全覆灭由氏族制继承下来的民主主义。转变罗马人民的制度及其命运、使其从他们所继承下来的主义逻辑地自然地走向于类似雅典人的路径而改换方向的，是罗马的元老院及其所创造的贵族阶级。

从其主要特征而论，这一新组织是对军事目的的一种智慧上的杰作。它不久就带领着罗马人民完全凌驾于其他意大利诸部落之上，最后掌握全半岛的霸权。

罗马氏族制及其定义

拉丁及其他意大利诸部落的氏族组织，尼布尔、赫尔曼、蒙森、隆氏（Long）以及其他诸人曾加以研究过了；但是，他们的叙述，对于意大利氏族的构造及其原则的说明，则尚欠明了与完全。这是因为一部分是由于问题的某些部分本身暗晦不明，而在拉丁诸著作家的叙述中亦缺乏详细的记载。另一部分是由于上面所举出的一些学者中，对于氏族与家族的关系的误解。他们认为氏族是由家族所构成，而实际上，氏族只包括家族的一部分，所以氏族是社会体制的单位，而不是家族。自然，把他们研究所得的结果再向前推进一步，这或许是困难的；不过，从氏族的原始构成中所得到的知识，可以供给阐明今日尚处于迷暗之中的罗马氏族特征的若干部分之用。

关于氏族组织盛行于意大利诸部落间的一事，尼布尔如次说道："倘若还有人争辩不能从雅典氏族的性质得出关于罗马氏族的性质的结论的话，那么，他便不得不证明：在全部古代世界上盛行的一种制度为什么在意大利的与在希腊的其性质会根本不同？……每一公民的集团，不拘是遮非立安人（Gephyræans）、萨拉密尼安人（Salaminians）和雅典人，或是塔斯旧南人（Tusculans）及罗马人，都是照这样区分的。"①

除了知道罗马氏族制度的存在以外，还须要知道它的组织的性质；其作为一社会体制中的分子的权利，以及氏族间相互的关系。当这些事实讨论后，氏族对于胞族、部落以及所由产生的民族——氏族是形成这三者的一部分——的关系，将留在下一章讨论。

当关于以上诸问题所能得到的材料从各方面搜集拢来以后，我们将要发现在许多方面是不完全的，氏族的若干特性及功能，还只能留作是一种推断的事实。氏族所具有的权能，在罗马人中的历史著作完全开始以前，已被褫夺而转移于新政治团体上面去了。所以，在罗马人中并没有保存那在事实上业已放弃了的一种体制特别特征的实际的必要。给雅斯（Gaius）——他在纪元前二世纪初叶写成他的《法典》（Institutes）——乘便说，因为全部氏族法（jus gentilicium）业已废止不用，所以便没有必要来讨论这个问题了。②但是，是在后数世纪间，氏族组织在罗马制度的基础之上，还是十分活跃的。

---

① 《罗马史》第一卷，第一章，二四一页、二四五页。
② 给雅斯编《法典》第三篇，一七项。

罗马人对于氏族及一氏族员（gentilis）所下的定义以及世系血统的探溯，在我们讨论氏族特征以前应先予提出。在西塞禄的《论题集》（Topics）中，为一氏族员所下的定义如次："所谓氏族员，就是在他们之间具有一个同一的姓氏。这还不够。他们是自由父母所生。甚至这也还不够。他们的祖先中没有一个曾作过奴隶。还是缺少什么东西。他们从没有受过权利剥夺的惩罚（capital diminution）。这个说法或许可行；因为我还不知道教长斯卡弗拉（Scaevola）对于这个定义另外还加的有什么东西。"[1]斐斯塔斯（Festus）所下的定义是："氏族员是指着出生于同一血统而且以同一的姓氏相称呼的人。"[2]此外，更有发禄（Varro）所下的定义："因为从一个伊密力阿斯（Aemilius）所生的人都是伊密力（Aemilii），都是氏族员；所以从伊密力阿斯一姓氏便派生出属于氏族主义的权利。"[3]

男系世系及氏族外婚

西塞禄并没有企图为氏族去下一个定义，他不过只是供给了某些标准，可以由之证明对于氏族关系的权利，或者当其丧失时可借以察觉。以上这些定义，并没有说明氏族的构成，即是否一假定的氏族

---

① 西塞禄著《论题集》，六。
② 斯密（Smith）编《希腊罗马古制辞典》中关于"氏族"一文所引。
③ 发禄著《拉丁语》（De Lingua Latina）第八篇，第四章。

始祖的全体子孙都有姓氏族姓氏的权利；或是只有一部分，如果只有一部分，是哪一部分。如果世系是男系，则氏族之内只包含能完全由男系追溯他们世系的这些人；如果以女系为世系，则氏族之内便只包含仅能由女系追溯他们世系的这些人。如果不限于某一方，则氏族之内便包含所有一切子孙了。以上这些定义，必是假定世系为男系乃众所周知的事实。从其他方面的材料看来，似乎只有能由男子方面探溯世系的才属于氏族之内。罗马系谱供给了关于这一点的证据。西塞禄遗漏了一重要事实，即只有能从氏族内所承认的祖先由男方追溯其世系的人才是氏族员。这一部分，却为斐斯塔斯及发禄所供给了。他们说：伊密力阿斯所生的人是伊密力，都是氏族员；每人必须是具有氏族姓氏的男子所生。但是，西塞禄的定义也明示氏族员必须带有氏族姓氏。

罗马护民官卡努来阿斯（Canuleius纪元前四四五年）在提议废除禁止贵族与平民通婚的现行法规的演说词中，有一节含有世系为男系的意思，他说：若是一贵族男子与一平民女子结婚，或一平民男子与贵族女子结婚，在这件事情中又有什么其他意思呢？究竟因这种结婚使权利上发生了什么样的变化呢？子女不是必然地跟随其父亲吗？[1]

由氏族姓氏传递的一实际例证，即可肯定地证明世系为男系的事实。揆雅斯·朱理奥·恺撒（Caius Julius Caesar）的姊妹朱理亚（Julia），嫁与马卡斯·阿替斯·巴尔布斯（Marcus Attius

---

[1] 李维（Livy）著《罗马史》，第四章，四页。

Balbus）。她的名字，显示她属于朱理亚（Julian）氏族。[①]她的女儿阿替亚（Attia），依照习惯，采用其父亲氏族的姓氏，而属于阿替亚（Attian）氏族。阿替亚嫁给了揆雅斯·屋大维（Caius Octavius），成了罗马第一个皇帝揆雅斯·屋大维的母亲。其子，按照常例，采用他父亲氏族的姓氏而属于屋大维（Octavian）氏族。[②]当揆雅斯·屋大维登极之后，他加上了恺撒·奥古斯都（Caesar Augustus）的尊号。

从奥古斯都上至罗缪勒斯，更从罗缪勒斯上至不明的时代，罗马的氏族都是以男系为世系的。除掉只有出自氏族内所承认的某一祖先、而能专由男系追溯其世系的人以外，其他都不是氏族的成员。但是，这是不必要的，因为所有一切的人，不可能都能从一个共同的祖先追溯出他们的世系，更不必说从一个名祖的祖先了。

在以上的每一例证之中还可以加上许多其他的，可是人人都是与氏族以外的人员结婚，这是可以注意到的。这无疑地是基于习惯法而来的一般习惯。

---

① "在一家族内只有一个女儿的时候，则以氏族的名称名之，如西塞禄之女塔力亚（Tullia）；恺撒之女朱理亚；奥古斯都之女屋大维亚（Octavia）等是。这些女儿在结婚以后，还是保留同一名字。如果一家族有两个女儿，则加长（Major）幼（Minor）以别之。如果一家疾有二个以上的女儿，则以她们的数字来区别，如第一（Prima）、第二（Secunda）、第三（Tertia）、第四（Quarta）、第五（Quinta）等；或者更柔和一点，便用三女（Tertulla）、四女（Quartilla）、五女（Quintilla）等名称。……在罗马共和国盛极一时的时候，氏族的名称及家族的姓氏都是确定而不变的。这些名称，在一家族的子女之间都是共同的，而传给子孙。然而从自由被褫夺以后，他们便起了变化而被混淆了。"〔亚当著《罗马的古制》（Roman Antiquities）一八二五年格拉斯哥版，二七页。〕

② Suetonius 著《屋大维传》（Vit. Octavianus）第三章、第四章。

氏族成员的权利、特权及义务

罗马氏族由以下的权利、特权及义务显示其特性：

（一）对于已故氏族成员财产的相互继承权。

（二）一个共同葬地的占有。

（三）共同宗教仪典；氏族仪典（sacra gentilicia）。

（四）遵守氏族内不得通婚的义务。

（五）共同占有土地。

（六）援助、防卫及复仇之相互义务。

（七）用氏族姓氏的权利。

（八）收纳外人为氏族成员的权利。

（九）选举和罢免酋长的权利；审询。

以下按照上面的顺序，对这些特征予以讨论。

对于已故氏族成员财产的相互继承权

当十二铜表法（Law of the Twelve Tables）公布之时（纪元前四五一年），古代法规——可以认定这种法规是将遗产分配与氏族员的——便为更进步的法规所替代了。未立遗嘱而死者的遗产到了此时，第一：传与他的直接继承人（sui heredes），即其子女；若无子女，则传与其男系的直系子孙。[①]生存的子女，得平均分配；已故儿子的子女，平均分得他们父亲的一份。有一件事须得注意的，即遗产

---

① 给雅斯编《法典》第三篇，一项、二项。"妻随着子女，是共同继承人（coheiress）。"

保留于氏族之内；未立遗嘱而死者的女系子孙的子女，属于其他氏族，则被除外。第二：如果没有直接继承人，据同一法规，则遗产由男系亲族继承。[①]男系亲族，包含所有出自与未立遗嘱而死者同一共同祖先、而能由男系追溯其世系者。由于这样世系的缘故，不拘男或女，他们都有同一的氏族名称，在亲等上言，他们对于死亡者较诸其余的氏族员要亲近些。最近的男系亲族则享有优先权：一、未立遗嘱而死者的兄弟及未嫁的姊妹；二、伯叔父及未嫁的姑母；如此类推，直到男系亲族数完为止。第三：如果未立遗嘱而死者没有男系亲族，根据同一法规，则由其氏族员继承其遗产。[②]骤然看来，这似乎很奇特；因为未立遗嘱而死者的姊妹的子女，均被排除于遗产继承之外，而优先权却给与血缘疏远的同氏族的亲族——其疏远的程度，几至与未立遗嘱而死者的亲属关系完全无从追溯，不过只借着在共同氏族名称所保存的古代系统中存在罢了。虽然，理由是很明显的，即未立遗嘱而死者的姊妹的子女属于其他的氏族，而氏族权（gentile right）却驾凌于较亲近的血缘关系之上，因为保留遗产于氏族之内的这一原则乃是根本的原则。遗产的继承，是以颠倒的顺序而开始的，三类的继承人，代表遗产继承的三种先后连续的法规，这一点，是从十二铜表法能得到的一种很明显的推论；质言之，即第一、是同氏族的成员；第二、男系亲族，其中包括当世系变为男系后死亡者的子女；第三、其子女，将其余的男系亲族除外。

---

① 给雅斯编《法典》第三篇，九项。
② 同上书第三篇，一七项。

一女子，由于婚嫁的影响，便蒙受在术语上所说的特权之丧失或权利之剥夺（deminutio capitis），其结果，她丧失了她的男系的亲权。在这里，理由也是明显的。如果她在婚嫁以后还能以男系亲属的资格而继承财产，那么，从她自己的氏族所承继的财产便会要转移到她丈夫的氏族中去了。所以未嫁的姊妹可以继承财产，但是既嫁的姊妹则不能取得财产的继承权。

以我们对于氏族的原始原则的知识，使我们能够上溯到当拉丁氏族尚以女系为本位、当财产尚微而分配于同氏族成员之间的时代中；但是，因为拉丁氏族的存在能追溯到他们占领意大利的时代以前，所以并不一定局限于拉丁氏族的存在期间以内。而罗马氏族从自原始形态转移到历史形态的这一事实，可以借在某些情况中财产归返于氏族成员的事实，部分地得到证明。[①]

尼布尔说："对于既无亲属又无遗嘱而死的氏族员的遗产继承权，是在时间上存续得最长的，其期间之长，致惹起了法律家的注意，并且甚至——虽然，的确不过是一历史上的问题——惹起了给

---

① 在克罗狄亚（Claudian）氏族的两家族马锡黎（Marcelli）与克罗狄（Claudii）之间，关于马锡黎家族一个脱离奴籍的人的儿子之地产，发生了一个奇异的问题；即克罗狄家族根据家族权，而要求这个地产；马锡黎家族却根据氏族权，而要求这个地产。在十二铜表法的规定上而言，如果脱离奴隶的人死亡了，既无遗嘱，又无继承人，则脱离奴籍的人的地产，便当给予旧主（这个旧主，因解放令的结果，而变为他的庇护主）；但是这个规定，却不适用于脱离奴籍的人的儿子。克罗狄家族为贵族、马锡黎家族不是贵族的这个事实，也不能影响这个问题。虽然脱离奴籍的人允许采用其旧主的氏族名称，但是他却不能借他的解放而在他的旧主的氏族内获得氏族权，恰如西塞禄的脱离奴籍的人 Tyro，被呼为 M. Tullius Tyro 一样。西塞禄所述及的（《De Orators》第一章，三九页）隆氏（斯密编《希腊罗马古制辞典》中关于氏族一文）及尼布尔所评论的这一事件是如何解决的，则不知道；不过根据尼布尔所暗示的，则或许是克罗狄家族败诉。（《罗马史》第一章，二四五页，附注。）除掉经过借裁判上的曲解而得来的旧主权利之扩大而外，我们很难发现克罗狄家族或马锡黎家族所争讼的有什么理由。上述的事件，是一著名的事件，因为它表明了关于财产的相互继承权，在氏族中是怎样的根深蒂固。

雅斯的注意，所不幸者，在给雅斯的稿本中，关于这一部分已模糊不可读了。"①

一个共同葬地的占有

氏族主义的观念，经过社会较高级的组织及由于精神上与道德上的升进，似乎在开化时代的高级状态中反较在以前的状况中为强。通常每一氏族各有一个埋葬场所，借以作为氏族员的专用墓地。少数的例证即可显示罗马人关于埋葬的习惯。

克罗狄亚氏族的酋长阿匹奥司·克罗狄奥斯（Appius Claudius），在罗缪勒斯时代从萨宾人的一个镇市勒吉里（Regili）迁移到罗马，他在罗马不久便被选举为元老院的议员，因此而成为贵族。他是带着克罗狄亚氏族而来的，随从他的被护民（clients）是如此其多，所以他的来到罗马被视为是一件重大事情。苏韦托尼奥（Suetonius）说这一氏族为他们的被护民从国家获得了在阿泥奥〔Anio）山上的土地，并且在神堂（capitol）附近获得了为他们自己使用的一块埋葬地。②这一记载，似乎含有一共同埋葬地在当时是视为是氏族所不可缺少的东西。克罗狄亚氏族断绝了他们与萨宾人的关系而与罗马人民合并，所以他们获得了土地及埋葬的特许以作氏族之用，将其置于与罗马诸氏族相等的地位之中。这一事件，显示了当时的习惯。

在朱理奥·恺撒时代，氏族坟墓还没有完全为家族坟墓所代

① 《罗马史》第一章，二四二页。
② 苏韦托尼奥著《Vit.Tiberius》第一章。

替，如在日耳曼丧师而自杀，并且尸体落于敌人之手的昆提尼奥斯·发剌斯（Quintilius Varus）一事可以作为例证。根据帕忒丘勒斯（Paterculus）所说，发剌斯的半烧焦的尸体为野蛮的敌人所寸磔，他的首级被割下拿到马罗波丢斯（Maroboduus）面前，马罗波丢斯又把首级送与恺撒，最后得到葬于氏族坟墓中的荣典。[①]

西塞禄在他关于法律的论文中对于他那一时代的埋葬习惯，曾这样说过：现在埋葬地的神圣性是如此其大，以致认为离开氏族的神圣仪典而独立举行葬仪是错误的。因之，在我们的祖先时代，阿·托尔高图斯（A.Torquatus）对于波匹利亚（Popilian）氏族便是这样决定的。[②]这个叙述的大意，表明以神圣仪典埋葬死者是一种宗教上的义务，并且在可能的时候，葬于氏族所领有的土地上。再者，在禁止将尸体土葬及火葬于都市中的十二铜表法公布以前，似乎是火葬与土葬并用的。[③]通常能够容纳数百骨灰罐的纳骨场（columbarium）对于一氏族的使用上是很为适宜的。在西塞禄的时代，氏族组织已陷于颓废，然而氏族所特有的若干习惯却依然存留，关于共同埋葬地的习惯便是其中之一。当古代氏族中的诸家族完全达到了独立的时候，家族坟墓便开始取氏族坟墓的地位而代之；但是，关于古代氏族埋葬习惯的遗风，依然在不同的方面表现出来，并且在过去的历史中记忆犹新。

---

① 《Velleius Paterculus》第二章，一一九页。
② 西塞禄著《法律论》第二章，二二页。
③ 同上书二三页。

共同宗教仪典；氏族仪典

罗马人的仪典（sacra），体现我们关于神圣崇拜的观念，它们有者是公的，有者是私的。一氏族所举行的宗教仪典，叫做私的仪典（sacra privata），或叫做氏族仪典。这些仪典，是在一定的季节由氏族照例地举行的。[①]因氏族人口减少的结果，致使维持这些仪典的费用成为一种重负，像这样的情况也有时被提到。这种仪式的获得与丧失，则系于各种情况，例如：收纳养子或婚姻。[②]尼布尔说："罗马氏族的诸成员具有宗教上的共同仪典，这是众所同知之事，并且有规定在特定的时日及地方举行的祭祀。"[③]宗教上的仪典，不问是公的及私的，都完全受教长的法规支配，而不受民政上的管辖。[④]

罗马人的宗教仪典，与其说它与家族曾有原始的关联，似乎不如说它与氏族有着原始的渊源。一种教长、胞族牧师以及卜师的团体，与一在此等僧侣之下的复杂的崇神的系统不久即行形成而建立起来了；但是，这种系统是宽容的，自由的。僧职在大体上是由选举而产生。[⑤]每一家族的家长同时也是家庭的祭司。[⑥]希腊及罗马的氏族，便是古典时代的惊心动魄的神话所流出的源泉。

---

① "有属于一氏族的某些宗教上的仪典（氏族仪典），只要是这一氏族的成员，则不问其生来即是这一氏族的成员，抑或是由收养、或是由公众投票收入氏族（adrogation）的成员，便都以氏族员的资格，个个有遵奉这种仪典的义务。个人如果丧失了他的氏族，同时便免除遵奉此种仪典的义务，并且同时丧失关联于氏族权的特权。"（斯密编《希腊罗马古制辞典》关于"氏族"一条。）

② 西塞禄著《Pro Domo》第十三章。

③ 尼布尔著《罗马史》第一章，二四一页。

④ 西塞禄著《法律论》第二章，二三页。

⑤ 《带奥奈萨斯全集》第二章，二二页。

⑥ 同上书二一页。

在罗马的初期，许多氏族都各有专供他们自己举行宗教仪典之用的礼拜堂（sacellum）。有几个氏族各有其特殊的祭祀来举行，这种祭祀系由代代相传，视为是一种义务；例如：对于密涅发（Minerva）的祭祀由老细爱（Nautii）氏族举行，对于赫克利斯（Hercules）的祭祀由法比（Fabii）氏族举行，以及为霍累细斯（Horatius）杀死其姊妹而赎罪的祭祀，则由霍累细（Horatii）氏族来举行。[①]以著者的目的而论，只要能概括地证明各氏族具有成为其组织上的特性之一的宗教仪典，便已觉得充分了。

遵守氏族内不得通婚的义务

氏族的规定，是具有法律效力的习惯。同一氏族内不得通婚的义务，便是其中之一。这种习惯，到了日后，似乎没有转变为一种法令；但是，从许多方面出现的证据来看，证明这即是氏族的规定。罗马的系谱，证明氏族是外婚的，有几个实例已经引证过了。如上所述，氏族外婚制乃系根据血缘关系理由的一种原始的规定。一女子因婚嫁的结果，便丧失了她的男系亲族权；对于这一规定是不存有例外的。这一规定是为要防止因婚姻而使财产由一氏族而转移于另一氏族，即防止由女子所出生的氏族转移到她丈夫的氏族。继这一规定而起的排除女系的子女从舅父或从外祖父取得财产继承一切权利的规定，也是基于同一理由而发生的。因为女子必得与她的氏族以外的男子结婚，其子女又必属于其父亲的氏族，所以在不同氏族成员间的财

---

① 尼布尔著《罗马史》第一章，二四一页。

产继承关系，便无由存在。

共同占有土地

土地的共有，在开化时代诸部落间是这样地普遍，所以这种同一的共同所有权存在于拉丁诸部落间，是毫不足怪的。他们土地的一部分，似乎从很早的时代以来便个别地为各个人所有。要指出从什么时候起才不是像这样一种情况，那是不可能的，但是，起初的这种情况，如以前所常论及的一样，或许是对于实际占有土地的一种所有权，这种所有权，早在开化低级状态中即已被承认。

在质朴的拉丁诸部落间，土地是属于各部落所共有的，其他的土地则为各氏族所共有，还有其他的土地又为各家族所共有。

对于个人之土地的分配，当罗缪勒斯时代在罗马已很通常，到了以后，便更加普遍了。发禄和带奥奈萨斯（Dionysius）两人都说到罗缪勒斯对于每人都各分配二朱吉拉（jugera，每一朱吉拉约等于二又四分之一英亩）的土地。[①]据说后来奴马（Numa）及塞维阿·塔力阿两人也作了同样的分配。这种分配，是个别绝对所有权的嚆矢，是安定生活及理智显著进步的前提。这样的所有权，不单是由政府所分配，而且是由政府所授予，进而与从个人的行为所发生的土地所有权全异其趣。土地的绝对的个人所有的观念，是通过经验的一种产物，这种观念的完全的实现则属于文明时代。然而，这些土地，是由罗马人民共有的土地中取出来的。到文明发轫以后，氏族、胞族及部

---

① 发禄著《农业论》（De Re Rustica），第一篇，第十章。

落等，在个别地为各人所有的土地外，还是共有若干土地。

蒙森说："在最早的时代，罗马领土区分为许多克兰区域（clan-districts），后来，便被用作去形成最初的乡村市区（tribus rusticae）。……这些名称并不是——如在后来所加上的区域的名称一样——出自地方名称，而是没有例外地都是从克兰的名称所派生出来的。"[1]每一氏族，都各占有独立的区域，自必都各集中于其中。虽然这种情况不但普遍地实施于乡村诸区域，而且普遍地实施于罗马，但是使氏族在各别的地域上集中一点而言，则是进一步的现象。蒙森进而又说："恰如各家族各有其独自的一份土地一样，克兰家族（clan-household）或村落，也有属于它的克兰土地（clan-lands），这种克兰土地，如在以后将要说明的一样，是用类似家族土地（house-lands）的管理方法来管理的，即用共有制的管理方法来管理，直到比较晚的时代。……然而，这些克兰（clanships）从其开始时起就视为不是独立的社会，而视为是政治共同社会（civitas populi）的组成部分。这种政治的共同社会，首先以同族、同语言、同风俗的多数克兰村落（clan-villages）之聚合体而出现，以互相遵守法律，法律上相互匡救，以及为侵略和防卫上的协同动作而相互结合。"[2]克兰一词，在这里为蒙森，或其翻译者，用以代替氏族，并在他处用郡区（canton）代替部落，这是很奇异的，因为在拉丁语中已具有表示此

---

[1]　蒙森著《罗马史》，第一章，六二页。蒙森列举以下各名称Camillii, Galerii, Lemonii, Pollii, Pupinii, Voltinii, Aemilii, Cornelii, Fabii, Horatii, Menenii, Papirii, Romilii, Sergii, Veturii。

[2]　《罗马史》，第一章，六三页。

等组织的特殊术语，并且已成为历史的术语了。蒙森以拥有土地的家族、氏族、部落，表示罗马建立以前的拉丁诸部落；他进而指明这些部落的社会组织之递升的系列；试将拉丁的社会组织与易洛魁的社会组织一为比较，便可看到两者之间的酷相类似之处，即氏族、部落及联盟。①蒙森没有说及胞族，虽然可能是存在的。他说的家族，绝不是单一的家族。它似乎是包含互有亲族关系的若干家族，占有共同的住宅，在家族生活中实行共产的那种家族。

援助、防卫及复仇之相互义务

在开化时代，氏族成员互相依赖以保护其个人的权利，则是经常之事；但是，在政治社会建立以后，成为一个公民的氏族成员，便将以前为氏族所处理的保护事项，转而依赖于法律和国家了。这一古代制度的特征，是要在新制度之下第一个消灭的。因此，在古代著述

---

① "恰如在克兰制的情况中一样，在这样的郡区的情况中，一固定的地方的中心也是很必要的；但是，像克兰的成员一样，或，换言之，郡区的组成分子是住在村落中的，郡区的中心并不是严格意义的镇市，或共同定居的地方。反之，这种郡区的中心，不过是一共同会集的场所，其中包含裁判所及郡区的共同避难所，该区的人们，平时因交际和娱乐的目的，每隔八日在这个场所集会一次，如果在战争的时候，该区的人们也可集中于这个场所，对于他们自身及其家畜能够得到比在村落中更安全的保护；其在平常情况之下，这种集合地全无居民，或有亦寥寥无几。……从而，在某些堡垒之中，有彼等的预定会合所，且包含一定数目的克兰区域，形成意大利历史开始时的原始的政治统一体。……其在原始时代，这一切郡区在政治上都享有自主权，每一郡区都是由其长老会议及战士会议之合作，而受治于王公之下。然而以共同世系及语言为基础的亲睦观念，不但渗透于他们全体之间，而且还表现于一种重要的宗教及政治的制度之中——集体的拉丁郡区恒久的同盟。"（《罗马史》第一章，六四页至六六页。）郡区或部落由会议之合作而受治于王公之下的等等说法，是与正确的说明相反的，所以容易发生误解。我们必须假设军务指挥官是由选举而任职的公职，选出他的选民有随意罢免他的权能。并且更进一步，军务指挥官握有民政上的权力，是没有根据的。所以断定部落受治于由氏族酋长组成的会议及战士会议、及一名军务总指挥官（他在权力上纯然是属于军务的）的合作，纵令不是必然的结论，也是一种合理的结论。这是一种在开化高级状态中极普遍的三权政府，与基本上民主的制度是一致的。

中，关于提到此等相互义务的不多。但是，这并不是说在以前的时代中氏族成员并没有相互地实行这种义务；反之，从氏族组织的原则上予以推断，他们都实行过这种义务却是必要的事实。此种特殊习惯的遗风，在特别情况之下，直到历史期间尚时有出现。当阿匹奥司·喀劳狄被征下狱的时候（约纪元前四三二年），当时与他为仇的给雅斯·喀劳狄（Gaius Claudius），也和克罗狄亚氏族全体成员一样，同样表示哀痛。[①]在集团中一个成员身上所遭受的灾难及耻辱，都为全体成员所同感和分担。在二次普尼克战争（Punic war）的时候，尼布尔说道："氏族成员都联合起来赎救他们为敌人所俘的族人，元老院却禁止他们这样做。这种义务，是氏族的根本特征。"[②]关于威恩提安（Veientian）战利品一案中，卡密拉斯（Camillus）为一护民官所告发，在其被审问的前一天，卡密拉斯在他的家中召集了他同部落的族人及其被护民，征求他们的意见，他当时所得到的回答是：他被宣告应赔偿的任何款项，他们都要为他醵集；但是要宣告他无罪，却是不可能的。[③]氏族主义的积极原则，在这些事例中很明白地显示出来了。尼布尔更进而说，救济他们贫穷的氏族成员的义务，都担在罗马氏族各成员的肩上。[④]

---

① 李维著《罗马史》第六章，二〇页。
② 尼布尔著《罗马史》第一章，二四二页。
③ 李维著《罗马史》第五章，三二页。
④ 尼布尔著《罗马史》第一章，二四二页：引《带奥奈萨斯全集》第二章，第一〇页。

用氏族姓氏的权利

采用氏族姓氏的权利，是随着氏族的性质必然地而发生的。当作氏族一男性成员的子或女而生出来的一切这样的人，都是这一氏族的成员，而享有采用这一氏族姓氏的权利。随着时代的推移，一氏族的诸成员，要将其世系上溯到一共同始祖，渐成为不可能了，因之，氏族内各不同的家族遂各由一较后的共同祖先来找寻他们彼此间的关系。这种不可能性，虽证明了世系的悠远，却不是这些家族不是出自一个遥远共同祖先的证据。人们出生于氏族之内的事实，以及每人都能通过在氏族内一系列被承认为氏族成员而追溯其世系的事实，便是属于氏族世系的充分证据，亦即是与所有一切氏族成员有血统关系的强有力的证据。但是有某些研究者——尼布尔也是其中之一[①]——因为一氏族中的家族不能由一个共同的祖先证明其关联，遂否定在他们相互之间有任何血统关系的存在。这种见解，把氏族当作一个纯粹虚构的组织，是难以维持的。尼布尔从西塞禄对氏族所下的定义而得出否定其血统关系的推论，是无法支持的。纵令个人采用氏族姓氏的权利成了问题，但是，这种权利的证据并不靠能从世系上溯到一个共同始祖，却能够在氏族内所承认的数名祖先之中追溯其世系。没有文字的纪录，而能追溯一个世系的历代祖先的数目，是受有限制的。从而，在同一氏族内，可能有少数家族找不到他们的共同祖先关系，但

---

① 尼布尔著《罗马史》第一章，二四〇页。

是，却不能说这些家族不是从氏族内的某一共同远祖所传下来的。[①]

自世系转变为男系以后，氏族的古代名称——或许是由动物或无生物之名称而得名[②]——便为个人名称所代替。在氏族史上某一出名的个人，便成为这一氏族的名祖的祖先，如在他处所示，此种人物在经过长久的时间以后，也可能为其他的人物所代替。当氏族因地域分离的结果而更被分割之时，这种由原来的氏族而分离出来的部分，很容易采取一种新名称；但是，这种名称的变化，并不扰乱氏族所依以建立的亲属关系。当罗马诸氏族的世系，在名称的改变情况之下，上溯到拉丁人、希腊人以及使用梵语的印度人还是一族人时，虽说不能上溯到它的本源，关于其世系是如何久远的某些概念是可以得到的。任何个人在任何时候丧失其氏族姓氏的事，是任何事件中所最不会发生的事件；因之，从具有氏族姓氏一事而论，便充分地证明了他与其他氏族成员都具有同一共同的古代世系。但是，有一种方法，亦是唯一的方法，可以紊乱氏族的血统，即是收纳在血缘上的外人为氏族成员的方法。这种习惯虽颇普遍，但其数量却是很小的。倘若尼布尔主张因时代的变迁氏族某些成员之间的血缘关系随之而削弱到不能辨识的分量，我们对他的这一主张，并不反对；但是，若完全否定血

---

① "虽然，血统上的类缘，在罗马人方面言之，总是存在于氏族成员——尤其是在一家族成员——之间的关联的根基之上的；罗马的共同社会，只能在有制限的范围以内干预与他们保有血缘上根本性质相一致的这些集团。"（蒙森著《罗马史》第一章，一〇三页。）

② 亚各斯（Argos）的克来斯忒尼将息细温（Sicyon）的三个多立安部落的名称，一个改称为亥达（Hyatæ），表示"牡猪"之意；另一部落改称为温内达（Oneatæ），表示"驴"之意；第三个部落改称为绰利达（Choereatæ），表示"小猪"之意。这些名称都是意在用以侮辱息细温人的；但是，在他生存时及其以后的六十年间，都是保留着。这种动物名称的观念，是不是出自传统呢？见格罗脱著《希腊史》第三章，三三页、三六页。

统关系，而将氏族转变为许多个人的虚构的聚合体而无结合上的任何纽带，则是与氏族所依以产生、并在文化上三个时代中使其能长久保持的原则相抵触的。

有一事实我业已在本书其他一处促起读者的注意，即氏族与一种亲属制度同时出现，这种制度将一切血族亲属归纳入少数的类别以内，并且将其子孙永远地保留于此种类别之中。个人的亲属关系，不拘其实在的共同祖先是如何辽远，都是容易追溯的。在一个五百人的易洛魁氏族之中，其中的全体成员，都是互有亲属关系的，每一个人都知道并且能够找出他与其他每一人的亲属关系；所以关于血缘的一事实，在原始时代的氏族中是永久存在的。随着单偶家族制的兴起，一种新的、完全不同的亲属制度便随之而出现，在这一制度之下，与旁系间的亲属关系，不久便归于消失了。这即是在历史时代开始时期的拉丁及希腊诸部落的制度。在这种亲属制度之前，至少从推测上，存在有一种图兰式的（Turanian）亲属制度，在此种制度之下，各氏族成员相互间的亲属关系是可以知道的。

自从氏族组织的衰颓开始以后，新氏族便停止了借分割作用的旧过程而形成；并且现存中的若干氏族，也归于绝灭。这种事实，倾向于增加氏族氏系作为一种家谱上的价值。在罗马帝国（empire）时代，从外国各地方而来的新家族不断地定居于罗马，并且采用氏族姓氏以图获得社会上的利益。这种习惯，当时视为是一种滥用，所以克劳第奥斯（Claudius）帝（纪元后四〇至五四年）禁止外国人采用罗马姓氏，尤其是禁止采用古代氏族的姓氏。[①]关于历史悠久氏族的罗马诸家族，不拘在共和（republic）和在帝国之下，都是最重视他们的系谱的。

一氏族内的一切成员都是自由的，不拘最贫与最富、有名与微贱，在权利与特权上都是平等的；并且对于由出生权（birthright）而承继的氏族姓氏所给予的任何品位，都是平均地分享的。自由、平等、博爱，是罗马氏族的基本原则，决不少于希腊人和美洲的印第安人者。

收纳外人为氏族成员的权利

在共和时代以及在帝国时代，家族内收纳养子、由之将其带入家族所属的氏族中去，是惯行的事；但是，收养则必须经过一定的手续，致使这种事情成为困难。若一人没有子女，而且已过生育年龄，经教长团及胞族委员会的承诺，得收纳一螟蛉。教长团具有备谘询之权者，系因恐收纳养子之家因收纳养子而使其家族宗教仪典受到损害；[②]胞族委员会也具有这种权限者，因为养子得采用氏族姓氏，并可继承其养父的地产。从残存于西塞禄时代的预防方法看来，在以前的制度之下——即纯粹氏族制度之下——对于收纳养子的限制必当更为谨严，收纳养子的事例也当更为稀少，这是一种合理的推定。在早期时代，不需得到氏族及氏族所属的胞族的许可而收纳养子，似乎

---

① 苏韦托尼奥著《克劳第奥斯传》第二十五章。
② 西塞禄著《Pro Domo》第十三章。

是还可能的；若是如此，则所收纳养子的数目必是不多的。关于收纳养子的这一古代习惯的详细情形，却保存得很少。

选举和罢免酋长的权利：审询

从关于酋长（princeps）公职的任职的直接资料缺乏一事看来，便明白地证明了我们对于罗马氏族的知识之不完全。在政治社会建立以前，每一氏族都各有其酋长，而且或许都在一名以上。当公职空额出现的时候，必然地加以补充，或如在易洛魁人中一样，由氏族成员中选举一人予以填补，或因世袭权而获得承袭。但是，由于世袭权的证据完全缺乏，以及在共和制之下和在其前的军务酋长制（reges）之下差不多关于一切公职都存在有选举的原则，由此便可以推定世袭权是与拉丁诸部落的制度完全相背驰的。最高的公职，如像列克斯（rex），是选举的，元老院的议员是由选举或是由任命，执政官、以及低级行政长官等公职亦是如此。至于奴马（Numa）所设置的教长团，则各有不同。最初，教长是由选举而填补空额。李维曾说及在纪元前二一二年间由胞族委员会选举大教长（pontifex maximus）一事。[1] 由于杜密迪亚法（lex Domitia），各教长及僧侣集团的选举权，则转移于人民之手；但是，后来又为苏拉（Sulla）所修订。[2] 当拉丁诸氏族开始进入历史期间及其经过共和时代的时候，选举制在它们之间是活跃地存在的一事实，为酋长公职是由选举而任职的一推论提供

---

[1]　李维著《罗马史》第二十五章，五页。

[2]　斯密编《希腊罗马古制辞典》，关于教长一项。

了强有力的证据。在他们各方面之间所发挥的他们社会体制的民主特点，是由氏族承继而来的。从而，如要推翻这一推论而认为酋长的职位是由世袭权而传袭的话，那就不得不需要积极的证据了。即使任期是终身，选举权则随带着有罢免权。

这些酋长，或者从他们之中所选拔的酋长，构成在罗马建立以前的拉丁各部落的会议，这种会议，系当时主要的政府机关。在政府中三权鼎立的痕迹，如出现于希腊诸部落之间者一样，也出现于拉丁诸部落之间：即酋长会议、人民大会——我们必须假设较重要的公共议案须提请其采取或否决——和军务指挥官三者。蒙森说："其在原始时代，这一切的郡区（部落），在政治上都享有自主权，每一个郡区都是由长老会议及战士会议的协力而受治于其王公之下。"① 对于蒙森这一说法的顺序应予以颠倒，并且加以限制。这一长老会议，不拘从它的职权上来看，抑或从它在社会体制（长老会议是其一自然的发展）中的中心地位来看，它在民政上必需握有至高权。统治的是长老会议，而不是军务指挥官。尼布尔说："在属于地中海沿岸文明诸民族的一切都市之中，元老院并不是较人民大会为不重要及不必需要的国家的一部分，它是从年长公民中所选拔出来的集团；亚里斯多德说这种会议，不问其为贵族的抑或为民主的，它总是存在的；甚至在寡头政治中，不拘分享统治权的人数是如何少，还是选任若干顾问来起草公众议案。"② 政治社会中的元老院继承了氏族社会中的酋长会

① 蒙森著《罗马史》第一章，六六页。
② 尼布尔著《罗马史》第一章，二五八页。

议。罗缪勒斯设置了一百名长老的最初的罗马元老院；因为当时氏族的数目只有一百，所以这一百名长老即是这些氏族的酋长，这一推论大概是肯定的。其职位是终身的，但非世袭的；从之而得到的最后的推论，即酋长的公职在当时是选举的。倘若不是如此，则罗马的元老院很可能将作为一个世袭的集团而设立了。古代社会的构成根本上是民主的证据，在许多方面都碰到我们，可是这一事实，竟没有被采入到对希腊及罗马氏族社会的近代史学的研究中去。

氏族内氏族成员的人数

关于罗马一氏族中的成员数目的一问题，很侥幸的，我们还不是没有若干资料。约当纪元前四七四年时，费边（Fabian）氏族向元老院建议，愿以一氏族而当威恩提安战争，他们说进行这一战争需要一持久的兵力，而不是一强大的兵力。[1]他们的建议被接受了，于是三百又六名的战士，其中都是贵族，便在他们的国人欢呼之中从罗马出发了。[2]当他们得到一系列的胜利以后，竟遇伏而全部被歼灭了。但是，他们留下了一个尚未达到青春期的男孩于罗马，只有他一人留

---

[1] 李维著《罗马史》第二章，四八页。
[2] 同上书，四九页。

下来传接费边氏族。①三百人在他们的家中只留下一个未达青春期的男孩，这似乎是难以相信的，不过记载是如此。这一数目的男子，当然也指明与此相等数目的女子，与其男子的子女合计，则费边氏族中人员的总数，至少当在七百人以上。

虽然关于罗马氏族的权利、义务以及其功能等方面所提出的说明并不充分，但是所引证的亦足以证明这种组织是他们社会的、政治的以及宗教的活动的源泉。作为他们的社会体制的单位，它将其特性反映于较高的组织之上，而成为其中的一个组成分子。对于罗马诸制度的起源及其发展的一种全面的了解，则需要比我们现在所有关于罗马氏族的更充分的知识。

---

① "在这个时候，有三百又六名的死者，只残存一个费边氏族的青年，到了以后，当罗马民族有事之时，这个青年便是在和与战两方面大显手腕的一个人。"——李维著《罗马史》第二章，五〇页，以及 Ovid 著《Fasti》第二章，一九三页。

第十二章

罗马胞族、部落及民族

罗马的氏族社会

将罗马氏族考察以后，现在剩下来要研讨的问题，就是由数氏族而成的胞族，由数胞族而成的部落，以及最后由数部落而成的罗马民族。在探讨这一问题的进程中，我们研究的范围只限于从罗缪勒斯到塞维埃·塔力阿时代所出现的社会组织，并对共和初期当氏族制度渐次消灭、新的政治制度正建立时所发生的诸变化，亦予以若干注意。

正如在雅典人中一样，我们将要发现有两种政府的组织在一时期内相并共存，其一种则日趋于消灭，其他一种则渐次成立。第一种组织即是以氏族为基础的社会（societas），其他一种组织即是以领土及财产为基础的国家（civitas）；后者渐次地取前者之地位而代之。在过渡阶段中的政府必须是复杂的，所以也不易于了解。这些变化并不是剧烈的，而是逐渐的，从罗缪勒斯时代开始迄至塞维阿·塔力阿时代，虽未全部完备但已大体完成；其中包含一个假定近两百年的时期而直到幼稚的联邦，充满了含有重大历史意义的事件。为着追求氏族的历史直到它的影响在国家中的覆灭，在考察胞族、部落和民族之后，就有简略说明新政治体制的必要。后者将成为次章所研究的主题。

罗马氏族社会组织的四阶段

在罗马人之间的氏族社会，显示着组织上的四阶段：第一、即氏族，它是一血族的集团和社会体制的单位；第二、即古利亚（curia），类似于希腊的胞族，它包含十个氏族，联合而为一个比较高级的组合集团；第三、即部落，成自十胞族，备有在氏族制度之下的一民族所表现的若干特性；第四、即罗马民族（Populus Romanus），在图鲁斯·贺斯低留（Tullus Hostilius）时代，包括上述那样的三个部落在一氏族社会之中由合并作用而形成，其中包含着三百个氏族。在历史时期开始时的所有意大利的部落都是同样组织的，关于这一结论，有许多事实可资证明；但是，或许有一种不同之处，即是罗马的古利亚，较之希腊胞族、或其他诸部落间相类似的胞族制，要更进步一些；以及罗马部落由于强制的扩张，遂致成为较其他意大利诸族更为广泛的组织。关于支持此等说明的证据，将在下面提示出来。

第一阶段——氏族制

在罗缪勒斯时代以前，意大利人在他们的各分支之中，已成为一人口众多的族类。他们因为再分裂的结果而形成多数的小部落，显示着随伴着氏族制度的一种不可避免的分解状态。但是，联合的原则已经在拉丁部落和其他意大利诸部落间发展起来了，虽然这一原则不曾结成联盟而达到重要的结果。当此种状态之中，归诸罗缪勒斯的伟大运动出现了：即一百个拉丁氏族在台伯（Tiber）河岸的集中，继之以另外二百个萨宾、拉丁、伊特剌斯坎以及其他诸氏族的同样的集合，终之以他们的合并而形成为一个民族。从此，罗马的基础便因之而奠定，罗马的威力与文明便随之而来。这即是从罗缪勒斯开始由其后继者所完成的、将氏族与部落在一个政府之下的这种统一和巩固，为新的政治体制开辟了道路——即从一种以个人及个人关系为基础的政府，推移到以领土及财产为基础的政府。

至于所谓罗马的七王是否是真实的人物抑系神话上的人物，以及所归诸他们的立法是否是荒诞无稽的事件抑系真实的事件，这在我们现在所研究的这一范围内并不关重要，因为关于拉丁社会古代组织的各种事实，都遗留了下来合并于罗马的诸制度之中，而由之传留于历史时代。人类进步上的各种事象，幸而离开独特的个人而体现于有形的记录之中，这即是结晶于各种制度、风俗和习惯之中及保存于各种发明和发现之中的记录。历史家们，由于一种必要，对于事件的发生每每过于突出了个人；因之，以暂时性质的个人，去代替永久性质的原则。社会的整个的事业，是一切进步之所由生，归诸于个人者实太多，归诸于民众的智慧者实太少。我们将要一般地承认，人类历史的本质是与观念的发展分不开的，而这些观念是由民众所形成，而表现于他们的各种制度、风俗、发明和发现之中的。

前面所论及的数字上的调整，即十氏族为一胞族，十胞族而为一部落，以及由三部落而构成罗马民族，这一数字上的均整，是一种立法上处理的结果，就最初成立的二部落而言，并不早于罗缪勒斯的时代以前。这种增加之成为可能，是由于从周围诸部落中由诱致或征服而得到的；因为迪提与卢西勒两部落于当时相继成立，所以这一事实的成果，便主要地合并于这两部落之中了。但是，此种准确数字上的调整，是不能永久地保持至数世纪之久的，尤其是各胞族中所包含的氏族。

第二阶段——由十氏族而成的古利亚

我们已经知道希腊的胞族，与其说是一政治的组织毋宁说是一宗教的及社会的组织。在氏族与部落之间处于中间地位的胞族，在政治的功能没有加上以前，自然不及氏族和部落的重要。在易洛魁部落间，胞族以原始的形态而出现，其所具有与政治不同的社会性质，在这样很早的时期中便已明白地显示出来了。但是，罗马的古利亚，不论其在以前的时代中其形态是如何，其发达的程度，与希腊的胞族比较起来，是更完整及更富于政治性质的组织；而且我们对于罗马的古利亚，较之对于希腊的胞族，也知道的较多一些。每一古利亚所包含的氏族，可能都是互有亲属关系的氏族；并且他们在再结合而形成为高级组织的过程中，更由互相嫁娶而益臻巩固，即由同一胞族内的各氏族间互相供给妻室的婚姻。

古代的著作家对于古利亚的设立没有记载，但是这并不是说它是罗缪勒斯的一种新创造。它最初之被提到作为一种罗马制度，是与罗缪勒斯的立法有关联的，有两个部落中的古利亚的数目是在罗缪勒斯时代中成立的。这一组织，作为一种胞族看，可能自古以来就存在于拉丁诸部落之间。

李维论到萨宾妇女的尊崇地位说，由于她们的干涉，使萨宾人与拉丁人间的和平得以恢复，因为这个原因，所以当罗缪勒斯把人民区分为三十个古利亚的时候，便用她们的名字以名之。[①]带奥奈萨斯把胞族一词用作和古利亚是相同的意义，但是也举出后者，[②]他更进而说罗缪勒斯把古利亚分为十组（decades），每一古利亚中包含十组，这当然是氏族了。[③]同样，波芦塔克也言及各部落包含十个古利亚的事实，他并说，此等胞族的名称，有人以为系用萨宾妇女的名字而命名的。[④]波芦塔克对于名词的用法，较之李维或带奥奈萨斯都要准确些，他说各部落包含十古利亚，而不说各部落区分为十古利亚，因为古利亚是由作为本原单位的氏族所构成的，而氏族则不是由古利亚的再分裂而产生的。罗缪勒斯所做的工作是在各古利亚中所包含的氏族以及各部落中所包含的古利亚的数字上的调整，因为从周围的诸

---

① 李维著《罗马史》第一章，一三页。
② 《罗马之古制》第二章，七页。
③ 同上。
④ 波芦塔克著《罗缪勒斯传》第二十章。

部落中得到了增补，所以他能完成这一事业。自理论上言，各古利亚应系由一个或一个以上的氏族因分割作用所派生的诸氏族所构成，部落则系由自然发展而形成的一个以上的古利亚而成，每一古利亚则是由一共同方言的纽带所结合的各氏族而成。拉姆雷部落的一百氏族，是拉丁氏族。当他们组织成为十个古利亚的时候，每一古利亚各包含十个氏族，罗缪勒斯无疑地尊重了血族的联系，在可能范围内将有亲属关系的氏族编入同一古利亚之中，并武断地，从一自然古利亚的里面抽出过剩的氏族以补充氏族不足的古利亚，从而得到数字上的均衡。迪提部落的一百氏族，大体上都是萨宾氏族。他们也配合为十个古利亚，其组成的原则很可能也和上面所说的是一样的。至于第三部落，卢西勒部落，是后来由逐渐增添和征服的关系而成立的。就其构成的成分而言，是庞杂的，其中除其他的氏族而外，还包含一部分伊特剌斯坎氏族。他们也凑成同样数字上的等级，即十古利亚与每古利亚十氏族的数目。在这样再行组织的情状之下，氏族（即组织的单位）依然保持纯粹而未变，古利亚则上升到了它的逻辑的水平以上，并且在某些情状中，使其包含不属于严格意义的自然胞族的外来分子；部落也提升到了它的自然水平以上，使其包含不属于部落自然发生的外来分子。由于此种立法上的抑制，部落与其所包含的古利亚和氏族，使其各各相等了，不过第三部落，则系在环境的压力下，一大部分是属于人为的东西。关于伊特剌斯坎人的语言上的关系，现在还是一个讨论的问题。有一种假定：以为他们的方言，对于拉丁诸部落并不是完全不能了解的，如果不是这样，他们就不会在纯粹氏族制的时候被允许加入罗马社会的系统之中了。由这样得到的数字上的比例，大大的便利了整个社会的政治行动。

尼布尔是对于罗马在这一时期中的诸制度第一个得到真实概念的人，他认识到主权属于人民的一事实，所谓国王只不过是行使一种寄托权（a delegated power），元老院是根据代议制的原则，每一氏族各有议员一名；但是，当他论及关于这种递进的比例时说："罗马的诸家族（即诸氏族）①不得较宪法为更古，只是由一立法者使之与他其它的计划相调和所形成的一种团体；此种数字上的比例，便是这种事实的不可争辩的证据。"便与提示在他面前的事实不合了。②少数外来分子，强迫被加入到第二及第三部落的古利亚之中，尤其是第三部落，这是不可否认的事实；但是，将一个氏族改变其成分，或加以改造，或新建，这简直是不可能的事。一立法者不能创造一个氏族；除掉把现存氏族结合于有亲族关系的氏族核心周围以外，也不能创造出一个古利亚；但是他可以用强制手段，增加或减少一古利亚中的氏族数目，以及增加或减少一部落中的古利亚数目。尼布尔也曾经证明：氏族在希腊人与罗马人之间是一种很古的而且很普遍的组织；这一事实，致使他上面所发的一段言论益陷于不可解。再者，胞族似乎是一普遍的制度，至少在爱奥尼亚的希腊人中是如此，所以古利亚在拉丁诸部落间，或许在另外一种名称之下，可能也是同样很早的。上

---

① 尼布尔是否用家族（house）一词以代替氏族，抑或系翻译者的想象，这是很难说定的。忒尔华尔，翻译者之一，时常把"家族"一词，应用于希腊的氏族，这至少是可议的。

② 《罗马史》第一章，二四四页。

面所述及的数字上的比例，无疑的是罗缪勒斯时代中一种立法处置的结果，并且关于获得此种新氏族的来源，我们有丰富的证据，利用这些新氏族就可以产生此种比例。

结合于一古利亚内的十氏族的成员，彼此相互间称为胞族员（curiales）。他们选举一祭司，称为胞族长（curio），他便是古利亚团体中的主要官吏。每一古利亚都各有其祭祀上的仪典，当举行仪典时所有同胞族的悉数参加；古利亚的小圣殿（sacellum）即是崇拜的场所，及集合和处理事务的地方。除掉主持他们的宗教事务的胞族长而外，他们还选举一直接掌管此种典礼的助理祭司（flamen curialis）。各氏族会议由古利亚而得名，古利亚委员会（comitia curiata），即胞族委员会。在氏族制度之下，此委员会在罗马所掌握的统治权较元老院为大。在大体上，这即是罗马的古利亚或胞族组织。①

---

① 带奥奈萨斯对于归于罗缪勒斯的这种组织，曾经给予一个明确的详密的分析，虽然其中有一部分似乎是属于较后时期的。他把希腊的氏族制度（希腊的氏族制度在带奥奈萨斯也是同样通晓的）与罗马的氏族制度两者平行比较，是颇有趣味的。他说：第一，我将要叙述他（译者按即指罗缪勒斯）的政治体制的等第，我认为不论是在和平时或在战争时都是极充分的政治措施。其情状如下：他把全部民众分为三个区分之后，他选定最杰出的人充任各区分的领袖；其次，他又把三个区分各分为十个小区分，他复指定最勇敢的人充任这十个小区分的领袖，并授以同等的位阶；他称比较大些的区分为部落（tribus），称比较小些的区分为古利亚；现在照习惯，还是如此称法。此等名称，如果照希腊语去解释，"tribus" 即是第三部分，或 phylê（部落）的意思；古利亚即是胞族、或队的意思。至于在部落中行使领袖职权的人，便是 phylarchs 与 trittyarchs，罗马人则称此为 tribunes；又如在胞族中握有指挥权的人，便是 phratriarchs 与 lochagoi，罗马人称为 curiones。此外，胞族也各分为 decades，又指挥各 decade 的领袖，通常称为 decadarch。当一切人民编制成为部落和胞族以后，他又把土地区分为三十个面积相等的地域，每胞族分配一全份，并选定在数量上很充分的一部分作为奉行宗教仪式与寺院之用，并且还留下一块共同使用的土地。——《罗马之古制》，第二章，七页。

第三阶段——由十胞族而成的部落

在递升阶段中的次一阶段，便是罗马部落，包括十个胞族和一百个氏族。当不受外界影响而由自然发展时，一部落应是由于一本原氏族或一对本原氏族因分割作用所派生的诸氏族的聚合体；而所有全部成员都操同一的方言。当部落自身没有经过前面所论及的那种过程而起分割作用以前，它应该包含这些氏族的成员的全部子孙。但是，罗马的部落，这是我们现在所唯一要研究的，则是为着特殊的目的及借特殊的手段，由人工而扩大了的；但是，部落的基础与本体，仍然不失为一自然的发展。

在罗缪勒斯时代以前，每一部落各选举一名酋长，兼管行政、军事及宗教三方面的任务。[1]酋长在都市中，为其部落行使行政上的任务，同时又执行宗教上的仪典，另一方面他在战场上又指挥部落的军队。[2]酋长大概是由胞族在大会中所选出来的；但是，在这一方面我们的知识又是不完全的。无疑地，在拉丁各部落中，酋长是一种很古的公职，其性质是特殊的，并由选举而任职。酋长之职，又为更高级职位的列克斯（rex）、或军务总指挥官的萌芽，这两种职位的功能是相同的。部落酋长，带奥奈萨斯称为部落首领。[3]当罗马的三部落在一个元老院、一个人民大会和一名军务指挥官之下结合而形成为一个民族的时候，部落酋长之职则被遮蔽而变为不重要了；但是，酋

---

① 《罗马之古制》第二章，七页。

② 斯密编《希腊罗马古制辞典》关于"护民官"一项。

③ 《罗马之古制》第二章，七页。

长之职借着选举制依然得以继续维持，足以证明它原来是民众性质的推定。

　　部落会议，也一定是从很远古的时代即已存在的。在罗马建立以前，虽然意大利诸部落均多少结合于联盟的关系之中，但是，在实际上都是独立的。作为一个自治的集团，每一此等古代部落，各有其酋长会议（无疑的，他们是氏族的酋长），各有其人民大会，各有其统率其军队的酋长。此等部落组织上的三要素：会议、部落酋长、部落人民大会，即成为后来罗马元老院、罗马列克斯、及胞族委员会所依以构成的典型。在罗马建立以前，部落酋长很可能被称为列克斯；这一论点，也同样可以适用于元老院的议员（senex）与胞族委员（con-ire）。这一推论，是从此等部落的已经知道了的情况和组织，即他们的制度在本质上是民主的，而产生出来的。降至罗马三部落合并以后，部落的民主特性便消失于高级的组织之中了；但是，在有机的系列中，它依然作为一个必要的整体而保留。

第四阶段——由三部落构成的"罗马民族"

　　在罗马社会组织中的第四、即最后的一阶段，即是罗马民族，其形成，如上所述，是由三部落的合并。就其外表言之，其最高的组织则由一元老院（senatus）、一人民大会（comitia curiata）和一军务总指挥官（rex）以表现之；进一步则由一市行政厅、一军队组织、以及一不同阶秩的共同国民僧侣制以表现之。①

一个强有力的都市组织，从开始即成为他们的政治及军事体制的中心观念，罗马以外的一切地区，对于这个都市组织的关系，都是保持着地方性的。不论在罗缪勒斯的军事民主政治之下，和在共和政治的民主与贵族的混合组织之下，以及在后来的帝国之下，它是以一个大都市为中心的政府，一个恒久的核心，所有由征服而取得的地域，并未使其与都市相并，成为政府的共同组成分子，而只是成为增加东西，附加到核心上去。从来没有一种像罗马的这种组织、这种政权、以及像罗马种族的这种事业出现过于人类的经验之中。它将要永远地存留为历史上的奇迹。

因为由罗缪勒斯所组织，他们自称为"罗马民族"，这完全是正确的。他们形成了一个氏族社会，而并无其他。但是，在罗缪勒斯时代人口的迅速增加，以及从罗缪勒斯时代到塞维阿·塔力阿时代之间的人口的更急剧的上升，证明了在政府的方案中，有一根本改革的必要。罗缪勒斯及其同时代的贤者，已将氏族制度利用到最大的限度了。在氏族之上建立一民族的并军事的伟大强权，我们对于这一伟大的企图应该归功罗缪勒斯的立法；其次，我们对于当时诸制度的特征及其机构的某些知识——如果没有这一企图，纵令不从记忆中消灭、也或要隐没于阴暗之中——这也是不得不归功于罗缪勒斯的立

---

① 三十名的胞族祭司，作为一个集团，组成为一个祭司团，其中一名担任大祭司（curio maximus）之职。他是由氏族会议选举出来的。除此而外，还有占者团，在 Ogulnian 法（纪元前三○○年）之下，由九人组成，此九人中包含有他们的太卜官（magister collegii）；教长团在同一的法律之下，由九人组成，其中包含有大教长（pontifex maximus）。

法的。罗马的权势勃兴于氏族制度之上，这在人类的经验中是一件非常的事件。因之，随着这一运动而发生的种种事件，不说蒙着神话的外衣，而多少染着浪漫的色彩流传到现在，这一点也就不足惊异了。罗马的出现，实由于归诸于罗缪勒斯而为他的后继者所采用的一种适切的概念，即将可能最多数的氏族，在一个政府之下，并且将他们的联合军队在一名指挥官之下，集中于一新都市之中。它的目的，基本上是军事的，是在意大利获得霸权；因之，其组织之采取军事民主制的形态，就不足惊异了。

　　罗缪勒斯在台伯河上正当它经过山脉而流入平原之际，选择了一形胜之地，他率领属于拉丁人的一部落，他即是这一部落的酋长，占领帕拉泰因山丘，一个古代要塞的旧址。据传说，他的世系出自阿尔巴（Alba）的诸酋长，但这是一次要的问题。这一新的殖民区便以惊人的速度而发展，如果记载可靠的话，当他晚年的时候，他所统率的军队已有步卒四万六千，骑兵一千，这个军队的数字指示着：住在都市中以及住在都市周围附近地方而受他的保护的居民，其数当在二十万人以上。李维说，这是都市建立者的一种古代方法（vetus consilium），即吸引微贱不著名的群众到自己的身边来，于是使他们的子孙自称为土著。①罗缪勒斯便是实行这种古代的政策的一个人，据说他在帕拉泰因山丘附近设置了一所收容所，引诱周围诸部落的居民，不问其品质和情况如何，一概使之加入他的部落，共享新都市的利益与命运。李维进而又说，果然有大群的群众，其中也有奴隶也有

――――――――――――
① 李维著《罗马史》第一章，八页。

自由人，从邻近的地域逃到这个地方来，这是对这一新企图第一次外来力量的增加。①波芦塔克②与带奥奈萨斯③两人，都曾言及收容所或林丛的事件，所以收容所的设置，与其所举出的目的和成效，是一可能发生的事件。这一事实，倾向于证明在当时意大利的人口为开化时代已增到了过于繁多之势，因为个人的权利保护的不周到，家庭奴隶的存在，以及对暴乱的恐怖，其结果，无疑地、致使在他们之间蔓延着不安的情绪。在当时的这种情况之下，一豪杰之士，如果他具有足够的军事天才，能够驾驭这一批乌合之众的话，他当然利用这种情势来以自益了。在此种浪漫的记事中次一重要的事件，在此必须提醒读者的，便是萨宾人因为他们的处女被诱捕而已成了她们的诱拐者的光荣的妻室、为报复计而发动的袭击。其结果，便在拉丁与萨宾两部落间酝酿成了一种贤明的处置，在其下两部落合并而形成一个社会，但是，各部分仍保留其自己的军事领袖。萨宾人占据奎利纳与卡匹托来瓶（Capitoline）两山丘。于是他们在他们的军务酋长迪图斯·达图斯（Titius Tatius）统率之下，加入了第二部落，即迪提部落的主要部分。在迪图斯·达图斯死亡以后，他们便全体归到罗缪勒斯的军事指挥之下了。

---

① "大群的群众，无自由民与奴隶之分，抱着革命的野心，即抱着好奇心，从邻近诸族逃来，这就是罗马国家发展的第一步。"见李维著《罗马史》第一章，八页。

② 《罗缪勒斯传》第二十章。

③ 《罗马之古制》第二章，一五页。

数字的比例——如何产生的——氏族在罗马的集中

奴马·傍披利（Numa Pompilius），罗缪勒斯的继承者，他在更广泛的规模上确立了罗马人宗教上的诸制度；在奴马·傍披利以后，其继承者图鲁斯·贺斯低留（Tullus Hostilius），夺取了拉丁都市阿尔巴，而移其全部人民于罗马。他们占居科利安（Cœlian）山丘，并享有同罗马公民的一切权利。李维曾说公民的数目因此倍增；[①]但是，这或者不是唯一的来源。图鲁斯的后继者盎卡斯·马齐乌斯（Ancus Martius），复夺取了拉丁都市波里拖里安（Politorium），他遵循着既定的政策，把整个人民移于罗马。[②]他指定阿文丁（Aventine）山丘与他们居住，并予以同样的权利。其后没有多时，特里尼（Tellini）与费卡那（Ficana）两地方的居民亦被征服而移于罗马；他们也占居阿文丁山丘。[③]这里须得注意的，凡是被征服而移居于罗马的诸氏族，以及拉丁与萨宾的原来诸氏族，都保持着地域上的区划。这是氏族社会中不拘在开化中级期或在开化高级期的一种普遍的习惯，即当诸部落开始集中于要塞及有城壁围绕的都市之中的时候，都各按照氏族及胞族的自然区分定居于一个固定区域。[④]卜居于罗马的诸氏族，即是

---

① 李维著《罗马史》第一章，三〇页。

② 同上书，三三页。

③ 李维著《罗马史》，三八页。

④ 在新墨西哥村落的住宅中，各住宅内的全部居住者，概属于同一个部落，有时一个共同住宅中包含一整个部落。我们曾经讲过：在墨西哥的村落中共分四个主要的区域，为一裔派，或即一胞族所占有；至于特拉特吕康（Tlatelulcos）人，则占领第五区域。在特辣斯卡那也分为四区域，为四裔派所占有，或许即是四胞族。

依照这种方法而行的。此等加入的大部分，结合成为第三部落，即卢西勒部落，这便为它提供了一种拉丁氏族的宽阔基础。第四世军务领袖塔克文尼阿斯·普力斯可斯（Tarquinius Priscus）时代以前，此第三部落尚未有补充完全，新氏族中的一部分氏族则属于伊特剌斯坎族。

由这种或其他方法，三百氏族便纠合于罗马了，在那里组织为古利亚及部落，在部落的系统上则稍有些差异；因为拉姆雷属于拉丁族，前面已经讲过，迪提则大体上属于萨宾族，卢西勒则主要或者属于拉丁族，但从其他来源加入者则甚大。罗马民族及其组织，便如此而诞生了，多少是借着强制的聚合，使氏族结合为胞族，胞族结合为部落，部落更成为一个氏族社会。但是，每一完整组织的典型，除最后一组织外，从古以来便在他们及他们的祖先之中存在；即在每一古利亚中互有血族关系的氏族的实际上的结合，为古利亚供给了自然的基础，在各部落中一大部分有共同血统的氏族的结合，也为部落供给了同样的基础。在组织上唯一新的东西，只是氏族对于古利亚，古利亚对于部落，以及诸部落结合成为民族的那种数字上的比例而已。此种数字上的比例，我们可以称之为在立法抑制之下的一种产物，因为象这样形成的部落，并不能完全免除外来分子的混杂；因之发生tribus的新名称，即民族的第三部分之意，现在则用以来区别这一有机体。拉丁语一定有一个相当于希腊语phylon（即部落）的名词，因为他们都有同样的组织；但是如果有的话，则已经消灭了。此一新名称的发明，可以视为是罗马部落包含有异质分子的证据，而希腊部落则是纯粹的，其所包含氏族的世系是有血族类缘的。

罗马元老院及其职能

我们对于拉丁社会从前的结构的知识，主要的，是从归于罗缪勒斯的立法中得来的；因为在当时时代的智慧所能提示的改良与变革中，把拉丁诸部落以前的组织显示出来了。从元老院可以看出是从前的一种酋长会议，从胞族委员会可以看出是以前的一种由胞族而分的人民大会，从军务总指挥官的职位中，以及从社会组织递升的系列中，都可以明白地看出来以前的组织。尤其是从氏族组织的存在与其承认的权利、特权和义务中，可以看得更明白。再者，罗缪勒斯所创设、而由他的直接继承者所完成的政府，呈现出氏族社会在人类任何部分中未曾达到过的最高的构造形态。这里所指的时代，即是紧接塞维阿·塔力阿建立政治社会以前的时代。

作为一个立法者，罗缪勒斯的第一个重要的措施，便是元老院的设置。它由一百名议员组成，每一氏族一名，或每一古利亚十名。把一酋长会议作为政府的主要机关，在拉丁诸部落间并不是一种新的东西，从古以来他们就熟习于酋长会议的存在及其权力。但是，在罗缪勒斯时代以前，酋长会议可能像希腊的酋长会议一样，已经变为一种预审机关，其所负的义务，在于制订最重要的公共议案，提交人民大会以备采纳或否决。事实上，这是以前所授予酋长会议的权力，此时复为人民所收回而已。因为没有任何有基本重要性的议案，能在人民大会的裁可以前发生效力，只此一事，便可以证明人民是掌握主权的，而不是酋长会议或军务指挥官。这也可以显示民主的原则，浸透于他们的社会体制的程度。罗缪勒斯所设置的元老院，虽然它的功能在本质上无疑地与以前的酋长会议的功能是相类似的，但是，在许多方面，则是在酋长会议上的更进一步。元老院是由氏族的酋长或其贤者所构成的。尼布尔说各氏族"都选送他们的什长（decurion）即他们的代表"到元老院去代表他们。① 如此，元老院从创始即是一种代议及选举的集团，一直到帝国时代，它还是保持着选举的或选择的精神的。元老院的议员为终身职，这是他们当时所知道的唯一的任期，所以亦不足怪。李维把第一届元老院议员的选任，归于罗缪勒斯，这一说法似乎是错误的，因为这是和当时的社会制度的原理相抵触的。他说罗缪勒斯之所以选任一百名者，或是因为他认为只需要此数便已足够，或是因为当时具有资格足为父老（Fathers）的只有此数。他们当时之被称为父老，无疑地是表示他们职位的尊崇，并且他们的子孙被称为贵族。② 作为一个代表集团的元老院的性质，人民父老称号的授予，终身任期的规定，但是较所有以上更为重要的，即对于他们的子女及直系子孙授予永久贵族的异典，于是在他们的社会体制的中心一举而建立了贵族的阶级，并且成为牢不可拔。罗马的元老院，由其崇高的职位，由其组织，以及由其议员所获得并且传给于其子孙的贵族品级，使它在后来的国家的里面居于有力的地位。这即是此种现在初次移植于氏族制度之中的贵族主义的要素，对共和制给予了一杂种

---

① 《罗马史》第一章，二五八页。

② "他选出元老百人。这或许有了百人就足够了，或许可以被选的人并不超出百人之外。称他们为元老，是含有尊敬的意味，同时有表示他们出于贵族的意味。"见《罗马史》第一章，八页。"是以善意的意味而被称为元老的首领。"见西塞禄著《共和国》第二章，八页。

的性质，如可以预期的一样，它在帝国主义时期中达到了最高峰，与帝国同到最后随种族的解体而消亡。这一要素，或者可能增加了罗马军事上的光辉，和扩大了罗马的征服，它的一切制度自开始即准向一军事命运；但是，它却缩短了这一伟大和非常民族的生命，并且证明了帝国主义，必须地，将要毁灭任何采用它的文明民族的前提。在半贵族半民主的共和制度之下，罗马人成就了他们的令名，但是，不禁令人设想到，如果自由与平等被国民化而没有不平等的特权和残虐的奴隶制度的话，那么，罗马人所成就的或将更高一级，其成果或将更为垂久。当时的平民为铲除由元老院所代表的贵族的要素、恢复民主主义的古代原则所作的持久的斗争，必须列入人类的英勇事业之中。

在萨宾人加入之后，由迪提部落的氏族加入了一百名议员，所以元老院议员的数目增加到二百。① 其后，在塔克文阿斯·普力斯可斯时代，当卢西勒部落的氏族增加到了一百时，又有一百名议员从此一部落的氏族增加到元老院。② 但是西塞禄说塔克文阿斯·普力斯可斯把元老院议员的原来数目增加了一倍的说法，就对李维的记载留下了一些疑问。③ 史密兹（Schmitz）对这一种矛盾的解释，是提示得很好的。他以为当到最后增加名额时，元老院的议员可能减少到一百五十名了，当第三部落的一百名加入时，则由最初两部落中的氏族补足二百名之数。于是就符合了西塞禄所说的增加一倍之说。自此

---

① 《带奥奈萨斯全集》第二章，四七页。
② 李维著《罗马史》第一章，三五页。
③ 西塞禄著《共和国》第二章，二〇页。

以降，从拉姆雷与迪提两部落所选拔的元老院议员，被呼为大氏族（patres maiorum gentium）的父老，从卢西勒部落所选拔的元老院议员，被呼为小氏族（patres minorum gentium）的父老。①从这一记载的形式来看，便产生出下面的推断，即三百名元老院议员代表三百氏族，每一个议员代表一个氏族。并且，因为每一氏族无疑地都有它自己的领袖酋长，所以这就成为极其可能，此领袖酋长其人如果不由他的氏族选举出来以充任此位，便当由他的古利亚所包含的十氏族所合选的十名中将其选举出来以充此位。此种代表方法及选拔方法，是最合于已知道的罗马诸制度与夫氏族制度的。②在共和制建立以后，监察官可由他们自己的选择来补充元老院中的缺额，直到转为执政官为止。他们一般地都是从高级的前行政长官（ex-magistrates）中选拔出来的。

元老院的权能是真实的，是实质的。所有一切公共议案，均发端于元老院这个集团——包括他们自己能独立表决的议案，以及必须提交人民大会俟得其同意后方能发生效力的议案。元老院有对公众

---

① 西塞禄著《共和国》第二章，二〇页。

② 尼布尔的意见也大概与此相同。他道："我们可不用踌躇，进一步下断言说，原来，当家族（氏族之意）的数目臻于完全的时候，它们便即刻为元老院所代表，元老院议员的数目适与家族的数目成比例。三百名元老院议员适与三百家族相应，因此，我们有很好的根据，假定这就是他们的数目。每一氏族各选出它的什长，他即是氏族的长老，同时又是氏族各种会议的主席，到元老院去代表他们。……如果以为元老院议员是由国王随意任命的，则这种说法，便与本原的制度相违反。甚至带奥奈萨斯以为议员是选举的，然而他的这种观念，是不足取的，议员是由各家族所推选，而不是由胞族所推选，至少原来是如此。"（《罗马史》，第一章，二五八页。）如果这一公职不"当然"的落在酋长身上，那么，在原则上言，由胞族选举是最为可能的，因为每一胞族中的氏族，对于各氏族的代表具有直接利害关系的缘故。一易洛魁氏族的成员所选出的世袭酋长，必须得到属于同一部落的其他各氏族的承诺，其提名尚能谓为完全，也是基于同一的理由的。

福利的一般保护职务，管理对外关系，征收租税与募集军队，收入与支出的一般的支配。虽然宗教上的事务的管理属于各僧侣团，但元老院对宗教亦握有最后的权力。就元老院的职务及其职位言之，它是在氏族制度之下所从未有存在过的最有权力的机关。

人民大会及其权能——人民握有至高权

对于重要的公共议案具有讨论及采纳或否决的那种公认的权利的人民大会，在开化低级期或者在开化中级期中是不知道的；但是，到了开化高级期中，人民大会即存在于希腊诸部落的阿哥拉（agora）那种形态之中，并且在雅典人的政治集会中达到了最高的形态；人民大会也存在于拉丁诸部落间的战士会议之中，而在罗马的胞族委员会中达到其最高形态。财产的发展，倾向于促成人民大会的设置，作为氏族社会中的第三种权力以保护个人权利、并防御酋长会议及军务指挥官的暗中侵越。从野蛮时代当氏族制度成立以后直到梭伦与罗缪勒斯时代，人民的因素在古代氏族社会中总是活跃的。在初期状态中的酋长会议，对于人民的演说家们通常是开放的，并且民众的意见影响了事件的发展。但是，当希腊与拉丁部落初次进入历史时期的时候，对于公共议案具有讨论以及采纳或否决权的人民大会，与酋长会议一样，已成为一种经常的现象。人民大会在罗缪勒斯宪法之下的罗马人间，比在梭伦时代的雅典人间更为完全地系统化了。在这一制度的兴起及发展之中，可以追溯民主原则的发生及其发展的痕迹。

罗马人的人民大会称为胞族委员会，因为各氏族中达到成年的人员以古利亚在一个集会中集会，投票是同样以古利亚举行。每一古利亚各有一个集体投票权（collective vote），各古利亚中的大多数各分别确定，因以决定这一集体票的性质。^①它是氏族的会议，只有它才是政府的成员。平民以及被保护民，他们在当时已经形成为一人数最多的阶级，则被排除，因为除掉通过一氏族和部落以外，不能与罗马民族发生任何关联。前已说过，此种会议既不能起草公共议案，也不能修改提交的议案，但是，在某种等级以上的任何议案，在没有得到委员会的可决以前不能发生效力。所有一切法律，都由这种大会通过或废止；所有一切行政长官以及高级官吏，包含列克斯在内，都由元老院提名，由大会选举。^②依据大会的一种法律（lex curiata de imperio），它授予被选举人员以执行权（imperium），这即是罗马授予官职的方式。纵令选举手续已告完备，但是在未授予执行权以前，被选举人员是不能行使其职权的。又胞族委员会对于与罗马公民之生命有关的刑事诉讼，由于上诉，握有最后的决定权。列克斯之职之终被废除者，实为一种民众运动的结果。人民大会虽然从未取得提出议

① 李维著《罗马史》第一章，四三页。《带奥奈萨斯全集》第二章，一四页；第四章，二〇页、八四页。
② 奴马·傍拔利（西塞禄著《共和国》，第二章，二页；李维著《罗马史》第一章，一七页）、图鲁斯·贺斯低留（西塞禄著《共和国》第二章，一七页）、与盎卡斯·马齐乌斯（Ancus Martius）（西塞禄著《共和国》第二章，一八页；李维著《罗马史》第一章，三二页）都是由"胞族委员会"选举出来的。至于塔克文尼阿斯·普力斯可斯，李维说是由人民绝大多数把他选出来充任"列克斯"的（第一章，三五页）。这当然是指"胞族委员会"。塞维阿·塔力阿先就列克斯之职，后来由"胞族委员会"追认（西塞禄著《共和国》第二章，二一页）。选举权像这样保留于人民之手，证明"列克斯"的公职是属于民众性的，他的权能，只不过是委托的。

案的权能，但是，它的权能是实在的，是有力量的。因此，在这一时代，主权是属于人民的。

人民大会的自身没有召集大会的权能，据说，是由列克斯召集开会，或者，如果他缺席，则由市长（praefectus urbi）召集。在共和制时代，则由执政官召集，如果执政官缺席时，便由司法长官（praetor）召集。要之，不拘在何种情况之下，凡是召集会议者，在讨论议案时即充任主席。

军务指挥官（列克斯）的职位——其权力及功能

关于列克斯之职，在另一相关联的地方，已经考察过了。列克斯是一将军职，而同时又是一祭司职，但是没有民政上的任务，关于后一点有某些著作家曾企图予以包括在内。[①] 他作为一将军的权能，虽没有予以规定，但对于在战场及都市中的军队必需是绝对的。如果他在个别情况中曾行使任何有关民政上的权能，这必须假定是为一时权宜之计由人民委托于他的。宣称他为国王，如果拿这一名词所必然含有的意义去了解，即是对他所属的民众性质的政府以及其依以建立

---

① 雷昂哈特·史密兹（Leonhard Schmitz）是主张希腊罗马的政治乃系王权政治的最有能力的一个人，他很坦白地说道："我们若要决定国王权力的范围是很困难的，因为古代的著作家们自然地以他们自己的共和政体去判断王权时代，并且往往指为是国王、元老院、胞族委员会的各种权力和职者，只有关于他们自己时代的执政官、元老院和胞族委员会方为真实。"——斯密编《希腊罗马古制辞典》关于"列克斯"一项。

的诸制度，予以取消和错误的描写。在列克斯及巴赛勒斯所出现的那种政府是与氏族制度相合一的，当氏族社会被推翻以后，他们也就随之而消逝了。它是一种特殊的组织，在近代社会中是找不出相类似的例子的，也不是用适合于君主制度的名词所能说明的。在一元老院、一人民大会和由他们提名并选举的一名将军之下的一军事民主制，是这样一种特殊政府比较近似的、纵令不是完全的特性描写，它是专属于古代社会的，而且是建立在本质上是民主的制度之上的。罗缪勒斯很可能由其伟大的成就，因恃功而骄，僭取了认为对元老院与人民有危险的权力，他之被罗马诸酋长所谋弑，是从流传到今日关于他那种神秘的失踪的记载的一种正当推断。此一行为，必须断定是残暴的，却证明了由氏族所遗传下来的那种独立的精神，不是为个人的专制权力所屈服的。所以当这一职位被废止以后，于是设立执政官之职位以代之，但设立两名而不设立一名，这就不足惊异了。因为这样一种职位所掌握的权力，可能把一人升到危险的高度，若是有两人，便可以避免这种危险了。同样，易洛魁部落认定若把军务总指挥官之职只授予一人，有引起任职者权势过于雄厚、地位过于崇高之虞，因而对联盟的军务酋长任命二人，以杜祸患于未然；易洛魁部落的这一措施，并不是根据于固有的经验，只不过是与罗马人的那种微妙的推理作用先后如出一辙罢了。

列克斯以祭司长的资格，在重要时机中为人民祈祥瑞，这是罗马宗教制度中最高行为之一。自罗马人看来，在战场上恰如在都市中一样，在战斗开始的前夕，这种祈祝是同样必要的。除此以外，列克斯亦执行宗教上的其他仪典。在这些时代中，在罗马人间恰如希腊人间一般，祭司的职分附着于最高军务职或为其所固有一事，实没有可惊异的地方。当最高军务职被废止以后，此种隶属于它的宗教上的职务，便感觉有授予某一个人的必要，因这种职务很显明是特殊的；所以，便设立了祭司列克斯（rex sacrificulus 或 rex sacro-rum）的新职，任此职者负有执行上面所述的宗教上的义务。在雅典人之间这种同样的观念，再出现于九名执政官中的第二名执政官，他被称为巴赛勒斯执政官（archon basileus），他对于宗教上的事务负一般监督之责。在罗马人及希腊人之间为什么将宗教上的职分附着于列克斯与巴赛勒斯之上，在阿兹忒克人之间为什么附着于吐克特利之上；又在前两种官职被废止后，为什么普通的僧侣不能执行此种职分，这都是没有被说明的。

民主主义的罗马氏族制

这即是从罗缪勒斯时代直到塞维阿·塔力阿时代的罗马的氏族社会，其间经过了二百余年，在这一时期中，便奠定了罗马霸权的基础。其政府，如前所述，包括三权：即元老院、人民大会及军务指挥官。他们的经验认识了有由他们自己来制定明确的成文法以代替风俗和习惯的必要。他们在列克斯一职之中，迫于必要，获得了一行政长官的萌芽观念，在政治社会建立以后，发展成为一种更完全的形式。

但是，他们发现列克斯的职位、对于政治的较高级概念中经验还不丰富的时候，是一种危险性的官职，因为他的权力，在大体上，未有限定，而且是难以限定。所以当人民与塔克文尼阿斯·苏剖布斯（Tarquinius Superbus）之间发生严重冲突之时，他们便罢免其人，并废止其位，这就不足惊异了。当有一不负责任的国王权力一旦与人民面对面时，便发现其是与自由不相容的，结果后者获得了胜利。但是，他们愿意在他们的政治体制之中许可一有限制权力的行政长官，所以他们采取双重方式设立二名执政官。这在政治社会建立以后才出现。

在塞维阿·塔力阿时代以前，对于建立以领土及财产为基础的国家，未有采取直接的步骤；但是，以前的措施，是这一事件的准备。在上面所举的诸制度之外，他们更创设了一市政官和一完全的军事制度，其中包含骑士阶级的设置。因此，在塞维阿·塔力阿时代，罗马在纯粹的氏族制度之下成了在意大利的军事上最强大的国家。

在新创设的行政长官之中，以都市行政长官（custos urbis）为最重要。此一官吏，他是元老院的议长（princeps senatus），据带奥奈萨斯说，其第一任乃系罗缪勒斯所任命的。① 元老院，它自身无召集之权，而由此议长召集之。此外，还有人主张：列克斯有召集元老院的权力。果系如此，那么，元老院的召开，系由于列克斯的要求，由其自身官吏召集，或许也是可能的；但是，从元老院的独立的职务、从其尊严、以及从其代表的性质观之，议长能支配其召开似乎是

---

① 《带奥奈萨斯全集》第二章，一二页。

不确实的。自十大行政官（Decemvirs）时代以后，此官职之名改称为市长（praefectus urbis），其权限亦扩大，而由新设之百长委员会（comitia centuriata）选举之。在共和制之下，执政官，在执政官缺席时司法长官，有召集元老院与委员会之权。到了后来，司法长官之职（praetor urbanus），吸收了此古代官职的职务于自己的掌握之中，而变为它的后继者。罗马的司法长官，即近代法官的原始型。照这样看来，关于政府中或社会事务管理中的每一根本的制度，一般地都可以追溯到一种单纯的萌芽，其始都是基于人类之需要以原始的形态而出现，到了它能够忍受时代与经验的试验的时候，便发展成为一种永久的制度。

假使关于罗缪勒斯时代以前的酋长职位的任免以及关于酋长会议的职务的知识能够确切的知道的话，那么，对于罗缪勒斯时代的罗马氏族社会的状态，一定可以得到许多说明。再者，此数个时代应分别研究，因为他们的社会状态的事实，是随着他们理智的进步而变化的。在罗缪勒斯以前的意大利时代、在列克斯时代、以及在后来共和与帝国时代，在政府精神及其性质上都表现着显著的差异。但是，第一时代的各种制度，进入了第二时代，并且更下传到第三时代，并经过修改而存留于第四时代之中。罗马人民的全部重要的历史，都体现在此等制度的发生、发展、及其灭亡的过程之中。这只有在人类部落及民族的广大规模中追溯此等制度从其萌芽、并经过其连续发育的阶段，方能发现人类的心灵从野蛮时代的幼稚状态进化到今日的高级发达状态所经历的伟大运动。由于人类对于社会组织的必要，使产生了氏族；由氏族便产生了酋长以及具有酋长会议的部落；由部落而产生出由分割作用而形成的数部落的集团，后来，部落复结合而形成一联盟，最后，更合并而形成一民族；由酋长会议的经验，便产生出组织一人民大会并将政权分配于它们之间的必要；最后，由于联合诸部落的军事上的必要，便产生出军务总指挥官，后来在政府组织中形成为第三种权力，但仍然隶属于上两种高级权力之下。此军务总指挥官是后来的行政长官、国王、及大总统诸公职的萌芽。文明各民族的诸主要制度，只不过是萌芽于野蛮时代中、扩张于开化时代中、以及在文明时代中尚在存续且日益发展的诸制度的继续。

在罗缪勒斯逝世的当时所存在的罗马政府，是社会的，而不是政治的；是个人的，而不是领土的。当时，三部落虽分别定居于都市界限以内的一定的区域，这是真实的；但是这是在氏族制度之下一种盛行的定居的方式。他们对于彼此间相互的关系，及其对于结成的社会，如氏族、古利亚与部落的关系，完全是个人的，政府把他们作为个人的集团来处理，与整体则作为罗马人民来处理。他们定居于城堡之中的这样的形式，一旦当他们为日趋繁复的事务所迫，对于政治的方案感觉到有变更的必要的时候，那么，一种都会或市区的观念就会自行提示出来了。这是一个巨大的变革，旋即需要他们以试验的立法而施诸于实际的——与这种完全相同的变革，在维塞阿·塔力阿时代不远以前在雅典人间就已经开始。罗马建立成功了，它的最初的胜利，是在纯粹的氏族制度之下赢得的；但是，这些成就的果实，即从它们的巨大量来说，已经证明氏族不能形成为一国家基础的能力。但是，在这一迅速发展的联邦中，却需要二百年辛勤奋斗的期间，为建立以领土及财产为基础的政治上第二大方案开辟道路。从氏族、古利亚及部落褫夺其政权而给予新的选举区，则是一种必需的牺牲。像这样一种变化之所以成为可能，惟有他们确认氏族不能产生一种适应于他们进步的状态所要求的政府才能达到。在事实上，这即是一个继续停滞在开化状态中、或者进步到文明的问题。关于新体制的建立，则将成为次一章的题材。

第十三章

罗马政治社会的建立

国民（**The Populus**）

罗马军事民主制的第六世酋长塞维阿·塔力阿约在罗缪勒斯死后一百三十三年继承这个权位，这是所能确定的最近似的年代。[①]这样，则塞维阿·塔力阿的即位，当在纪元前五七六年前后。罗马人的政治体制的建立，主要的，是由于这一非常人物。对于本章，只须指出这一体制的主要特点以及导使其采用的理由便已足够。

从罗缪勒斯至塞维阿·塔力阿时代，罗马人中包含两个不同的阶级——国民（populus）及平民（plebeians）。在人身上，两者都是自由的，并且都编入军籍；但是，只有前者组织成氏族、古利亚及部落而掌握政权。在另一方面，平民既不属于任何氏族、古利亚或部落，

---

① 《带奥奈萨斯全集》第四章，一页。

结果则处于政府之外。[1]他们被排除于官职、胞族会议及氏族的祭祀仪典以外。在塞维阿·塔力阿时代，平民的人数几乎成为与国民相等了。他们处于一种变态的地位之中，既服兵役而有家族及财产，从而把他们与罗马的利害变成一致，但与政府却没有任何意义的关联。在氏族制度之下，恰如我们以前所述一样，除掉通过一被承认的氏族以外，个人则不能与政府发生关联，可是平民却没有氏族。像这样的情况，关系人民中这样大的一部分，对于联邦自是危险的。可是，在氏族制度之下，却不存有补救的余地，从而，这必定供给了企图覆灭氏族社会而代以政治社会的最突出的理由。如果没有发明一种补救方法，很可能罗马的组织将陷于崩溃的命运。这一补救的方法，发端于罗缪勒斯时代，更始于奴马·傍披利，而完成于塞维阿·塔力阿。

平民及贵族两者的起源，以及后来两者之间的关系，已成为议论及论争的丰富的题材。对于这些问题，每一个都打算给予少数的提示。

平民（Plebeians）及被护民（Clients）

某一个人，因为他不是任何一个氏族的成员，不能与其他氏族组织成为古利亚及部落，所以他是一个平民。在罗马建立前后的这个

---

[1] 尼布尔说："在民族中认为是一自由的而且是很多的一部分的平民之存在，可以上溯到盎卡斯之世；然而在塞维阿时代以前，这些平民，不过是互无关联的许多部分的一种聚合体，而不是正规结合的整体。"尼布尔著《罗马史》第一卷，第一章，三一五页。

不安定的时代中，如何会有这样多的人从其出生的氏族分离出来，这是很容易了解的。从四周诸部落而蝟集于新都会的冒险者，在他们的战争中所俘获的俘虏其后得到解放者，以及与移殖于罗马的诸氏族相混杂而来并无所隶属者，都是迅速地增加到这一平民阶级的来源。其次，当填补每一部落至一百个氏族的时候，许多氏族的零碎分子以及不足规定的人数的诸氏族都被除外，这也当然是可能发生的事实。这些被排除于承认和组织成一古利亚中的无所属的个人与氏族中的零碎分子，他们和他们的子女及其后裔不久即将形成一个巨大的不断地增加的阶级。这即是罗马的平民，因为其为平民之故，所以他们不是罗马氏族社会的成员。

从那被承认为罗马第三部落而称为"小氏族父老"的卢西勒部落的元老院议员的绰号看来，老氏族是不情愿承认与他们完全平等的，这似乎是一正确的推断。进而，为着一个夏强的理由，他们阻止平民参与一切政治。当第三部落规定的氏族数目填补满额之时，加入的最后的一途便随之而关闭了；自此以后，平民阶级的人数当以更大的速度增加。尼布尔说平民阶级的存在，可以上溯到益卡斯之世，这暗示平民开始出现于这一时代。[①]尼布尔又否定被护民是平民集团中的一部分；[②]就此两种论点言之，尼布尔的意见是与带奥奈萨斯[③]和波

---

① 《罗马史》第一章，三一五页。

② "被护民对于平民大众完全是外路生人，直到很久以后并没有与平民团体合并，他们之与平民合并，是当奴隶的束缚松懈以后，一部分是由于他们的庇护主的家族灭绝或中落；一部分是由整个民族进步向自由；这将要在本书的后部证明。"（《罗马史》第一章，三一五页。）

③ 《带奥奈萨斯全集》第二章，八页。

芦塔克不同的。关于庇护主（patron）与被护民之间的关系的建立，带奥奈萨斯和波芦塔克都归于罗缪勒斯，[①]苏韦托尼奥也承认这种关系存在于罗缪勒斯时代。[②]在没有氏族身分及宗教仪典的一种阶级的存在的情况下，像这样一种制度是有其必要的，他们可以利用这种关系来保护其人身及财产，并且可以借此以获得参与宗教的特权。至于一氏族的成员，不但当然有这种保护或这种特权，而且让氏族中的成员受另一氏族的保护，这不仅有损这一氏族的威严，并且就义务上言之，也是不合的。至于无所隶属的阶级，或者换一句话说，即是平民，在事实上自然是需要投靠庇护主而成为他们的被护民的唯一的人们。由以上所述的理由看来，被护民并不是罗马国民的任何一部分。纵然以尼布尔对于罗马问题的权威，但是，被护民之为平民集团中的一部分，却似乎是很明显的。

贵族（Patricians）

次一问题是极其困难的一个问题，即贵族阶级的起源及其范围的问题——贵族是否是起源于罗马元老院的设置，并是否是只限于元老院的议员及其子女和后裔；或是包括与平民有区别的全部罗马国民。近代最著名的权威们，都主张全部罗马国民均为贵族。尼布尔，

① 波芦塔克著《罗缪勒斯传》第十三章，一六页。
② 《Tiberius 传》第一章。

他的确是研究罗马问题的第一个权威，便采用这种见解，①隆氏、史密慈（Schmitz）及其他诸人则同意于这种见解。②但是，他们举出的理由并不见得肯定。如前所述，贵族阶级及平民阶级的存在，可以上溯到罗缪勒斯时代。③如果罗马国民——他们是人民中组织成氏族的全体——在这样早的时代便全部都是贵族，那么，这种区别不过是名义上的，因为平民阶级在当时并不重要。并且，西塞禄及李维两氏的很明白的记载，也是与这个结论不相容的。带奥奈萨斯说贵族阶级的成立系在元老院的设置之先，并且他认为贵族是由在门阀上、在德望上、在富裕上出名的少数数目的个人所组成的，这也是真实的；似此，那么贫穷及微贱的人们，纵令是属于旧氏族，也就被排除于贵族之外了。④纵令承认有与元老院没有关联的一贵族阶级，可是在各氏族中还剩有一大阶级他们并非贵族。西塞禄虽然留下了一种很明确的记载，谓元老院议员及其子女均系贵族，但是，他并没有说及在元老院议员之外还有贵族阶级。西塞禄曾说，当罗缪勒斯的元老院系由最好的人所组成以后，罗缪勒斯对他们万分尊敬，他愿意他们被称为父老，他们的子女为贵族，并试图云云。⑤像在这里所用的父老（patres）一词的意义，即是在罗马人自己间亦是一种论争的题目；但是，贵族（patricii）一词，因系由父老（patres）而形成的阶级，所

---

① 《罗马史》第一章，二五六、四五〇页。

② 斯密编《希腊罗马古制辞典》，关于"氏族""贵族"及"平民"各项。

③ 《带奥奈萨斯全集》第二章，八页；波芦塔克著《罗缪勒斯传》第十三章。

④ 《带奥奈萨斯全集》第二章，八页。

⑤ 《共和国》第二章，一二页。

以这便证明贵族与元老院的公职有必然的关系。因为每一元老院议员很可能开始就代表一氏族，从而三百名元老院议员便代表了得到承认的一切氏族，然这一事实的自身，并不能使所有的氏族员都成为贵族，因为贵族的荣位仅限于元老院议员及其子女和其后裔。李维也是同样明白的。他说：从他们职位的尊严而论，他们的确被称为父老，他们的后裔被称为贵族。[①]在列克斯以及在共和之下，个人有由政府特叙为贵族的，但是从元老院的公职及由政府的特叙而外，贵族的位阶是无由获得的。在元老院当初设置之时，没有得到加入元老院的一部分人们，经过公共的立法使列为新贵族以与元老院议员处于同等的位阶，那并不是不可能的；然而，这仅能包括只属于三百氏族成员中的一小部分人们，他们则都包含在罗马国民之中。

阶级的界限

在罗缪勒斯时代以前氏族酋长就被称为父老，借以表示他们公职上的宗长的性质，这并不是不能有的事实；并且酋长的公职，也可以将一种承认的位阶授予他的子孙。不过，关于这一事实我们还没有直接的证据。现在，假定这是事实，进而假定元老院在其设置之时并没有包括全部领袖酋长，再进而假定当元老院缺额在后来补充时，其选任是以功勋为标准而不是以氏族为标准，那么，贵族阶级的基础，

---

① 李维著《罗马史》第一章，八页。

可能在以前便离元老院而独立地存在了。这些假定，可以用来说明西塞禄所用的特殊的说法。即罗缪勒斯希望元老院议员被称为父老的这一事实，因为这种名称，可能原来就是氏族酋长的尊号。如果系如此，则一有限制的贵族阶级的基础，可以与元老院而独立发现；但是，其基础之广大却还不足以包含一切得到承认的氏族。这一提示，是与元老院议员相关联而提出来的，即元老院议员的子女及其后裔应称为贵族的这一事实。帕忒丘勒斯也做过同样的说明。①

由此可知：纵令一氏族中有个别的家族为贵族，而在其他一氏族中则为平民，但不能有贵族氏族和平民氏族。关于这一点，还有一些混淆。费边氏族中的成年男子，总数达三百又六名，都是贵族。②像这样的事实，便不得不借这种假设来解释：即在这一氏族中的一切家族，都能依据元老院议员探溯他们的世系，或由某种公众法令把他们的祖先都叙列为贵族。当然，在许多氏族中有贵族的家族，到了后代，则在同一氏族之中有贵族的家族也有平民的家族。因之，克罗狄与马锡黎，如前所述，是属于克罗狄亚氏族的两个家族，可是只有克罗狄家族为贵族。在塞维阿·塔力阿时代以前，罗马人是分为国民及平民两阶级的，这是值得留意的；但是，自此以后，尤其是在来辛尼亚（Licinian）立法之后（纪元前三六七年），国家的一切显职对于每一公民都是公开的，罗马的人民，包括自由人以上，便分成两个政治上的阶级，可以区分为官僚贵族（aristocracy）与普通

① 《Velleus Paterculus》第一卷，八页。
② 李维著《罗马史》第二章，四九页。

平民（commonalty）。官僚贵族阶级包括元老院议员和他们的子孙，以及曾任过三种显职者——执政官、司法官（praetor）与高级营造司（curule ædile）——和他们的子孙们。至于普通平民，现在就是罗马的公民。氏族组织已归于颓废，古代的区分法再也不能维持下去了。凡在初期属于罗马国民者，自不能与平民同列，在后来则属于政治上的官僚贵族（aristocracy），但不是门阀上的贵族（patricians）。克罗狄家族能够从阿匹奥斯·克罗狄奥斯（他是罗缪勒斯时代的元老院议员）追溯其世系；但是马锡黎家族正如尼布尔所云：纵令"他们功勋显赫，足以与阿比依（Apii）比肩，对国家远为有用之材，"却不能从阿匹奥斯·克罗狄奥斯，或其他一元老院议员，以追溯其世系。[①]这是对马锡黎家族地位的一种充分的说明，并不需要凭借尼布尔的想像的假设，以为马锡黎家族由于一卑下婚姻（marriage of disparagement）而丧失了其贵族的地位。[②]

贵族阶级必然地是很众多的，因为元老院的议员很少有降至三百名以下的时候，而每当空额发生时则即行选举补充，因之，时常包括新家族进去；又因为这种选任，即将贵族的位阶授与他们的子孙。其他的人，则时常由国家法令将其升为贵族。[③]像这样的荣誉，在最初，或者价值很微；但是，随着他们的财富、人数以及势力的增加，便成为极其重要了，并且改变了罗马社会的面貌。在罗马的氏族

①《罗马史》第一章，二四六页。

② 同上。

③ 李维著《罗马史》第四章，四页。

社会中导入一个特权阶级的全部影响，在当时或许未曾感觉到；而这种制度对于罗马人民以后的境遇上，是否有害的影响较有利的影响为多，则不得而知了。

当氏族在新政治制度之下失去了为政治功用的组织时，国民便与平民无所区别了；但是，旧组织与旧区划的阴影，却远残留到共和时代以后。[①] 在新制度下的平民，便是罗马的公民，但是他们当时则是普通平民；是否与氏族有关系与无关系的问题，则不存在于此区划之内。

从罗缪勒斯到塞维阿·塔力阿时代，罗马的组织，如前所述，不过是一种与土地或财产无关联的氏族社会。所有我们能找到的，只是一系列的在氏族、古利亚以及部落中的个人的聚合体，人民借着此种聚合体形成这些组织单位的个人集团而与政府发生关联。他们的这种情况，正与梭伦时代以前的雅典人的情况相仿佛。所不同者，他们设置了一元老院以代替旧日的酋长会议，一胞族委员会以代替旧日的人民大会，以及选任了一名军务指挥官具有祭司及法官的附带职务。他们有一种三权政府，根据他们的主要的需要使其互相调和，他们有一种三部落的合并，其中包含同等数目的氏族及古利亚，而形成了一个民族，所以罗马实具有了较诸以前拉丁诸部落所成就的更高级的及更完备的政治组织。然而，除掉已变成为被护民的一部分不计外，一人数众多的阶级逐渐发展起来了，他们在政府的境界以外，而没有宗教上的特权，这个阶级，如果不是危险的阶级的话，排斥他们于公民

---

① 李维著《罗马史》第四章，五一页。

权以及参与一切政治活动以外，对于国家也是有害的。再者，在他们以前的经验中从未知道过的、一规模宏大的市政发展起来了，需要特别的组织以领导其地方的事务。为政治方案变革的一种必要，必定愈益迫使当时思虑深湛人士的注意。人口及财富的增加，以及因人口的重荷与利害的错综，致使他们当时的事务变为复杂而处理困难，这些便开始暴露了一件事实，我们必须假定，即在氏族制度之下不能把他们结合在一起的事实。要说明他们曾经尝试过的几种便宜之策，像这样一种的结论则是需要了。

奴马，罗缪勒斯的继承者，作了第一个重要的行动，因为它暴露了一种印象的存在，即一大政权不能将其体制的基础建筑在氏族之上。他如提秀斯所做的一样，企图绕过氏族，用技能及职业为标准，将人民区分为八种阶级。[1]波芦塔克——对于这一说明他是主要的权威——说用职业为标准对人民的这种划分，是奴马的诸制度中最受赏赞的制度；波芦塔克更进而说：这种制度，是企图来消灭拉丁及萨宾两部落在名称上及事实上的区别的，将他们在一新分配中混合在一起。但是，他没有将氏族所行使的权能授予阶级，所以这一措施，恰如提秀斯的同样的企图一般，也为着同一的理由，而归于失败了。波芦塔克告诉我们，每一行会都各分别有其会所、法庭以及宗教上的仪式。纵令这些记载是传说的，然在阿提喀及罗马，为着同一的目的，在同样的理由之下，借着同一的机关，而做了同样的实验，使我们相信以下的推论是合理的，即这种实验，每一件都是实际尝试过的。

---

[1] 波芦塔克著《奴马传》第十七章，二〇页。

塞维阿·塔力阿的立法

　　塞维阿·塔力阿建立了其新制度，并且将这种新制度建筑在一种基础上，直到共和制之末而得继续保持，虽然后来作了一些改良性质的变更。塞维阿·塔力阿时代（约在纪元前五七六年至五三三年）紧接着梭伦时代（纪元前五九六年），而在克来斯忒尼时代（纪元前五〇九年）之前。归于塞维阿·塔力阿的立法，明明是以梭伦的立法为模范的，其发生于所说的这样早的时代，是可以接受的，因为当共和建立于纪元前五〇九年时，已在历史时期以内，而以上所述的制度，实际上尚在应用。并且，这种新政治制度的建立可以适当的归于塞维阿·塔力阿，有如其他的伟大的计划曾归于别人一样，虽然在两种情况之中立法者所仅能做的，不过将经验已经向他暗示并强迫其注意的作成一种定式而已。废止氏族而以领土及财产为基础所创立的政治社会的三种主要变革即是：第一、用根据于个人财富的数量而形成的阶级以代替氏族；第二、设置作为新的人民大会的百长委员会以代替氏族会议的胞族委员会，并且将后者的实际权力转移于前者；第三、设立带有都市性质的而以境界线为区划的并且以领土区域为名的四个市区（city wards），在四市区内的各区的居民，都需要登记其姓名，并注册其财产。

有产阶级的创成与百长的设置

塞维阿·塔力阿无疑地是熟知梭伦的政治方案的，所以他效法梭伦以人民的财产的价值为标准，把他们分为五个阶级，其结果是将各氏族中最富裕的人集中于一个阶级之中。[①]每一阶级又复分为百人团（centuries），各阶级的百人团的数目，并不是依照实际的人数，而是武断地决定的；在百长委员会中，这种百人团各有一个投票权。因此，各阶级所享有政权的大小，则由所给予的百人团的数目来决定了。第一阶级有八十个百人团，因之，在百长委员会中便有八十票；第二阶级有二十个百人团，更加上工匠的百人团两个，有二十二票；第三阶级由二十个百人团而成，有二十票；第四阶级由二十个百人团而成，另外加上附属的角笛队（horn-blowers）及喇叭队（trumpeters）的两个百人团，共有二十二票；第五阶级有三十个百人团，有三十票。除此而外，还有由十八个百人团而成的骑士队（equites），有十八票。带奥奈萨斯则于以上所述的五个阶级之外，更加上第六阶级，有一个百人团，有一票。第六阶级系由没有财产、或其财产的数量不够编入第五阶级的定额者所组成。他们不纳税也不服兵役。[②]在六阶级中更加上骑士队者、全部百人团的数目，据带奥奈萨斯所说，共计为一百九十三个。[③]李维对于五个阶级中的正规的

---

① 第一阶级的财产上的资格，为十万asses，第二阶级为七万五千，第三阶级为五万，第四阶级为二万五千，第五阶级为一万一千。（李维著《罗马史》，第一章，四三页。）

② 《带奥奈萨斯全集》第四章，二〇页。

③ 同上书，一六、一七、一八页。

百人团的数目，与带奥奈萨斯所说相合；但与他不同的，他把具有一个百人团及一投票权的第六阶级除外，将其包含或附属于第五阶级之内。李维并且认为角笛队不是由两个而是由三个百人团而成，从而，百人团的总数便较带奥奈萨斯的多出了一个。[①]西塞禄说九十六个百人团乃是一个少数，这在李维与带奥奈萨斯的两种说法上都讲得通。[②]每一阶级的百人团，更区分为年长（seniors）及年少（juniors）二种；其中年长的百人团系由五十五岁以上的人所组成，负有当兵士防卫都市的任务；而年少百人团则由十七岁以上五十五岁以下的人所组成，负有对外军事作战的任务。[③]各阶级的武器均各有规定，并使其各为不同。[④]

必须注意，政府的支配权，若就人民大会能够影响其行动而论，是落在第一阶级及骑士队之手的。他们握有九十八票，占全体的多数。当他们集合在百长委员会中时，各百人团分别地取得其投票的一致，正如各古利亚在胞族委员会中所惯于做的一样。在表决任何公众问题时，首先由骑士队投票，其次由第一阶级投票。[⑤]如果这两者的投票是一致的，那么，问题便从此决定了；而其余的百人团，则不再投票；但是，如果他们两者的投票没有取得一致，则由第二阶级来投票，除非得到一多数时，则按着阶级的顺序推下去，直到最后的一阶级。

① 李维著《罗马史》第一章，四三页。
② 《共和国》第二章，二〇页。
③ 《带奥奈萨斯全集》第四章，一六页。
④ 李维著《罗马史》第一章，四三页。
⑤ 同上；但是，带奥奈萨斯却把骑士队置于第一阶级之中，并说这一阶级是首先投票的。（《带奥奈萨斯全集》第四章，二〇页。）

百长委员会代替胞族委员会

胞族委员会从前所行使的权能，现在便转移到百长委员会了；到了以后的时代，在某些小的方面，略有扩大。百长委员会在元老院的提名下选举一切官吏及行政官；它决定或否决由元老院所提出的法令，不拘何种议案如果没有得到百长委员会的裁可，便不能成为法令；百长委员会可以根据元老院的提议废止现行法令，如果他们选择这样做的话；百长委员会根据元老院的建议对外宣战。但是元老院可以不咨询百长委员会而缔结和约。凡含有人命关系的一切案件，可以向百长委员会作为国家最高裁判机关提出上诉。这些职权，都是实质的，但是，也是有制限的——关于财政的支配，则被除外。虽然，大多数的票却给与了包含着骑士队的第一阶级，这个阶级，包括贵族的全体，必须假定，亦即最富裕的公民。支配政府的不是人数，而是财产。虽然，他们随着时代的进展能够创造出一部法令，对于一切个人都予以平等的保护，从而对于由制度上的不平等而引起的最恶劣的结果，也予以了一些补救。

百长委员会会议每年在马齐乌斯广场（Campus Martius）举行，以选举官吏和行政官，又在有公务上的必要时，亦得于年内其他的时间召集。当会集之时，人民依照百人团及阶级各在其官长指挥之下集合，俨如一军队的组织；因为百人团与阶级，是用来辅助一切军事上以及民政上的组织的目的的。在塞维阿·塔力阿之下的第一次的检阅，八万公民兵都一律武装起来集合于马齐乌斯广场，各个人均在自己的百人团，各百人团均在其阶级，各阶级则依阶级的次第，分别地集合。[①]一百人团的每一个团员，现在都是罗马的公民了，这是新政治制度的最重要的成果。在共和制时代，执政官——如果执政官缺席的时候，司法官——具有召集百长委员会的权能，召集会议的人，便作会议的主席。

从我们更进步的经验的观点来看，这样的政府，既是粗陋，又殊笨拙；但是，它是在以前的氏族政治之上的一种重要的改革，在这样的新政府之下，罗马竟成了世界的霸主。财产的因素，在这个时候，升到了压倒一切的重要地位，决定了新政府的性质。这种新政府将贵族主义及特权提到优越的地位，并乘机从人民手中抢夺了大部分的政府的支配权力，而将其付予有资产的人们之手。这是与由氏族继承下来的民主主义原则的自然倾向，向着完全相反方向的一种运动。反对当时已并入于政府制度之中的贵族主义及特权的新因素，乃是罗马平民经过全部共和时代中所斗争的目的，并且有些时候，也得到某种程度的成功。但是，上层阶级所具有的贵族位阶及财产，对于由平民所代表的平等权利及平等特权之较为贤明及伟大的主义，实是太强大了。支持这样一种特权阶级，甚至于就当时的罗马社会而言，也是一种远为过重的负担。

西塞禄，固然是一位爱国者和人格崇高的罗马人，可是他却赞成并且推奖将罗马人民分成为阶级的这种等级，与其将支配政府的势

---

① 李维著《罗马史》第一章，四四页；带奥奈萨斯说当时到会的人数为八万四千七百人。（《带奥奈萨斯全集》第四章，二二页。）

力授予公民中的少数人。他说道：塞维阿·塔力阿"从人民大众中创设了多数的骑士队，而将其余的人们分为五个阶级，在每一阶级中又区别为年长者与年少者，他之所以如此区分的，是要使参政权不落于民众之手，而归于有产者之手；他并注意使它成为我们政府的法则，也应该成为每一个政府的法则，即最多的人数不应有最大的势力。"[1] 试从介在从当时到现在的二千年之中的经验来看，便可以明白的看出这里所赞叹的不平等的特权以及对人民自治权的否认，实创造了及发展了那种大量的愚昧与腐败，其结果，使政府与人民两者同归于尽。人类渐次学到了这一简单的教训：即全体的人民，为公众利益及为公众繁荣计，都较任何特权阶级的人们要远为贤明得多——不拘这些特权阶级的人们是如何的高尚及有教养，他们在今天做不到，也没有任何可能性在将来能够做得到。支配最进步的社会的政府，依然还在于过渡的阶段之中，并且必然地逻辑地转向到民主主义的方向去，一如格兰特（Grant）总统在其最后的一次就任演说那样，他并非没有理由地暗示：这种民主主义的方向，代表和表达了一个自由的、受过教育的人民的平均理智和道德的自治形态。

阶级制代替氏族制

有产阶级，对于破坏作为一政治基础的氏族，并将其权能转移

---

① 西塞禄著《共和国》第二章，二二页。

于一不同的集团，是起了有用的作用的。从关闭的氏族团体解放出来，而对于新政府予以足以包括罗马全部居民的基础，——奴隶除外——这很明显是塞维阿·塔力阿立法的主要目的。在阶级完成了它的任务以后，也应如雅典的情形一样，可以期待其自行消灭，而市区及乡镇与其组织成政治体的居民，将成为新政治体制的基础，有如它们合理的逻辑的应该如此一样。然而，罗马的市政组织却阻止了这种情形的完成。罗马的市政组织，一开始就获得了在政府中的中心地位，并维持到最后，所有以外的区域都使其从属于罗马市。罗马市政组织实呈现一个大中央都市政府，首先扩展至整个意大利，最后扩大到欧、亚、非三大陆所有被征服地方的变态情况。五阶级，除了投票方法有若干修改而外，一直存留到共和制之终结。创设一新的人民大会以代替旧有的人民大会，便显示了塞维阿·塔力阿宪法的根本性质。这些阶级，如果没有新的人民大会的设置并给予它们以政治的权能，绝不能具有生气。随着财富与人口的增加，新的人民大会的义务与责任也随着大为增加。使胞族委员会归于消灭而随之以氏族权能的消亡，这明明是塞维阿·塔力阿的意图。

这位立法者——塞维阿·塔力阿——据说设置了部落委员会（comitia tributa），它是各地方部落或市区的另外的一种会议，其主要任务在于课税的估定与征收，与供给所分派的应募之兵额。到了后来，这种委员会则选举人民的护民官。市区是他们政治体制的自然单位，如果罗马人想建立一个民主的国家的话，那么，市区便应该是设立地方自治的中心地。然而，元老院及有产阶级却将他们的这一路线加以阻塞了。

国势调查

归于塞维阿·塔力阿的最初事业之一，便是国势调查制度的创立。李维认为国势调查是对于将要形成为一宏大的帝国的一种最有益的手段；根据这种调查，关于平时及战时职责的履行，始以个人财富的数量为标准，才不如以前一样，以各个人为标准了。[①] 每个人必需在其所居住的市区登记，同时登记其财产的数量。这些事件，都得在国势调查官的面前执行之；当名簿完成时，便供给了阶级划分的基础。[②] 随着这一事件而来的，还有此时代的最显著的事业，这就是限以境界并用适当名称相区别的四个市区的创设。从时间上来说，四个市区的创设，实在克来斯忒尼所创立的阿提喀德姆制度之先；但是两者在其对于它们政府的关系而言，则十分不同。如前所述，阿提喀的德姆制，系组织为一种政治体，有同样的公民及其财产的登记，但除此以外，尚有一个完全的地方自治政府，与一个选举的行政官、司法官及僧侣制。反之，罗马的市区制，则是一种地理的区域，有一公民及其财产的登记，有一个地方组织，一护民官和其他由选举而任职的官职，与一个民众会议。为着少数的特殊目的，本区的居民，由政

---

① 李维著《罗马史》第一章，四二页。
② 《带奥奈萨斯全集》第四章，一五页。

府通过他们的地域关系而加以处理。但是，市区的政府，却不如阿提喀德姆的政府一样而具有实在的权力。罗马的市区政府却近似于雅典以前的诺克拉里制；雅典的诺克拉里很可能为罗马的市区政府提供了规范，正如梭伦的阶级制为塞维阿·塔力阿的阶级制提供了规范一样。带奥奈萨斯说，当塞维阿·塔力阿将七个山丘围绕于一个城垣之中后，他将这个城市分为四区，即将山丘之名以名这些市区，即：第一区名帕拉泰因，第二区名苏布剌（Suburra），第三区名科林纳（Collina），第四区名厄斯启林纳（Esquilina）；于是，便将以前分为三区的城市现在分为四区了；塞维阿·塔力阿更命令分住于这四区中的人民，有如村落人家一样，不得在他处居住，不得在他处完纳租税，不得以兵士的资格将其名字呈报他区，不得在他区缴纳为军事及其他主要的赋课，每一区必需供给其公共利益的需要；这些事情均不再以从前的三个血族部落去执行，而是以他自己所布置的四个区域部落去执行；塞维阿·塔力阿进而于每一部落任命一指挥官，作为部落长（phylarchs 或 comarchs），他更命令各指挥官注意每一个人所居住的系那一住宅。[①]蒙森说："这四个中的每一个征集区域（levy districts），不但须供给全军兵力的四分之一，并且要供给其每一军事分队的兵力的四分之一，所以每一军团，每一百人团都包括从每一区所召集来的同等数目的征兵；这种办法的目的，很显明地是在将氏族的及地方的性质的一切差别，并合于一个共同的征调集团之中，特别是由军事精神所发生的强大拉平的力量，将各阶层融合成为一个

---

① 《带奥奈萨斯全集》第四章，一四页。

民族。"①

　　同样，在罗马政府统治下的周围各地方，亦组织成为乡镇（tribus rusticae），乡镇的数目，若干作者认为是二十六个，其他作者又有认为是三十一个的；再加上四市区，则前者的总数为三十，后者为三十五。②不论怎样，其总数从没有超出三十五个以上的。可是，这些乡镇，在其参与政府管理的意义上看来，却没有形成为政府组成中的主要的要素。

新政治体制的性质

　　当政府的组织在塞维阿·塔力阿宪法之下最后完成的时候，其具有的形态一直保留于共和制存在的期间；只是执政官代替了以前的军务指挥官而已。但是，这样的形态，并不是如像在雅典政府或现代政府之下，那样完全意义的以领土为基础；即从市镇或市区作为组织的单位，次第上升以达到县或郡而至于国家，每一级都加以组织，并赋予政府的功能，为一整体的构成的各分子。其在罗马，中央政府却笼罩了一切的部分，而使其萎缩。罗马政权的基础，财产的成分较领土的为多，而且财产变成了支配的要素，其将政府的控制权寄托于最

---

① 蒙森著《罗马史》，Scribner版，第一章，一三六页。
② 《带奥奈萨斯全集》第四章，一五页。尼布尔曾举出十六个乡镇的名称，其名如次：Aemilian, Camilian, Cluentian, Cornelian, Fabian, Galerian, Horatian, Lemonian, Menenian, Paperian, Romilian, Sergian, Veturian, Claudian（蒙森著《罗马史》，第一章，三二〇页注释）。

高的有产阶级之手即是明证。虽然，罗马的政权亦有其领土的基础，因为它承认及用领土来区分其公民身分，并且用于财政上及军事上的目的，其中的公民都是通过其领土的关系而得到处理的。

罗马人到了这个时候，算已脱离了氏族社会，而进入以领土及财产为基础的政治上的第二大方案之下了。他们已将氏族主义及开化状态遗诸其后，而进到文明的新行程之上了。从此以后，财产的创造及其保护，便成为政府的主要目的，再加上为统治而对远地的诸部落及诸民族的征服的历程。此种制度上的巨大变化，便创立了与氏族社会有区别的政治社会，这种变化，不过是仅将领土及财产的新要素加入，使财产在政府中成为一种权力，在以前不过仅是一种势力而已。如果市区及乡镇是组织于充分的地方自治的权力之下，如果使元老院成为由没有阶级差别的地方的选举区域而选举的议会，其所产生的政府必将是如雅典一样的民主政体；因为这些地方政府，必定将国家范成与它们自己的形态一样。但是，元老院与其所授予的世袭的位阶，和限制人民大会投票权的财产基础，于是将其转变为反民主主义制度的形势，而产生一种半贵族主义半民主主义的混合政体；最适于酿成公民中的两个阶级的恒久的仇视，这是有意识地和不必要地由正面的立法所造成的。我想，罗马人民很明显的是为塞维阿·塔力阿的宪法所欺骗了，如果他们充分地了解了所可能发生的结果，那么，大多数的罗马人民必将起而拒绝加诸他之上的这种政府。以前的氏族制度的民主主义原则的证据是肯定的，这种民主主义的原则，纵令其对于不属于同一氏族的一切人们是排除的，却充分地行使于同氏族成员之间。这种自由精神以及他们的自由制度的证据，是如此其确定，所以在本书其他一处所提示的命题——即氏族主义与君主政体是互相矛盾的命题——似乎是无可争辩的。

自其整体言之，罗马的政府是变态的。压倒一切的罗马市，在其政治的方案中使其成为国家的中心，便是造成它的特异性质的主因之一。将人民组成为一种军队的基本组织，以及由这种组织所育成的军事精神，创造了罗马人在共和制时代以及在以后的帝国时代的团结力量。由于一选择的而终身任职的元老院，并握有重要权力；由于一传诸其子女及后裔的个人位阶；由于一按中央都市的需要而选举的行政官阶，由于一人民大会组织成的有产的阶级，具有不平等的投票权，但是对于一切立法有可决及否决权；以及由于一复杂的军队组织等等看来，在出现于人类中的任何其他政体，都没有与罗马政体相类似的。它是人为的、非逻辑的、接近于畸形的组织；但是，因为罗马人的军事精神，因为罗马人对于组织及经营事业所赋的非常才能，它却能够成就奇异的业绩。这种政体构成中的东补西缀的工作，是有产阶级的高妙手段的产物，他们的意图是夺取权力的实质，却又佯为尊重全体人民的权利及利益。

氏族组织的衰落及消失

在新政治体制建立之后，旧政治体制并没有立即归于消灭。元老院与军务指挥官的职能还是如以前一般；但是有产阶级则代替了氏族的地位，阶级会议则代替了氏族会议的地位。变革虽然是激烈的，但是在大体上，只限于这些特殊之点以内，故其来也，并没有经过纷扰和暴力。旧有的会议（胞族委员会）还许可其维持一部分的权力，因此之故，所以氏族、古利亚以及血缘的部落，得以存续于一个很长的时间之中。这种会议，当高级行政官的选举完备以后，还授予他们以执政权（imperium），不过到了后来只是一种形式而已；它为某些祭司举行就任典礼以及管理古利亚的宗教仪典。像这样的状态，一直继续到第一次普尼克战争时代，到了以后，胞族委员会便丧失其重要性，不久即归于消灭了。会议及古利亚两者，与其说是被消灭，不如说它们是为其他的制度所代替，由于名存实亡而自然归于绝灭的。但是，氏族却残存到帝国时代以后，但不是一种组织，因为这也随着时代的进展而归于消灭了，只是作为一种谱系及血统而得到保持而已。这样，从氏族社会过渡到政治社会是逐渐的，但实际上是完成了的。从古以来即通行于人类中的第一个政治上的方案，便为罗马人用第二个人类政治上的方案所代替了。

氏族制的功绩

经过了一漫长的时间以后，一直上溯到雅利安族独立生存之时，拉丁诸部落从其远祖继承了氏族组织，由于文明的需要，在罗马人中终于让出了它的生存。在这几个文化上的时代之中，氏族则独占有社会；直等到它由经验而赢得文明的一切要素的时候，那就证明它不能加以驾驭了。人类应该感谢他们的野蛮时代的祖先，为发明一种制度能够将人类中的进步的部分，从野蛮状态中带出来而进入开化状态，更经过开化状态的各连续阶段、将其带入文明。当氏族制还存在的时候，它也由经验而积累了为发明政治社会所必需的智能与知识。因此，从其影响上，从其成就上，从其历史上，氏族在人类进步的大图表中，其所占的地位，实不下于其他任何制度。作为一种政治的方案而言，则氏族制度对于文明人的要求是不胜任的；但是为回忆近代文明诸国家的主要政治机构，都是从它萌芽而来的一点而言，则是很值得一提的。如前所述，例如：从古代的酋长会议而产生出近代的上议院；从古代的人民大会而产生出近代的代表议会制，又由二者的结合而构成为近代的立法机构；从古代的军务指挥官而发生近代的首脑行政官，不拘其为封建制的君主抑或为立宪制的君主，不拘其为皇帝抑或为大总统，后者均可以说是军务指挥官的自然的、逻辑上的结果；又如从古代的都市守护官（custos urbis），由于一循环的推演，而产生出罗马的司法官及近代的裁判官。同等权利及特权，个人的自由以及其他民主主义的根本原则，也都是由氏族制继承而来的。当财产形成为巨量的生产及其影响与权力渐次及于社会的时候，奴隶制便从而发生了；这是一种破坏以上所述的诸民主原则的制度，然而，这种制度却为自私及欺骗的动机所支持，认为一被迫成为奴隶的人是一血统以外的人，是一被俘获的敌人。随着财产又逐渐而产生了贵族主义的原则，它力求于特权阶级的创成。财产的要素，在它广泛地支配着社会的短短的文明时代中，给与了人类以专制政治、帝国主义、君主制、特权阶级，以及最后给与人类以代议制的民主主义。同时，财产又使文明诸国家的进程成为以创造财产为基本目的的进程。但是，当人类理智的发展达到抽象的财产权这个重大问题的高度时——包括财产对于国家的关系，以及个人的权利对于财产的关系——现在的诸制度之必须改变，则是可以期待的。行将要到来的变革的性质是如何，可能是不可想象的；但是，曾经以初步形态普及于人类全体的，而在多数文明国家中所被压抑的民主主义，将要再注定普及于人类全体而且会高于一切，这似乎是很可能的。

一个美国人，受教育于民主主义的原则之中，并深深地为承认人类的自由、平等、博爱诸伟大概念的尊严与光辉所感召，或许能给予为自治及自由制度的自由表现以优先权。同时，也必须承认其他每一个人的对于任何政治形态的接受及承认的平等权利，不拘其为帝国或王国，只要能够满足其爱好。

第十四章

世系从女系到男系的转移

世系转移的可能方法

还有一个重要的问题剩下来须待考察，即古代希腊及拉丁氏族的世系，是否存在有以女系为本位的证据。从理论上言，在他们远祖的以前的某一时期之中，其以女系为本位必须是一种事实；但是，我们对于这个问题并不能停留于理论之上。因为由女系转移到男系，几乎牵涉到一氏族中全部成员的改变，所以它究竟是借什么一种方法而达成的一问题，必须指明出来。如果可能的话，应更进而证明社会从产生这种世系形式的状态中发展出来以后，一种需要改变的充分的动机必然地是要发生的。最后，关于在他们之中古代世系是女系的现存的证据，也必得提示出来。

我们已经知道，原始时代的氏族，是由一名假想的女性祖先和她的子女，加上她的女儿的子女以及由她而来的女系后裔、永远由女系相传而成立的。至于她的儿子的子女以及由她而来的男系后裔的子女，则是被排除于她的氏族之外的。反之，其世系以男系为本位的氏族，则是由一名假想的男性祖先和他的子女，加上他的儿子的子女以及由他而来的男系后裔，永远由男系相传而成立的。至于他的女儿的子女以及由他而来的女系后裔的子女，则被排除于他的氏族之外。被前者所排除于氏族之外的人员，即是后者之氏族的成员；被后者所排除于氏族之外的人员，即为前者之氏族的成员。因此，问题便随之而发生了，即如何能够由女系的世系转变为男系的世系而不致破坏氏族呢？

转变的方法是很简单及自然的，只要是需要这种转变的动机是普遍的、紧急的、和带支配性的。如果这一转移，是在一定的时期及预先共同的决断来实行，那么，在转移上所唯一需要的，只要大家同意，让现在氏族内所有的成员仍然保留为氏族的成员，只是在将来其父亲属于这一氏族者，其子女才属于这一氏族，而采用氏族氏姓，至于氏族的女性成员的子女，则被除外。这样，便不致打破或变更现存氏族成员间的亲属关系；但是自此以后，则将从前为氏族所排除的子女，保留于氏族之内，而将从前保留于氏族以内的子女，排除于氏族之外。虽然这似乎是一难解决的问题，但是在一种充分动机的压力之下，将会使其容易，又经过数代之后，这种转移便会臻于完全了。作为一个实际的问题而言，在美洲土著间有从女系转到男系的若干例证。例如，在阿吉布洼之间，现在是男系，而在其同族德拉瓦及摩黑冈之间，现在则是女系。无疑的，原来在全部阿尔衮琴族系间，都是以女系为本位的。

因为世系以女系为本位是原始的，且较男系更适合于初期的社会状态，所以女系本位曾经盛行于古代的希腊、拉丁的氏族之间的推定是可能的。不仅如此，当任何传递下来的组织的原始形态业已发现及证明时，那么，认为这种组织是发生于后代更进步的形态的事实，便成为不可能了。

似此，则在希腊、拉丁的氏族之间，我们所假定的由女系到男系的世系转移，必定是发生于离历史时代以前的遥远的时期之中了。除掉在艺术、制度、发明以及言语的改进中尚得到保存一部分之外，他们在开化中级状态中的历史，却完全丧失了。他们在开化高级状态中的情况，因有传说及荷马诗篇所提供的事实，使我们得以知道当时所发生的进步的程度及其经历。然而，从他们的传说所提示的状态而加以判断，至少在皮拉斯斋及希腊的诸部落间，当他们进到开化高级状态的时候，其女系的世系似乎还没有完全消灭。

转移的动机是为了财产的继承

当希腊、拉丁氏族的世系尚为女系时，氏族除具有其他的特征以外，尚具有如次所述的特征：第一、禁止同一氏族内通婚；于是，就将子女置于与其父亲不同的氏族之中。第二、财产及酋长的职位为氏族世袭制；因此，子女便不能继承其父亲的财产及职位。像上面所述的这种情况，一直等到一种新动机发生成为充分地普遍及紧急并且在他们改变了的情况面前对于子女的排除感觉到不公平以前，还是要继续存续着的。

补救的自然方法，自是将世系从女系改变为男系。在这种改变上所需要的一切条件，只是一充分的动机。在牛、羊等家畜成群的饲养而形成为个人财产的对象及生活上的资源以后，在因耕作而发生土地及房屋为各自的所有权以后，对于通行的氏族继承制的形式必将发生反抗，因为父亲对子女的亲权日益肯定，而此种继承制反将财产给予氏族内的亲族，而将财产所有者的子女排除于继承权之外。父亲及其子女共同为新的继承法的斗争，将供给一足够强有力的动机，来推动这一改变的完成。在财产的大量地蓄积并成为固定的形式时，在为个人所有的财产的分量益加增大时，女系本位的世系必然地将陷于崩溃的运命，代之以男系的世系同样也是保证了的。像这样的改变，继承权则依然与以前一样，将遗产保留于氏族之内，但是子女则属于父亲的氏族，并且在男系亲属之首。很有可能，在相当时期内，子女与其余的男系亲属共同分享父亲的遗产；但是，因为这种原则（即男系亲族排斥其余氏族成员的原则）的扩大，不久会将子女以外的男系亲属加以排斥，而让子女有独占的继承权。进而，现在儿子亦带入承袭父亲职位的范围以内来了。

像这样的继承法，便是在梭伦时代或其稍后行于雅典氏族中的继承法；在当时，父亲的财产平均地传与他的儿子们，但有维持女儿的义务，又在女儿婚嫁时，也规定她取得相当的分配，如无儿子，则平均分配与他的女儿。如果没有子女，则由男系亲属继承，如无男系亲属，则由氏族成员继承。罗马十二铜表法的继承法，基本上与此相同。

　　进而，在世系转移为男系时，或者还在以前，用为氏族名的动物名称就被废弃而为个人名称所代替了。随着社会的进步，个人的个性将更因之而益加发展，又随着财产的增加及为个人的私有，便因之导致以某一英雄的祖先以名其氏族的事实。虽然有新的氏族因分割作用而随时形成，以及其他的氏族归于灭绝，然而一氏族的系谱则可以上溯到几百年，不用说几千年了。在氏族名称假定的替换以后，而名祖的祖先也当然是一个时常变动的人物，在经过一个很长的时间以后，当时于以前的名祖人物的知识，渐次变成模糊而消失于过去的迷雾之中时，在氏族的历史上后来成为有名的某一人物，便取得其地位而代之了。较著名的希腊氏族，也曾经改变氏族的名称，并做得很高雅，如他们保留其氏族始祖的母亲的名称，而将其始祖的诞生，归之于其母亲与某一个别的神相遇而生等事实。例如阿提喀的攸摩尔披底（Eumolpidæ）氏族的名祖的祖先攸摩尔帕斯（Eumolpus），号称为是涅普通（Neptune）与济阿勒（Chione）所出生的男儿；然而，希腊氏族的存在却早于涅普通概念形成的时代。

吕西亚人间的女系世系

现在可回到主要的问题上来。在希腊及拉丁氏族间虽没有古代世系以女系为本位的直接证据，但是我们不能因此而放弃这一假定；这一形态的世系，尚保存于一些与希腊人相接近的部落之间，并且有一些痕迹存在于若干希腊部落之间。

强于求知而敏于观察的希罗多德，发现了吕西亚人在当时（纪元前四四〇年）系以女系为本位。吕西亚人是属于皮拉斯吉血统而接近于希腊人的部落。希罗多德在说明吕西亚人发源于克里特（Crete）岛，并叙述在萨皮顿（Sarpedon）（译者按：萨皮顿是希腊神话中的薛乌斯之子，吕西亚的国王）之下迁移于吕西亚地方的详细经过情形以后，他进而说道："他们的风俗，一部分是克里特的，一部分是加里亚的（Carian）（译者按：加里亚系小亚细亚西南部古代的小国）。但是，他们有一种奇怪的风俗，是与世界上其他任何民族不同的。如果询问一个吕西亚人的姓名，他便将他自己的名字，他母亲的名字，以及其女系祖先的名字，一一回答出来。不仅如此，若是一个自由的女子和一个奴隶的男子结婚，他们的子女是自由的公民；但是，如果一个自由的男子娶一个外国女子，或与妾同居，纵令这个男子是国家中的第一个的人物，然而他们所生的子女，却丧失一切的公民权。"[1]从这一宛如目睹的记载，必然的结论，即吕西亚人具有氏族组织，禁止同一氏族内通婚，并且子女属于母亲的氏族。这一记载

---

[1] 罗灵逊（Rawlinson）译《希罗多德全书》第一卷，一七三页。

举出了一原始形态氏族的明显的例子，并且从一个吕西亚男子与一个外国妇人结婚、及一个吕西亚女子与一个奴隶结婚的后果的叙述，提示了关于氏族制的确切的凭证。[①]克里特岛的土著属于皮拉斯吉，希腊及闪诸部落，各部落均各自分居。萨皮顿的兄弟迈落斯（Minos）（译者按：他是希腊神话中克里特岛的王及立法者）通常认为是克里特岛上皮拉斯吉的酋长；但是，吕西亚人在希罗多德时代业已希腊化了，他们在亚细亚的希腊人中，从其进步而言，是颇为特出的。在传说时代移居于吕西亚之先他们的祖先被隔离于克里特岛上，可以提供他们一直保留女系世系到这样晚的时代的一种解释。

伊特剌斯坎人中的女系世系

在伊特剌斯坎人之间，也盛行过同样的女系世系的风习。克剌麦（Cramer）说："特别稀奇的，我们从伊特剌斯坎人的纪念物中发现他们的两种特别风俗，也被希罗多德注意到是小亚细亚的吕西亚人及科尼亚人所具的特征。其第一种风俗，即在伊特剌斯坎人陈述他的血统及其家族时，总是仅说及母方而不说及父方。其另一风俗，即在

[①] 　如果一个辛尼加·易洛魁的男子与一个外族的女子结婚，其所生的子女，便为外族之人；但是，如果一个辛尼加·易洛魁的女子与一个外族的男子或与一个温嫩多加人结婚，其所生的子女，则属于辛尼加部落的易洛魁人，并属于他们母亲的氏族及胞族。母亲将族籍及氏族授予其子女，不问其父亲为何许人。

他们举行宴会及仪式时，他们都让其妻参加。"①

　　库耳提斯（Curtius）对于在吕西亚人、伊特剌斯坎人以及克里特人间所流行的女系世系的风习，曾如次说道："把这种风习了解为对于女性的一种尊敬，那是错误的。它是根源于社会的原始状态而来的，在当时单偶制还没有确切的成立，足以使男系本位能够确实的肯定。是以这种风习遂广布于为吕西亚人所统治的领土之外。就是在今日，还出现于印度；并且可以证明也存在于古代的埃及人之间；桑觉尼亚顿（Sanchoniathon）对此曾有所述及（Orell，十六页），并广泛地陈述了这一风习的存在的理由；在近东范围以外，这一风习也出现于伊特剌斯坎人、克里特人之间，克里特人与吕西亚人有密切关联，他们并且称祖国（fatherland）为母国（motherland）；此风俗亦出现于雅典人之间；可参考巴可芬（Bachofen）的著作，等等。从而，如果希罗多德认为这一风俗完全为吕西亚人所特有，这必定是这一风俗在所有与希腊人有关系的民族中、于吕西亚人间保持得为最久，这也可以从吕西亚的碑铭中得到确证。所以不得不一般地认为采用母方的名字来指明世系，乃是社会生活及其家族法则二者不完备状态的遗迹；这一风习，当生活成为更有规律时，便渐次被废弃，而代以后来在希腊一般所通行的子女采用父亲名称的风习。这种风习上的差异，在古代的文明史中是极其重要的，在以上所引的巴可芬的讲演中，最

---

① 《古代意大利纪事》（Description of Ancient Italy）第一章，一五三页；引《Lanzi》第二章，三一四页。

近曾加以讨论。"[1]

巴可芬在一广泛的研究著作中，搜集了并且讨论了流行于吕西亚人、克里特人、雅典人、雷门尼亚人（Lemnians）、埃及人、奥觉麦尼亚人（Orchomenians）、罗克利亚人、勒斯比亚人（Lesbians）、孟铁尼亚人（Mantineans）以及东部亚洲诸民族间的母权及女权政治（gyneocracy）的证据。[2] 像这样研究出来古代社会的状态，其全面的阐明，需要一种原始形态的氏族的存在作为这种现象的来源。这样，将使母亲和她的子女属于同一氏族之中，并且在其以氏族为基础的共同家族的组织中，将给母方的氏族在家族中以优越的地位。家族在当时或许已经达到了对偶式的形态；但是，却依然被属于其前一状态的婚姻制度所笼罩。这样的家族，是由夫妇及其子女所组成的，而自然地将乞助于共同家族中的其他有亲属关系的家族的庇护，在共同家族之中，数个母亲及其子女系属于同一氏族，而其子女的父亲则属于另一氏族。由于共有的土地及其共同的耕作，便将导致共同的住宅及共产式的生活；是以，女权政治为其创成计，似乎需要以女系为本位的世系。这样，女子便盘踞于大家族之中，由共同贮藏的供给，在大家族中她们自己氏族的人员是如此的占多数，所以随而产生母权及女权

---

[1] 《希腊史》Scribner and Armstrong版，Ward译本，第一章，九四页注释。奉迈落斯为他们英雄的爱迪奥克里特人（Etiocretes），无疑地是皮拉斯吉族。他们占有克里特岛的东端。迈落斯的兄弟萨皮顿率领移民来到吕西亚，驱逐了苏力米（Solymi）部落（苏力米可能是一闪部落）；然而，吕西亚人却恰如其他皮拉斯吉部落一样，在希罗多德时代之前便成为希腊化的；这一事实，关于在希腊部落与皮拉斯吉部落由一个共同原始种族而派生出来的问题上是很重要的。在希罗多德时代，吕西亚人如住在欧洲的希腊人一样，在其生活的技术上，是很为进步的。（库耳提斯著：《希腊史》第一章，九三页；格罗脱著《希腊史》第一章，二二四页。）这似乎可能，他们的女系世系是从他们的皮拉斯吉祖先所得来的。

[2] 《母权》（Das Mutterrecht），Stuttgart，一八六一年版。

政治的现象；这种现象，巴可芬曾于历史的记载断片及传说中，加以发现及探索。关于因世系由女系转为男系使女子的地位发生不利的影响一事，我已经在本书的另一地方说过了，因单偶制家族的兴起，共同住宅的制度遂被革黜，在一种纯粹氏族的社会之中，妻子及母亲遂被置于单独的居室之中，而将她从她的氏族亲族分开了。①

栖克洛普斯时代的雅典人可能为女系世系

希腊诸部落间的单偶制，在他们到达开化高级状态以前似乎尚未确立；因为这一时期中的婚姻关系似乎是极为混乱的，尤其是以雅典的诸部落为然。关于后者，巴可芬说："在栖克洛普斯时代以前，有如我们所知道者，子女只知有母而不知有父；他们只属于一系。因为女子并不专属于一个男子，所以女子都只能有私生子。栖克洛普斯才使这种状态终止，而将两性间放纵非法的结合，导归于婚姻的制限；给子女以一个父亲及一个母亲，因之，使他们由单系（unilateres）而变为双系（bilateres）。"② 这里所说的两性间放纵非法

---

① 巴可芬对于克里特岛的里克图斯（Lyktos）城说道："这个城，被认为是拉士德蒙（Lacedaemonian）人（译者按：即斯巴达人）的殖民地，也与雅典人有关联。在两种情况之中，其关联都只属于母方，因为只有属于母方的是斯巴达人；但是，与雅典人的关系，据说则回溯到被皮拉斯吉族的隶尔黑尼亚（Tyrrhenians）人从布姥仑岬（Brauron Promontory）所诱拐而来的雅典妇人。"《母权》第十三章，三一页。

如果世系为男系，则女子的系谱将不会被注意到；但是，如果世系为女系，则殖民者只有从女方追溯其系谱了。

② 巴可芬著《母权》第三十八章，七三页。

的结合，须得有条件的接受。我们在这样比较晚后的时代中应该期待发现对偶家族，但是随带着出自前代群婚婚姻制度的遗留。巴可芬所叙述的正是暗示着群婚家族，但在他们到达上面所说的文化上的时代时，必定已经消灭了。这个题目，将在后面讨论有关家族的发展的各章中来考察。

罗克利亚人中的一百家族

波里比阿（Polybius）关于意大利的罗克利亚人的一百家族曾作了一种有兴味的叙述。他说："罗克利亚人他们自己向我保证的说，他们自己的传说，与亚理斯多德所叙述的较诸泰米阿斯（Timæus）所叙述的要相适合些。关于此，他们举出下面的一些证据。第一，他们中间来自名门的贵族，都是出自女子而不是出于男子。例如，只有其起源出自一百家族的才是贵族。这一百家族在罗克利亚人迁徙以前，即已成为罗克利亚人中的名门；又如从其中一百名处女，如神谕所命，由签定而送往特类（Troy）城的情形是相同的。"[①]这至少是一个合理的假设，即这一记载中所指的品位，是与氏族的酋长职位有关联的，将这一职位授予氏族中的某一家族的成员，便将这一家族变为贵族了。如果这一推测可以成立的话，这就暗示个人与职位两者都是由女系而传递的。在原始时代，酋长的职位是在氏族内世袭的，并且

① 《波里比阿集》第十二，摘要，第二（Hampton译本），第三章，二四二页。

由其男性成员中选举；如果世系是以女系为本位，则由兄终弟及，及由舅传甥。但是，在这两种情况中，职位都是经过女系而得到继承，个人被选举权的有无，全系于他母亲的氏族，他对于氏族以及对于已死而其职位正待补充的酋长的关系，都是从他的母亲方面而取得的。凡是公职或品位经过女系而传袭的，都需要女系世系为其说明。

婚姻中的证据

希腊诸部落间所通行的古代的女系世系的证据，可以从在传说时代中某些个别婚姻中找出来。例如萨尔门留斯（Salmôneus）与克勒修斯（Krêtheus）是亲兄弟，同是伊奥拉斯（Æolus）之子。萨尔门留斯将其女儿泰罗（Tyrô）和她的叔父结婚。在世系以男系为本位的情况中，则克勒修斯与泰罗系属于同一氏族的人员，根据这个理由，他们两人便不能结婚；然而在世系为女系的情况下，则他们两人各属于不同的氏族，因此，不是氏族亲属了。在后一情况中他们俩的结婚，并没有破坏严格的氏族习惯。上面所举的虽是神话人物，但此并不关重要，因为传说必须正确地应用氏族习惯。此一婚姻，可以从女系世系的假设得到说明，因之便产生当时女系世系尚存在的推定，否则，亦可由他们的古代习惯在当时还没有完全消灭而使之成为正当。

同样的事实，亦可由历史时期中的婚姻显示出来，这一古代风习似乎曾遗留到世系已转移到为男系本位以后，纵令它违反了结婚的双方对于氏族的义务。到了梭伦时代以后，兄弟得与其异母姊妹结婚，但是，异父兄妹，则不许其结婚。在世系以女系为本位的情况中，则他们俩便属于不同的氏族，从而不具有氏族的血族关系。因此，他们俩的结婚，并未违反对于氏族的义务。但是，在世系以男系为本位的情况中，在如下面所要引用的事例里面所发生的，结婚者两造均属于同一氏族，因之是被禁止。赛梦（Cimon）娶了他的同父异母的妹妹爱尔皮尼斯（Elpinice）。在狄摩西尼所著的《反驳论》中，我们可以找到一同样的事例。攸克西苏斯（Euxithius）说道："我的祖父娶了他的妹妹，她不是他的同母而生的妹妹。"①像这样的婚姻，早在梭伦时代的雅典人之间便已发生了强烈的反感，这一点可以由古代婚姻风俗的遗留来解释，这种婚姻习惯，曾盛行于世系以女系为本位的时候，并且到了狄摩西尼时代还没有完全被废除。

女性本位的世系，以氏族来辨别血统为前提。以我们现有关于通行于五大洲（包含澳大利亚人在内）的古代和近代的氏族组织的知识，以及氏族的原始构成的知识，可以期待女性本位世系的痕迹可能存在于传说之中，如果不流传至历史时期的风俗以内的话。所以我们不能假设像女系世系这样一种奇特的风俗，乃是吕西亚人、克里特人、雅典人以及罗克利亚人（如果证据足够包括后两种人于其中的话）所发明的。它是拉丁、希腊以及其他希腊、意大利诸氏族的古代法则的假定，对于事实提供了一较为合理的及满意的说明。财产的影响以及要将财产传诸自己的子孙的欲望，供给了将世系转变为男性本

---

① 狄摩西尼著《反驳论》，二〇。

位的充分的动机。

我们可以从妻子随其结婚之时便登录于丈夫的胞族之中、子女不拘男女都登录于其父亲的氏族及胞族之中、推定氏族外婚制是梭伦时代前后的雅典人中的惯例。[①] 氏族建立的基本原则，即是将氏族的成员作为血族而禁止其通婚。当时各氏族的人数并不很多。假定在梭伦时代所登记的雅典人数为六万，若将其分配于阿提喀的三百六十个氏族之中，则每一氏族仅一百六十人而已。氏族即是一有血族关系的个人的一大家族，他们具有共同的宗教仪典、共同的葬地，并且一般地还占有共同的土地。从氏族构成的理论来看，通婚是不许可的。随着世系转变为男系，随着单偶制的兴起和子女独占的继承权的发生，以及承宗女的出现，于是逐渐地为不问氏族而自由通婚的风俗开拓了道路，但是有一种限制，即在某种亲等以内的血族近亲间禁止结婚。人类中的婚姻，开始于团体的群婚，其中除子女外，都是共同的丈夫与共同的妻子；不过夫与妻之间各属于不同的氏族；而终之以单偶婚姻与一独占的同居。在以后各章中，我企图将婚姻及家族的各种形态从其最初的阶段追溯到最后的阶段。

---

① 《反驳论》，二四：在狄摩西尼的时候，登录是在德姆中；但是，这种登录可以表示被登录者的胞族、血缘亲属、同德姆员以及氏族；有如攸克西苏斯所说的一样，又参看赫尔曼著《希腊政治的古制》第一〇〇节。

希腊诸部落间的图兰式亲属制

一种亲属制度随着氏族而发生，在亚洲者为图兰式，在美洲者则别为加罗汪尼亚式，它将兄弟姊妹关系扩展到旁系，而通婚的禁止亦随之扩展到旁系中去了。这种亲属制，还通行于美洲土著、亚洲及非洲的一部分以及澳大利亚之间，并且这种亲属制，也毫无问题地曾通行于与上同样的早期时代的希腊、拉丁诸部落之间，其痕迹一直残留到传说时代。图兰式的特征之一可以重述于下，即兄弟的子女彼此互为兄弟姊妹，所以禁止婚配，姊妹的子女也处于同样的关系之中，所以也禁止婚配。这一特点，可用以说明关于达内德（Danaidæ）有名的故事；其中的一种传说，成为伊士奇的悲剧《祈求者》的主题。读者试一回忆以下的事实：丹内奥斯（Danaus）〔译者按：丹内奥斯是希腊神话中白鲁斯（Belus）之子，亚各斯市的建设者）与伊吉普塔斯（Egyptus）（译者按：伊吉普塔斯是希腊神话中白鲁斯之子，是埃及的征服者〕是兄弟，是亚吉夫·伊阿（Argive Io）的后裔。丹内奥斯由其众妻生了五十个女儿；伊吉普塔斯的妻妾亦生了五十个男儿；当其长成之时，后者的男儿都想娶前者的女儿。但是，在属于原始形态氏族的亲属制之下——此种亲属制一直维持到为单偶制所产生的亲属制所代替的时候——则他们都是兄弟姊妹，因此之故，他们便不得婚娶。如果当时的世系是男系，则丹内奥斯和伊吉普塔斯的子女，都属于同一氏族，则对于他们的姻事，将更加加上一重障碍，而且是同等的严重。然而，伊吉普塔斯的儿子们想越过这些障碍而强要与丹内奥斯的女儿们结婚，于是丹内奥斯的女儿们便越过大海，从埃及逃到亚各斯，借以逃避她们宣称为不合法及乱伦的结合。在同一著者的《伯罗米修士》（Prometheus）中，则这一件事，是由伯罗米修士对阿依（Io）所预言的，即：从她将来的儿子厄帕夫斯（Epaphus）经过五代以后，有五十个处女将要来到亚各斯，她们之来并不是出自她们的自愿，而是为得要逃避与伊吉普塔斯的儿子们的乱伦的婚姻。[1]她们从对于所提出的这种可憎恶的婚配而逃走，可与氏族法独立而在古代亲属制中找到解释。离开这种解释以外，这一事件是没有意义的，充其量，她们的对于这种婚姻的逃避不过是矫作贞淑而已。

达内德的传说

《祈求者》这一悲剧，系以这些女子越过大海逃遁到亚各斯恳求她们的亲族亚吉夫（Argive）人对追踪而来的伊普塔斯的儿子们所计划的暴举加以保护为题材的。这些达内德的女子在亚各斯声称她们并不是因为被放逐而离开埃及的，却是为得要逃避与她们自己同世系的男子而逃来的，并揶揄与伊吉普塔斯的儿子们秽亵的结婚。[2]她们对于这种结婚的厌恶完全是基于血族之故；因之，暗示当时对于这种婚

---

① 《伯罗米修士》，八五三页。

② 《Aeschylus》补遗，九页。

姻是在禁止之列，她们是受有遵奉这种习惯的教养的。亚吉夫人在听取了这些祈求者的陈述以后，在会议中决定对于她们加以保护；这一事实的本身即暗示当时实存在着对于此种婚姻的禁令，以及她们反抗这种婚姻的正当。在写作这一悲剧的当时，雅典的法律在承宗女及孤女的情况下，容许、甚至规定，兄弟的子女结婚，虽然这一法律似乎只限于这些例外的情况，但因此，这样的结婚，在雅典人看来，似乎并不是乱伦或不合法的；但是，达内德的传说，却是从远古流传下来的，并且这个传说的整个意义，是在禁止这种婚姻的习惯的力量上。这个传说的转折点以及其中事件的要点，即在于她们对于所提出的、为法律及习惯所禁止的婚姻的极强烈的嫌恶。她们并未举出其他的理由，而且也不需要其他的理由。同时，她们的行为可以由这样一种假定来加以了解，即这种婚姻在当时之不被容许，犹如兄妹结婚在现在之不被容许一样。伊吉普塔斯的儿子们想打破图兰式亲属制所设的障碍的企图，可以标志着这种亲属制已在开始崩溃、而随单偶制所发生的现行的亲属制已开始抬头的时间，这种亲属制度已注定撇开氏族的习惯与图兰式的亲属制而代替以固定的亲等作为禁止婚姻的范围。

从以上所提示的证据看来，则在皮拉斯吉、希腊以及意大利诸部落间，其世系原来可能是女系，后来在财产及继承权的影响下才转变为男系。这些部落在古代是否具有图兰式的亲属制，当这一制度与其广泛的盛行于古代社会中的例证举出以后，读者便能够适当地自己去下判断了。

这些部落的传说时代究有多长，自然是无从知道的，但是必须将以若干千年计了。这个时期可能要上溯到发明熔解铁矿的方法的时候，果如此，这一时期则通过开化时代的晚期、而进入到开化时代的中期了。他们在开化中级状态中的进步状况，至少必须是与存在于开化中级状态中的阿兹忒克人、玛雅人、秘鲁人的状况相等的；并且他们在开化时代晚期的状况，必定较诸上面所举的印第安部落远为优越。在以上所举出的文化上两大时期中，这些欧洲部落的广泛的、复杂的经验，在其中他们完成了文明的全部要素，除了在他们的传说中所显露的一些不完全的事实以外，以及由他们的生活技术、习惯、言语及制度之中所能得到的比较完备的事实有如荷马的诗篇中所显示的以外，则完全归于湮灭了。所谓帝国及王国，在这两个时期中必然是没有的；但是，部落以及微小的民族，市镇与村落生活，生活技术的发生与发展，以及体质的、精神的与道德的改进，这就是这种进步中的详节了。在这两个重大时期中的事实的丧失，对于人类的知识而言，是较能够容易想象的要大得多了。

第十五章

人类其他部落中的氏族

苏格兰的克兰（Clan）与爱尔兰的萨卜特（Sept）

以上业将氏族、胞族、部落三种组织的原始形态及其后来的形态考察过了，所剩下来的，则为探溯这些组织在人类中通行的范围，尤其是关于成为这种制度基础的氏族。

雅利安族的克勒特分支，在苏格兰的克兰及爱尔兰的萨卜特之中所保留下来的氏族组织，较诸这一族的其他分支遥为到后来的时代，除非印度的雅利安族是一例外。尤其是苏格兰的克兰，当十八世纪中叶还极其活跃地存在于苏格兰的高原地带（highland）。这种克兰，在组织上及精神上是氏族的极优良的典型，并且是氏族生活的力量支配氏族员的一种特殊的例证。《威弗莱》（Waverley）小说集的著名的作者曾将发展于克兰生活之下的一些杰出的人物使其永存不朽，并烙上了氏族的特点。伊凡·杜（Evan Dhu），多魁尔（Torquil），罗布·罗爱（Rob Roy）以及其他诸人，都可视为是氏族的影响在形成各个人性格的例证，而演映于我们的心灵之中。如果瓦尔忒·司各脱（Walter Scott）爵士为适应一个故事的事变上的急需，在某些方面将这些人物夸张过甚，然而，他们是具有真实的基础的。同一的克兰，在两三世纪以前当克兰生活较为旺盛、而外部影响较为薄弱的时候，或许能证实在故事中所描写的情况。我们在他们的累世不解的斗争及复血仇之中，在他们随氏族而定居于一定的地域的情况中，在他们的土地之共同使用的事实中，在克兰员（clansman）对于他们的酋长的忠诚以及克兰员相互间之忠实的情况中，可以发现氏族社会的通常的及持久的特质。有如被司各脱所描写者，是一种较诸我们在希腊、罗马的氏族中，或在另一极端的美洲土著的氏族中所能发现的为更为强烈、更豪侠的氏族生活。在他们之间是否存有胞族组织，则未有发现；但是在其前的某一时期中，胞族及部落两者，毫无疑问的是存在过的。英国政府迫不得已进而破坏高原地方的克兰组织，以便将人民置于法律的威权及政治社会的习惯之下，这是大家所周知的。他们的世系为男系，男系的子女保留于克兰之内，而女性成员的子女，则属于他们各人父亲的克兰。

关于体现以往氏族组织遗迹的爱尔兰的萨卜特，阿尔巴尼亚人的费斯（Phis）或弗拉拉（Phrara），和在达尔马提亚（Dalmatia）及克罗西亚（Croatia）与此相类似组织的痕迹，将略而不论；梵语中ganas这一词语的存在，暗示在雅利安族的这一分支中以往亦具有同样的组织，我亦将与以省略。在前代法兰西的庄园上的农奴（Villeins）的共同社会，亨利·梅因（Henry Maine）爵士在其近著中曾加以论及，或许可以证明是古代克勒特氏族的遗迹，有如他所暗示的一样。梅因说："曾经说明过，这种结合，其实并不是自愿的伙伴关系，而是亲属的集团，这是毫无疑问的；虽然往往并不是照村落共同社会的普通形式而组织，却是照家族共同社会而组织的，这一点，是最近曾在达尔马提亚及克罗西亚两地方所研究而得的结果。每一这种组织，是印度人所称为一联合未分的家族（Joint-Undivided family），是一以为系出自一共同祖先子孙的聚合，他们在数代之中保持共同的炉灶及共炊。"①

日耳曼部落中以往氏族制的痕迹

当日耳曼部落初次进入历史时期的时候，在他们之间是否残存有氏族组织的痕迹，这一问题亦当略为论述。他们同着其他雅利安部落从他们的共同祖先继承了氏族制度，这一层是可能的。在他们初次为罗马人所知道的时候，他们是处在开化高级状态之中。他们决不会有较希腊、罗马为世所知道时候所具有的政治观念的更进一步的发展，因为希腊、罗马的进步是在他们之前的。当时日耳曼人或许获得了以领土及财产为基础的不完全的国家观念，至于他们具有政府上第

① 《初期制度史》（Early History of Institutions），Holt版，七页。

二大方案的知识，似为不可能，因为这是雅典人最初在雅利安诸部落间所建立者。据日耳曼诸部落的生活状况及样式，有如恺撒及塔西佗（Tacitus）所描述者，可以得到一个结论，即他们之间的各个社会是借个人关系而维系的，而与领土只有很微弱的关系；他们的政府即是由这些关系所支持。民政酋长及军事指挥官都是由选举原则而获得其职位，并由选举原则而任职，他们组成为政府中主要机关的会议。塔西佗说，对于比较轻微的事件则由酋长会商，但是关于重大的事件则由人民全体会商处理。虽然一切重要问题的最后决定属于人民，但是事先则由酋长加以考虑成熟。①这种情形的十分类似希腊拉丁的惯例，是可以察觉的。其政府系由三权所构成，即酋长会议、人民大会及军事指挥官。

恺撒说日耳曼人并不专心致力于农业，他们食物的大部分包括乳、干酪及肉；他们之间没有任何一人是具有一定数量的土地的，也没个人所有的境界线，但是，行政官及酋长每年对于结合为一个集团的氏族及亲族将所需要的土地量、及认为是最适宜的地点的土地分配给他们，可是到了次年，迫使他们转移到另一块地方去。②要使"结合为一个集团的亲族"说法有意义，便必须假设恺撒在他们之间发现了许多的个人团体，较大于家族，而结合于血缘的基础之上，土地的分配是作为这种个人的团体而分配给他们的。它将个人除外，甚至家族也被除外，因两者都并合于像这样结合以从事耕种与生活的

---

① 《日耳曼利亚》（Germania）第二章。
② 《高卢战役》（De Bell. Gall）第六章，二二页。

团体之中了。从上面这一叙述的形式看来，在这一时期中的日耳曼家族，似乎可能是对偶式的；以及几个有亲属关系的家族结合为一大家族、并在生活中实行共产制。

塔西佗言及在日耳曼诸部落间存在有一种在战斗中编列他们队伍的习惯，由之使亲属依次并列。如果亲属关系仅限于最近的血族，则这一习惯便无何等意义。塔西佗说，特别鼓舞他们的勇气的，并不是由机会或偶然而结合的骑兵队或步兵楔形先锋队；而是依据于家族及亲属关系而形成的。[①]这一说法以及上面所引的恺撒的叙述，似乎都表示在日耳曼人之间至少存在有前代氏族组织的遗迹，而这种组织在当时已在让位于马克（Mark）或地方区域、作为尚为不完备的政治体制的基础了。

日耳曼诸部落为着军事征发上的目的有其马克区（Markgenossenschaft），此种马克区亦存在于英吉利的萨克逊人之中，以及较大团体的告（Gau）区，恺撒与塔西佗则称之为巴古斯（Pagus）。[②]不过马克与告区，在当时是否是严格的地理区域，其相互间是否是立于市镇与郡县的关系，是否是各具有确定的境界，其中的人民是否是以政治的企图而组织的，凡此都是有疑问的。这种告区，乃系一群为着军事征发上而联合的居留地，这样的说法，似乎较为可信。似此，则马克与告区，乃是将来的市镇及郡县的萌芽，恰恰

---

① 《日耳曼利亚》第七章。依著者塔西佗所云：则阵形是由楔形而形成的（《Germania》第六章）。柯尔瑙史（Kohlrausch）说："一个马克或小郡的徒党，一个族或一个萨卜特的人，都是联合作战。"《日耳曼史》，Appleton版，J. D. Haas译，二八页。

② 《高卢战役》第四章，一页。《日耳曼利亚》，第六章。

与雅典人的诺克拉里及特里迪斯是克来斯忒尼的德姆及地方部落的雏形一样。这些组织，表现氏族制度与政治制度之间的过渡阶段，而人民的组合却仍以血缘为基础。[①]

亚洲大陆的氏族制

我们自然地转向到亚洲大陆去找寻氏族组织的最初的痕迹，因为那里是人类类型最多的地方，是人类栖息最长久的地方。但是，在这个大陆上社会的变化是极其广泛的，部落及民族间相互的影响是极其频繁的。中国文明与印度文明之早期的发展，以及现代文明之高压的影响，二者曾在亚细亚人种的状况中造成这样的变化，致使他们的古代诸制度因而不易探索。虽然，人类野蛮以至文明的全部经验，是

---

① 福礼门博士（Dr. Freeman），他曾特别研究过这一问题，他说："政治系统中最低的单位，依旧在各式各样的名称之下存在着，如马克、如 gemeinde、如乡区（Parish）等。这些名称，如上所述，是氏族或克兰的多数形态之一，这些已不是流动的、或仅仅掠夺的集团；但是，在另一方面，也还未有与其他团体相结合而形成都市公共组织的一个构成的要素。在这一阶段之中，氏族则采取农业集团的形态，而具有共有的土地，这就是罗马公共耕地（ager publicus）及英格兰的民有地（folkland）的萌芽。这就是马克区，就是西部的村落共同社会。这种最低的政治单位，这种真实的或人为的亲属的聚合，系由许多家族而成；每一家族，都生活于其父亲的权力之下，都生活于其父亲的庇护之下，这便是父权（Patria Potestas），这种父权残存于罗马，以形成罗马法这样显著的持久的特性，恰如家族的结合以形成'氏族'一样，恰如'氏族'在其地域方面以形成马克区一样，数个这样的村落共同社会及马克区或许多共有土地，便形成较高一级的政治结合，即形成邑（hundred），邑这个名称，在条顿民族所散布的大部分地方，便以种种形态的名称出现着。……在邑之上，有巴古斯（Pagus），有告（gau），有丹麦的 syssel，有英吉利的州（shire），质言之，这些都可以视为是占有一定的领土的部落。每一这些区分，不拘其大小，都有其酋长。……这种邑，是由村落、马克、gemeinden 而成，不拘我们称这种最低的单位为任何名称；州、告、巴古斯，则系由邑而成。"——《比较政治学》（Comparative Politics），McMillan&Co. 版，一一六页。

在亚洲大陆达成的，我们必须在其残存的诸部落中去探究他们古代制度的遗迹。

女系世系在亚洲的比较原始的部落中还是很普遍的；但其中有多数的部落的世系已经转变为男系。将世系限制于一系（女系或男系），随之以血族团体的组织，而在一共同的名称之下加以区别，这即是指明是一氏族。

在尼泊尔（Nepaul）的马加尔（Magar）部落中，拉塔谟（Latham）说："有十二个萨姆（thum）。属于同一萨姆的一切个人，都以为系出自一个共同的男性祖先；至于同一母方的世系，则完全没有这种必要。因之，夫与妻必须各属于不同的萨姆。在同一萨姆之内不得通婚。你想娶妻么？如果想的话，向你的邻居的萨姆中去找；无论如何，向你自己的萨姆以外去找。我有机会得陈述这一习惯，这要算是第一次。可是，这并不是最后的一次，反之，这种习惯所提示的原则是如此的普遍，几乎遍于全世界。我们可以在澳大利亚找到，可以在南北美洲找到，可以在非洲找到，也可以在欧洲找到；有许多地方，这种习惯实际存在的证据虽不完全，我们却可以揣度并推定这种习惯是存在的。"[1] 于此，我们可以在萨姆之中得到关于氏族的存在以及男系本位的明确证据。

"蒙尼波利人（munnieporees）以及住在蒙尼波尔（Munniepore）周围山地的以下各部落——为科波（Koupooes）、谟（Mows）、穆拉姆（Murams）以及穆林（Murring）等——他

---

[1] 《叙述民族学》（Descriptive Ethnology）第一章，八○页。

们之中的每一部落都分为四个家族，即：科木尔（Koomul）、隆昂（Looang）、盎敢姆（Angom）以及凌塔奢（Ningthajà）。这些家族中的任何一成员，得与其他家族的任何一成员结婚；但是，同一家族内成员间的通婚则是严禁的。"①这里所谓四个家族，可以认为是这些部落中每一个部落所具有的四个氏族。柏尔（Bell）对于塞加西亚人（Circassians）的特鲁施（Telûsh）组织曾说："据他们的传说，每一的一切成员，都是出自同一血统或出自同一祖先；似此，便可以认为他们有这样多的萨卜特或克兰。……这些真正的从兄弟姊妹，或同一兄弟关系的成员，不但禁止在他们自己之间的通婚，就是他们的奴婢，也只许与属于其他一兄弟关系的奴婢结婚。"②这里所谓特鲁施，可能就是氏族。

在孟加拉人（Bengalese）之间，"四个卡斯特（Castes）再分成许多不同的宗派或阶级，这些宗派或阶级又加以再分；例如：我是伦底（Nundy）部落（氏族？）的一个男子，如果我是一个异教徒，我便不能与同一部落的女子结婚，虽然卡斯特必须相同。子女属于其父亲的部落。财产传与儿子。如果没有儿子，则传与女儿；如果子女均无，则为其最亲近的亲族所继承。卡斯特又再行分割，如修罗（Shuro）即是最早的区分中之一，但它又分割为卡雅尔（Khayrl），梯利（Tilly），塔马利（Tamally），团替（Tanty），绰莫尔（Chomor），加尔（Kari）等等。属于最后所举的这些细分部分之

---

① 马克楞喃著《原始婚姻》，一〇九页。
② 《原始婚姻》，一〇一页中所引用。

一的男子，不得与同一细分部分的女子结婚。"①这些最小的团体其成员通常约百人，至今还保存有氏族的若干特征。

泰勒说："在印度，一个波罗门与其克兰名（clan-name）相同的、或其戈特拉（ghotra即牛栏之义）相同的女人结婚是违法的这种禁例无限地阻止了男系亲族之间的婚配。这一法律出现于马奴（Manu）法典之中，有如适用于头三个卡斯特之中者，在女系亲属方面，在若干相当广的范围以内也禁止其通婚。"②泰勒又说："在超塔·纳普尔（Chota-Nagpur）的科尔人（Kols）间，我们发现许多阿拉安（Oraon）及满达（Munda）的克兰，都冠以动物名，如鳗、鹰、乌、鹭等，他们的克兰所用以为名的动物，他们不得杀戮和捕食。"③

蒙古人在其体质的特征上，很接近美洲的土著。他们分为很多的部落。拉塔谟说："部落与其成员间的联系，是血统、家谱或世系；部落有时是以真实的或假想的鼻祖而得名。我们用部落翻译原名aimauk或aimâk，是一种大区分，其下又各分为多数的kokhums，或曰旗。"④这一叙述，并不够充分以表示氏族的存在。他们的邻居通古斯人（Tungusians）系分成许多以动物为名的小区分，如马、狗、驯鹿等，暗示有氏族组织；但是，因为没有更详细的资料，所以不能断言。

---

① 印度土著、孟加拉人牧师哥奔拉司·伦底（Gopenath Nundy）所给予著者的书信。
② 《初期人类史》，二八二页。
③ 《原始文化》，Holt & Co.版，第二章，二三五页。
④ 《叙述民族学》第一章，二九〇页。

约翰·路布克（John Lubbock）爵士根据得·赫尔（De Hell）对于卡尔马克人（Kalmucks）说他们"区分若干群，而不得与属于同一个群的女子通婚"；路布克又关于奥斯迪亚克人（Ostiaks）说："他们和属于同一家族的女子通婚，甚或与一同姓的女子通婚，都被认为是罪恶"；他又说："当一个雅库特人（Jakut）（西伯利亚）如果想结婚时，他必须从另外一个克兰中去选择一个女子。"① 在以上所述的每一情况中，我们都可以找到氏族存在的证据，如以前所已经证明，氏族的法规之一，便是禁止同氏族员之间的通婚。幼拉克·萨慕耶人（Yurak Samoyeds）也是组织成氏族的。拉塔漠引克拉普洛特（Klaproth）说："关于亲族关系的这种区分，是如此严格地被遵守，所以没有一个萨慕耶人从其自身所属的亲族中娶妻。反之，他却要在其他二族中的一族中去娶妻。"②

在中国人之间，则广行一种特别的家族制度，这种制度，似乎体现着一种古代氏族组织的遗迹。住在广东的罗伯特·哈特（Robert Hart）曾经有一封信给著者说："表示人民之意的中国语便是百姓（Pih-sing），即一百个家族的姓（百家姓 the Hundred Family Names）之意；但是，这一名词，是纯粹的形容语呢？还是当它起源的时候，中国人系成自一百个家族或部落（氏族？）呢？关于这个问题，我却不能决定。现今在中国约有四百个姓，在其中我发现有好些是与动物、果实、金属、自然物等等有关的，可译为马、牛、羊、鱼、鸟、

---

① 《文明之起源》，九六页。
② 《叙述民族学》第一章，四七五页。

凤、梅、花、叶、米、林、江、山、水、云、金、皮、毛等等。在中国某些地方可以遇到大村落，其中只有一姓人居住；例如在某一个地方有三个村落，每个村落各包含二千或三千人，其第一个姓马，第二个姓羊，第三个姓牛。……恰如北美的印第安人中一样，其夫与妻各属于不同的部落（氏族），所以在中国，其妻与夫总是各属于不同的家族，即各属于不同的姓。习惯与法律，两者都禁止同姓结婚。子女属于父亲的家族，即子女以父亲的姓为姓。……当父亲无遗嘱而死，则其遗产一般均保留而不分析；但在寡母生存期间中，由长子管理。当寡母死后，长子则将遗产分析，其各弟所得遗产的多少，则完全靠长兄的意志来决定。"

这里所叙述的家族，似乎是一氏族，而与罗缪勒斯时代罗马人的氏族相类似；但是，它是否与其他有共同世系的氏族再行整合以成胞族，则无从判断。不仅如此，氏族的成员还是成为一种独立的血族集团定居于一定的地域，有如初期罗马氏族定居于一定的地域一样，并且氏族的名称也依然属于原始形态。他们因分割作用而增加至四百姓，这是可以预期之事；但是，这种姓氏能够在开化时代过去很久以后还能维持到现在，这却是值得惊异的事实，也是他们作为一个民族而历久不变的另一证据。我们还可以揣测在这些村落之中，单偶制的家族尚未到达其完全的发展，并且共产的生活以及妻子的共有，在他们之间也未必是没有的。在未开化的土著诸部落中——这些人还定居于中国的山岳地带，并使用与汉语不同的言语——或可发现氏族的原始形态。对于这些隔离的部落，我们自然地要在其中探索中国的古代诸制度了。

与上所述相同，据说阿富汗诸部落也是区分为许多克兰的；但是，这些克兰是否是真正的氏族，则不得而知。

我不要再用这些同样性质的细节，来使读者厌倦；足够的事例已经举了出来，可以成立以下的推定，即氏族是极其普遍地、广泛地通行于现在亚洲诸部落及诸民族的远古祖先之间的组织。

希伯来人的诸部落

希伯来人的十二部落，有如出现于《民数记》（The Book of Numbers）中者，代表一种由立法手段而改造的希伯来社会。当时，开化状况已告终结，文明已经开始。从十二个部落以血缘集团而组织的原则看来，可以预想到前代氏族制度的存在，并且尚存留于当时而业已体系化了。在这个时候，他们除了由个人关系结合为血缘团体而形成的氏族社会以外，没有其他任何关于政治方案的知识，他们随后以血缘的部落定居于巴力斯坦地域时，除了利未（Levi）部落以外，每一个区域都各以雅各（Jacob）十二个儿子之一的名字为名，这便实际上确认了他们系本诸血统而组织，并未组织成公民的共同社会。闪族中最特出民族的历史，是集中在亚伯拉罕（Abraham），以撒（Isaac）雅各以及雅各的十二子之名之上的。

希伯来史基本上自亚伯拉罕开始，关于他的祖先的记载，仅限于一种语焉不详的系谱。从创世记中引用数节即可以指明当时所达到的进步的程度，以及亚伯拉罕出世时的社会进展的状态。他被描写为"广有牲畜和金银"。[①]对于在马比拉（Machpelah）的墓穴"亚伯拉罕听从了以弗伦（Ephron），照着他在赫族人（Heth）面前所说的话，将买卖通用的银子，秤了四百舍克勒（Shekels）给了以弗伦"。[②]关于家庭生活及生计，可以引以下的数节为例："亚伯拉罕急忙进帐幕见撒拉（Sarah）说：你速速拿三细阿细面，调和作饼。"[③]"亚伯拉罕又取了奶油和奶，并预备好了的牛犊，来摆在他们的面前。"[④]又关于工具、服装、及装饰品等："亚伯拉罕手里拿着火与刀。"[⑤]"当下仆人拿出金银饰物和衣服，送给利百加（Rebekah），又将宝物送给她哥哥和她母亲。"[⑥]当利百加遇见以撒时，"利百加就拿帕子蒙上了脸"。[⑦]在同一地方，与牛羊群一起还提及了骆驼、驴、牛、羊、山羊；磨房、水瓶、耳环、手镯、帐幕、房屋及城镇等。弓、矢、刀剑、谷类、酒、播种谷类的田，也都言及了。以上这些，指明亚伯拉罕、以撒与雅各所处的文化阶段是在开化高级状态之中。在闪族的这一分支之间，文字在当时或者是不知道的。由其发展上所表现的程度而言，大概相当于荷马时代的希腊人。

---

① 《创世记》十三章，二节。
② 同上。
③ 同上书十八章，六节。
④ 同上书十八章，八节。
⑤ 同上书二十二章，六节。
⑥ 同上书二十四章，五三节。
⑦ 同上书二十四章，六五节。

希伯来人的氏族及胞族

早期希伯来人的婚姻习惯，指明了氏族的存在，并且指明了氏族是在原始的形态之中。亚伯拉罕由其仆人，表面上购买了利伯加以为以撒之妻，"宝物"则赠与了新娘的兄弟以及新娘的母亲，而不是赠与她的父亲。在这一事件中，礼物系赠与氏族的亲属，表示氏族的存在，而且是以女性为本位的。再者，亚伯拉罕娶了他的异母姊妹撒拉为妻。亚伯拉罕说："诚然，她是我的姊妹；她是我父亲的女儿，但她不是我母亲的女儿；她作了我的妻子。"①

有一氏族的存在以及以女性为本位的世系，则亚伯拉罕与撒拉自各属于不同的氏族，虽然他们是血统上的亲族，却不是氏族上的亲族，所以依照氏族的习惯他们能够结婚。如果世系是男系，则这件事在两方面都便会全然相反了。拿鹤（Nahor）娶了他的侄女为妻，即娶了他兄弟哈兰（Haran）的女儿为妻。②摩西（Moses）的父亲暗兰（Amram）娶了他的姑母为妻，即娶了他父亲的妹妹为妻，她即是希伯来的立法者（摩西）的母亲③。在这些情况中，如世系为女系，则结婚的当事人便各属于不同的氏族；如果世系是男系，则情况便与此相反了。以上这些事例，虽不能绝对地证明氏族的存在，但是对于它们将供给这样一种说明，因之可以假定原始形态的氏族组织在他们之

---

① 《创世记》二十章，一二节。
② 同上书十一章，二九节。
③ 《出埃及记》六章，二〇节。

中存在的推论。

当摩西立法完成时的希伯来人，已经是一文明的民族了，但其进步尚未达到建立政治社会的地步。据圣经的记载，他们是组织成一系列的递升的血缘集团，有类于希腊的氏族、胞族及部落。当希伯来人尚在西奈半岛（Sinaitic Peninsula）时，在其社会的组成及军队的检阅中，累累提及到一递升系列的血缘集团，表面上似乎与氏族、胞族及部落相等。例如利未部落系由八个氏族而成。组织为三个胞族，如下所示：

利未部落

利未的子孙 ⎰ 一、革顺（Gershon）。
男子七五○○人
二、哥辖（Kohath）。
男子八六○○人
三、米拉利（Merari）。
男子六二○○人

一、革顺胞族

氏族：（1）立尼（Libni）（2）示每（Shimei）

二、哥辖胞族

氏族：（1）暗兰（Amram）（2）以斯哈（Izhar）
（3）希伯仑（Hebron）（4）乌泄（Uzziel）

三、米拉利胞族

氏族：（1）抹利（Mahli）（2）母示（Mushi）

"耶和华在西奈的旷野晓谕摩西说：你要照利未人的家室宗族，数点他们……于是摩西照耶和华所吩咐的数点他们。利未众子的名字是革顺、哥辖，米拉利。革顺的儿子，按着宗族是立尼、示每；哥辖的儿子按着宗族是暗兰、以斯哈、希伯仑、乌泄；米拉利的儿子，按着宗族是抹利、母示；这些按着宗族是利未人的家室。"①

关于此等集团的叙述，有时系从系列的上面开始，有时系从系列的下面或单位开始。例如："西缅子孙的后代，照家室、宗族、人名的数目……。"②在这里所说的西缅子孙的后代便是部落，家室便是胞族，宗族便是氏族。又"乌泄的儿子以利撒反（Elizaphan），是哥辖宗族家室的首领。"③在此，便是首先叙述氏族，然后及于胞族，最后及于部落。在这里所举的人名，便是胞族的酋长。每一宗族，都各有其旗章，以与其他的宗族相区别。"以色列人要各归自己的纛下，在本族的旗号那里对着会幕的四围安营。"④这些名词都是描写实际的组织的；并且表明他们的军队组织是依照氏族、胞族及部落的。

关于此等集团之最初及最小的组织，"宗族"，其人数依据各胞族所包含的人数加以推测，当不下数百人。希伯来语beth'ab一词，便是父族、宗族以及家族的意思。如果希伯来人具有氏族，便是这种个人的集团。运用两词来加以叙述，自不免要发生疑问；除非在单偶制之下的个别家族，在当时已经成为多数而且极为显著，所以需要应

---

① 《民数记》第三章，一五至二〇节。
② 同上书第一章，二二节。
③ 同上书第三章，三〇节。
④ 同上书第二章，二节。

用此种迂回的词语来将此等亲属包括在内了。从文字上言，有暗兰家、以斯哈家、希伯仑家以及乌泄家；但是，因为当时希伯来人不能有如今日应用于有爵位的家族的家的概念，所以这里所谓家，或许是指亲属或血统而言。[①]因为每一区分及每一小区分，都是以男子为首，因为希伯来人的世系是完全由男子追溯，所以当时在他们之间的世系无疑地是男系。在其递升的系列的次一级，便是家族，这种家族似乎就是胞族。希伯来人对于这一组织的名词为mishpacah，即结合及克兰关系之意。这一组织是由两个或两个以上的宗族而成，是从一个本原集团因分割作用而派生出来的，用一胞族名称以示区别。这一组织是极其切合于胞族的。家族或胞族，每年举行一次祭祀的宴会。[②]最后，部落，希伯来人称为matteh，有支派、派系、支脉之意，是希腊部落的类似体。

　　关于这些血缘集团的成员的权利、特权及义务的详细材料，记载的极其稀少。结合每一组织的亲属观念，从宗族以至于部落，较之在希腊、拉丁或美洲印第安诸部落相应的组织中，贯彻得更为显著准确。虽然雅典的传说以为其四个部落系出自爱温（Ion）的四个儿子，但是，他们却未试图说明氏族及胞族的起源。反之，希伯来的记载，则不仅从系谱上说明其十二个部落都是出自雅各的十二个儿子，并且说明了氏族及胞族都是出自雅各的十二个儿子的每一个的子女及

---

① 奇尔（Kiel）与德利慈史（Delitzschs），在《出埃及记》第四章一四节的注解中说："父之家，乃系一种专门术语，用以指明由共同祖先之名而称呼的诸家族的集团。"这是对于氏族的一种正确的定义。

② 《撒母耳前书》第二十章，六节及二九节。

子孙。关于氏族及胞族的发展，在人类的经验中从没有供给过像这样准确的例证的。这种记载，必须解释为是依据传说中所保存的知识对当时存在的血缘团体的一种分类，在分类中遇到的一些小的障碍，则借法制的抑制来加以克服。

希伯来人自称为"以色列人民"，又称为"会众"。[①]这是对于他们的组织是社会的而不是政治的事实一种直接了当的承认。

非洲诸部落间的氏族制

在非洲，我们碰到野蛮及开化时代的混沌状态。非洲原有的技术及发明，由于有外界输入的制造品与器皿的压力而大部分归于消灭了；然而，最低级的野蛮状态——包含食人之风——以及最低级的开化状态，却风靡于非洲大陆的大部分地方。在非洲内部的诸部落间，则稍稍接近于他们固有的文化、及正常的状态；但是，在大体言，非洲则是民族学上的一块不毛之地。

虽然非洲是黑人的故乡，但是，大家知道，由于他们的人数有限，他们的领域狭小，所以拉塔谟说"黑人是例外的非洲人"，实含有深长的意味。栖息刚果（Congo）与尼遮（Niger）之间的亚西拉（Ashiras）、亚旁罗（Aponos）、依硕果（Ishogos）以及亚陕果（Ashangos）诸部落，曾为杜·察宇（Du Chaillu）所探访过者，

---

① 《民数记》第一章，二节。

是真正典型的黑人。杜·察宇说："每一村落各有其酋长，更进入内地，则村落似乎是为长老所统治，每一个长老和其人民在村落中各有他们自己的一部分。在每一克兰中各有依弗谋（ifoumou）或弗谋（fumou），或被认为是克兰的头人（ifoumou 义为本源或父）。从土人中我绝未获得关于他们的部落分割为克兰的资料；他们似乎不知道这种事实是怎样发生的，但是，现今在他们之中并没有新克兰的形成。……一酋长的住宅，并不较他的邻居的房屋为优良。专制政治的形态在他们之中是不知道的。……在对于某人宣告死刑之前，召集长老会议是必要的。各部落与各克兰之间互相通婚，这在人民之间带来了一种友爱的情感。属于同一克兰的人，不得互相通婚。就是在血缘关系极微的诸人间，结婚也是被视为是邪恶的；虽然，外甥娶舅父的妻室，却连最轻微的反对也没有，并且在巴拉开部落（Balakai）中，儿子则妻其父亲的妻室——自己的生母除外。……在我所探访过的各部落之间，多妻制及奴隶制度是随处存在的。……西部诸部落间的继承法，次弟继承长兄的财产（妇女、奴隶等）；但是，如果最小的兄弟死了，则由长兄继承其财产，如果没有兄弟，则外甥继承其财产。克兰或家族的首领是世袭的，采取与财产继承的同样法则。如果所有的兄弟均已死亡时，则由长姊的长子继承，照这样一直推下去，直到支派的最后为止；因为所有克兰都认为是从女系方面传下来的。"[1]

　　一个真正氏族的所有要素，都体现于上述的细节之中了，即世

---

[1]　《亚陕果地方》（Ashango Land），Appleton版，四二五页以下。

系即只限于一系，在这一事例中则为女系，故予其氏族以原始的形态。再者，女系世系不仅是限于公职及财产方面，而且亦包括氏族的氏姓在内。酋长的公职由兄终弟及，或由舅传甥，甥即是姊妹的儿子，与在美洲的土著间一样；儿子之所以被除外，因为他们不属于已故酋长氏族的成员之内。氏族内结婚，也在禁止之列。在以上这些准确的叙述中，唯一漏掉的材料即是氏族的名称。关于世袭制的特征，亦需要更进一步的说明。

在赞鼻齐河（Zambezi）地方的班雅（Banyai）人中，他们是较黑人高一等的民族，李温士敦博士（Dr Livingstone）注意了下列的习惯："班雅人的政治是颇为特殊的，可以说是一种封建的共和制（feudal republicanism）。酋长是选举的，在他们选举酋长时，他们宁选已故酋长的姊妹的儿子，而不选酋长自己的儿子。若不满意于一个候选人时，他们甚至于往一遥远的部落中去找寻一个继承者，他通常是属于已故酋长的家族，即一兄弟或姊妹的儿子，但是决不是已故酋长的儿子或女儿。……所有前任酋长的妻妾、财产以及子女，均由继者承袭。"[①]李温士敦博士对于他们的社会组织虽没有加以详细的叙述，但是从酋长公职的继承是由兄终弟及或由舅传甥一点看来，却暗示女性本位氏族的存在。

---

① 《南非游记》（Travels in South Africa），Appleton版，第三十章，六六〇页——"当一个少年爱上其他一个村落的少女时，并且少女的双亲对于他俩的结婚不加以何种反对的时候，他必得移住到少女所住的村落去。他必须为他的岳母作某种服役。……如果他厌弃这样从属的生活而欲回到他自己的家族时，那么，他就必须将他所有的子女一齐留下，因为他们是完全属于他的妻子的。"《南非游记》，六六七页。

　　占有赞鼻齐河流域、南向直到好望角殖民地的无数部落，根据李温士敦，土人们自身都认为是属于一个种族，而分别为三大区分，即：贝丘安拉（Bechuanas）、巴苏托（Basutos）及卡非尔（Kafirs）。[①]关于贝丘安拉的情况，李温士敦说："贝丘安拉各部落都以某种动物的名称为名，这或者表示他们在古代也与古代埃及人一样，是崇尚动物崇拜的。例如Bakatla一名称，义为'猴之人们'，Bakuona为'鳄之人们'，Batlapi为'鱼之人们'；每一部落对于其各自所命名的动物，都怀抱着一种迷信的恐怖。……一部落绝不食用其为名的动物。……我们在个人的名称当中可以发现好些已经灭绝了的古代部落的痕迹，例如Bátau一名称，义即'狮之人们'，Banoga即'蟒之人们'，在今日却不存有这种名称的部落了。"[②]这些动物名称所提示的，与其说是部落，不如说是氏族。再者，发现个人有动物名称的事实，其中的每一人都是其部落的最后的生存者，若将部落了解为氏族，其发生的可能性将更要大些。关于阿哥拉（Argola）地方卡散治流域（Cassange Valley）的班嘎拉族（Bangalas），李温士敦说："其酋长的继承者，并不是酋长的儿子，而是酋长的兄弟。一姊妹的儿子是属于她的兄弟的，他每每卖掉他的外甥以偿债务。"[③]这里，我们又有女系世系的证据；但是，李温士敦在这些及其他情况中的叙述过于简略及概括，不能肯定地证明他们是否具有氏族制。

[①]　《南非游记》，二一九页。

[②]　同上书，四七一页。

[③]　同上。

澳洲土著间的氏族制

在澳洲土著间，关于卡米拉罗依族的氏族制已经在前面说过了。从文化的地位上言，这个大岛上的土著实接近于人类进化阶梯的最低级。在他们被发现时，他们不但是野蛮人，而且是处在野蛮的低级状态中。这些部落中的某些部落，尚有食人之风。关于这个问题，前面已经征引过的斐逊氏曾写给著者说："至少这些部落中有几个部落是食人者。关于这一事实的证据是肯定的。怀德湾（Wide）的部落不只食战阵上所杀死的敌人，而且也食他们被杀死的伙伴，甚至于老死者，只要还可供食用，他们也是吃掉的。当他们吃食之前，先剥去尸体的皮，用脂肪及木炭混合物擦入皮内以保存之。他们异常珍视这种皮，相信它们具有很大的药物上的价值。"

由这种人类生活的景况上看来，使我们能够了解野蛮状态的情况，其习惯的等级，其物质进步上的程度，以及其人民精神及道德生活的低下水平。澳洲的人类，从其食人的风习上看来，其属于地球上已知的人类生活中最低级的生活，便不问而可知了。虽然，澳大利亚人拥有大陆范围的区域，富于矿产，气候又非恶劣，而且对于生活资料的供给亦是相当丰富的。但是他们之占据澳洲必须以若干千年计，他们却依然是如上所述的野蛮人。倘若让其如此下去，或许仍将保持这种状态再至数千年之久，虽其中不能说将完全没有进步，但其进步之微，实不能减轻其野蛮状态的阴影。

在澳洲的土著间，其制度是正常的，而且是纯一的，氏族的组织并不只局限于卡米拉罗依族以内，而似乎是一般的。南澳大利亚拉舍佩德湾（Lacepede）附近的那林耶里族（Narrinyeri）是组织成氏族而以动物及昆虫之名为名的。乔治·塔普林（George Taplin）牧师写信给我的友人斐逊，在叙述了那林耶里族不在其自己的氏族内结婚以及其子女属于其父方的氏族以后，继续说："他们无卡司特，亦无级别，有如在新南威尔斯（New South Wales）的操卡米拉罗依语的诸部落所有的一样。但是，每一部落或家族（一部落即是一家族），都各有其图腾或ngaitye，有好些个人真有这种ngaitye。这种ngaitye被认为是个人的保护神。它可以是某种兽类、鸟类或昆虫。……土著们对于他们的结婚办法是极其严格的。一个部落（氏族）被为是一个家族，一个人绝不与其自己部落以内的人结婚。"

斐逊也写道："住在昆士兰（Queensland）马拉诺亚区域（Maranoa District）的诸部落，其方言称为Urghi，根据康麦伦（A.S.P.Cameron）所给与我的材料而言，他们也具有与操卡米拉罗依语的诸部落相同的分类，不拘对于级别名抑或关于图腾，都是如此。"关于住在达令河的澳大利亚人，根据拉克武（Charles G.NLockwood）所供给的材料，他进而说："他们分割为部落（氏族），并举出鸸鹋（emu）、野鸭及袋鼠诸名称，但未言不知是否尚有其他，子女则取得母方的级别名及图腾。"[1]

从以上所列举的诸部落中有氏族组织的存在看来，致使它在澳洲土著间一般地通行有其可能；虽然这一制度，如在另一处所指出

---

[1]　泰勒著《初期人类史》，二八四页。

者，方在其发展的萌芽阶段。

大洋洲社会组织的区分

我们关于坡里内西亚、密克罗内西亚（Micronesia）、巴布亚（Papua）诸岛的居民的家族制的知识，还是有限而不完全的。在夏威夷人（Hawaiian）、萨摩亚人（Samoan）、玛盔撒斯岛人（Marquesas Islander）以及新西兰人（New Zealander）之中，没有发现有氏族组织的痕迹。他们的亲属制还是原始的，这证明他们的制度还没有进步到这一组织所预想的地步。[①]在密克罗内西亚的某些岛上，其酋长公职系由女系而传袭的，[②]但是，这一习惯可以与氏族制独立而存在。非基岛人是分割为几个部落而操同一语族的方言的。其中的一部落，勒华（Rewas），是由四个不同名称的小区分而成的，每一个小区分又再行分割。这种最后的小区分似乎并不是氏族，因为它们之中的成员可以相互通婚。（此外，也还有其他的理由。）他们的世系由男系传递。同样，东拉人（Tongans）也是由一些小区分而组成，每一小区分，也如勒华人一样，又再行分割。

围绕着关于婚姻、家族、生活以及政治诸简单的观念，便因之而形成最初的社会组织；所以欲阐明古代会的机构及其原理，则必须

[①] 《人类的血族及姻族制》，四五一页、四八二页。
[②] 《布道通报》（Missionary Herald），一八五三年，九〇页。

从这些观念出发。如果我们采取人类是经过各时代的经验而累进发展的一种说法，则大洋洲（Oceanica）居民与外界的隔绝，其有限的地域，以及其有限的生活资料等，便预先决定了他们进步率的迟缓。他们至今还依然代表着亚洲大陆的人类在距今遥为远古所具有的状态；当然，由于他们与外界的绝缘而随带发生的一些特点，无疑地是存在的，然而这些岛屿的社会，却代表人类进步的大流中的初期演程之一。关于他们的制度、发明与发现、以及精神和道德的特性的阐释，将能供给人类学上的重大需要之一。

氏族制的广泛分布

就此，便终结了关于氏族组织以及它分布范围的讨论。氏族组织曾在澳大利亚人及非洲的黑人间发现，在非洲的其他部落间亦存有氏族组织的痕迹。当美洲土著的一部分被发现于开化低级状态之中时，氏族组织都一般地盛行着；并且处在开化中级状态中的村落印第安人的一部分中也有氏族组织。同样，在处于开化高级状态中的希腊、拉丁诸部落间，氏族组织亦生机充沛地存在着；在其他一些雅利安族的分支中，也存有氏族组织的痕迹。在图兰族、乌拉尔族以及蒙古族之间，曾发现氏族组织，或其存在的痕迹；在通古斯族、中华族以及属于闪族的希伯来人之间，也都曾有过氏族组织。已经征引了足够多的及重要的事实，使我们可以主张氏族制在古代人类中的普遍性，以及其在野蛮时代的后期和经过开化时代的全部时期中的一般的盛行。

这一研究也罗列了充分的事实，足以证明这一特别的制度是古代社会的泉源与基础。氏族制是由经验而发展出来的第一个组织的原则，它能够在一定的计划上组织社会，并且能将其维系于有机的统一之中，直等到其为过渡到政治社会而充分的发展了时为止。氏族制的久古，它的本质上的普遍性，以及其持久的活力，由其在所有的大陆上存续到现在而充分地证明了。氏族组织在各时期中及各状态中对于人类的需要所具之可惊异的适应性；也由于它的普遍性及其永续性而得到了证明。实际上，氏族制是与人类经验的最重要的部分相结合的。

氏族是否是在一定的社会状态之中而自发地发生的，因而在不相连接的地域中而自行重演？或是只有一个单独的起源，从一个原来的中心，经过逐次的迁徙，而传播于地球上的各地的？这是在理论的思考上一个很好的问题。后一假说，若予以简单的修正，似乎是一个较优的假设，其理由如次：我们发现在氏族制之前有两种婚姻形态及两种家族形态。这需要一种特别的经验来达到婚姻的第二种形态及家族的第二种形态，并且要借氏族的发明来补充这一经验。家族的这种第二种形态，是由自然的淘汰，将包围野蛮人的并以强大的把持力将其握住的一种庞大的婚姻制度，缩小到较为狭窄范围以内的最后的结果。野蛮人之从这种桎梏而得到最后的解放，是太特异了，似乎太难相信它能在不同的时代中及遥相隔离的地域中得到多次的重演。血缘集团，为了互相保护及生存而结合，无疑地从人类的幼稚时代即已存在；但是，氏族却是一种十分不同的亲属集团。氏族只吸收一部分，而排斥其其余者；它将这一部分在一共同的名称及共同的权利与特权之下，在亲属的纽带上组织起来。氏族内通婚的禁止，是为了获得和氏族外无血族关系的人结婚的利益。这是这种机体的最重要的原则，同时也是最难于建立的一个原则。氏族并不是一种自然的和明显的概念，它在本质上是深奥难解的；因此，从氏族制所发生的当时的时代而言，它是一种高度智能的产物。甚至当这种概念发展到具有生命以后，还需要长久的时间以发展其功用而将其带到成熟的地步。坡里内西亚人具有这种群婚家族，但是没有发明氏族；澳大利亚人有同样形态的家族，并具有氏族。氏族起源于群婚家族之中，所以任何达到群婚家族的部落，都具有从之而形成氏族的要素。这是上面所提示的后一种假说的修正。在以前的一种以性为基础的组织之中，即存在有氏族制的萌芽。当氏族制的原始形态成为充分的发展的时候，它必将借其所创造的进步种族的优越力量，将其本身广扩于极其广泛的地域之上。氏族制的传播，较诸其建立，要容易说明得多。这些考察，倾向于表明氏族制在各互相隔绝的地域中屡屡重演的不可能性。在另一方面，它在产生一种较当时在地球上其他野蛮人为更优秀种族中的有益的效果，是必得承认的。在野蛮生活的法则下，当迁徙即是逃避，或是找寻较好地域的移动时，这样的种族，必将一浪一浪地向前推进，直到广被地球的大部分为止。现在能确定的关于这一问题的主要事实的考察，似乎是有利于氏族组织的单一起源的假说的，除非我们回返到澳大利亚的级别制，由这种级别制产生出群婚家族，由群婚家族中而发生氏族制，并视这种级别制是古代社会的原有基础的话。在这种情况中，凡属有级别制确立的地方，氏族制即可能地存在。

假定人类的起源是统一的，则地面的占据，乃系从一个原来的中心出发由移住而发生的。亚洲大陆，因其包含着较诸欧洲、美洲、非洲诸大陆遥为多数的人类原型，故必须视为是人类的摇篮地。由此也可以推知黑人及澳大利亚人之从这种共同的原型分离，其发生当在社会组织尚是以性为基础及家族尚属于群婚的时候；坡里内西亚人的移住则发生较后，但当时的社会组织，却与前者是相同的；最后，加罗汪尼亚族之移住于美洲，其发生则更在其后，且在氏族组织建立以后。以上这些推论，仅仅是作为参考而提出的。

一种关于氏族和其属性以及其分布范围的知识，乃系理解古代社会所绝对必需的。这是现今的一个重大题目，而需要特殊的及广泛的研究的。文明诸民族的祖先中的这种社会制度，在开化时代的末期，达到了它的最高的发展。但是，在这种同一社会制度远远之前，还存在有若干演进阶段，到现在，这些阶段必须在与其相应的开化人及野蛮人之中去探求。具有组织的社会的观念，是经过人类存在的全部期间的一种发展，它的各种演程是逻辑地相关联的，前一演程产生继起的另一演程，我们所考察它的哪一形态，便起源于氏族制之中。再也没有一种人类的制度，在人类进步的途程中据有像这样古的及显著的关系的。人类之真实的历史是包含在诸制度的发生与发展的历史之中的，氏族制不过是这些制度中的之一。虽然，氏族制却是对于人类事业上予以极重大影响的各制度的基础。